名词性短语的类型学研究

TYPOLOGICAL STUDIES on NOMINAL PHRASES

主　编　刘丹青
副主编　唐正大

国家社会科学基金重点项目

创于1897 商務印書館 The Commercial Press

2012年·北京

图书在版编目（CIP）数据

名词性短语的类型学研究 / 刘丹青主编 . —北京：商务印书馆，2012
ISBN 978-7-100-07565-7

I. ①名…　II. ①刘…　III. ①汉语—名词—研究 ②汉语—短语—研究　IV. ① H146.3

中国版本图书馆 CIP 数据核字（2010）第 240530 号

名词性短语的类型学研究
刘丹青　主编

商 务 印 书 馆 出 版
（北京王府井大街 36 号　邮政编码 100710）
商 务 印 书 馆 发 行
北京市白帆印务有限公司印刷
ISBN 978 - 7 - 100 - 07565 - 7

2012 年 9 月第 1 版　　开本 787×960　1/16
2012 年 9 月北京第 1 次印刷　　印张 26¼
定价：49.00 元

目 录

前　言

一　引言：名词性短语的定义和本书的研究范围

本书内容来自国家社科基金重点项目“名词性短语句法结构的类型比较”结项成果，为其中的系列论文部分。课题成果中另有已出版的专著和博士学位论文数种，未收入本书。本前言先对课题成果做一个简要概述，相关时也会提及未收入本书的那些专著和学位论文。

本课题的主要特色是类型学取向，不过我们还需要先从书名中的“名词性短语”的定义谈起。我们将名词性短语定义如下：

名词性短语是在句法结构中以充当论元为基本功能的语类。

在主要的实词性语类中，这一定义一方面区别于以充当谓语为基本功能的动词性短语，另一方面区别于以充当定语为基本功能的形容词性短语。

从结构大类看，名词性短语包括：名词；代名词（人称代词、有代替功能的指示词和疑问代词）；以名词为核心的短语（名词受其他语类修饰或限定的短语）；由几个名词或代词并列而成的短语；无核名词短语，即因核心名词省略而形成的句法功能相当于名词的短语，通常由意义更虚化的词类（定语标记助词、量词、指示词等）代替名词充当被修饰限定的核心；由以上语类扩展（带定语或并列）而来的功能相当的结构。更具体地说，它包括以下类别及小类：

名词

代名词：

　　人称代词

　　可以独立充当论元的指示词和疑问代词（这、那、哪、谁、什么……）

定名短语：

限定成分（指称成分、量化成分）+核心名词（这本书、三张椅子、所有人……）

修饰成分（内涵性定语）+核心名词

由名词或代名词充当并列肢的并列结构

无核名词短语：

“的”字短语

数量短语（受修饰后单独充当论元时）

指量短语（受修饰后单独充当论元时）

扩展型名词性短语（如由两个本身带定语的名词短语并列而成的短语，等等）

要覆盖以上各种单位，“名词性短语”（nominal phrase）是比“名词短语”（noun phrase）更合适的用语。这是本书如此命名的原因。

动词、形容词、小句等虽然也能充当论元，但它们的基本功能不是充当论元，而是充当谓语、定语等其他成分，做论元的用法是有标记现象，受更多条件限制。因此，即使它们充当论元，也不归入本书所说的名词性短语。

至于“短语”，我们取其广义，将单词也视为短语的一种特例，所以单个名词和名词性的单词也属于本书的研究范围。这种广义解读其实也是现代语言学的常规。不过，本书研究的是句法类型，而单词除了构词结构外并没有句法结构，因此我们的研究重点仍是超过一个词的名词性短语。

本书的更大背景，是我们运用语言类型学的视角来研究中国境内语言的语法这一长远目标。名词性短语的类型学考察，可以视为这项更大工程的一个起点。在句法结构中，与以谓词为中心的结构比，论元是一个内部相对紧凑而简单的成分，属于受谓语支配的成分。相应地，以充当论元为本职的名词短语，整体上也相对静态，便于作为研究的起点。另一方面，名词性短语也可以扩展，并且在语言递归性原则的作用下，可以出现小包大的现象，即小的单位里包含大的单位，如关系从句就是名词性短语内部因关系化操作而包含了小句，因此名词短语的句法结构研究也能适度扩展到更大更复杂的单位。

本书各章的选题主要基于以下三点考虑：一是从跨语言跨方言的类型学角度有较多新现象可以发掘的；二是以往成果较为单薄、研究余地较大的；三是较多涉及句法结构的。基于这些考虑，本书选择了语序类型、关系从句、定语标记类型、指示词及相关组合、量词及相关组合作为重点选题（有些选题之间有交叉关系）。其中语序类型和关系从句全面符合上面的三点。指示词、量词方面的选题主要是基于以往研究薄弱和方言、语言间句法表现差别较大，值得比较的情况。定语标记类型则与句法组合特别相关，而且以往研究的语种覆盖面太小。研究实践和成果证明这些选题确实有宝可挖，有玉可琢。

为了进行有效的比较，增加不同语言方言材料的可比性，必须采用兼顾语言多样性和普遍性的语法框架，而国内学界熟悉的研究框架主要是在普通话研究中发展起来的，有所不足。课题负责人结合编写《语法调查研究手册》（刘丹青，2008），发表了多篇建立调查研究框架的论文，其中与名词性短语有关的几篇收入了本书，即第一章到第四章。本书其余各章的描写分析基本上采纳了这几章所设定的工作框架。

名词性短语的扩展，主要有修饰和并列两种句法实现方式，有些复杂的名词性结构兼用了两种扩展手段。修饰扩展主要靠增加修饰限制成分，并列扩展主要依靠并列项的增加。前者不但造成单位长度的增加，也造成结构复杂度的明显增加，是名词性短语复杂化的主因；而后者主要增加单位的长度，假如所有并列项在同一层次，整个结构可以长而简单，并不增加复杂度。因此，本书对名词性短语的研究主要围绕定名结构，但也有少量并列结构，如第二十二章，该章主要讨论了汉语并列结构所受的句法限制。理论上语类相同的单位都可以并列，事实上，现代汉语的并列结构无论是直接并列还是使用连词并列，都受到一些限制，第二十二章初步描写了名词性短语和动词性短语在并列结构方面所受的限制，并对限制的原因做了解释。

下面以几个重点选题为纲,对本书的要点和新见进行简介和导读,便于读者选阅。

二 名词性短语的语序类型：汉语和境内少数民族语言的不同情况

语序是当代类型学的出发点和长期被关注的中心议题，因为这是会影响句法系统大局的特征，尤其对于形态不丰富的语言来说。语序特征正是对汉语和少数民族语言的名词性短语影响深远的类型特点之所在。在名词性短语的语序上，汉语和少数民族语言包括亲属语言既有一些共同点，更表现出显著的差异，这些特点对各自语言的名词短语的整体类型特征有着显著的影响。

2.1 汉语名词性短语的语序类型及其句法后果

2.1.1 汉语名词性短语语序类型的根本特征——定语一律前置

第一章《汉语名词性短语的句法类型特征》基于本书多项研究成果，在类型学背景和跨语言比较的基础上概括了汉语名词性短语的基本类型特征，对本书的部分内容具有小结的性质，其中语序类型特征及其句法后果的探讨占了该章的最大部分。

该章指出，汉语名词性短语的首要类型特征是所有定语都在核心名词之前。这里的定语既包括内涵性定语，即生成语法视为修饰成分的定语，也包括外延性定语，即标明指称、量化属性的成分，这些成分在传统语法和描写语言学中视为定语，在生成语法中则被视为核心。这看似简单的现象，却是以往关于汉语特点的研究中几乎未被提起的特点。即使有所注意，也是认为它体现了 OV 语言的特点而不是 VO 语言应有的特点。其实这一认识也是对 OV 语言的了解不全面所致。第一章通过跨语言分析指出，所有定语都前置这一特征不但在世界上的 VO 语言中绝无仅有，而且即使在 OV 语言中也远非普遍。对此，比较一下本课题的专著成果《中国南方民族语言语序类型研究》（李云兵，2008）所提供的材料和概括的事实，就能看得很清楚。就与汉语有亲缘关系的民族语言而言，这一特征与同属 VO 语言类型的壮侗语言（大部分定语后置）大相径庭，与属于 VO 的苗瑶语言（有若干定语后置，前后两可的定语中后置者为固有语序）也有诸多不同，并且与作为 OV 语言类型的藏缅语言（形容词、数量词等定语常后置，指示词也有后置的）很有距离。按语言类型的倾向（仅仅是倾向而非必然），定语前置是与核心后置和谐的，则汉语的定语一律后置与 VO 这一核心居前类型并不和谐，而壮侗语、苗瑶语的定语表现都比汉语和谐。定语后置在类型倾向上是与 OV 的核心居后和谐的，所以日语、韩国语、阿尔泰语言等作为 OV 语言有此特点比较正常。但这一条倾向并不强烈，像藏缅语等 OV 语言就不是定语一律前置的，而是有部分种类的定语后置。

2.1.2 定语一律前置的多项句法类型后果

由于定语一律前置这一看似简单而“极其自然”（对汉语人而言）的现象其实在世界语言的类型分布上非常奇特，在 VO 语言中是独一无二的，因而对它的研究富有类型学价值，也值得研究东亚、东南亚语言谱系和语言接触史的学者关注，因为这一奇特现象之由来很值得探求。而第一章所重点发掘的是这一类型特征的一些富有汉语特色的具体表现及由此带来的诸多句法后果。有些相关现象在本课题其他一些成果中有更详尽的探讨。这些观察表明，所有定语前置的特征，在汉语句法大局中起着关键的作用。第一章提出的相关语序特征主要是如下两项：

1）关系从句前置。这在 VO 语言中基本是独一无二的，而在 OV 语言中也有很多是关系从句后置的（Dryer，1992、2003），因为关系从句是各类定语中最倾向于后置的。

2）领属定语可以跟指示词同现于核心名词的同一侧。

从句法后果看，还不止这两项，而且这两项特征也产生了很多具体的句法语义后果。下面做一简述。

只有所有定语在前的 VO 类语言才会让关系从句前置，因为关系从句是定语中最倾向于后置的。假如 VO 语言允许有的定语前置、有的定语后置（这是常见现象，而且后置的定语种类常不少于前置的），则关系从句总是倾向于后置。只有所有定语都前置的 VO 语言，才会出现连关系从句也前置的情况，而据目前类型学考察所见，这种情况只发生于汉语及其周边深受汉语影响的部分苗瑶语及个别壮侗语（苗瑶、壮侗的情况，参看李云兵，2008）。

VO 类型和关系从句前置这种罕见搭配，会产生一些特殊的句法后果，而它们既不会发生在关系从句后置的 VO 语言，也不会发生在关系从句乃至所有定语都前置的 OV 语言。最明显的是“咬死了猎人的狗”这种动宾 / 定名两可的歧义结构。在其他 VO 语言中，关系从句后置，“咬死了猎人”无法作为关系从句前置于核心名词，类似结构不会有定名的解读。在 OV 语言中，“猎人的狗”作为宾语不能位于动词之后，类似结构不会有动宾的解读。

VO 类型使包括关系从句在内的所有定语都成为 V 和 O 之间的内嵌成分，其中关系从句由于结构比一般定语长而复杂，尤其成为内嵌较深的成分，加重了 VO 组合的短时记忆负担。于是，这一配置会限制关系从句的长度和复杂程度，使汉语尤其是口语的关系从句的长度和复杂度维持在相当低的平均值（参看第八、九、十二章）。

除了关系从句本身潜在的长度和复杂度，还要注意所有定语都在前的语序特征，这使多项定语同现时关系从句不得不与其他定语一起“拥挤”在核心名词前，进一步加重短时记忆的负担。作为对此现象的反应，汉语名词性短语也会限制关系从句的复杂度，因为这是定语中最容易扩展的单位。

关系从句在前，也限制了关系从句某些功能的发挥，从而催生了口语中的后置关系从句。关系从句可以是限制性的，即用来限制核心名词的外延，使整个短语进一步缩小外延，成为原来核心名词的一个子集，以此帮助听话人识别这一对象。这种关系从句可以在前也可以在后。但关系从句也可以是补充性的，即对一个已经能确定的对象范围提供补充信息，但不作为句子的重要（前景）信息，也不限制名词核心的外延。补充信息只适合在核心名词后出现，英语的核心名词后加停顿的关系从句就是补充性的关系从句，习称非限制性关系从句。汉语包括关系从句在内的所有定语在前，不利于补充性关系从句的构建。在此背景下，北京话口语中出现了尚在形成中的后置关系从句，以满足关系从句的交际压力或交际需求，这就是本书第八章的主要收获。不过，这种后置关系从句结构比较松散，与前面名词的句法整合度较低，仍保留一定的小句独立性，还不是地道的句法性定语，适宜看作形成中的定语从句，总体上尚不影响汉语“定语一律前置”的定位。

与这一点相关，所有定语包括关系从句在前，也使定语的两大类分野——限制性定语和非限制性定语之别少了一种区分手段。假如定语可前可后，理论上就可以让限制性定语和非限制性定语各居一侧。英语虽然没有完全做到这一点，但至少部分地利用了前后定语的分工而在一定程度上区分这两类。如：

I like nice teachers. ~ I like teachers，who are very nice.

前句用前置的形容词定语 nice，该定语优先理解为限制性的，说话人着重强调他所喜欢的是老师中和善的那些，很可能听话人知道说话人喜欢某些老师，只是不知道喜欢哪些老师。而后句用后置的形容词 nice 做宾语的非限定性关系从句，说话人着重强调的是他喜欢老师们，至于“和善”，只是对这个主要信息的补充。这两种定语如果仍要翻译为汉语中的定语，那么只有一种共同的译法——“我喜欢和善的老师们”，上述区别是无法用不同语序的定语种类来表达的，需要区别时要用其他方式（包括上文所说的语法化程度不高的后置关系从句）来实现。关于限制性和非限制性定语的在汉语中的合一和区分，第十、十一两章有更加详尽的分析。

定语一律前置的另一个后果，是对汉语定语标记的句法属性有所影响。第一章指出，汉语使用单一的专用定语标记（普通话的“的”）来标示多种不同性质的定语（领属、属性、关系从句等）。当多项定语并存时，汉语在修辞上会尽量避免在多个定语上连续使用专用定语标记，因此会删除一些定语上的标记，尤其是紧靠名词的某些定语后的标记，从而使汉语的定语标记降低了强制性或者说句法性，增强了可选性或者说语用性。值得注意的是，正如第一章所显示的，那些在多项定语条件下可以删除并且实际上倾向于删除的定语标记，常常在单个定语条件下并不容许删除，带有一定的强制性和句法性。这就意味着，汉语的专用定语标记（如“的”）本身是有一定句法性的，但是多项定语并存于核心名词之前的句法环境和修辞上的避免重复要求促使定语标记降低了句法属性，增加了语用属性。

定语一律前置，核心前的定语种类自然更加繁多，后果之一便是汉语不同种类定语间的关系比定语可以按类分列核心两边的语言更加复杂多样，从而在与其他一些因素互动之下形成了汉语的一些类型特点。

例如，领属定语和限定词在有些语言里可以分列于核心的两边，从而方便表达领属性定名结构中近指、远指、无定、有定等不同情况，如英语 a friend of mine。汉语中领属定语和限定词如果同现只能都在名词前，并且有“指示词＋领属语”（这本我的书）和“领属语＋指示词”（我的这本书）两种语序，以后者为优势。第一章分析了汉语中这两类领属语同现所表现出来的类型特征，强调汉语中不但领属语倾向于在指示词之前（亦即之外），而且其他定语也可以在指示词之前（之外），如“很暗的那小屋”、“卖菜的这些亲戚”。这与很多语言指示词位于定语最外层的情况非常不同。而且，由于位于居中位置的指示词有代替定语标记的作用，当领属语和核心名词的生命度等属性相同时，指示词居中的名词性短语可能有定名结构和同位结构两种解读，这是又一种由汉语名词性短语语序特征引起的特色歧义。如“张伟这个助手”既可以作为定名短语，表示“张伟的这个助手”，也可能作为同位短语，意味着张伟就是这个助手。此外，第五章对汉语某些关系从句种类优先提取宾语而非主语这一有点反常的现象也运用语序理论进行了解释。由于所有定语在前，关系从句也总是在前，这时提取宾语时原句不需要易位，只要加上一定的关系从句标记就可以了。

关系从句这种更复杂的定语，也有指示词前和指示词后两种语序，如“卖菜的这些亲戚”和“这些卖菜的亲戚”，从而出现了这两种语序的句法差异和语义分工这类汉语特色的问题。第七章和第十一章对这两种语序的相关句法表现和语义作用进行了深入分析。

第七章在类型学分析的基础上进一步采用了北京话和关中方言的口语语料，并与书面语料相比较，借鉴优选论的方法，从语言处理和句法分析的角度，揭示了两种语序的不同条件，并对相关现象做了新角度的解释。该章首次注意到口语和书面语在两种语序的选择上表现迥异——口语极少使用“指示词+关系从句”的形式，又注意到主语和宾语位置对这两种语序有不同的倾向——主语选择指示词在前，而宾语选择关系从句在前。对于两种语序的种种不同表现，作者提出“必须排歧”、“必须经济”、“核心尽早确认”等限制条件，并运用优选论的方式对不同原则在不同语体下的作用进行了评估。

第十一章则从指示词研究的角度切入指示词和其他定语（包括关系从句）同现时两种语序的问题。作者首先指出以往许多学者依据定语本身的语类和性质来判断定语的限制性（限制性～非限制性/描写性），而这在根本上是不可靠的，因为限制与否本质上是一种语用功能，要在语境中确定，定语的语类和限制性之间本身没有刚性的关联，只有无标记关联和有标记关联之别。在此基础上，作者指出指示词的位置可以帮助确定定语的限制性。就关系从句来说，其考察结果是：位于指示词之前的从句修饰语，都起限制性功能，没有例外；位于指示词之后的关系从句，功能上强烈倾向为非限制性的。其他可以在指示词前后出现的定语，如形容词定语、领属定语等，也有相似的表现，但倾向的强弱略有差异。这一研究从理论上和实证上证明了以往赵元任和吕叔湘等基于语感所做出的判断大致符合实际。

2.1.3 定语一律前置的语义语用后果

前面重点关注定语一律前置的句法后果，实际上里面也涉及一些语义语用后果。我们可以简单概括如下：

定语一律前置和VO语序的罕见配置，会造成“咬死猎人的狗”这种汉语特有的歧义现象。而与VO语序和谐的前置词跟定语一律前置类型，也属于类似的罕见搭配，也会造成类似的“对售货员的意见”这种汉语特色的歧义现象。这两类歧义现象都罕见于其他语言。

所有定语都在前，加上定语标记可以省略，也促使在有指示词的情况下出现“张伟这个助手”这种汉语特色的定名/同位歧义。

由于所有定语都前置，汉语中减少了区分限制性定语和非限制性定语的手段。限制性定语是用旧信息来限定名词所指范围的定语，非限制性定语则是对名词所指进行描写（可以是旧信息）或补充说明（通常用新信息）。很多定语从限制性角度看也属于歧义现象，如“吃螃蟹的毛利人”，可以是所有毛利人都是吃螃蟹的（非限制性），也可以只指毛利人中吃螃蟹的一部分（限制性）。不过，汉语中也存在一些减少限制性歧义的手段。第八章所分析的口语中的后置关系从句，就是专用于表示补充信息的关系从句,从而区别于更可能表示限制性定语的动词前的关系从句。第十六章则表明，在无法用核心名词前后的语序对立来区别限制性和非限制性定语的情况下，汉语也可以借助名词前指示词和其他定语的相对位置来区分限制性和非限制性。当然这种语序的利用比名词前后的利用受到更多重度（长度 + 复杂度）的制约。

2.2 境内民族语言的名词性短语语序特征

中国境内的民族语言呈现北方类型单纯、南方类型复杂的情况，与汉语方言的北简南杂情形相类。三北（华北、东北、西北）地区的民族语言除个别印欧语和藏缅语外，绝大多数属于阿尔泰语言。它们都是 SOV 语言，其名词性短语的基本格局就是定语一律前置，而这是与 SOV 类型和谐的特征，因此不像汉语作为 SVO 语言的定语一律前置那样是一种罕见现象。名词性短语语序表现复杂的是南方各民族语言。作为本课题成果的《中国南方民族语言语序类型研究》（李云兵，2008）是国内第一部专门研究南方民族语言语序类型的专著,以名词性短语的语序为核心，为了体现其类型学价值，该书实际上也包含了这些语言其他主要语序类型学参项。下面的讨论以李著的观察总结为基础。

李著所调查的中国南方民族语言，覆盖了中国南方汉语以外全部民族语言（至少到语族一级），包括藏缅语族语言、侗台语族语言、苗瑶语族语言、仡央语群语言、孟高棉语族语言、越芒语族语言和台湾南岛语等 98 种民族语言，既包括与名词性短语直接相关的结构，也包括与名词性短语的语序在类型学上相关的结构。名词性短语主要包括由下列成分构成的偏正短语：名词与名词，名词与代词，名词与形容词，名词与数词，名词与量词，名词与数量组合，名词与指示词，量词与指示词，名词与量词和指示词组合，名词与数词、量词和指示词组合，代词与量词，代词与数量组合，代词与数词、量词和指示词组合，形容词与量词，形容词与量词和指示词组合，名词与关系从句。此外也包括同位语结构。其他作为相关语序类型参项的结构包括：动词与宾语，动词与方式副词，动词与否定副词，形容词与程度副词，形容词与否定副词，前置词或后置词。作者广泛收集已有成果所报道的语序现象，对缺门的材料做了很多补充调查，在此基础上进行概括总结。这里根据该成果的观察结果略做分析。

2.2.1 小句基本语序类型和前 / 后置词类型的和谐性

中国南方民族语言在小句基本成分的逻辑排列次序上分属 SOV、SVO 和 VSO

三种语序类型，这也是语种数合计占世界语言绝大多数的三种语序类型。在语序类型的各个参项上，介词（前/后置词）完全符合理想的和谐语序。中国境内除白语以外的藏缅语都属于SOV语言，它们全都使用与此和谐的后置词。侗台语、苗瑶语、仡央语群语言和南亚语系语言属SVO型语言，它们都使用与此和谐的前置词（这些语言中即使是尚未虚化为介词的方位词也前置于名词），这与汉语相比都显得更加和谐和单纯。汉语虽然也是SVO语言，但却不是纯粹的前置词语言，而是前置词和后置词并存。台湾南岛语属VSO型语言，都使用前置词，也符合语序和谐。其他结构则都有一些语序类型和谐性的例外。

2.2.2 名词性短语的语序

以上述基本类型为背景观察南方民族语言的名词性短语的语序，总体上各语言都比汉语呈现出更大的语序和谐性，更加符合语序的共性或倾向，但也存在一些不符合和谐性的语序类型，其中包括与汉语有关（受汉语影响）的现象。在名词性短语的各种语序表现方面，总体上这些语言比汉语更遵循SOV、SVO和VSO的普遍性原则和蕴涵共性；另外，有一些同类型内部语种间的参差复杂情况本来就并不违背共性，而是类型学上常见的两可现象；但是，也有一些参项出现语言共性或倾向的例外，还有些参项在大体符合共性或倾向的前提下有少数语言成为例外。不同参项的语序类型间几乎不存在地域上的一致性，即使是同一参项的语序类型，也几乎不存在地域上的一致性。

壮侗语、仡央语群和苗瑶语都是SVO类型，基本属于核心居前类型，其定语当以后置为和谐，事实上绝大部分壮侗语言和仡央语群都相当符合这一和谐性，各类定语基本都在核心之后，与汉语所有定语都前置于核心的情况形成鲜明对照。复杂情况主要有下面这几点。1）数词（大于1时）、量词普遍在名词之前，指示词普遍在后，个别语言在前。这些参项在现有类型学成果中本身跟动宾结构的和谐度低，即使在前也并不违背共性或倾向。2）有些语言领属语在名词前，有些语言在前在后两可。无论哪种情况，领属语在前时都要加借自汉语（包括方言）的定语标记，而绝大部分语言领属语在后，而且不带标记。领属语前后两可的语言，在后时也不带标记。由此可见领属语后置是壮侗语和仡央语群的固有语序，领属语前置是借自汉语的晚出语序，而且是连同定语标记将整个结构借入的。3）关系从句在壮侗语、仡央语群中也以后置为优势，在多数壮侗、仡央语言中只有后置关系从句，并且多数语言没有关系化标记，少数语言前后两可，也是在后不带标记，在前要带来自汉语的标记，只有个别语言关系从句只能前置，同时带来自汉语的标记。这清楚表明壮侗语、仡央语群关系从句的固有语序是后置的，前置是后起的，是连同关系化标记一起借自汉语的。从 Dryer（1992、2003）的大规模统计看，领属语在 VO 语言中应是强烈倾向于后置的（但还没到绝对共性的程度），关系从句在 VO 语言中后置则近乎绝对共性，只有汉语等极个别例外。少数壮侗、仡央语言领属语和关系从句前置是一种违背语言倾向的现象，但这显然不是它们的固有语序，而是汉语的影响，而且无论从涉及的语言看还是涉及的参项看，至今这种影响的作用还很有限，与汉语定语一律前置这种 VO 语言罕见的整体类型配置仍有很大距离，比汉语名词性短语的语序类型和谐得多。苗瑶语作为 VO 语言也表现为定语有前有后，跟壮侗语的情况大致类似，只是前置定语的种类比壮侗语多，受汉语的影响也更深，表现在指示词前置的语言更多些，领属语基本前置，形容词有前后两种语序的语言较多，关系从句在后置为主的大势下前置的情况也比壮侗语言更多。第二十一章对苗瑶语语序中的汉语影响因素做了更深入的分析。在苗瑶语的语序格局中，比较违背现有共性的是领属语和形容词的语序配置。类型学上领属语远比形容词更遵守与宾语等从属成分的和谐（参看 Hawkins，1983；Dryer，1992 的统计），但在苗瑶语中，绝大多数语言领属语只能前置，其中的多数语言形容词却可以后置，即形容词定语比领属语更遵守 VO—前置词语言的核心前置于从属语的语序，这是非常反常的。这还不能单纯用汉语影响来解释，因为汉语是定语一律前置的。在语言接触中，为什么更容易偏离和谐语序的形容词较少受汉语影响而前置，而更应坚守在后的和谐位置的领属语反而前置的更多？这是需要认真对待和解释的现象。部分苗瑶语关系从句在前或在后两可，也是违背很强势的共性的，但这完全可以用汉语影响来解释。有的语序两可并且都要用关系化标记的语言，关系从句后置时用本族语标记，前置时用借自汉语的标记，就清楚说明前置的关系从句来自汉语。Dryer（1992、2003）把汉语作为世界上 VO 语言中仅有的关系从句在前的语言，假如加入第二十一章的观察，则 Dryer 的结果应当做些微调。不过，由于这几种 VO 语言的关系从句前置现象都是借用汉语语序、改变自身固有语序的结果，源头只是同一个，即定语一律前置的汉语，因此仍可以认为这些语言的关系从句前置构成了 VO 语言的唯一例外。

台湾的各种南岛语基本上都是 VSO 语言，其中有些兼有 VOS 语序。作为广义的 VO 语言，南岛语名词性短语的语序与壮侗语有共同之处，也有不少后置的定语，如有后置的属性名词定语、指示词、领属语、形容词定语等。这些定语多半同时存在相应的前置定语，但相比而言前置的更有标记，后置的更基本，因为前置的多带定语标记（包括指示词也要带定语标记），而后置的多半不带标记。领属语则是前置、后置都带，但前置时要在领属语和核心上双重标注，而后置时只在领属语上标注，仍是后置更无标记。就更无标记、更基本的后置定语而言，南岛语名词性短语的语序还是与基本语序类型比较和谐的。与此同时，作为VSO/VOS语言，台湾南岛语也存在一些与VO类型不太和谐甚至很不和谐的语序，不和谐的程度甚至超过壮侗语言——而人类语言的总体状况是VSO语言比SVO语言更具有跟OV类型对立的语序特征（Greenberg，1963）。因此，这些语言的不和谐语序非常值得关注。最突出的是多数语言使用关系从句前置。Hawkins（1983）和Dryer（1992）早已发现关系从句是所有定语中最倾向于后置的，连OV类型都有相当比例的语言使用后置关系从句，VO语言则几乎无例外地取后置关系从句，因此南岛语作为VSO语言却拥有本属非优势语序的关系从句前置，是非常偏离语言共性和倾向的现象，也不同于台湾以外的南岛语言。前面说过，壮侗和苗瑶语言的后置关系从句都可以判定为晚出的借自汉语的成分，并且至今未在整个语族占优势，而南岛语的前置关系从句由于材料太少，还无法判断是否与汉语影响有关。假如确实来自汉语影响，那么就显示南岛语比壮侗语受到更多的汉语影响。这是一个尚须重视的领域。

中国境内的藏缅语，除白语外，都是SOV—后置词语言。与此类型和谐的定语语序应是前置于核心名词。藏缅语的实际表现是作为有效参项的定语——领属定语和关系从句都前置于名词，而作为可变性强、在类型学上经常和动宾语序不和谐的形容词定语则有前置和后置两种语序，各有所分工。前两种定语的位置很符合共性，而形容词定语的表现也不违背类型学倾向。内部差异主要表现在指示词、数词、量词及数量组合、指量组合等成分上。如与数词、量词有关的语序有“名＋数”、“名＋量＋数”、“名＋数＋量”等。这些表指称和量化的限定成分的语序本来和小句基本语序不存在很强的和谐性制约，这些灵活多样的表现也不违背共性。不过，以往类型学研究对量词语言关注不够，跟量词有关的语序共性仍有诸多空白点，第十六章集中展示了其中的复杂状况，为今后进一步探讨量词参项介入后与数量定语有关的语序共性和类型探讨奠定了基础，也提出了需要研究的课题。

值得注意的是，藏缅语作为OV—后置词类型，总体上是核心居后语言，其可以后置的形容词、数量词语、指示词等定语也不违背OV语言类型的总体倾向，但是，这些后置的定语与汉语作为 SVO 及以前置词为主的核心居前类型的定语一律前置状况，还是形成了非常强烈的对比。换句话说，假如理论上设定核心居后语言的理想状况是定语一律前置，那么汉语比它的亲属语言藏缅语更符合 SOV 语言的定语理想模式，但汉语却是一种 SVO 和前置词为主的语言，应当有更多定语后置。这一对比至少说明汉语定语的一律前置不能简单地归因于汉藏语的同源关系及早期可能的 SOV 类型。

综上所述，汉语、藏缅语、壮侗语、苗瑶语各支之间在语序类型上的关系非常复杂，目前还不是简单的同源和接触所能清晰地解释的，它们之间语序类型异同的真正原因留给了学界很多的课题。

三 关系从句

关系从句是名词性短语中最复杂的组成成分，又是以往汉语研究中关注最少的部分，因此成为本书关注最多的选题。上一节已简单涉及名词性短语中关系从句的语序问题，但关系从句问题远非语序一个方面。本节将专门介绍本书在关系从句研究方面的主要成果，尤其是上文还没有涉及的方面。

3.1 关系从句的语法地位和界定

直到本课题启动之前，关系从句在国内汉语语法学界还是一个比较被忽略的概念。与关系从句有关的现象，在短语本位语法观念的影响下，都被视为某种短语（词组），称为主谓短语、动宾短语等，以短语身份被考察，因此多数汉语语法著述完全没有关系从句的概念。这种处理在一定程度上可以理解，因为汉语谓语动词没有明显的限定和非限定（finite ~ nonfinite）对立，短语和句子之间缺乏截然分明的界限，将关系从句视为短语也无不可。但是，关系从句是语言类型学的一个重要的普遍适用的参项，形式语法、功能语法各家理论也都将关系从句作为重要研究对象。随着研究的深入，我们确实会体会到，有些语法现象和语法框架，必须在小句的框架内才便于揭示和解释，缺乏从句概念（包括补足语 / 论元从句，关系从句和状语从句）会制约语法研究的深入。例如，对关系从句论元提取范围和规则的研究，就必须在小句的框架下进行，单纯依靠短语结构概念就无法有效概括。因此本书不但使用关系从句的概念，而且将关系从句作为重点选题来研究，也是为了弥补以往汉语研究对关系从句关注的欠缺。第五章到第十二章这八章都是专门讨论关系从句的。此外，第三、四、十六、二十等四章也都有关系从句的内容。

针对汉语学界以往的重短语、轻小句的倾向，第三章详细解释了三种从句的概念，包括关系从句的概念，特别是介绍了它们和汉语中相关短语概念的关系，以便引起国内语法学界对相关现象的了解和关注。

由于汉语动词没有明显的限定和非限定区别，因此关系从句在汉语中的界定确实不是一件简单之事。提取主语的关系从句可以分析为动宾短语做定语（买书的学生），提取宾语的关系从句可以分析为主谓短语做定语（学生买的书），而且只有单一论元可供提取的不及物动词和形容词定语充当的关系从句与单个谓词做定语结构上无别（孩子聪明——聪明的孩子）。此外，由于汉语主语和宾语省略比某些语言自由，因此即使是及物动词单独做定语，也可以分析为论元省略的关系从句（买（书）的学生、（学生）买的书）。尽管存在这些短语、单词和关系从句界限难划的情况，但是第五章显示，从句和光杆谓词在充当定语时，确实有条件不同的情况，这至少证明典型的关系从句与光杆谓词充当定语有一些差别。其例证是，在苏州方言使用量词作为定语标记时，对定语的形式有一定的复杂度要求，排斥单个动词和单个性质形容词。这证明了区别于一般定语的关系从句的存在。

3.2 关系从句与谓语类型的关系

唐正大（2005）的《汉语关系从句的类型学研究》可能是国内汉语学界较早全面探讨关系从句的博士论文，里面包含了诸多重要发现。其中的一项，是关系从句与谓语类型的关系（主要在该文第四章，以及由此发展而成的本书第七章），这可能是国内注意到谓语类型会对关系从句的诸多方面产生深刻影响因素的第一项成果。

谓语类型的一种基本分类是事件谓语和属性谓语，直译英语术语原文分别是“阶段平面谓语”（stage-level predicate）和“个体平面谓语”（individual-level predicate）。“阶段平面”表明谓语所述内容与时间有密切关系，表示的是时间流中处在一定阶段的某种情况，这种情况就可以视为一个事件，因此可以意译为“事件谓语”，如“他看了书”。“个体平面”表明谓语主要与主语所表的个体对象所具有的恒久属性有关，不受时间制约，因此可以意译为“属性谓语”，如“他爱看书”、“他勤奋好学”。

第七章对关中方言的考察注意到，小句的事件谓语和属性谓语的对立，对关系从句结构的多种表现至关重要。这些表现在北京话口语中也一定程度存在，只是因为受书面语影响较深而不像关中方言口语那么单纯。在其他一些方言中也有显露。主要表现在以下几方面：

1）从句谓语的语义类别与所用的定语标记有关

在关中方言中，只有属性谓语的关系从句才能不带指示词光用“的”来连接，这类谓语总是用来表示类指或无指的成分，而不是个体，如：

看古书的老师～爱看古书的老师～看过古书的老师～* 看了古书的老师

事件谓语的关系从句都要使用指示词语（关中方言的“兀”等），或者与“的”同现，或者代替“的”单独用作关系从句标记，而此时并不要求主句谓语有类别限制，属性谓语和事件谓语都可以。如：

爱学生兀老师是个北京人。（主句属性谓语）

爱学生兀老师夜来到北京领奖去了。（主句事件谓语）

2）从句谓语的语义类别与主句谓语的语义类别有关

带“的”的关系从句不但要求自身谓语为属性谓语，而且强烈倾向于出现在属性谓语的主句中，形成从句与主句谓语的协调和谐，排斥事件谓语的主句，如：

爱学生的老师走到哪儿都受欢迎。（属性从句，属性主句）

* 爱学生的老师走到 412 教室去了。（属性从句，事件主句）

* 正看古书的老师是个研究生。（事件从句，属性主句）

3）与关系从句在句中的语序位置有关

关系从句与指示词同现时，有两种语序，即：

语序Ⅰ 指示词 + 关系从句 + 的 + 核心名词：那个念书的人

语序Ⅱ 关系从句（+ 的）+ 指示词 + 核心名词：念书的那个人

第七章及第十二章对关中永寿方言的调查显示，事件谓语构成的关系从句只能用语序Ⅱ。语序Ⅰ所构成的名词性短语只能表示类指意义，而类指成分主要跟属性谓语匹配。如：

兀爱学生的老师了$_{\text{话题标记}}$，肯定不骂学生。（语序Ⅰ，属性谓语关系从句）

他给我这书破咧。（语序Ⅱ，事件谓语关系从句）

3.3 信息结构原则和语言处理策略对汉语关系从句及关系从句共性的制约

第八章从信息结构原则出发解释了北京口语中后置关系从句的存在，第六、七章则从语言处理策略出发解释了汉语关系从句的相关现象及人类语言关系从句的语序共性与倾向。对此，上文的语序分析中已有简略介绍，下面再分别做一点进一步的分析。

3.3.1 类型学统计（Dryer，1992、2003）显示 VO 类语言除了汉语之外基本上都是关系从句后置的，而汉语作为 VO 语言却是关系从句前置的。这种例外情况自然非常引人注目。不过第八章显示，至少北京口语中，已经出现了一种一定意义上的后置关系从句，其常用的关系代词是“他”，如：

你比如说你跟着那种水平不高的英语老师，他根本不知道那个纯正的英语发音，他英语语法也不怎么样，你就全完了。

你站在大街上总能看见那种不管不顾的人，他看见红灯就跟不认得似的，照直往前骑，你当警察要爱生气得气死。

为什么在有了常规的前置关系从句的情况下还需要后置关系从句。第八章运用关系从句的分类理论和信息结构理论中的“单一新信息原则”给予了解释。有些关系从句不提供新信息，是用来帮助辨认核心名词的，它们往往采用弱化谓词的形式，形式上往往比较简短；也有的是用来增加信息的，而信息单位与语法单位的关系存在着“单一新信息原则”，即一个语调单位倾向于仅表示一个新信息，后置的关系从句有条件形成独立的语调单位，适于携带新的信息。而“他”朝关系代词方向虚化也符合语法化的常例。

3.3.2 关系从句的共性及其背后的处理原则

第七章通过穷尽性调查两种北京话口语性文献，获得一项重要发现：指示词语和关系从句同现时的两种语序与关系化的对象种类有很密切的关系。具体地说，“指示词＋关系从句”（如“那个垂死的老花花公子”）的语序适合用来提取主语或话题（来自“那个老花花公子垂死”），“关系代词＋指示词”的语序（如“他爱的那个人”）适合用来提取宾语（来自“他爱那个人”）。假如被提取的成分是一个从句的主语和另一个从句的宾语，则会出现两种语序同现，即指示词的前后都有关系从句，前面是提取宾语的从句（形成“关系从句＋指示词”语序），后面是提取主语的从句（形成“指示词＋关系从句”语序）。如“刚才您说那些个迷信的事”，“事”是“您说”的宾语，又是“迷信”的主语。

第七章用关系从句的理解过程对此做了解释。当提取主语/话题时，关系从句以谓语成分开头，如“参加过最近两次战役（的老兵）”，开头部分在汉语中没有任何关系代词标记，听话人不容易理解该从句的语法地位，要到从句完毕，定语标记“的”字出现，才能明确这是一个关系从句。此时在从句前面加上指示词，可以让听者立即明白其后的从句是一个名词性短语的一部分，不是独立谓语。而提取宾语时，关系从句以名词性主语开头，如“嫌疑犯留下的脚印”，此时假如将指向核心名词的指示词语放在句首，如“这几个嫌疑犯留下的脚印”，很可能让听者优先理解为“这几个”限定主语，组成“这几个嫌疑犯”，不容易获得“这几个脚印”的理解；只有放在关系从句之后，才能明确它的辖域是核心名词，所以理想的语序是“关系从句+指示词”，如“嫌疑犯留下的这几个脚印”。由此可见，两种语序与两种句法成分的关联是有操作上的充分理据的，唯有这一配置才能最大程度地方便听者正确理解句义。这种解释具有显著的普遍意义，不仅仅适用于汉语。

实际上，第六章就在调查总结人类语言关系从句的语序共性基础上，用类似的三条语言处理原则，对这些共性进行了充分的解释。该部分是一项比较典型的基于大规模语种库的类型学研究，建立了一个兼顾谱系平衡的样本语种库（与以往成果比，更多收录了以前比例偏低的亚洲语言），包含208种语言的关系从句及相关语序类型的材料，包括其小句基本语序的材料。通过观察统计该语种库的材料，不但再次验证了既有类型学成果已发现的语言共性和倾向，还获得了一些新的观察结果。既有成果的基本事实是，关系从句一方面与VO/OV、前置词/后置词有和谐关系，即VO—前置词类型与关系从句后置和谐，OV—后置词类型与关系从句前置和谐，另一方面又以后置为优势，即VO语言除汉语外基本上全都是关系从句后置，而OV语言则关系从句前置和后置势均力敌。汉语在这两方面都呈现出例外的性质：关系从句都在前，与VO语序和前置词类型不和谐，也与关系从句后置倾向不和谐。此外，该章在语言事实方面还发现SVO语言的关系从句通常要用连接性标记，而SOV语言的关系从句前置时常常可以不使用任何标记。

第六章提出先用以下两条处理原则来解释关系从句的和谐性和后置优势现象：

原则Ⅰ　主语核心尽早出现

原则Ⅱ　宾语核心紧靠动词

以往的文献对宾语和谓语动词的位置有所关注，主要是从小句基本语序的角度注意到两者有尽量靠拢的趋势，所以两者靠拢的SVO和SOV两种类型就各占了人类语言40%多的比例，总数近90%，而两者被分开的VSO语言只占百分之八九的比例。但是以往研究并没有精确到提出宾语的核心紧靠动词的要求。以往也有文献关注定语（包括关系从句）对分隔动词和宾语核心的作用，认为动宾之间内嵌定语过长是影响语言理解的因素，会被排斥。这是与原则Ⅰ一致的。但第六章显示，在 OV 语言中，关系从句前置是不会造成宾语核心和动词之间的内嵌的，但这种语序在语言分布上并不比关系从句后置更占优势（45 种 : 37 种），即让关系从句后置于名词从而内嵌于宾语 O 和动词 V 之间，这样的语言也有相当数量（37 种），说明内嵌限制无法充分解释关系从句的后置优势。第六章指出，以往的内嵌性研究，问题出在只注意了宾语位置而忽略了主语位置，主语的核心也有尽早出现并确认的要求，所以提出了原则Ⅰ，否则其前定语包括关系从句的句法成分就处在悬着状态。关系从句作为最“重”的定语倾向于后置于主语核心名词，这样可以让主语核心尽早出现。这两条原则的互动可以圆满地解释关系从句的后置优势。对 VO 语言来说，关系从句都在后面，同时符合原则Ⅰ和Ⅱ，所以 VO 语言关系从句几乎只有后置的。对于 OV 语言来说，偏重原则Ⅰ就会让关系从句后置，偏重原则Ⅱ就会让关系从句前置，所以两种类型分布不相上下，反映了两者的互动。这是第六章相关研究的重要推进。

对于 OV 语言关系从句前置时可以用零标记，而其他位置的关系从句大多使用显性标记，第六章用第三条处理原则来解释：

原则Ⅲ　关系从句结构与主句结构有所区分

关系从句是在名词短语内套小句，而名词短语本身又要用在主句中充当论元，假如从句结构上没有特定的标志，从句结构和主句结构很容易发生纠葛，产生歧义或增加理解难度的园径句。例如在 OV 语言里，任何句子都以谓语动词结尾，假如关系从句后置，整个名词性短语做宾语，会形成“[核心名词 + 关系从句]+ 主句 V”结构，其中的关系从句也以 V 结尾，两个 V 之间是什么关系并不清楚，核心名词与两个动词分别是什么关系也不清楚。因此，必须在关系从句上加标记来明确其关系从句的地位。其他配置也有各自的混淆可能，但是，唯独 OV 语言的前置关系从句，即使不加标记也不会发生歧义，因为 OV 语言小句都以动词结尾，当动词后紧接名词时，该名词只能理解为小句修饰的核心名词，没有其他可能。因此，即使不用标记，也足以区分从句结构和主句结构。跨语言的考察证实，OV 语言不加标记的关系从句只出现在跟关系从句前置的配置中。

第六章所获得的这些新发现，显示了大规模语种库的调查统计和语言处理视角的解释相结合的方法论的力量，所得出的原则具有很强的跨语言分布的可验证性。

3.4　关系从句的语义范畴和语用功能

关系从句有不同的语义和语用功能。本课题部分论文从不同角度研究了关系从句的语义范畴和语用功能问题。

3.4.1 关系从句功能的语体差异

第九章用真实口语话语材料论证了关系从句的语义语用功能与语体的相关性，这是国内尚未有过的研究角度。定语（包括关系从句）的语义语用功能研究，通常都将不同语体的定语当作一个整体来看待的。而该章显示，即使同为口语，叙事语体和对话语体也有显著差异。该章的研究背景是海外学者对关系从句在叙事语体中的功能调查。该章在此基础上对自己收集的对话语料库进行调查分析，并与叙事语体的成果进行对比，获得了重要发现，主要有两点。1）在语义属性方面，关系从句三种语义类型在叙事语体中的频率是：时间 > 指人 > 指物。而对话语体的相应频率是：指物 > 时间 > 指人。该部分从过程性与现场性的对立、事件性与评论性的对立来解释这一差异。2）在信息属性方面，关系从句所修饰的核心名词有三种信息属性，其出现频率为：偶现 > 复现 > 首现。上述第 2 点的背后是关系从句在信息结构中的篇章功能。以往研究显示，关系从句在叙事语体中的诸种功能按出现频率排序是：追踪 > 引进 > 命名。而该部分调查的对话语体诸功能的相应频率排序是：命名 > 追踪 > 引进。其中命名就独占了全部关系从句实例的 62.7%，而需要临时命名的概念常常就是没有话题连续性的偶现信息。在关系从句所表时间和主句所表时间的时间关系上，两种文体也有所差异，特别是对话语体有超时（主句时间之将来）关系，这也可以从两种语体中关系从句的功能差异得到解释。第九章显示了真实语料和语体分类对于深化关系从句研究的重要价值。

3.4.2 关系从句的限制性和非限制性

关系从句作为定语，在语义上与核心名词的所指相比，有限制性和非限制性的差别。前者可以缩小核心名词原来的外延，而后者不改变核心名词的外延。但由于定语一律在前这种语序类型，汉语的关系从句总体上无法靠句法区分限制性和非限制性，实际上存在很多限制性和非限制性的歧义结构，如“吃螃蟹的毛利人”，关系从句“吃螃蟹”就有两解。以往，学界对此问题也就停留在这一层面。实际上，在总体难以区分限制性、非限制性的句法类型条件下，通过深入观察分析语言材料，仍能从细处发现这两类关系从句在汉语中的一些句法性差异。第十章就此做了初步的尝试，获得了一些有意义的进展。1）性质形容词做定语可以有限制和非限制两种作用，而状态形容词做定语不能用来划出核心名词内的小类，是非限制性的。2）修饰专有名词核心的关系从句一般是非限制性的，但当关系从句有事件谓语属性时，它就是限制性的。此外，事件谓语总体上使关系从句不易于理解为非限制性从句，不仅对专有名词如此。3）非专有光杆名词为核心的关系从句本身是歧义的，但有一些句法框架可以用来鉴定其限制性，其中有的适合测试主语位置，有的适合测试宾语位置。4）口语中正在形成的后置关系从句是非限制性的。

四 指示词及相关名词性短语研究

4.1 “指示词”的术语和界定

从跨语言的角度看，指示词不是一个纯语法标准划出的概念。即使排除了相当于谓词（这样、那样）、副词（这么、那么）、介词短语（here，there）的指示词，作为独立词的基本指示词最常见的至少也有两种基本类别：

1）兼代名词的指示词，它们可以单独充当论元。恰好很多人熟悉的普通话“这”和“那”以及英语的this，that，these，those都是这类，于是很多人就将这类词当作指示词的代表，称指示词为“指示代词”。实际上这类词在用作定语的时候，也没有代词的性质，如“这个人”中的“这”不代表任何其他词语，只是用来限定核心名词“人”的指称。

2）所谓“指示形容词”，即不兼代名词、只能做限制定语（determiner）的指示词，如粤语的“呢”（这）、“嗰”（那），苏州话的“埃”（这）、“畏”（那）。这类词完全不具有代词性质，更无法称为“指示代词”。

3）只能做代名词、不能做限制定语的指示词，即真正的指示代词，比较常见的是表示时间、处所的指示词，基本指示词属于此类的在我们熟悉的语言中难以见到。

没有一个纯句法的定义可以把这三类都包括在一起，但我们又需要一个能将三者都包括进来的概念，因此，指示词的定义只能根据其语义语用功能来下。另一方面，指示词还要注意与同样有定指作用的定冠词（包括前置冠词——狭义的冠词和后置冠词）相区分，因此我们可以从指示词的直指（deixis）功能来界定指示词：

指示词是主要用来直指、有时可能用来回指的词语。

相比而言，定冠词是主要用来回指而且必须与名词一起出现的词。无定冠词（教学语法所说的不定冠词）与指示词没有交叉。

上述定义也可以把动词性、副词性等其他功能的指示词包括进来。但我们只把具有限定名词作用的词看作基本指示词，如“这”、those 等。

上面的界定避免了将不具有普遍性的“指示代词”当作普遍概念使用的弊端，这是进行指示词的类型学研究的基础。作为本课题成果之一的《汉语指示词的类型学研究》（陈玉洁，2010）就以“指示词”而不是“指示代词”作为其研究对象的基本术语。

从名词性短语句法结构的研究看，基本指示词出现在句法结构中的身份有两大类。

当它自身像一个名词一样充当论元时，它自身构成一个名词性短语，作为名词性定语的一个小类成为本课题的研究对象。如“这是小王”中的“这”。

当它充当名词的限定语时，它是名词性短语的一部分，像领属定语、关系从句、形容词定语那样，作为名词性短语的组成部分成为本课题的研究对象。

指示词的研究是本课题的重点之一，集中体现在陈著及本书的相关章节中。

4.1.1 指示词的句法功能、语义层级及语用功能

指示词是一个语义和语用上的聚合类，而不是一个句法功能一致的语法范畴，它包括多个词类中符合上文指示词定义的成员。除指示代词、指示形容词、指示副词之外，陈著着意介绍了一类句法功能特殊的指示词——指示叹词。指示叹词是研究者针对汉语方言中的一类特殊语言现象提出的一个新概念，指语言中功能类似叹词，但是同时又符合指示词定义，具有某些指示特征的成分。如粤语中的“呢、嗱”，黄冈方言中的“绝 [tɸiɛ^{31}]”和“啵儿 [pər^{14}]”，这类词往往用于直指，并常常辅以手势等肢体语言，用于句首以独立小句的形式，把听话人的注意力引导到某事物上，不和其后成分有句法上的联系。

陈著认为，指示词的语用功能可以分为两大类：指示功能和话语标记功能。指示功能为其基本功能，话语标记功能由它发展而来。从类型学角度而言，指示词的典型指示功能主要有直指、回指、认同指、篇章指示，汉语中指示词还可以用于依赖修饰语确立的所指，陈著沿袭吕叔湘《近代汉语指代词》（1985）的叫法称为助指，助指是一种比较虚化的指示，更多地强调定指意义而不起指示作用。

陈著还指出，除指示功能外，汉语指示词还有话语标记功能，后者由前者发展而来，指示词最初是用于回指上文事件，显示前后两个事件之间的关系，指示词意义非常实在，后来逐渐发展为标示两个事件之间关系的标记，即话语标记。汉语中“这”、“那”的话语标记功能主要有六类：明示推理、转移话题、引起听者注

意并引入新信息、表示评价语气、引入话题、填补思维空白等。

陈著指出，有多个语义特征可编码进指示词的语义系统，如确立所指范围的特征（指示词表示定指）以及所指对象相对于指示中心的距离、高低等等。定指特征是指示词的基本语义特征，距离、高低等语义特征编码进指示词之后构成了语言中指示系统的层级。语言中有一分、二分、三分、四分的指示系统，三分以上的指示系统往往有距离以外的其他语义特征参与，同一语言中不同对象范畴的指示层级也有可能不同。该著着重提出了中性指示词和中性指示用法的概念。中性指示是不需要区分距离远近的指示，中性指示词是语言中单独使用一个语言成分来表示中性指示现象的指示词，一分指示词都是中性指示词。指示现象大多数都属于中性指示，无论是直指、回指、篇章指示、认同指或助指，需要区分距离意义一般是在直指且有两个（含两个）以上对象进行对比的情况下，因而在有中性指示词的语言中，中性指示词使用频率往往是最高的，并且容易语法化为定冠词。而在没有中性指示词的语言中，人们被迫对各类指示做出远近选择，时间、方位等各类远近因素加诸其上影响指示词的选择，使得归纳指示词的控制因素非常困难。

第十五章以类型学理论为指导，描写了上海崇明方言中复杂的指示系统，对该方言中指示词的语用功能、语义层级及冠词化等做了详细描述。

4.1.2 指示词在名词性短语中的语序及其类型学意义

陈著也涉及指示词在名词性短语中和其他修饰成分的语序关系问题，这一问题和第七章、第十章有一些重合之处，并吸收了这些成果的一些结论，但考察范围更广，研究指示词和各种类型的名词修饰语同现时的语序，而不仅仅局限于关系从句。通过对不同类型语料的大面积统计分析，不但考察修饰语功能和语序之间的关联，还考察指示词的语序与语用功能之间的联系。第十一章通过统计显示了指示词语序和修饰语功能较强的相关性，这个相关性和吕叔湘《近代汉语指代词》(1985)、赵元任《汉语口语语法》（1968）的观察相符：在指示词之前的修饰语总是限制性的，指示词之后的修饰语一般是非限制性的。并且进一步指出，指示词的语用功能和语序也存在关联：在其他修饰语之后的指示词以助指为绝对优势的功能，在修饰语之前的指示词功能呈现出较为复杂的面貌，以指示功能为主，也有可能是助指或类指的，这似乎出现了指示词功能和语序形式的不匹配现象，破坏了限制性 / 非限制性对立和语序的对应，这一点正是第十一章所着力介绍的新发现。陈著还进一步找到了这一破坏因素背后的动因：在指示词形式为单一语素形式或表示复数、类指意义时，指示词可以出现在修饰语之前的位置上，这一动因可用第六章的一条原则加以解释：尽早 NP 的需要促使指示词在表示复数或类指意义时前置。至此，陈著维护了传统观点（吕叔湘，1985；赵元任，1968）和普遍语感，又对第六章对传统观点的质疑给出了合理解释。

陈著还综合大量语言提出了几条具有普遍性的语言类型原则，如指出在有量词的语言中，指示词和量词有可能组成一个 NP 性的句法成分，句法上和核心形成修饰或并列关系，但语义上，指量结构是修饰或者限定名词核心的成分，因而有可能某些语言中的指量结构语序上较为自由，还认为指示词有标记 NP 的作用，因此有居于 NP 最外层的倾向，这些语序原则适用面很广，后一条原则直接适用于汉语指示词的语序。

4.2 人称代词研究

人称代词是具有语言普遍性的词类，是类型学研究的重要领域，就汉语研究而言也得到了充分关注，但既有研究多简略描写一个语言或方言中的人称代词系统，近年来有学者开始运用生成语法理论研究汉语中的人称代词，综合来看，这一领域在现代语言学理论指导下还有很大的发展空间。

第十四章运用类型学框架详细描写了关中方言第三人称指称形式。关中方言中不能用“他”来无标记地指称第三人称，“他”受限于说话者对第三人称所指的主观评价，指示代词“兀”是关中方言中无标记的第三人称指称形式，另有一个同样表示主观评价、和“他”构成对立的“人家”。关中方言第三人称指称形式的标记性等级为：兀 < 人家 < 他（右边的成分标记度高于左边的成分）。

第十八章主要考察汉语中始于领属结构的人称代词复数形式的单数化。“复数领属语 + 核心名词”所指有两种解读，一种解读为组成复数的每个个体所拥有的对象之和，复数领属可分解为个体领属；另一种解读为多人共有某一（些）对象，这一（些）对象一般不专属某一些人，而为集体共有，因而复数领属无法分解为个体领属。只有可以理解为复数意义 2 的结构才有可能产生单数化：领属结构的所指是既定的，这一既定对象可以理解为集体所拥有，也可以在某些特殊语境下理解为某一个人所拥有，复数意义 2 是复数形式单数化的语义基础。

复数形式的单数意义由领属语位置会逐渐扩展到主语和宾语位置。核心名词的私有化或公有化程度是影响单数化的关键因素。始于领属结构的单数化遵循着如下等级序列：

1）从核心的语义特征来看

集体单位 > 一般称谓、亲属称谓 > 一般名词

2）从复数人称代词自身特征来看

第一人称、第二人称 > 第三人称

始于领属语的单数化可用 Grice 提出的会话合作原则等语用原则进行解释。另外语言中还存在由第二人称代词复数到尊称单数的单数化，第十八章以面子威胁理论对此进行了一些说明解释。

运用类型学理论考察汉语方言中人称代词的句法、语义、语用表现是一个值得继续深入的课题。

4.3 量词研究

量词问题一般指语言中名词的分类机制问题，几乎每一种语言都有一种或几种把名词划分成不同类别的手段，量词或量词和其他语言成分的组合往往可以充当语言中的论元成分，因而属于名词性结构研究的一个重要领域。第十六章探讨独立使用的量名结构与量词的定语标记功能之间的相关性，指出在量词发达型语言方言中，中性指示语境下指示词可以脱落，从而造成量名结构可以独立使用，量词可以称为类冠词，存在这样一个蕴涵关系：量词做定语标记 ⊃ 量词做类冠词。作为类冠词的量词有可能发展为中性指示词，从而跻身于语言中的指示系统，并有可能从中性指示词发展为有距离区别意义的指示词。

第十七章用类型学的方法对苗瑶语量词的类型学特征进行探讨，认为苗瑶语的个体量词具有类别词的功能，除动量词外，量词有重叠式、语音屈折和附加前缀三种形态变化，语义范畴是量、指称和名词化。量指结构、领属定语和关系从句中量词短语的语序由于受语言的影响具有双重语序类型，在句法结构中，名词对量词的选择不一定具有强制性，但是苗瑶语的量词具有单用、做话题的类指名词和专有名词前的冠词、定语标记、做被饰代词标记和名词化标记的功能。从以上讨论可见，苗瑶语的量词功能比普通话等北方汉语的量词更加多样，有些功能与吴语、粤语等南方方言的量词功能较为接近。

4.4 其他名词性短语

本课题还考察了一些比较有特色的 NP 结构及 NP 结构中的定语标记，如第十三章从汉语中特殊语序 N1VN2（NP）结构（如“服装加工企业”）出发，论证语义限制及联系项居中这一功能因素在此类格式形成过程中的作用。该章认为

N1VN2（NP）结构是表类指的称谓性很强（命名性强）的名词性结构，正是它的类指语义限制了 N1 、N2 位置上名词形式的范围。在命名性结构的要求下，原有的联系项消失，联系项居中原则促使动词成为结构中新的联系项。第二十章从汉语史和方言的角度进行考察后认为，河南话中兼定语标记、状语标记、语气词用法的“里”，来自于表示方位处所的名词“里”。居中位置是促使“里”发展为定语标记的最重要的条件，在此基础上“里”进一步发展出从句标记和语气词功能。西南官话中的定语标记很有可能与河南话中的“里”同出一源。

关于方位词方面的研究还有第十九章。该章用描写语言学的方法结合当代语法理论对花苗苗语的方位词及其组合关系，方位结构的结构、句法关系和语序类型学特征进行了描写和分析，认为花苗苗语的方位词分为位置方位词、处所方位词和远距离指示方位词三类，并与名词、指示词、量词、处所方位结构、方位指示结构、量指结构、量词结构组合，构成以方位词做中心语和做修饰语的方位结构的基本形式和扩展形式；在句法结构关系中，方位结构能充当处所主语、处所宾语、话题和焦点；在语序类型学特征上，方位结构中的方位词有前、后两种语序，方位结构的句法基本语序是 S 和 O，关系从句和介引方位结构使用前置词，方位结构后置。

五　名词和名词性短语的语义范畴研究

这儿所说的语义范畴，是指在词类语类的形态—句法行为中所体现出来的语义类别。本课题的研究成果着重讨论和揭示在下列范畴方面存在的有形态—句法行为所能验证的二元或多元对立系统。

5.1　内涵和外延

内涵定语和外延定语是从语义功能角度对名词性短语内的定语所做的分类，在第一章中有明确的界定。这种分类在人类语言中是普遍存在的，本身不一定是一种形态—句法类别。第一章指出，在汉语普通话中，这两个类别是有句法对立的。所有的内涵定语都可以加定语标记“的”（但实际出现时不一定加），而所有的外延定语都不可以加定语标记“的”。数量短语作为外延定语不可以加“的”，在特殊情况下，数量短语后可以加“的”，但句法测试表明，此时的数量短语已转化为内涵定语。内涵定语和外延定语的句法对立在其他方言中也基本相同。而在内涵定语内部，又可根据实际是否已带定语标记（包括“的”和指示词、量词等兼用定语标记）分为称谓性和非称谓性大类，前者未带标记，后者已带。因此，在汉语中，内涵和外延及内涵内部的称谓性和非称谓性，是定语的有句法依据的语义范畴，这一分类系统比其他的定语分类更直接地体现了语义和句法的对应关系。

5.2 性质和状态

朱德熙先生最先提出性质形容词和状态形容词的对立。沈家煊（1997）在此基础上将形容词的性质—状态对立发展成如下的多级序列：

非谓形容词	单音性质形容词	双音性质形容词 A	双音性质形容词 B 状态形容词乙	状态形容词甲	唯谓形容词
“大型”	“大”	“普通”	“大方、黑兮兮”	“黝黑”	“盎然”

第一章在此基础上结合内涵—外延的定语范畴系统，根据相关定语的句法表现，提出了内涵定语之下的性质—状态多级序列：

性质定语 ←————————————————→ 状态定语

名词—区别词—单音形容词—双音性质词 A—双音性质词 B / 形容词短语 / 状态词乙—状态词甲

5.3 指称范畴：类指和个体

汉语没有英语那种系统的有定无定冠词系统，也就难以给名词性短语确立严格的有定无定范畴。汉语都有指示词，指示词都用于有定的名词性短语，但是，指示词的主要功能是直指、示踪、回指等等，有定是其伴随的特征，而且与有定相对的无定也并没有统一的形式标记，因此难以建立有定无定的系统性范畴。不过，汉语的特点是有个体量词。第一章比较了前人对量词功能的分析，再综合考虑量词在南北方言中的句法表现及其表义功能，指出汉语量词的主要功能是表示个体，而相对的不带量词的名词性单位是表示类指，因此汉语名词性短语显著存在的不是有定和无定的范畴对立，而是个体指和类指的范畴对立。第一章也对海外某些汉语名词性短语的指称研究，包括对量词和指示词的指称作用的研究，提出了质疑。

5.4 空间与非空间

英语方所前置词 at、in、on、from 总是直接放在名词性短语之前，而汉语一般的名词不能直接放在“在、从、往”等方所前置词后，只有加上方位名词或方位后置词才能放在方所前置词后，如不说“在桌子”而要说“在桌子上”。但地名等却总是直接放在方所前置词后而且排斥方位词语，如“在北京”不能说“在北京里/上”。有些词则表现为两可，如“在学校（里）”。据此，第一章提出汉语名词存在空间名词与实体（非空间）名词的对立，“学校”这类是空间和实体双兼的名词。

5.5 范畴的内部差异和古今演变

第一章简要分析了上述范畴的内部差异和古今演变。例如，由于量词在粤语、吴语等南方方言中的作用更加发达，而指示词在北方方言中的作用更加发达，因此在名词短语的指称范畴方面存在着南方量词优先和北方指示词优先的差异。而在古代汉语中，由于量词在数词和名词之间的使用不是强制性的，因此古代汉语还不存在严格的类指指和个体指的对立，这一范畴对立是随着汉语量词的逐渐发展而形成的。再如，古代汉语中方位词在介词短语中的使用也不是强制的，因此空间—实体的范畴对立也是随着汉语方位词语强制性的逐渐形成而逐渐发展形成的。

六 余言

本书及相关的专著和学位论文以语言类型学成果为背景，以汉语的跨方言材料和少数民族语言的跨语言材料为主要语料，包括名词性短语的总体关注和部分现象的重点关注，对中国境内语言尤其是汉语的名词性短语进行了研究。一方面发掘出汉语和少数民族语言在语序、语类及其语音和词法结构、短语句法结构、从句、形态—句法行为所体现的语义范畴等方面的类型特点。另一方面寻求这些类型特点背后的人类语言共同机制。这是国内第一次从类型学视角对名词性短语进行的大规模系统考察。我们希望这一集体努力下的尝试可以加深我们对汉语和少数民族语言名词性结构的类型特点的认识，也能为丰富人类语言相关课题的普通语言学研究，尤其是类型比较研究，贡献基于中国语言的新型成果。正因为这是一个范围很广、方法较新的课题,还有很多相关的选题在本书及本课题的相关著作中尚未顾及研究，已有的成果也不尽成熟。我们希望今后能在此领域中进一步深化，并将类型学方法拓展到其他新的领域，同时也真诚希望同行专家和广大读者能对这些成果的不足之处提出批评，共同推动语言学术在科学的轨道上不断前行。

参考文献

陈玉洁 2010 《汉语指示词的类型学研究》，中国社会科学出版社。

李云兵 2008 《中国南方民族语言语序类型研究》，北京大学出版社。

刘丹青 2008 《语法调查研究手册》，上海教育出版社。

吕叔湘（著）、江蓝生（补） 1985 《近代汉语指代词》，学林出版社。

沈家煊 1997 《形容词句法功能的标记模式》，《中国语文》第4期。

唐正大 2005 《汉语关系从句的类型学研究》，中国社会科学院研究生院博士学位论文。

赵元任 1979/1968 《汉语口语语法》，吕叔湘译，商务印书馆，1979年。

Dryer, Matthew S. 1992 The Greenbergian word order correlations. *Language* 68.1:43-80.

——— 1998 Aspects of word order in the languages of Europe. In Anna Siewieska (ed.) *Constituent Order in the Languages of Europe.* Berlin/New York: Mouton de Gruyter. pp.283-319.

Greenberg, Joseph H. 1963 Some universals of grammar with particular reference to the order of meaningful elements. In J. H. Greenberg (ed.) *Universal of Language* (second edition). Cambridge, MA.: MIT Press.

Hawkins John A. 1983 *Word Order Universals.* New York: Academy Press.

第一章　汉语名词性短语的句法类型特征

一　引言

1.1　本章从类型学的视角、参考“名词性短语句法结构的类型学比较”课题组近年来的系列成果，对汉语（指现代汉语普通话）名词性短语的若干句法类型特征进行初步的小结。在不强调词和短语之别时，名词性短语简称“名词语”或NP。

对汉语名词语的特点，以往已有很多立足于不同角度的研究（如下文各节所引文献，此处暂略），富有启发性和参考价值。但有些研究，从语言类型学的角度看，限于跟少数印欧语相比，类型学基础相对薄弱，而且多集中于普通话，无暇顾及汉语不同变体间的差异。本章拟以语言类型学成果为背景，在下面两个方面设定研究路向：1）比较参项。我们将选取类型学上较为重要的参项，明确区分为语序、标记、范畴三个方面。重点关注在汉语中表现较为显著或以往研究重视不够的名词语的类型特征。2）比较范围。通过比较维度的拓展寻找汉语名词语的类型特点，本章的观察来自与下列方面的比较：类型学的既有重要成果；人们较熟知的语种；同为SVO型的语言；近亲近邻语言；古代汉语和方言。

1.2　定语是NP复杂化的主因。本章对“定语”（attributive/modifier）取传统语法的广义理解，再结合现代语言学的成果，并部分参考陆丙甫（1988）的提法，将定语分为**内涵定语**和**外延定语**两大类，本章将显示这一分类对认识汉语NP的诸多类型特点至关紧要。

内涵定语由实词性/开放性语类充当，是给整个名词语增加词汇性语义要素（即内涵）的定语，包括描写性和限制性定语，由名词、区别词、形容词、动词、介词短语及定语从句（英语这类语言中还包括部分副词）等充当。如“木头桌子、慢性疾病、吃的点心、修车工具、他买的书、看门的老头儿”等名词语中的定语。这些也是各学派公认的定语。句法上，内涵定语大都是核心名词的加接语（adjunct），加得再多也不改变整个结构光杆名词语（bare NP）的性质，从生成语法角度看，内涵定语受核心名词管辖，两者构成的短语充当DP核心即限定词D的补足语，受D管辖。在汉语中，所有的内涵定语都可以带“的”[1]。

外延定语由指称和/或量化成分充当，用来给名词语赋以指称、量化属性，表明它在真实世界或可能世界中的具体所指范围，即在不改变内涵的情况下指明其外延，由指示词、冠词、数量词语、量化词语（全量或分量词语）充当。这类定语在生成语法中不但不称为定语，而且分析为限定词短语DP的核心D或量化名词语QP的核心Q，是管辖NP的成分。如“这人、那支笔、三本书、所有人、一些商店、上述人员”等短语中的定语。它们在汉语中都不带“的”。本章部分吸收但不全盘采纳DP框架的精神，所以仍称定语。

领属定语的地位需要专门说明，因为其属性因语言而异。在英语、爱尔兰语等语言中，领格定语占据限定语的位置，不能与指示词、冠词同现，只取有定解读。这类语言Lyons（1999：23—26）称为限定性领格语言（determiner-genitive language），按本章术语可称外延领格语言，占据生成语法所说的D的位置。而在意大利语、希腊语等语言中，领有成分占据形容词定语一类的位置，领属结构本身不附带有定、无定信息，有定或无定表达需要加冠词等限定词，这类语言属形容性领格语言（adjectival-genitive language），按本章可称内涵领格语言。这类领属语不占据生成语法的D位置。汉语的领属结构虽然在语用上容易被理解为有定，实际上没有固定的指称属性，可以通过限定词决定其指称，如有定（我那本书丢了）、无定（我的一本书丢了）和类指（我的书很多）（参看刘丹青，2002）。因此，汉语属于Lyons所说的形容性领格语言，领属语为内涵定语。作为内涵定语的领属语一般也是核心名词的加接语，但假如遇到核心名词是“关系名词”（参看刘丹青，1983），则领属语成为核心名词不可省略的补足语（complement），如“于福的老婆”、“小芹的妈”中的定语。

【1】由直指性实词（如“上述、下列”，英语following之类）充当的定语是用形容词性的定语来表达外延定语的语义，句法上不同于真正的外延定语。

二 语序特征

2.1 作为以前置词为主的SVO语言，所有定语一律前置于核心名词

这是汉语名词短语最根本的语序特点，例如（内涵性下标 i，外延性下标 e）：

（1）[我]$_i$[那件]$_e$[昨天下午买的]$_i$[很厚的]$_i$[棉麻]$_i$衬衫

这一汉语使用者习以为常的现象，实际上是人类语言中非常独特的类型特点。

汉语的这一现象，自 Greenberg（1963）的语序类型学经典论文发表后就引起海外学者的关注，一些学者甚至据此及其他一些特征（如有后置词）否定或怀疑汉语 SVO 语言的属性（参看 Li & Thompson，1978 及所引文献），尽管后来这些观点并未被普遍接受。如 Li & Thompson 提到“抽样文本显示 VO 比 OV 出现数量更多，但修饰语必须在中心语之前，后者是一种 OV 的伴随特征”。本章尝试更精确地查验定语一律前置在 SVO—前置词语言中特殊到什么程度，依据的是 Hawkins（1983）含各大洲 357 种语言的语种库。在该书 284 页所列 SVO 配前置词的语言中，领属语和形容词都居前的语言只有 7 种，而 SVO—前置词语言中这两种定语都后置或一种后置的达 70 种语言加 3 个语族。从 129 页关系从句语序的详细列举可见，这 7 种语言中有 5 种（澳大利亚 Maung 语、“澳—泰语系”Kiriwinan、印欧语系立陶宛语、丹麦语和瑞典语）都是关系从句后置的，均非定语一律前置。只有两种语言（澳大利亚 Tiwi 语和古西伯利亚语系 Kamchadel 语）是多种定语前置的。但要注意两点。第一，这两种语言关系从句的资料从缺，而关系从句是所有定语中最有后置倾向的（参看 2.2），因此仍无法确定是否它们所有定语一律前置。第二，在此书附录的语序分类总目中，这两种语言都被标为 sov/SVO，即它们都不是纯 SVO 型，而是 SVO 为主，SOV 为辅。换言之，在这一很大的语种库中，汉语之外没有一种语言是真正的 SVO—前置词类型而所有定语都前置的。

在人们熟悉的 SVO—前置词语言中不乏定语后置语序，如英语的分词、介宾、从句等定语，法语的形容词定语、俄语的名词领格定语等，特别是在与汉语关系最密切的 SVO 语言壮侗语中，各种定语以后置为主，并且受汉语影响越少的语言定语后置越多（参看梁敏、张均如，1996：844—867）。同时，这些 SVO 语言普遍存在若干种前置的定语。与汉语 NP 语序最一致的是部分邻近的 SOV 语言，如日语、朝鲜语、阿尔泰语言，但是这跟汉语和藏缅语的同源关系无关，因为藏缅语言虽为 SOV 型，却常有多种定语是后置的，并且还影响到了藏汉混合的四川“倒话”，

请看藏语（胡坦，1999）和倒话的例子（意西微萨，2004：53）：

（2）藏语　ribong dkarpo gsumpo de

兔　　白　　三　那（那三只白兔）

（3）倒话　a. 布黄黄 di 个（一块黄黄的布）

b. 牛三个（三头牛）

在 OV 语言中，像藏缅那样的定语不同侧类型不比日语的定语同侧类型少见，说定语前置是 OV 的伴随特征并不确切。看 Dryer（1992）所列的 OV 语言，关系从句前后置之比为 26:37 组，形容词前后置之比为 55:77 组，领属语前后置之比为 112:12 组，指示词前后置之比为 79:32 组。可见，很多 OV 语言存在后置定语，关系从句、形容词后置的语言还占多数；而且不同类定语前后置的语种比例很悬殊，表明很多语言的定语不在同一侧。

再比较一下状语。虽然汉语总体上状语前置，但仍有部分状语性成分是后置的（汉语学界归入补语，其实本质上属于状语，当然并非所有补语都有状语性。参看刘丹青，2006），如部分前置词短语（走在大路上｜定在 30 号｜取材于农村）、部分程度副词（好得很）和方式副词（走得慢点儿）。因此，定语一律前置是比状语前置更突出的汉语语序特征。

定语语序的这种超常一致，使内涵定语和外延定语在汉语中具有统一的语序表现，两类定语之别得不到凸显，强化了汉语使用者及母语研究者的定语总是在前的语感。而定语的一律前置也给汉语 NP 句法带来诸多影响，这里先举一例。在名词前后都有定语分布的 SVO 语言中，可以用以动作名词为核心的 NP 模拟 SVO 语序表达一个及物事件，如 Chomsky（1970；转引自 Bernstein，2000：540）所举的英语例子：

（4）a. NP：Rome's destruction of Carthage（罗马对迦太基的毁灭）

b. 句子：Rome destroyed Carthage（罗马毁灭了迦太基）

从（4）a 的汉译可以看出，汉语施事和受事两个论元充当定语只能一起挤在 NP 的核心“毁灭”之前，无法模拟及物句的语序；而且施事做了领属语，受事只能用前置词“对”引出，后面还得用定语标记“的”，整个表达不简洁。由于汉语小句可以无须标句词直接做论元，这类“动作名词”结构还不如直接用小句做论元更简洁，比较（“<”表示优势度低于）：

（5）a. 他们目睹了**王兵对张利的殴打**。<b. 他们目睹了**王兵殴打张利**。

而且有些转换因为缺乏合适的前置词而无法实现，如：

（6）a. 我知道**陈伟看见了他**。 ～ b.*我知道**陈伟对他的看见**。

（7）a. 我知道**陈伟认识他**。 ≠ b. 我知道**陈伟对他的认识**。

2.2 关系从句前置

这是上面说的定语一律前置的具体表现之一，似乎不必单立一点。其实不然。虽然定语一律前置为其他 VO 语言所无，但是就具体定语类别来讲，多半能在其他 VO 语言中找到一些同样前置的例子，如领属格、指示词、数词、量化词、形容词等定语在英语中都是前置的。唯独关系从句表现突出。据 Dryer（1992、2003），在包含 625 种（1992）或 910 种（2003）语言的样本库中，关系从句只能前置的只有汉语这一个亲缘组。Dryer 文显示，关系从句在人类语言中是以后置为绝对优势的，甚至 OV 语言也有约 59% 的语言是关系从句后置的，后置比例超过 OV 语言的任何其他定语。因此，汉语关系从句前置是比其他定语前置更加独特的特点。而关系从句前置给汉语句法直接带来一系列重要后果。下面略举几端。

2.2.1 造成了一些汉语特有的歧义结构。首先是“咬死猎人的狗”（朱德熙，1979）这类常被提到的结构。这类歧义结构的存在条件是宾语在动词之后而关系从句在核心名词之前（刘丹青，1999），而符合这种条件的语言按 Dryer 的统计只有汉语。因而这是集中反映汉语类型特点的歧义结构。此外，汉语的前置词多来自动词，跟介词语序有关的歧义结构类型“对营业员的意见”也与此类型特点有关[1]。再如，由于定语一律前置，领属定语和关系从句也会造成一种结构歧义，如：

（8）a. [他昨天买的] 衬衫 ～ b.[他][昨天买的] 衬衫

例（8）一般按 a 例分析，这是成立的，可能还是优势解读。但是（8）b 在句法上确实也成立，即“他”充当领属定语，因为汉语中位于其他定语前的领属语是可以不带“的”的（详见 3.2）。假如插入指示词语或数量词语，（8）b 的成立就更加明显，如：

（9）a. 他那件昨天买的衬衫 ～ b. 他三件昨天买的衬衫

由于“他那件 / 三件昨天买”不成为一个关系从句，因而“他”只能分析为领属语。例（8）这种句法歧义常常不改变真值语义，因为（8）b 中的领属语可以优先理解为“买”的施事。但实际上也可以改变真值语义，因为（8）a 也可以理解为“他”

【1】当然，此类歧义结构同时也反映了前置词和关系从句前置的不和谐，这是一种罕见的语序配置。

只是买者，领有者是别人，即他为别人去买的衣服，如（10）a；而（8）b也可以理解为“他”只是领有者，买者另有其人，如（10）b：

（10）a. 他昨天买的（儿子的）衬衫 ～

b. 他（那件）（女朋友）昨天买的衬衫

2.2.2 限制了关系从句的长度，催生了多种减少大肚句的句法策略。关系从句在正常情况下是定语中最“重”（长而复杂）的单位，因为它是句子而其他定语是词或短语。但在汉语中，假如任关系从句自由扩展，动词与其宾语的核心就会间隔很远，形成所谓大肚子句子（而其他 VO 语言关系从句在后，没有大肚之虞），如：

（11）我看了一部［描写旧时代一对恋人冲破封建家庭的重重束缚追求幸福生活的］电影。

大肚句违背了 Dik（1983）所说的“核心靠拢原则”和 Hawkins（1994：第3章）所说的“直接成分尽早确认原则”，让作为谓语核心的动词和作为宾语核心的名词相隔很远，在核心名词出现之前，动宾的直接成分关系无法确立，尚未跟核心名词组块的各项定语都得暂存于短时记忆，加重了记忆负担（参看陆丙甫，1986）。此外汉语“定语一律前置”的独特规则还使得其他定语也只能跟关系从句一起挤在动宾之间，给短时记忆“百上添斤”。

当然，关系从句不只是修饰宾语，也可以修饰主语。唐正大（2006a）通过大规模跨语言比较，提出制约关系从句语序的另一条原则：“主语核心尽早确认原则”。而关系从句前置，有拖延主语核心确认的作用，这也是人类语言关系从句倾向后置的原因之一。

针对关系从句（尤其是宾语位置的关系从句）前置造成的处理难度，汉语及其方言在实际口语中都使用了一些抑制其复杂性的策略。

一是在口语里限制关系从句的平均长度。方梅（2004）据大量北京口语实际语料指出前置的关系从句有“简单结构”的限制。唐正大（2005：§6.1.1）就此做了统计，取王朔小说《过把瘾就死》中的北京话对话，共59133字，得关系从句结构77次，其关系从句字数为：1字4次，2—3字46次，4—5字19次，6—7字6次，8字1次，8字以上1次。即5字以内的关系从句出现频率89.6%，半数以上只有1到3字。达到8字的已经罕见。关中方言的几段真实对话的统计也得到相近的结果，5字以下的关系从句分别占82.1%到92.3%之间。作为小句只含5字（亦即两三个词）以下确实是非常简短的。

另一种策略是，遇到宾语带复杂关系从句时，将整个宾语话题化至句首位置，以减轻处理难度，因为在句首时，短时记忆中尚无其他成分，可以将整个宾语说完组成一块后再开始其他成分。马诗帆（Matthews）和杨月英（2003）以粤语的心理语言学实验证明话题化可以降低复杂宾语的处理难度，因而由关系从句前置的类型特征引发的宾语位置定语过长的状况也被马诗帆等视为粤语话题化的动因之一。这一分析对汉语其他方言也是适用的。

2.2.3 催生了口语中的后置关系从句。受到长度和复杂度的制约，汉语口语的名词前最多只能放置一些对宾语的所指进行必要限定的简短的限制性关系从句。而关系从句的另一项常见功能，即对核心名词进行补充性说明（非限制关系从句），在汉语里就只能以后接分句形式来表示。其中有些，根据方梅（2004）的分析，已带有后置关系从句的性质。显然这是关系从句前置的类型特点及其功能局限所催生的现象，不过这种口语中的后置关系从句句法化程度还不太高，与核心名词的整合度还处在较低的水平。

2.3　领属定语可以跟指示词同现并以前于（=外于）指示词为常

领属定语和有定限定词（指示词、指量短语、定冠词等）能够在同一侧同现，只是部分形容性领属语型语言的特点。假如领属语是限定性的，如英语，就不允许领属语与其他有定限定词同现，因为领属语已占了限定词之位并表示有定（见1.2）。假如领属语是形容性的，但领属语和限定词不在同一侧，也不涉及领属语和限定词的语序问题。而在能够同现于一侧的语言中，常见情况是限定词占据最外层，统摄包括领属语在内的其他各种定语。例如：

（12）武鸣壮语（梁敏、张均如，1996：863）

fa: k^8 mit^8 $ɣai^6ɣai^6$ $po^6luŋ^2$ kau^1 ***han^4***

把　刀　快快　伯父　我　**那**

（我伯父那把特快的刀）

（13）葡萄牙语（王锁瑛、鲁晏宾，1999：102）

o　meu　pai

（定冠）　我的　父亲

而汉语的情况却是以领属定语前置于限定词为常，如例（12）的原作者翻译“我伯父那把特快的刀”所示。而反过来的“那把我伯父的特快的刀”则常用度和自然度要差许多。吕叔湘（1985：209）在论及近代汉语（用例含现代汉语）时就说：

“与领属性定语连用，这、那无例外的在后。”这意味着汉语倾向于让领属语处于比限定词更外层的位置。汉语领属语居外，并不意味着它像英语领属语那样鹊巢鸠占地接管了指示词的限定语位置，因为汉语整个NP的有定无定仍是由指示词决定的，如“我（的）这把刀”是有定的，而“我的一把刀”是无定的。这与由冠词决定NP指称性的葡萄牙语相似，虽然葡语定冠词外于领属语，如：

（14）meu filho （出处同（13））

我的 儿子 （表示说话人还有其他儿子）

（15） o meu filho （出处同（13））

（定冠）我的 儿子

（表示说话人只有这一个儿子，或这是他偏爱的儿子）

汉语领属语居前居外的特点，也造成了一种汉语特色的歧义结构，因为汉语领属语在后接其他定语时可以省“的”（见3.2），如“他（的）很多的财产”，当领属语和核心名词的生命度等属性相同时，省“的”后整个NP可能与同位结构同形，如：

（16）张伟这个助手：a. 张伟的这个助手。 b. 张伟＝这个助手

（17）茅台这种酒： a. 茅台（公司）的这种酒。 b. 茅台＝这种酒

（18）他们那些亲戚：a. 他们的那些亲戚。 b. 他们＝那些亲戚

与领属语外于限定词相关，汉语的限定词也比领属语更能容忍其前的其他内涵定语，如：

（19）很暗的那小屋 ～ ??很暗的我的小屋 ～ 我的很暗的小屋

（20）卖菜的这些亲戚 ～ ??卖菜的小张的亲戚 ～ 小张的卖菜的亲戚

汉语指示词比较容易兼带内涵定语标记的作用，如“他**这**脾气”、“我们**那**些朋友”、“坐着**那**人”，其实它是汉语限定词居内特点的一个历时性后果。

2.4 外延定语相对内涵定语的漂移性和外延定语内部的语序固定性

多项定语的语序已经有很多富有启发性的研究成果（参看陆丙甫，1988，1993：92—97；方希，2002及所引文献）。但这些研究没有基于内涵定语和外延定语之别。如以这两类定语之别为视角，则可以看出，汉语定语间语序的根本特点是：外延定语相对于内涵定语的语序较灵活，外延定语内部很固定。当内涵定语带“的”时，各项外延定语都可以漂移，例如：

（21）a. 三本新的书 ～ b. 新的三本书

（22）a. 我看过的所有电影　～　b. 所有我看过的电影

（23）a. 这张红木的桌子　～　b. 红木的这张桌子

（24）a. 一些 / 那些正在散步的悠闲的老人　～　b. 正在散步的一些 / 那些悠闲的老人　～　c. 正在散步的悠闲的一些 / 那些老人

再看外延定语之间：

（25）a. 这三张桌子　～　b.* 三张这桌子

（26）a. 三张这种 / 类桌子　～　b.* 这种 / 类三张桌子

（27）a. 所有这些书　～　b.* 这些所有书

（28）a. 所有（的）一百名参赛者　～　b.* 一百名所有（的）参赛者

领属定语本质上兼有内涵性和外延性，所以在有些语言中是外延定语，在汉语、葡语等语言中是内涵定语。汉语领属语总体上符合内涵定语的常规，也更证明其内涵性，如：

（29）a. 三本我的书　～　a'. 我的三本书

b. 所有我的书　～　b'. 我的所有书

c. 这本我的书　～　c'. 我的这本书

从跨语言的角度看，外延定语内部语序固定是比较普遍的现象，而外延定语的漂移是较罕见的现象。Greenberg（1966）有一条共性：

共性 20：当任何一个或者所有的下述成分（指别词、数词、描写性形容词）居于名词之前时，它们总以这种语序出现。如果它们后置，语序或者依旧，或者完全相反。

这一共性涉及一种典型的内涵定语（形容词 A）和两种外延定语（指示词 D、数词 Num）的相对语序。我们知道，当三个成分都在名词前时，共有 6 种逻辑可能的排列：DNumA，DANum，NumDA，NumAD，ADNum，ANumD，该共性显示只有 DNumA 这一种排列成立。当它们都在名词之后时，也有这 6 种逻辑可能，该共性显示只有 DNumA 和 ANumD 这两种可能成立（后来发现 DANum 和 ADNum 也有些实例，总共是 4 种。参看陆丙甫，1993：90—91）。12 种逻辑可能性只有 5 种成立，说明在不同语言间，外延定语相对于内涵定语的位置非常固定；特别是都在名词之前时，6 种可能只有一种成立。由此可见它们在一种语言内部就更固定了。假如外延定语常常漂移，上述共性就不可能出现。我们了解到的情况也确实如此。在英语中，these three big tables，三者都在名词前，只有这种语序成立，其他如 three big these tables，big these three tables 等都不成立。再如在 SOV 的藏缅语族仙岛语（戴庆厦等，2005：112）和 SVO 的壮侗语族泰语（梁敏等，1996：865）中，这三种定语都在名词后，均取名词前的唯一语序 DNumA 的镜像 ANumD 语序，如：

（30）a. 仙岛：tsi^{31} ŋjau^{35} sum^{31} tuŋ^{51} xai^{55}　（这三件绿衣服）

衣服　绿　　三　件　这

b. 泰：ma^{4} khaːu^{1} thi^{3} sɯ^{4} ma^{2} mai^{5} sɔŋ^{1} tuə^{2} nan（新买来的那两匹白马）

马　白（助词）买　来　新　两　只　那

戴庆厦等（2005：113）指出，仙岛语中“当指示代词、形容词、数量词组和的字结构（指核心名词先带定语标记的关系从句——引者）等同时做名词的定语时，它们的前后位置是‘的字结构＋名词中心词＋形容词＋数量词组＋指示代词’”。这说明其语序固定而不漂移[1]。

因此，外延定语可以漂移，是汉语非常突出的类型特点。当然，漂移的结果会带来指称意义和信息属性的细微差异（具体看法不一，参看赵元任，1979/1968：148；吕叔湘，1985：214；唐正大，2007；陈玉洁，2007a：第 9 章）等，此不赘言。至于内涵定语之间的语序，既有固定性，也有一定的灵活性（尤其带“的”定语），其排序主要受语义、认知和语用等方面的制约（详见前引陆丙甫，1988、1993；方希，2004 等），除了韵律制约较有汉语特点，其他制约条件多体现人类语言的共性，而外延定语漂移则是较强的汉语个性。

三　标记特征

3.1　定语标记“的”：内涵定语和外延定语的基本界限

名词性短语的扩展除并列外主要源于定语的使用，定语如何标记也是一种语言 NP 的类型特点。汉语在定名关系方面是从属语标注语言，即若用标记都加在定语上，而不像有些语言可以在核心名词上标注，如匈牙利语（例见顾宗英等，1989：88—89）和鄂伦春语（例见胡增益，2001：77—78）。与许多语言相比，汉

【1】在有量词的藏缅（戴庆厦、傅爱兰，2003）、壮侗（梁敏、张均如，1996）等语言中，实际出现的语序确实也不止共性 20 所说的这几种，这可能是因为量词在有些语言里不是名词的限定成分，而是真正的句法核心（犹如英语 a cup of tea 中的 cup），造成一些复杂现象，但并未见到这些语言中指示词、数词可以漂移的报道。

语定语标记有如下显著的基本特点：

1）标记单一，专用定语标记只有一个“的”。这个后置性助词用于很多不同种类的定语，如领属语、名词/区别词属性定语、形容词定语（包括性质形容词和状态形容词）、动词及关系从句充当的定语等。这些种类的定语在其他语言中很可能使用多个不同形不同质的标记，例如英语的领属格后缀 -s，形容词构词后缀（名转形的 -al 等），分词形态 -ing 和 -ed，介词 of，关系代词 that、who 等。至于汉语非专用的兼职定语标记，详见 3.2。

2）内涵定语都可以（但不一定必须）带“的”，而外延定语不能带“的”，如：* 三张的桌子、* 这的人、* 那个的城市。标记使用方面最大的界限划在这两大类定语之间，与语序表现方面的分野一致，再次说明区分这两类定语之重要。

3）定语标记不是纯句法性的，而兼有语用性（广义）。几乎所有定语后的“的”都不是强制性的，都在一定条件下可以省略，这些条件包括句法、语用和韵律等。

关于 1、3 两点，下文还将分析，这里先分析一下第 2 点。

各种内涵定语都可以带“的”，即使一般无须带“的”的，也可以随时插入，如“我（的）姐姐、木头（的）桌子、慢性（的）肠炎”等。

外延定语不能带“的”上面已有举例，但是这儿有一些复杂情况需要分析。

外延定语中的全称量化词“所有”有时可以带“的”，这是例外，可能与它们的实词来源有关。吕叔湘主编（1980）“所有”条注为形容词性，同时认为“一切”“有指别词的作用”，不能带“的”。同属全量词的“每（个）”和部分量化词“一些”都不能带“的”。“有的”是单词，这个“有”离不开“的”，量化词是“有的”这个整体。除了“所有”这稍不整齐的状况外，内涵定语和外延定语凭能否带“的”区分是很清楚的，而且也再次证明领属语在汉语中是内涵性的。

普通话数量短语作为外延定语似乎有时可以带“的”。有些是整类的，如计量词（度量词和容器量词）都可以带“的”。实际上，它们带不带“的”，整个定语性质完全不同。数量短语带“的”后，就不再是数量短语，而是描写性定语，对度量词来说还有句法明证：

（31）a. 三斤肉 | 五尺线　～　b.* 一块三斤肉 | * 两段五尺线

（32）a. 三斤的肉 | 五尺的线　～　b. 一块三斤的肉 | 两段五尺的线

一个名词只能带一个数量限定成分。“三斤、五尺”是数量限定词，不能再受数量限定词的限定；而“三斤的、五尺的”是描写性定语而非数量限定词，所以前面还可以加真正的数量限定词。Cheng & Sybesma（1999）将是否可带“的”作为区分计量词和个体量词的句法依据。其实加“的”与否关乎定语的类别（内涵/外延）而非量词的类别。个体量词一般不带“的”是因为缺少做描写性内涵定语的语义条件。只要数量大到足以体现主观大量，个体量词也可以带“的”转化为描写性定语，不再是计量成分，这与单位量词是一样的。如：

（33）……桥前约250平方公尺的小河口滩地，聚集着108只的白鹭鸶，（*……5只的白鹭鸶）（报）

（34）……所以一般的繁育者都是在维持10—20只的繁殖猫。（*……1—3只的繁殖猫）（报）

这些带“的”的个体量词也同样可以再带真正的计量成分，而不带“的”的不可以，如：

（35）a. 一群108只的白鹭鸶 ～ b.* 一群108只白鹭鸶

汉语的泛用定语标记“的”相当清楚地划出了内涵定语和外延定语的界线，这与同样具有泛用定语标记的日语形成对照。日语的の（音no）在领属语和形容词后标记内涵定语，在量词和指示词后则标记外延定语。如：

（36）内涵性：a. neko no mimi　　b. midori no hane
　　　　　　　猫 的 耳朵　　　　绿 的 羽毛

（37）外延性：a. sam biki no neko　　b. ano　　hito　　c. kono　　hon
　　　　　　　三 只 的 猫　　　　　那（的）　人　　　这（的）　书

虽然（37）b—c中ano和kono习惯将no拼写进指示词里，但实际上no仍然是定语标记，专用于限定语位置。当指示词作为代词单独充当论元时，其词形是相应的are和kore，不再用no。可见no跨越了内涵和外延两类定语，而另有一些内涵定语则不加定语标记，直接与核心名词组合，如关系从句：

（38）a. e-o　　kai-ta gaka（画了画的画家）
　　　画（宾格）画了 画家
　　b. gaka-ga　　kai-ta　e（画家画的画）
　　　画家（主格）画了　画

由此可见，我们可以把汉语在定语方面的第1、2两点合而为一，成为汉语的一个显著特点，就是使用泛用的定语标记，并且这个标记只用于内涵性定语。这样既区别于使用多种定语标记手段的大量语言，也区别于定语标记跨越内涵外延两类定语的那些语言。

不过，“的”可以用来在语感中测试某个定语属于内涵性还是外延性，却不能用来判断实际语料中的定语是内涵性还是外延性，因为“的”的一大特点是非强制性（详下）。

3.2　各种语类充当的内涵定语后“的”都不具有强制性

关于定语后“的”的隐现规律，已有很多成果，而意见依然分歧（参看陆丙甫，2003）。难点在于定语的语类或简单的句法规则不足以预测“的”的出现与否。其实这一现象本身就是一条类型特点。从现已揭示的事实看，虽然汉语内涵定语都可以带“的”，但实际使用中并不都带，在很多条件下“的”是可省或宜省。这使得“的”难以成为一个纯粹的句法性标记。下面择要分析。

多层定语（定语本身是内含定语的NP）和多项定语（几个定语依次修饰核心）都有排斥“的”在一个名词性短语内多次出现的倾向。两类情况的共同倾向是“尽前省略”，即位置在前的定语，尤其是在定语之首的领属语，最容易或最需要省略“的”。而紧靠核心名词的领属语不能省“的”。此外，对多项定语来说，由名词、区别词等充当的非领属属性定语在紧靠核心名词的情况下也以无“的”为常。如：

（39）多层定语：a. 办公室（?的）王主任（的）要好朋友（的）外甥*（的）同学～

b. 办公室王主任*（的）朋友

c. 要好朋友*（的）外甥

（40）多项定语：王主任（的）年纪很轻（的）在湖北老家经商*（的）远房（?的）亲戚

例（39）显示，作为多层领属定语，第一个出现的“办公室”后的“的”从语用上是强烈需要删除的，否则很不像汉语表达。而同为领属语，最后一个紧靠核心的“外甥”必须带“的”。值得注意的是，那些可以省“的”的领属定语假如单独直接修饰核心名词，多须带“的”，否则不合格，如例（39）b—c所示。例（40）显示，作为多项定语，前面两个尤其是第一个定语的“的”强烈倾向删除（而它们单独修饰该核心名词时“的”为必用），而倒数第二个定语“在湖北老家经商”跟“年纪很轻”一样是描写性定语，却必须带“的”，末一属性定语“远房”则又是近乎要强制删除的。

这里的规则主要是语用性的。定语在其他定语之前或之后，其句法属性并无不同，难以从句法上解释其删除规则，而且可删除的“的”句法上也都可以补上，只是补上后显得重复、啰唆——而“重复、啰唆”只是语用瑕疵而非句法语病。连接定语的纯句法标记，如英语的领格后缀 -s 和引出定语的前置词 of 等，不管定语有多少层、多少项，都不能自由隐现[1]。由词性等语类属性决定的定语隐现规则是句法性的规则，可是汉语定语标记“的”的省略与定语语类关系不大，连已经被分析为词内后缀的状态形容词后的“的”（朱德熙的“的$_2$”）也是可以省略的，如“漂漂亮亮（的）一件衣服”，其他语类后的“的”更是如此，这强化了“的”的非句法性一面。除语用修辞影响外，“的”的隐现还很受韵律的影响，例如：

（41）a. 木头方（*的）桌子 ～ b. 方*（的）木头桌子 ～ c. 正方（的）木头桌子

（41）a 中“方”后不能带“的”，而（41）b 中同一个“方”却必须带“的”，这似乎是位置决定的。事实上（41）b 中的“方”换成双音节的“正方”，“的”就可加可不加了，可见起作用的是定语的音节数。这儿，韵律条件有独立于句法语义条件的作用，“的”成为调节音节数的手段。这进一步显示“的”不是单纯的句法标记。

总之，“的”是一个兼有句法、语用和韵律功能的定语标记，从而构成汉语定语标记的显著特点。有些句法条件下“的”是必用的，不能省略，如“（你看好）小张的行李”，具有句法性；另一些条件下“的”的隐现由语用或韵律等因素决定，因而又具有非句法性。

“的”经常隐去的另一个原因是汉语中存在一些正在虚化或尚未严重虚化的兼用定语标记。有这样功能的主要有北方话口语中的指示词，如“他这书、小王那技术”（参看吕叔湘，1985：209；张伯江、方梅，1996：157—158），第三人称单数代词，如“王平他爹、小丽她奶奶”，指量短语，如“他这本书”，数量结构，如“他三本书、厚厚三本书、干干净净两间屋子”，这些或多或少具有联系项作用的兼用定语标记

【1】陆丙甫（2003）用语义规则来概括“的”的隐显规则及语序相关性，认为“的”的基本作用是描写性，定语越居后其描写性越强，越需要加“的”；越居前则区别性越强，描写性越弱，越倾向于省“的”。此说有一定解释力，但难以面对由名词、区别词等充当的属性定语。首先，这类定语倾向于紧靠核心名词，位置最居后，但陆文也承认这类定语描写性弱、区别性强。这背离了陆文越居后描写性越强的预测。其次，这类定语在后时通常不带“的”，但若移到前面，反而需要带“的”，如“远房*（的）在湖北老家经商的亲戚”、“那张木头桌子～木头*（的）那张桌子”，违背了越在前描写性越弱、越不能带“的”的预测。其他试图用语义来概括其隐现规律的说法也各有薄弱点，兹不细述。

很难去掉，否则就要请出“的”字。说它们是“兼用”标记，是因为它们在帮助连接定语时，全都保留原有的指称或量化语义，对核心名词的指称量化属性有严格的选择限制。大体上，由指称量化成分兼任的定语标记可以代替专用定语标记“的”（如“我那位同学”），也可以与“的”同现（如“我的那位同学”），同现时就不再有定语标记作用，而是纯指称量化成分。但是，有一类定语后指称量化成分可以代替“的”而很难与“的”同现，就是所谓同一性定语，即核心名词的补足语从句，如：

（42）a. 张明获胜的消息　～　b. 张明获胜这条消息　～　c.* 张明获胜的这条消息

（43）a. 病从口入的说法　～　b. 病从口入这个说法　～　c.* 病从口入的这个说法

这是因为，当这类带补足语的核心名词前出现指示词时，前面的补足语在句法上已不再是定语，而是同位语了，所以不能再带“的”。这一特性，可以用来测试名词的补足语和其他内涵定语的区别。语义上，其他内涵定语只表达名词的一方面属性，而补足语表达核心的全部属性，因而句法上容易实现为同位语。不过，正因为指示词在起定语连接项的作用的同时仍保留其限定词的作用，因此难以避免定中结构与同位结构的歧义，如前文例（16—18）。

3. 3　NP 的并列标记“和”等在某些条件下也可省，从而可能造成与领属结构的歧义。这只会在并列连词和领属标记都能省的语言中发生。有时甚至造成与同位称谓语的三重歧义，这除了上述类型条件外，还得有“专名+通名”的同位语语序。三重歧义例如：

（44）大明舅舅也去了：大明和舅舅 / 大明的舅舅 / 名为大明的舅舅也去了

（45）张慧组长不同意：张慧和组长 / 张慧的组长 / 名为张慧的组长不同意

四　范畴特征

这里重点关注的是与汉语 NP 的句法类型特征紧密相关的一些语法范畴特征。

4. 1　范畴的合并或趋同

汉语 NP 内定语一律在前这一根本语序特征，助长了某些范畴在汉语中的合一或趋同。

4.1.1 单词及短语性定语和定语从句的趋同。由于汉语的以下类型特点：1）各类定语都“挤”在左侧且所用标记单一；2）谓词在充当定语时与直接充当谓语时没有形态上（如限定、非限定范畴）的清晰区别；3）句子较容忍论元省略，因此，单词、短语和从句充当定语时在句法上趋同。一个单个的不及物谓词充当定语也可以被分析为关系从句，如“学生聪明”关系化后就成为“聪明的学生”，而这种定语形式同于正常的形容词定语。同理“游泳的孩子”也可以分析为“孩子游泳”的关系化（参看刘丹青，2005）。假如像英语那样形容词定语在前而关系从句在后，或像多数藏缅语那样基本形容词在后而关系从句在前，或像南岛语系 Kwamera 语那样虽然形容词和关系从句都后置，但存在标记使用等句法表现的不同，都容易区分形容词定语和关系从句，如 Kwamera 语例（Lindstrom & Lynch，1994：31）：

（46）a. 形容词定语 nimwa vi te

房子 新 有定标记

相当于英语 the new house

b. 关系从句 nimwa te sa-vi

房子 有定标记 关系化标记—新

相当于英语 the house that is new

此外，在汉语中，即使由单个及物动词做定语，由于小句省略主语和宾语都比较自由，因此仍可分析为关系从句，如“买的书”可以理解为省主语的小句“买书”的关系化，“复习的学生”可以理解为省宾语的小句“学生复习”的关系化。

不过，汉语中有一些测试项可以帮助区分典型的关系从句和一般的 VP 定语（详参刘丹青，2005）。

1）汉语中带“的”的定语语序规则与常规小句相同，而不带“的”的内涵定语，其语序规则不同于常规小句，不是真正的小句，也称不上关系从句。比较：

（47）a. 鱼塘守护人员 ～ b. 守护鱼塘*（的）人员

（47）a 无“的”，其受事定语前置于动词；（47）b 定语同于小句之 VO，必须用“的”。顾阳和沈阳（2001）注意到，在构成吕叔湘所说的“拿起词作端语”（以施事为中心词）的复合词中，含动宾关系的定语往往要将动词（述语）和止词（宾语）颠倒次序，如“飞机乘客”，从而区别于短语中的语序。可见，例（47）a 在结构和语序上更接近复合词而不是短语，不存在关系从句结构。（47）例显示关系从句在汉语中必须用联系项，推而广之，“大房间、聪明孩子、学习材料、住宿旅客”这类组合都不含关系从句。

2）某些关系从句（如吴语中用量词兼作联系项的关系从句）对谓词的复杂度有要求，排斥单个光杆动词，比较苏州话：

（48）a. 我看本书（我看的那本书） ~ b. 看三遍本书（看三遍的那本书） ~ c.* 看本书（看的那本书）

这一对立，可视为典型的关系从句和一般的VP定语（或非典型关系从句）的区别。

4.1.2 限制性关系从句和非限制性关系从句的合一

汉语限制性和非限制性的关系从句在句法实现上完全合一，如唐正大（2006b）所举（编号重排，释义有调整）：

（49）吃螃蟹的毛利人。（限制性：存在吃螃蟹的毛利人和不吃螃蟹的毛利人）

（50）吃螃蟹的毛利人。（非限制性：基于毛利人都吃螃蟹的情况而这么说）

这一限制—非限制的范畴合一也与汉语定语一律居前的类型特征有关。居前的定语只有紧密组合一种选择，定语和核心名词间不能有停顿，无法凭定语的松紧来区分限制—非限制。而英语关系从句居后（几乎全部VO语言和多数OV语言关系从句也都居后），居后的定语可以有紧密和松散两种组合，便于像英语那样区分限制—非限制。汉语也不像有些语言那样关系从句只有限制性一种（如南岛语系托克劳语，Hooper，1996：40），后者也不会有限制、非限制的合一。据方梅（2004），在北京口语中，存在后置于核心名词的较为松散的关系从句，都是非限制性的。我们认为这种关系从句作为定语的语法化程度及与核心名词的整合度都较低，因此尚未动摇定语一律在前的大势。而且即使在北京话中，也仍然不能有效区分限制和非限制，因为仍然存在前置于名词的非限制性关系从句。

4.2 范畴的对立：语类之别、定语标记之别或有无定语标记之别增加了定语的对立范畴

4.2.1 称谓性定语（黏合[1]定语）和非称谓性定语（组合定语）之别

汉语内涵定语多为加不加“的”两可，因而加“的”与否形成了汉语中语义语用功能有别的定语大类。吕叔湘（1979）已指出“大树”和“大的树”“语法上是很有分别的”，朱德熙（1982）正式划分黏合式偏正结构（名词、区别词和性质

【1】语言学界有“粘合”与“黏合”两用，但实指相同，鉴于“黏合”是规范词形，本书统一做“黏合”。

形容词定语不带"的"）和组合式偏正结构（定语带"的"或为指示词、指量短语、数量短语）两大类，认为黏合式结构作用相当于单个词。陆丙甫（1993：40）将朱德熙的黏合定语称为"称谓性定语"，指出其有分类功能，而带"的"的则为非称谓性定语。张敏（1998）也同意黏合式/称谓性定语有分类性，"在概念上作为核心名词的分类依据"，整个黏合定名结构的"作用就像一个表类指的名词"。但陆、张两位似都未就本章所说的外延定语的类属明确表态，但他们主要对比的都是不带"的"和带"的"的内涵定语，基本不涉及外延定语。

基于是否加"的"而区分的黏合式/称谓性定语和组合式/非称谓性定语是极有价值的分类。不过，正如本章已显示的，内涵性和外延性是定语内区别最大的两类，让组合式定语包括外延定语无法体现内涵外延之大别（当时还未有这一区分），而且使组合式定语出现带"的"不带"的"两种情况，因而模糊了黏合和组合的划分标准。这可能也是陆、张两位在谈黏合组合之别时避谈外延定语的部分原因。本章提出下列改进后的区分：

（51）A. 外延定语（不可带"的"，有时还能代替"的"，构成短语）：
这人、三头猪、那五间房、这六十斤大米
B. 内涵定语（可带"的"）：
B1. 称谓性定语（可带而未带"的"，构成复合词或"短语词"）：
大树、我姐姐、木头枪、免洗大米、聪明孩子、鱼塘守护人员
B2. 非称谓性定语（可带且已带"的"或带来自外延定语的兼用标记，构成短语）：
大的树、我这姐姐、木头的房子、圆圆的眼睛、守护鱼塘的人员、出差那位经理

这一分类可使定语的句法范畴的分类标准更加清晰：凭是否**可带**"的"可在句法上确立内涵和外延两大类定语，凭是否**已带**定语标记可将内涵性定语再分为称谓性和非称谓性两大类。同时，这一分类还将原来身份不明的不带"的"而带兼用定语标记的现象包括了进来。

以上句法范畴系统的存在，需要下述特定类型条件。1）内涵定语和外延定语在标记上形成对立。如日语因为定语标记の横跨内涵和外延两大类，而内涵定语中又有多类不能用标记，因而无此条件。2）各类内涵定语可以使用单一的定语标记。至今我们未发现有其他语言有这种情况。如英语内涵定语的标记方式五花八门（见

3.1）。藏缅、壮侗等亲邻语言中也未见到有这种统一的标记（我们检视了李云兵（2005）中所有民族语言定名结构材料）。3）内涵定语的标记经常可用可不用，从而出现同样语类的定语有“黏合”和“组合”之别。这种情况也不多见。以上每个条件都颇难找到，而三者齐备的语言更是绝无仅有。因此，上述定语范畴分类应是汉语 NP 相当独特的现象。可见，定语的黏合 / 称谓性和组合 / 非称谓性之分不但极富创见，而且也是汉语语法学对普遍语法理论的特殊贡献。

4.2.2 性质定语和状态定语

这是从定语角度采纳朱德熙（1956）首创的性质形容词和状态形容词之分而得到的范畴对立。由于性质形容词和状态形容词内部在句法表现上都不完全同质，各有一些小类不同程度向对方靠拢，因此沈家煊（1997）将形容词的类别扩展成下面这个连续的等级：

非谓形容词	单音性质形容词	双音性质形容词 A	双音性质形容词 B 状态形容词乙	状态形容词甲	唯谓形容词
“大型”	“大”	“普通”	“大方、黑兮兮”	“黝黑”	“盎然”

在以上等级中，越靠左越近“性质”，越靠右越近“状态”。从定语的角度看，以上小类都表恒久或临时的“属性”，但右端的唯谓形容词不能做定语，应当排除；而名词充当非领属的属性定语也表属性，如“木头桌子、心理障碍”等，应当加入。此外，还要加入比双音性质形容词更接近状态形容词的带程度修饰的性质形容词短语。至于内涵定语中的领属语和关系从句，主要表关系而不是属性，因此不宜列入。这样我们可以将上述等级修改后用作汉语内涵定语的“性质—状态”等级序列，图示如下（“性质”、“状态”后省略“形容”二字）：

（52）性质定语 ←————————————————→ 状态定语

名词—区别词—单音形容词—双音性质词 A—双音性质词 B / 形容词短语 / 状态词乙—状态词甲

从类型学角度看，性质和状态的语法范畴对立，虽然不见于英语之类印欧语，却广泛见于东亚语言，如藏缅语（如戴庆厦、徐悉艰（1992）所述景颇语状态词）、壮侗语（如梁敏、张均如（1996）所说的声貌词）、阿尔泰语言（如特可图（1980）所述蒙古语状态词）、日语（称为拟声拟态词）等。因此，性质—状态对立本身是众多东亚语言共有的区域类型特征，其汉语特色不像本章讨论的其他范畴那么浓郁。不过，这一对立具体在形态句法上如何表现，各语言间却显参差。汉语表现为（52）那样的多级系统，景颇语表现为与形容词有别的另一词类，壮侗语表现为专门修饰谓词的声貌词。因此，汉语属性定语的类型特征，更突出的表现不在于性质和状态之别，而是（52）这种有句法依据的范畴等级系列。

4.2.3 个体与类指

个体量词和度量词在汉语中有相当一致的句法表现，因而被通称“量词”，这也是很多量词语言的共同点（Greenberg，1974）。可是在带个体量词的NP中数量信息是由数词负载的，个体量词并不为NP增加数量信息，本身不属于数量范畴，“量词”之名对它并不贴切。当然，世界上许多语言没有个体量词，因此它肯定会给汉语带来语法范畴方面的某种特点。其确切的范畴属性可通过比较其他一些语言而看出。现代汉语中，量词是数词和名词之间强制使用的，因而不同于藏语等量词尚无强制性的语言，说明这一词类虽然不表达数量范畴，但与数量范畴有某种关系。西方学界称个体量词为classifier（分类词），但是与壮侗语能用量词对人类和事物系统分类相比（参看梁敏等，1996：889），汉语量词分类功能并不强，只能给少数名词分类，多数名词使用无分类作用的通用量词“个”（Erbaugh，2002），而且句法测试也显示汉语量词的分类功能可疑：

（53）a. 他买了五条鲫鱼和鳊鱼。| 他买了两条鲫鱼，三条鳊鱼，一共五条。

b.* 他买了五条毛巾和鱼。| * 他买了两条毛巾，三条鱼，一共五条。

大河内（1993/1985）用“个体化”来概括汉语量词的根本功能，说到了汉语量词最本质的作用。Lyons（1977；转引自Rijkhoff，2002：50）也把各种语言中的这类个体量词看作某种个体化标记（a kind of individualizer）。由于数词后量词是必用的，因此难以据此判断量词的表义作用何在；而指示词后量词是可选的，“这本书”、“这些书”跟“这书”相比，个体性明显增强。此外，动词后不带数词时，量词也是可选的，“买了本书”、“买了些书”跟“买了书”相比，个体性也明显增强。这种个体性可以得到句法的验证：

（54）a. 我招了个 / 些学生很聪明。 ～ b.* 我招了学生很聪明。

（54）a句宾语名词带量词，有个体性，所以可以在同句中被后续谓语作为零形回指主语进行陈述，而例（54）b句没带量词，倾向于类指义，因此无法作为个体性对象在同句中被回指和陈述。也许有人认为这里是数范畴的隐现之别：“个”和“些”分别明示了单数和复数，而“这书”、“买了书”不凸显数范畴。这一解释无法说明“他是医生”和“他是个医生”的区别，因为“医生”在这里都只能理解为单数的。因此只有“个体性”才能覆盖更多语言事实。至于带量词的NP比不带量词或数量词的NP在语篇中有更大的重要性或主观性等语篇功能（如孙朝奋，1994/1988；张伯江、李珍明，2002），可以认为是由其个体性语义派生出来的语用功能。因此，个体量词的存在给汉语NP带来的主要是其个体性，这与汉语光杆名词本身的类指性有关（参看Krifka，1995；Chierchia，1998；Rijkhoff，2000；刘丹青，2002），由此构成个体与类指的范畴对立。对汉语小部分名词来说，量词附带具有分类的作用。

4.2.4 处所性名词、非处所性名词和两属名词

与汉语数—名组合都要加量词来增加个体性平行，汉语普通的NP在与基本的处所前置词结合时都要加方位名词或更虚化的方位后置词（常被合称方位词）。储泽祥（2006）认为这反映了现代汉语名词本身的特点，存在相对独立的处所词，也就意味着一般名词没有空间性，不同于没有此类限制的语言。据此，我们可以将汉语名词分成三类：A. 地名等处所名词，排斥方位词（* 上海里 |* 尖沙咀上）；B. 普通的名词，受空间前置词支配时要强制添加方位词（在桌子上 /* 在桌子）；C. 一些两属的名词，方位词可加可不加（在邮局 / 在邮局里）（参看刘丹青，2003：163）。由此形成汉语名词的范畴对立：A类空间名词，B类实体（非空间）名词，C类空间兼实体名词——加方位词时为实体名词，直接用在空间前置词之后为空间名词。虽然实体名词的非处所性在东亚语言中不同程度地存在，但很多语言表现得没有汉语那么突出，其名词直接与空间前置词 / 后置词组合的情况多于汉语名词，如有些苗瑶语的空间前置词可以直接支配相当于“这 / 那”的指示词（李云兵，2005：§5.1.6。普通话的“在这 / 那”是“在这儿 / 那儿”的略写，仍带处所语素），仡央语群有相当于“从塘、在山、在田”的组合（同上：§6.1.5），佤语等南亚语有相当于“于树枝、于眼、于脚、于桌子、于田”等的组合（同上：§7.1.6），藏语有相当于“天 / 这山 / 饭锅 / 江”等NP + 方所后置词的组合（同上：§3.1.6）。英语之类语言则不存在这种空间 / 非空间的范畴对立。

五　内部差异

以上对汉语NP类型特征的分析主要基于普通话材料。实际上它们在一定程度上也代表了汉语NP的整体特征，许多特征具有跨时代性和跨方言性。不过往细处看，古今之间和方言之间在NP上也存在一些类型差异。这个问题需要专文讨论，这里只略陈数端。

5.1 个体性范畴和空间性范畴的古今差异

先秦汉语名词可以直接受数词限定，个体量词尚不发达，句法上远不是必要成分（王力，1980：234），因此以个体量词为载体的NP的个体性范畴尚未完全形成。到现代汉语诸方言中，数词和名词间强制性加量词已成普遍规则，这是数千年渐进发展的结果。

先秦汉语空间前置词可以直接支配名词，不必加方位词（当时只有方位名词，尚未虚化成后置词），自古沿用的“于”至今承此规则；以后方位词的句法强制性逐步增加，较后起的空间前置词在现代汉语中要求所支配的非处所名词必须加方位名词或方位后置词（参看李崇兴，1992；刘丹青，2003；储泽祥，2006），比较“卧于床~躺在床*(上)”。这说明以方位后置词的强制性为表征的NP的空间范畴（空间名词~非空间名词~两属名词之对立）的确立也是古今汉语演化的产物，不是古汉语的固有特征。

参考Rijkhoff（2002：50）的名词类型分类，（现代）汉语、泰语等的名词属于类别名词（sort nouns），区别于其他语言的单体名词（singular object nouns，英语等）、泛称名词（general nouns，Yulatec玛雅语等）、集合名词（set nouns，Oromo语等）。由此看来，汉语名词成为需要借助量词获得个体性的类别名词和需要借助方位词获得空间性的实体名词，两条演化轨迹有可能相关。据Rijkhoff（2002：§2.4），单体名词具有形状属性和个体离散性，而需加量词才能表达个体的名词只表类别，不含形状性和离散性。可以设想，只有带形状和离散的个体才能占据空间，无形状性的抽象类别不占空间。据此可以推测，汉语从古到今名词空间范畴的形成和个体范畴的形成并非偶然。储泽祥（2006）倾向于肯定两者的联系。不过两者的发展程度并不完全同步。吴语中量词的强制性比北京话强，指示词和名词之间必须加量词，一般没有“这书”这类说法；其方位后置词的强制性也比北京话强，“在邮局/图书馆/学校/百货店/宾馆”等说法在吴语中一般不合格，而要说“在邮局里”等。这显示了两者的一致。另一方面，粤语量词的强制性比吴语更强，如普通话和吴语有定主语的“人走了”，粤语必须说“个人（那个人）/啲人（那些人）走咗喇”。但是粤语后置词的强制性不如吴语，如可以说“喺邮局”。名词个体范畴和空间范畴间的关系尚待深入研究。

5.2 指示词发达和量词发达

在名词性短语中，北方汉语是指示词发达类型，以吴语、粤语为代表的一批南方方言是量词发达类型（刘丹青，2000、2002、2005）。这一对立对NP的句法结构有一系列影响。北京话指示词可以单用及脱离量词直接限定名词（这是新车、那朋友），而粤语、吴语等的指示词只有跟量词连用后才能单用和限定名词。我们知道，指示词本身有直指性和有定性，但在没带量词之前没有个体性，而量词有个体性。这说明，这些南方方言是更典型的以量词强制性为特征的类别名词语言，NP要靠量词凸显个体性。

此外，北京话指示词有类似冠词的作用（吕叔湘，1985：206；方梅，2002），还有兼作定语标记的作用（吕叔湘，1985：209；张伯江、方梅，1996：157—158），而这些用法在吴语、粤语中也都是由量词来承担的（石汝杰、刘丹青，1985；刘丹青，1986、2000、2005a）。指示词发达和量词发达的类型差异再次体现。陈玉洁（2007a：第6章；另见陈玉洁，2007b）论证，指示词的类冠词用法由其不分远近的"中性指示词"作用进一步虚化而来。指示词在兼作定语标记时仍保留其作为类冠词的有定功能，但不表个体性；而南方方言量词在兼作定语标记时也仍保留其作为类冠词的有定功能，并带个体性语义（如广州话个体量词表单数个体，"啲"表复数个体）。这些也说明这些南方方言的NP更具有靠量词凸显个体性范畴的类型特征。

有些研究似乎低估了这种南北差别的类型学意义。如Cheng & Sybesma（1999）认为汉语做论元的光杆名词都可视为带零量词的量词短语ClP，N非显性地移位到Cl的位置才能充当论元，量词帮助实现了其他语言用数形态实现的名词语的数范畴及用限定词实现的指称范畴。这一分析可以很好地解释粤语，一定程度解释吴语，却难以解释北京话/普通话。因为，第一，这一解释设定出现在论元位置的非类指光杆名词语只是量词省略（无定）或指量词语省略（有定），可是不带数词和指示词的"量+名"短语在粤语、吴语中成立，而在北京话中不成立，因此难以认为是量词的省略。第二，这一解释认为非类指的光杆名词语都含有量词所体现的可数、不可数对立，并表示了其他语言中的数范畴语义，从而忽略了从近代汉语到当代北京话都大量存在"指示词+名词"的名词语（它们在吴语、粤语中不成立）。这类组合不区分可数和不可数，如可以说"这水、这苹果、那学生"，不区分单数和复数，即在表有定时对数范畴模糊不计，所以"**这苹果**坏了"和"把**那书**都扔了"都是既能指单数也能指复数。假如这里存在隐性的具有数范畴作用的量词，不会允许出现这种单复数不明的语义解释。我们注意到Cheng & Sybesma（1999）作为比较普通话和粤语名词语结构和指称的专文，完全没有提及“这/那+名词”这种普通话常说而粤语不允许的组合，这一疏忽可能是该文立论缺憾的关键原因。由于北京话作为由量词凸显的个体范畴发达的语言不如粤语典型，因此与其说普通话光杆名词充当论元是由N位置非显性移至Cl位置，还不如说是由N位置移至由指示词充当的D位置更接近事实。

参照Rijkhoff（2002）的名词分类，可以看出，允许指示词直接限定名词的语言中，名词多少带点集合名词（set noun）的属性，而不是纯粹的类别名词（sort noun），因为其名词不需要用量词来个体化就能充当论元。Rijkhoff（2002：148—155）的分类观察显示，使用集合名词的语言中名词常有一些与复数或集体有关的标记，而在使用类别名词的语言中，只有普通话的“们”像这种标记。我们注意到，粤语名词并没有这样的后缀，复数代词“我哋、你哋、佢哋、人哋（人家）”中的“哋”不用于其他名词。吴语的代词复数后缀也极少用于非专有名词。这也旁证了这些南方方言是更典型的以量词强制性为表征的类别名词语言。因此，对普通话和粤语等南方方言的名词语句法结构不宜做完全统一的类型分析。

六 小结

名词性短语主要由并列和添加定语两种途径构成。定语的基本分类是内涵定语和外延定语。这一分类是认识汉语NP类型特点的重要基础。

汉语NP在语序方面的突出类型特点是一切定语，包括内涵定语和外延定语都在核心名词之前，这在世界上的SVO—前置词语言中堪称罕见。这一特点也深刻影响汉语的其他类型特点。其中关系从句前置在SVO—前置词语言中最为罕见。这种独特的类型配置造成了汉语特有的一些歧义结构。在汉语中领属语属于内涵定语，可以与限定词等外延定语同现，而且同现时一般领属语前置于（外于）限定词，这也使汉语限定词有机会发展出定语标记的作用。汉语外延定语内部的语序比较固定，而外延定语相对于内涵定语的位置却有漂移性。内涵定语之间的语序主要由语义、认知、语用和韵律决定，除韵律制约外，多体现人类语言的共性。

汉语定语标记凸显定语内涵外延之别。各类内涵定语都可以使用“的”，而外延定语都不能加“的”（数量短语带“的”时转化为内涵定语）。另一方面，各种语类充当的内涵定语都可以在一定条件下省略“的”，尤其是遇多层定语和多项定语时。“的”的隐现很受语用、韵律等影响，因而它不是纯粹的句法性标记，而兼有句法、语用和韵律作用。汉语 NP 的并列标记“和”也不具有句法强制性，省略连词的并列式有时会与省略定语标记的定名式和不用标记的同位式发生歧义甚至三重歧义。

汉语 NP 存在一些有特色的范畴合一和范畴分化。定语一律前置及缺少词语与小句的句法对立，使汉语单词 / 短语性定语跟定语从句在句法上趋同，也使汉语限制性和非限制性关系从句在句法上合一。汉语具有很多东亚语言共有的性质词语和状态词语的差异，造成内涵定语内的性质—状态对立。汉语的特点在于性质定语和状态定语形成了一个多级切分的范畴等级序列，而不仅是一种二元对立。汉语个体量词的存在显示汉语名词本身只是种类名词而不是单体名词或集合名词，个体量词的最大功能在于使名词带上个体性。汉语个体量词本质上属于个体性范畴，既不是数量范畴（所谓“量词”），也主要不是分类范畴（所谓 classifier）。现代汉语普通名词没有空间属性,所以在受空间前置词支配时需要添加方位名词或方位后置词,据此可分出非空间名词、空间名词和两属名词三类。

汉语各变体 NP 句法类型有大同也有小异。以量词强制性为表征的个体性范畴和以方位词强制性为表征的空间 / 非空间范畴在先秦时都未形成，是长期历史演化的产物。个体性范畴的形成和空间性范畴的形成可能有相关性。北京话 / 普通话是指示优先类型，而吴语、粤语等南方方言是量词优先类型，表现为一系列句法差异，造成一定的类型差异。

参考文献

陈玉洁　2007a　《指示词的类型学考察》,中国社会科学院研究生院博士学位论文。
———　2007b　《量名结构与量词的定语标记功能》，《中国语文》第 6 期。
储泽祥　2006　《汉语处所词的词类地位及其类型学意义》,《中国语文》第 1 期。
大河内康宪　1993/1985　《量词的个体化功能》, 靳卫卫译, 载大河内康宪主编《日本近、现代汉语研究论文选》，北京语言学院出版社。原文 1985 年。
戴庆厦、傅爱兰　2002　《藏缅语的形修名语序》，《中国语文》第 4 期。
戴庆厦、徐悉艰　1992　《景颇语语法》，中央民族学院出版社。
方　梅　2002　《指示词“这”和“那”在北京话中的语法化》,《中国语文》第 4 期。
———　2004　《汉语口语后置关系从句研究》，载《庆祝〈中国语文〉创刊 50

周年学术论文集》，商务印书馆。
方 希 2002 《黏合式多重定名结构的语序》，《语言学论丛》第二十五辑，商务印书馆。
顾 阳、沈 阳 2001 《汉语合成复合词的构造过程》，《中国语文》第2期。
顾宗英、龚坤余 1989 《匈牙利语语法》，外语教学与研究出版社。
胡 坦 1999 《藏语语序及其变异》，载王尧主编《贤者新宴》第一集，北京出版社。
胡增益 2001 《鄂伦春语研究》，民族出版社。
李崇兴 1992 《处所词发展历史的初步考察》，载胡竹安、杨耐思、蒋绍愚编《近代汉语研究》，商务印书馆。
李云兵 2008 《中国南方民族语言语序类型研究》，北京大学出版社。
梁 敏、张均如 1996 《侗台语概论》，中国社会科学出版社。
刘丹青 1983 《汉语关系名词初探》，《语文研究》第4期。
—— 1986 《苏州方言定中关系的表示方式》，《苏州大学学报》第2期；中国人民大学《复印报刊资料·语言文字学》第6期。
—— 1999 《语序共性与歧义结构——汉语歧义的类型学解释》，载石锋、潘悟云编《中国语言学的新拓展——庆祝王士元教授六十五岁华诞》，香港城市大学出版社。
—— 2000 《粤语句法的类型学特点》，香港《亚太语言教育学报》第2期。
—— 2002 《汉语类指成分的语义属性与句法属性》，《中国语文》第5期。
—— 2003 《语序类型学与介词理论》，商务印书馆。
—— 2005 《汉语关系从句标记类型初探》，《中国语文》第1期。
—— 2006 《小句内句法结构:〈语法调查研究手册〉节选》,《世界汉语教学》第3期。
吕叔湘 1979 《汉语语法分析问题》，商务印书馆。
吕叔湘（著）、江蓝生（补） 1985 《近代汉语指代词》，学林出版社。
吕叔湘主编 1980 《现代汉语八百词》，商务印书馆。
陆丙甫 1986 《语句理解的同步组块过程及其数量描述》，《中国语文》第2期。
—— 1988 《定语的外延性、内涵性和称谓性及其顺序》，《语法研究和探索（四）》，北京大学出版社。
—— 1993 《核心推导语法》，上海教育出版社。

陆丙甫　2003　《“的”的基本功能和派生功能——从描写性到区别性再到指称性》，《世界汉语教学》第1期。

马诗帆(Stephen Matthews)、杨月英(中译文)　2003　《广东话话题化的处理动机》，载徐烈炯、刘丹青主编《话题与焦点新论》，上海教育出版社。

沈家煊　1997　《形容词句法功能的标记模式》，《中国语文》第4期。

石汝杰、刘丹青　1985　《苏州方言量词的定指用法及其变调》，《语言研究》第1期。

唐正大　2005　《汉语关系从句的类型学研究》，中国社会科学院研究生院博士学位论文。

———　2006a　《与关系从句有关的三条语序类型原则》，《中国语文》第5期。

———　2006b　《汉语关系从句的限制性和非限制性解释的规则》，《语法研究和探索（十三）》，商务印书馆。

———　2007　《关系化对象与关系从句的位置——基于真实语料和类型分析》，《当代语言学》第2期。

特克图　1980　《蒙古语的状态词》，《民族语文》第1期。

王　力　1980　《汉语史稿》中册，中华书局。

王锁瑛、鲁晏宾　1999　《葡萄牙语语法》，上海外语教育出版社。

意西微萨•阿错　2004　《倒话研究》，民族出版社。

张伯江、方　梅　1996　《汉语功能语法研究》，江西教育出版社。

张伯江、李珍明　2002　《“是NP”和“是（一）个NP”》，《世界汉语教学》第3期。

张　敏　1998　《认知语言学与汉语名词短语》，中国社会科学出版社。

赵元任　1979/1968　《汉语口语语法》，吕叔湘译，商务印书馆。英文原版1968年。

朱德熙　1956　《现代汉语形容词研究》，《语言研究》第1期。

———　1979　《汉语句法中的歧义现象》，《中国语文》第2期。

———　1982　《语法讲义》，北京大学出版社。

Bernstein, B. Judy 2000 The DP Hypothesis: identifying clausal properties in the nominal domain. In Mark Baltin & Chris Collins (eds.) *The Handbook of Camtemporary Syntactic Theory*. Blackwell Publishing Ltd.

Cheng, Lisa & Rint Sybesma 1999 Bare and not-so-bare nouns and the structure of NP.

Linguistic Inquiry 30/4.

Chierchia, Gennaro 1998 Reference to kinds across languages. *Natural Language Semantics,* Vol.6, No.4.

Dik, Simon C. 1983 Two constraints on relators and what they can do for us. In Simon C. Dik (ed.) *Advances in Functional Grammar.* Foris Publications.

Dryer, Matthew S. 1992 The Greenbergian word order correlations. *Language,* Vol.68, Num1: 43-80.

——— 2003 Word order in Sino-Tibetan languages from a typological and geographical perspective. In Graham Thurgood and Randy LaPolla (eds.) *Sino-Tibetan Languages*. Richmond: Curzon Press.

Erbaugh, Mary S. 2002 Classifiers are specification: Complementary functions for sortal and general classifiers in Cantonese and Mandarin. *Cahiers de Linguistique Asie Orientale* 31:1.

Greenberg, J. 1966/1963 Some universals of grammar with particular reference to the order of meaningful elements. In Greenberg (ed.) *Universals of Language*. Mass Cambridge: MIT Press.

——— 1974 Numeral classifiers and substantival number: Problems in the genesis of a linguistic type. In L. Heilmenn (ed.) *Proceedings of the Eleventh International Congress of Linguistics*. Bologna: Societ Editrice il Mulino.

Hawkins John A. 1983 *Word Order Universals*. New York: Academy Press.

——— 1994 *A Performance Theory of Order and Constituency.* Cambridge University Press.

Hooper, Robin 1996 *Tokelauan*. München & Newcastle: Lincom Europa.

Krifka, Manfred 1995 Common nouns: A contrastive analysis of Chinese and English. In G. Carlson and J. Pelletier (eds.) *The Generic Book*. Chicago: University of Chicago Press.

Li, Charles N. & Sandra Thompson 1978 An exploration of Mandarin Chinese. In Lehmann (ed.) *Syntactic Typology*. Austin: University of Texas Press.

Lindstorm, Lamont & John Lynch 1994 *Kwamera*. München & Newcastle: Lincom Europa.

Lyons, John 1999 *Definiteness*. Cambridge: Cambridge University Press.

Rijkhoff, Jan 2002 *The Noun Phrase*. Oxford: Oxford University Press.

作者：刘丹青

原载：《中国语文》2008 年第 1 期

第二章　名词短语句法结构的调查研究框架

一　什么是名词短语

名词短语在现代语法描写中即指名词性的结构，既包括以名词为核心、句法表现相当于名词的短语，也包括并不以名词为核心、句法表现相当于名词的结构，如汉语的“的”字短语，还可以包括由单个名词或名词性代词构成的单位。不过，在生成语法中，随着DP假说成为生成语法的主流观点，相关的术语出现了一些复杂性，甚至跟字面意义和传统理解明显矛盾，使不熟悉生成语法新理论的人容易产生困惑，这里简单说明一下。

Abney于1987年提出的DP假说认为，名词性短语（nominal phrase）的核心是冠词、指示词这一类限定词（determiner，即DP之D），而名词则是该短语中限定词的论元。这样，在当代生成语法中，真正的名词性短语是限定词短语而不是名词短语。名词性短语的句法特征是充当主语、宾语（不包括表语）等论元，而光杆名词（bare noun）和光杆名词短语（即有形容词等修饰语但没有限定词出现的名词短语）往往只能充当被看成谓语之一种的表语（系词所支配的名词），因此具有谓词的性质，而不能充当论元（少数能充当论元的名词被认为是零限定词结构）。于是在生成语法中甚至出现了“名词短语（noun phrase/NP）不是名词性短语（nominal phrase）”的命题。这是传统语法很难理解的。具体地说，DP理论认为，起指称作用的是那个限定词，它是某成分得以成为论元的核心成分，而光杆名词短语则是描述该指称属性的从属成分。例如the driver，the表示这是一个有定的指称成分，driver则表示该成分具有“司机”的属性，整个the driver是功能词the投射的产物。driver本身在英语中不能做论元，必须要与the和a等连用或至少带上复数才能成为论元（参看Bernstein，2000）。此外，数量成分、量化词（“所有、一些”等）

也被看作所在名词性短语的核心。

“名词短语”是从内部结构划出的，“名词性短语”是从整个短语的句法性质方面确定的。在非生成语法体系中，这两者大部分是重合的，只有像“的”字结构这样的成分被视为不是名词短语而却是名词性短语。在生成语法中，两者相差很大，名词短语基本上不是名词性短语。作为本章依据的“问卷”（指 Comrie & Smith，1977。下同）所倡导的类型学式的语法调查和描写不采用生成语法这样的定义，而采用传统的名称，名词短语仍被看作名词性短语，但在涉及有关概念时要对当今有影响的新看法有所了解。

对一种语言而言，描写名词短语的起点是对名词词类本身有一个清晰的定位，首先应尽可能寻求一种名词词类的操作性定义，因为每种语言虽然都有名词，但操作性定义未必相同。如汉语的名词操作性定义可能涉及量词，而印欧语就不会涉及量词。再如，名词性单位的基本作用是在句子结构中充当论元，具有指称作用，在英语中，确实只有名词性成分和小句可以充当论元，其他词类充当论元要采取某种名词化手段，因此充当论元（主要是主语、宾语，但不包括表语，因为形容词也可以充当表语）至少可以是英语名词操作性定义的一个方面。汉语就很难套用这一点，因为汉语各种语类充当论元比英语自由得多，无法据此划分出名词。其他可能适合某些语言名词的操作性定义的候选要素有：带冠词、有数范畴、有格范畴、不能受副词修饰等。总之，要善于根据具体语言方言的实际情况定义名词，在此前提下也应尽量注意使操作性定义与其他语言的名词定义相接近。因为既然都称名词，不同语言的名词总存在句法表现上的重要的共同性，定义应在尊重语言事实的前提下反映这些共性。

除了作为短语核心或体现短语句法属性的名词本身外，还有多种单位可能出现在名词短语中。“问卷”提到的就有形容词（刘丹青，2005a）、关系从句（刘丹青，2005b）、领属“形容词”、冠词、指示“形容词”、量化词等。本章重点讨论以往尚未涉及的后面这几类成分。

二　领属“形容词”

有些语言中充当领属定语的词有专门的词形。假如这种定语是由名词经过变格而形成的领属格形式，一般就称为领属格（genitive 或 possessive，也译领格、属格、所有格等）。由于名词的主要功能是充当论元，而形容词的主要功能是做定语，所以有些语法书将名词的领属格形式归入“领属形容词”。“问卷”以引号引出“形容词”，说明作者也未必完全同意这种叫法。英语里的 my 和 the teacher's 等都是领属格的形式。英语的领属格限于代词和指人名词及有限种类的非指人名词，其他名词的领属意义用可表领属义的前置词 of 表示，如 the owner of this farm，这属于分析性手段，称不上领属“形容词”。汉语的“我的（书）、教师的（建议）”功能与英语的 my 等接近，但由于“的”这类领属标记被看作有一定独立性的“结构助词”，适用于关系从句等许多类定语，不限于领属名词，还有些名词性前的领属定语也可以不带任何标记，如“我爸爸”，因此汉语语法学不将“我的、教师的”这类成分归为领属格。不过，在一些汉语方言中，某些做领属定语的成分（多限于人称代词）已经形成明显有别于名词性成分原形的形式，这种形式只能承认是一种领属格的形式，如梅县（梅州）客家话（林立芳，1997：66。调号指调类）：

ŋai^2 ~ ŋa^1　n^2 ~ ŋia^1 ŋie^1 ŋe^1 | ki^2 ~ kia^1 kie^1 ke^1

我　我的　你　你的　他　他们的

其中第一人称的单复数变化是明显的内部屈折（ŋai^2 ~ ŋa^1），第二、第三人称则在类似规则的变为（i）a 韵的内部屈折（n^2 ~ ŋia^1、ki^2 ~ kia^1）之外，还加上了有规则的变形重叠（声母重叠，韵母变成 ie 和 e）。有些学者认为，汉语中的 ŋai ~ ŋa 这一类变化不是真正的内部屈折，而只是一种合音现象。有些合音的语源和融合过程比较明显，有些则不太明显，以致造成学者之间的歧见，如客家方言代词领属格的来源，有“代词 + ia（近指代词）”、“代词 + 家”、“代词 + 个”等不同看法。其实从语法化理论的角度看，合音现象和内部屈折的定位是不矛盾的。合音是从历时的来源说的，合音也是语法化中可能经历的一种常见过程。屈折则是一种共时语法性质和手段的定位。语法化的本质就是会改变有关成分的语法性质，所以有“重新分析”的观念。从合音到屈折就是一种重新分析，今天的客家人已经不感到人称代词的领格是合音了，以致同为说客家话的方言专家也对它们究竟是哪两个单位的合音看法不一。假如这些成分在共时平面仍是合音的性质，那么今天的客家话使用者应能毫不犹豫地还原其非合音形式，所以客家话的领属形式从共时的语法手段上可以分析为内部屈折，也就属于专用的领属格形式。注意客家话的领属格限于单数人称代词，不能推及复数，更不能推及名词。汉语方言中的领属格往往有同类的限制，不过也不排除有些方言的领属格形式能扩展到至少部分名词。有些语言整个名词词类都有系统的领属格形式，如格系统发达的俄语，代词、名词乃至修饰领属格名词的形容词都有通过形态变化而构成的领属格形式。

还有些语言存在真正应当归入形容词的领属语形态，例如在俄语中，表示代词名词的领属意义有两种形态：一种是领属格，另一种是由代词、名词的词根通过一定变化构成的表示领属意义的形容词（国内俄语学界称为物主代词和物主形容词）。领属形容词虽然意义上相当于领属格，但充分具备形容词的词性，像其他形容词一样还要依照所修饰的名词发生性、数、格的变化，这是领属形容词区别于一般名词领属格的重要特征。在俄语这样的语言里，表示领属关系就有了两种形态选择，如表示“我的书”（单数），既可以用领属格说 книга меня，也可以用领属形容词说 моя книга（книга 是阴性名词，所以领属形容词要用阴性形式 моя）。由名词充当的领属语也是如此，如 кабинет брата 和 братов кабинет 都表示“哥哥/弟弟的办公室”。

在俄语里，两种领属语的语序也不同，领属格名词位于中心词之后，而领属形容词位于中心词之前。因此，第三人称代词的领属格和领属形容词虽然词形相同，而且其领属形容词没有性、数、格的变化（有些由名词变形而来的领属形容词则仍有这种变化），但使用时仍可以凭语序来区别。在表达上，领属格和领属形容词也可以有细微差别，只是这种差别在译成其他语言时较难反映出来，因此调查时需要搞清是否存在形态和句法表现可以归入形容词而不是领属格名词的领属语类型。即使只存在一类领属形态，也要通过系统内的比较来确定，这类形式在形态和句法表现上是属于（或接近）名词的格还是形容词。

除了表示领属的形态外，许多语言还存在用名词词根构成性质形容词的形态。在俄语语法学中，这样的形容词叫关系形容词，如 рабочий стол（办公桌，工作用桌）中的形容词 рабочий 就来自名词 работа（工作）。这种形容词一般用来表示中心名词的属性、特征而非所属关系，所以不应归入“领属形容词”。“关系形容词”具有形容词的基本句法特征，不过也可能不具备典型形容词的某些特征，如俄语“关系形容词”不能像普通性质形容词一样受程度修饰。英语中由名词派生的形容词很多也属于这一类，如 sentential subject 中的形容词 sentential 就由名词 sentence 派生。注意这个短语不是表示句子的主语（领属义），而是表示由句子形式充当的主语（属性义）。英语中由国名、民族名、地名等派生的形容词也属此类，如 Japanese food 不是表示日本所领有的食物，而是日本风味的食物，如寿司、烤鳗鱼之类，可见

Japanese 是表示属性的。但是，在某些组合或语境中，属性定语也可以解读为领属关系，因为领属关系毕竟也可算属性之一种。如 Japanese government 可以理解为“日本的政府”，这就有领属关系的含义。但总体上这类形容词以表属性、特征为主，表示领属也会使用其他更加明晰的形式，如 the government of Japan。因此，这类形容词不归入本小节所调查的“领属形容词”。

不管用什么手段（语序、形态、句法）来表示领属定语，都要注意领属关系本身的小类给领属定语的句法形式带来的区别。其中最重要的是不可让渡与可让渡领属关系的对立。前者指中心名词与领属定语在现实世界里有不可分离的关系，后者指现实世界可分离的关系。如“小张的手”，“手”是小张身体不可分割的一部分，在语义上属于不可让渡关系；“小张的房子”是可以分离的，房子不会随小张的生命而存亡，这在语义上属于可让渡关系。在有些语言的方言中，两种领属关系的定中结构可能有不同的句法表现，而且前者在结构上表现得更加紧密。

据张敏（1998：229）的引述，Greenberg 曾提出过一条共性：“在任何语言里，X 和 Y 在表达不可让渡的领属关系时，其语言距离都不会比表达可让渡的领属关系时大。”这里所谓的语言距离，有一系列具体表现，如领属语作为独立代词比领属语仅仅作为核心名词的黏着词缀距离大，在领属语上使用词缀做领属标记比直接组合（或仅靠语序）距离大，在定中之间使用独立的连接性虚词（如汉语的结构助词）比使用黏附在领属语上的词缀距离大，诸如此类（张敏，1998）。此外，可让渡和不可让渡也不是一个简单的二分，而是一个连续统，其中具有普遍意义的等级序列是“身体部位 > 亲属关系 > 一般物件”，越靠前越不可让渡（张敏，1998：230）。他同时注意到汉语有时表现出“亲属关系或身体部位 > 一般物件”的序列，即亲属关系成为最容易无须加“的”直接组合（即语言距离小）的领属关系。的确，在汉语中，“我妈、他姐姐”比“我手、他眼睛”更自然，更不用说比“我钢笔、他表格”之类自然了。在北方汉语中，亲属关系还常有一种特殊的专用表达手段，就是用半虚化的“他”（口语没有“他～她”之别）来连接，如“小张他妈”，而很难有“小张他手”，更没有“小张他钢笔”。因此，调查领属关系时，问卷句应包括多种次类的领属语和核心名词，尤其要包括让渡性方面等级不同的多种领属关系。

三　冠词

冠词（article）按中文字面义应是加在名词短语之前的，如英语的 the 和 a（n）之类，可实际上具有同样功能的虚词在有些语言中是加在名词之后的，如巴尔干地区诸多语言的定冠词都是位于名词末尾的（来自数词“一”的不定冠词则前置于名词），这种后置的 article 叫“冠词”是不合适的。国人当初翻译 article 时可能只了解英语等个别语言的情况，缺乏类型学知识，因此用了带有前置义的“冠词”这一名称，导致在指称名词末尾的“冠词”时的尴尬。杨顺禧（1993：34）在解释罗马尼亚语的“冠词”时就说：“‘冠词’一词的译法对罗语来说是不确切的，因为罗语冠词既有放在名词前面的（指不定冠词——引者），也有加在名词末尾的（指定冠词——引者）”。也因此，尹世良、季兵（1988：32—33）将阿尔巴尼亚语位于名词之后的定冠词又称为“后定指冠词”。从位置出发，也许应当把后置的 article 叫“殿词”或“尾词”，但考虑到“冠词”和“殿词”在功能上的一致性，我们也像某些研究者一样，照顾习惯和传统，仍用“冠词”来泛指 article，让它包括“冠词”和“殿词”两大种类，必要时用更确切的提法，如“殿词”或“后冠词”。

冠词是一种指称标记，标示名词短语在有定、无定等方面的属性。在有性、数、格范畴的语言中，冠词可能需要与所在名词短语保持性、数、格的一致。还有些语言，名词的形态已有所衰落而冠词却保留更多形态，名词短语的某些形态范畴要靠冠词表示，冠词在语法系统中担负起更多的作用。德语名词短语的格范畴在很多情况下已看不到名词词形的变化，要靠冠词的变化表示。如阳性名词 Vater（父亲）的单数变格形式连同定冠词分别是 der Vater（主格）、des Vaters（领属格）、dem Vater（与格）和 den Vater（宾格），只有领属格名词的词尾有变化，其余三种格都是 Vater，但四种格的冠词各不相同。显然，冠词的作用已超出指称标记的范围，还兼起性、数、格标记的作用。此外，冠词有时也兼有名词化标记的作用，如英语里某些形容词前加了冠词就成为名词性成分，the rich 指富人，the poor 指穷人。西班牙语里，更是“所有的词类，甚至句子，都可以带上冠词而名词化，起名词能起的一切作用”。（董燕生，1999：150）

有无冠词是语言之间重要的类型差异。同属印欧语，英语、德语等现代日耳曼语族语言有冠词（日耳曼语言历史上曾没有冠词），而俄语、波兰语、捷克语等斯拉夫语言就没有冠词。同属印欧语系拉丁语族，法语只用前冠词，而罗马尼亚语兼用前冠词（无定）和后冠词（有定）。因此，有无冠词是语法调查时的一项重要内容。但是，冠词存在与否在有些语言里并不那么明显，因为冠词不是天生的虚词，而是语法化的产物，它们不但可以找到源头，有的至今还与其源头同形并存。定冠词的主要来源是指示词，如英语 the 来自指示词 that；不定冠词的主要来源是表示“一”的数词，如英语 a（n）来自 one。德语冠词在语法系统中很重要，但德语冠词全都兼指示词或数词。德语基本的指示代词（主格形式）有 der（阳性）、die（阴性）、das（中性）、die（复数），而定冠词（主格）也是 der（阳性）、die（阴性）、das（中性）、die（复数）这几个。两类词的变格形式有同有异，如指示代词领属格既可以用单音节形式 des（阳性）、der（阴性）、des（中性）、der（复数），也可以用双音节形式 dessen（阳性）、deren（阴性）、dessen（中性）、derer（复数），而定冠词领属格只能用上述单音节形式（张才尧，1994：72、170）。不定冠词 ein 和表示“一”的基数词 ein 不但同形，而且变格方式也完全相同。因此，探求语言方言中有无冠词，不能单靠词形，还要观察分析其语义、话语功能和句法表现。考虑这些因素，则汉语不一定是无冠词语言。

前辈学者早就注意到现代汉语以“一个”、“一种”为代表的“一+量词”，有时已不是真正的数量成分，而相当于不定冠词。吕叔湘（1982/1944：157）就指出“（一）个是一个表数量兼表无定的冠词”，王力（1989：327、329）则认为“一个、一种”虽然是汉语早就有的，但是受有冠词的西方语言的影响，它们在汉语中的用途明显扩大。他指出，“当然我们不需要在汉语语法里分出无定冠词一个词类来（没有有定冠词和它相配，无定冠词也是不能成立的），我们只是说，这种起冠词作用的‘一个’、‘一种’等，在‘五四’以前的汉语里是没有的”。与此同时，王先生还是将它们定性为“无定冠词性的”，并说“这种无定冠词性的‘一个’和‘一种’，对汉语语法的发展起了很大的作用”。近来方梅（2002）又通过对北京口语材料的话语功能分析，显示“一个”脱落“个”之后一律念阳平的“一”是语法化程度更深的不定冠词，如“你还不能算一坏人”、“我这货好销，一老外昨天从我这儿买走好几条”。她注意到这种用法的“一”不能与其他数目构成对比，如不能说“我就带了一帮手儿，可是他领了仨”，以此显示其无定冠词而非表数目的功能。此外，我们注意到这种一律读阳平的不带量词的“一”前面不能带指示词。据方梅的考察，这种“一”是北京口语中较后起（20 世纪 60 年代以来）的语法化现象。结合以上几位的看法，我们可以认为汉语“一个”、“一种”等数量成分从近代汉语以来就有朝不定冠词发展的趋势，“五四”以来受外语影响加快了这一进程，而北京话口语不带量词的阳平“一”则达到了更高的语法化程度，更接近典型的无定冠词，而且其发展进程与外语的影响没有明显关系。

王力先生上引论述认为，汉语没有定冠词是不专设相对的不定冠词的理由。其实，现代汉语是否真的没有定冠词也需要进一步推敲。定冠词通常是从指示词语法化而来的，我们也可以考察汉语的指示词是否发展出定冠词用法。方梅通过对北京口语真实语料的分析，再比照语法理论中指示词和冠词的区别标准，显示其中有些不带量词用在名词前的“这 / 那”，特别是“这”已经无法再分析为指示词而只能分析为定冠词。观察北京话实际，可以看到至少“这”的许多用法确实已宜于分析为冠词而非指示词。例如，指示词不能用于独一无二之物，而定冠词经常用于独一无二之物，口语“这”经常用于独一无二之物，如“这太阳、这地球”。指示词不能用于依靠概念关联而进入话语的单位，而冠词可以。比如上文只提到 tree（树），下文说到其树枝就可以说 the branch，但不能在这种场合说 this branch。北京话“这”有这种冠词功能。指示词不能表类指，而定冠词可以，如 this panda 不能表类指，而 the panda 可以表类指。北京话“这 + 名词”可以表类指，如“这熊猫都爱吃竹子”（绝不能用“这只熊猫”表类指）。指示词不能用于未转义为普通名词的专有名词，而定冠词在有些冠词语言里可以用于专有名词（英语定冠词没有这类用法），特别是国名、地名等，如法语 la Chine，le Yunnan，甚至可以用于人名，如葡萄牙语 o Carlos，a Anna（o 和 a 分别是阳性和阴性单数定冠词，口语中加在人名前有亲热意味。引自王锁瑛、鲁晏宾，1999：97），北京口语也可以说“这中国（人真多）”、“这云南（气候就是好）”、“这小张今天是怎么啦？”等。以上北京口语定冠词用法的“这”在其他方面也显示了有别于指示词的表现。语音上，这些“这”都只读轻声的 zhe，不能读去声 zhè，更不能读内含“一”的要素的去声 zhèi。句法上，这些“这”后都不能带量词“个”之类，而作为指示词的“这”都可以说成“这个、这种、这些”等。这些都是语法化的表现，符合语法化的常规。

以上对北京话冠词类现象的较细分析，是为了提供一个参照，便于其他方言、语言的调查者考察对象语言是否存在冠词或相关词项在多大程度上有冠词的功能。

“这”的冠词化现象，在正规普通话中表现得不像北京口语那样明显。在许多南方方言中，甚至完全排斥指示词直接加在名词上的用法，而必须要在中间加量词。这些方言的指示词可能并没有发展出冠词用法。不过前述属于冠词而非指示词的功能，在粤语、吴语中常靠量词完成，即前面不带指示词和数词的“量词＋NP”构成有定名词短语，并扩展到类指和专有名词，如“只小狗、个张明”等。这些方言的量词整体具有类似冠词的功能（刘丹青，2002）。

另一方面，汉语“一个”、“一”，北京话“这”，粤语、吴语的量词等作为冠词仍有一些区别于典型冠词之处：一是句法强制性不强，并非有定成分前都要用；二是句法功能受限，如定冠词性的“这”主要出现在主语或话题的位置，很少用于宾语的位置，吴语的“量词＋名词”也主要用在这种位置，一般不用于宾语位置。此外，粤语、吴语的量词是一个半开放的类，而冠词通常是高度封闭、成员极少的词项。

在某些语言中，指示词和冠词既可以在系统中共存，又可以在同一个名词短语中同现，这更清楚地显示了指示词和冠词的不同性质和功能。在西班牙语中，指示词有名词前和名词后两种位置。指示词在名词前是与冠词相斥的，在名词后则不然，例如（董燕生，1999：156）：

la	chica	esta
定冠词（阴、单）	女孩	这（阴、单，近说者）
el	señor	ese
定冠词（阳、单）	先生	这（阳、单，近听者）

冠词和指示词可以同现（包括在名词同一侧同现）的语言还有挪威语、瑞典语、爪哇语等。在部分藏缅语中，指示词相对于名词的位置可前可后，也可以在前后同时出现。例如格曼僜语（例文引自黄布凡，1997）：

αn^{55}	$p\alpha^{31}xo\eta^{35}$	|	$a^{31}ti^{35}$	αn^{55}	|	αn^{55}	sot^{35}	αn^{55}
这	马		水	这		这	刀子	这

由于缺少深入的描写和比较，目前还不太清楚僜语 αn^{55} 这样的词在前和在后有无区别，是都归指示词呢，还是有一种情况已可分析为冠词？也难以判断当僜语 αn^{55} 在名词前后同时出现时，是否有一个可以分析为冠词。从类型学的角度看，指示词和冠词同现是可以理解的，而同一个名词短语两次出现指示词则比较罕见。假如僜语名词短语前后两个 αn^{55} 中有一个已发展出冠词性应是很自然的，因为定冠词经常来自指示词。

除了指示词外，人称代词（尤其是第三人称代词）或第三人称的领属格形态也可能发展出定冠词的用法（详见 Himmelmann，2001：4.1、4.2），所以在调查指示词、人称代词、领属格时都应注意是否具有定冠词的用法。在类型学上被称为冠词的虚词，还包括一些离我们熟悉的冠词类型更远的其他类型。有些语言中的冠词的重要功能是在名词和定语中间起连接作用，在存在多层定语的情况下，还可能每出现一个定语就加一个冠词，使一个名词短语有可能多次使用冠词。这类冠词又被称为连接性冠词（linking article），阿尔巴尼亚语的后冠词、菲律宾他加禄语的冠词都归入此类（参看 Himmelmann，2001：3.1）。按中国语法学的眼光，它们也可能被归入“结构助词”。实际上，汉语方言中也存在类似连接性冠词的虚词，如海南屯昌闽语“妚”[mo^{55}]。钱奠香（2002：26）将这个常用的多功能词归入“指示代词”，实际上钱著的描写显示，它除了用于有定名词短语外，还常用于唯一之物（妚天、妚地、妚日头、妚月娘）和乳名、别号等专有名词（妚凤、妚吉），这些正是定冠词区别于指示词的重要特征。此外，钱著（2001：64—66）也描写了“妚”用于连接动词性定语或曰关系从句的例子，如“卖卖菜妚嫂”（卖菜的那位大嫂）、“行行上来妚伯爹”（正往上面走来的那位大伯）。

四　指示“形容词”

“问卷”所说的指示形容词，不能简单地等同于指示词（demonstratives），更不宜称之为“指示代词”。指示词的主要功能是加在名词上起指示作用，即传统认为的定语，所以很早就被一些学者（如黎锦熙，1992/1924：117）称为“指示形容词”。实际上仔细分析起来，指示词之间功能不同。像普通话的“这”、“那”和英语的 this、that 等都是既可以加在名词上（这钢笔、this pen），又可以单独作为名词来使用（这是香蕉、This is a banana）。另有些指示词从不单用，只能加在名词性单位上，如广州“呢（这）、嗰（那）”、苏州“埃（这）、喂（那）、辩（这 / 那）”等。这些方言中的指示词必须首先和量词组合，如广州话“呢个係香蕉”不能说“呢係香蕉”。严格说来，“指示代词”只能指可单用的那类，“指示形容词”只能指只做定语的那类。要想将这两类放在一起讨论，还是叫“指示词”为妥。汉语学界通常不加区分统称为“指示代词”，这是不准确的，掩盖了指示词之间重要的句法差别，尤其是粤语、吴语等南方方言的指示词通常只指不代，无法归入“代词”。注意到这些区分，才能在指示词调查中注意观察实际的句法表现。还有些指示代词只能作为名词、谓词或副词来使用，不能用来限定名词，这是真正的代词。

另一个需要注意的方面是指示词和名词之间的一致关系。有些语言指示词和名词要在性、数、格等方面保持一致，比如俄语随着名词性、数、格的变化，指示词也要用相应的形式。英语 this/that pen—these/those pens 的变化也是一种数的一致关系。比较普通话“这笔、这支笔、这些笔、这三支笔”都用同一个“这”，可见普通话指示词没有数的一致关系。但不能排除方言中可能存在某种一致关系，如晋语以指示词“这 / 那”语音变体多而著称，内蒙古化德方言的变体好像就与指示词和量词之间数的一致关系有关。据邢向东、张永胜（1997：70），其单用的“这”念 [tsə(꜀)]，“这个”中的“这”念 [tsə꜄]，“这些”中的“这”念 [꜀tsɤ]，三个音韵母和声调都各不相同，其中后两音的差别似乎与单数和复数之别有关，不过这还需进一步研究。

五　量化词（quantifier）

量化词是汉语语法学界还不常使用的概念。外语界和一些海外学者常根据其字面义直接译为“量词”，很容易跟“个、斤”之类“量词”相混。这种译法不宜提倡，建议将 quantifier 称为“量化词”。它指加在名词短语上使之带上数量特征而又不属于数字的限定词，具有语义算子的作用，如“所有、每（个）、一切、有些、有的、一些”等。粗略地分，量化词一般分成全量（universal quantification）和部分量（existential quantification，直译为“存在量”）两种。前者表示论域范围内的全部成员，如“所有、每（个）、一切”，英语的 all，every，each；后者表示论域范围内的部分成员（至少“一”），如“有些、有的、某些、一些”。全量中又可分为集体性的（collective）和逐指性的（distributive）：“所有”是集体性的，“每（个）”是逐指性的，这在它们的回指形式上可以看出——“所有人都爱他们自己的母亲”、“每个人都爱他自己的母亲”。两者分别用复数的“他们”和单数的“他”在同句中回指，不能互换。除由加在名词上的全量词表示外，汉语的全量义还常单独由副词性的量化算子“都、全都”等表示，如“客人都走了”中的“都”，也可以两者并用，如“所有客人都走了”。名词限定词量化算子和副词性量化算子的互动规律和语义解释是非常复杂的现象，涉及句法、语义、语用，特别是语义逻辑等很多方面，时下已有很多深入研究的成果，但仍存在不少待解之谜，尚需深入的专题研究而非一般语法调查所能解决。

六　修饰名词的副词性词语、强调性词语及形容词的等级形式等

副词性词的基本功能是充当状语，但某些语言的一些副词性成分可以修饰名词，通常限于修饰处在某种特定句法位置上的名词。由副词充当的名词修饰语在某些特定位置上能不能算定语可能还有争议，重要的是先要把这些现象记录描写下来。如汉语中表示“仅仅”义的副词可以用在主语名词前限定该名词，如“光小王就写了好几篇文章”，也可以用在做谓语的名词性单位之前，如“当时房间里就他（一个人）”。英语中的趋向词 up，down，out 等也修饰有限的位于其前的名词，如 the way out（出路）。这类趋向词在英语语法中被视为副词，这也可以看作副词修饰名词的例子。有些语言有更多副词可以充当定语，如瑞典语口语中的一些以 lunda 或 vis 结尾的副词及副词 så（王晓林，1991：218），但也不排除经常做定语的副词会逐渐带上形容词性。汉语中“很青春、不教条”这类说法明显是名词做形容词而非副词做定语。

所谓修饰名词的强调性词语（emphasis words），指用来加强句中某个名词性成分的信息强度的代词性词语，如“小张自己走了”中的“自己”，用来强调主语“小张”。这种词又称 intensifier（强调词，详见 König，2001），国内的语法体系中几乎无此概念。这是因为，在汉语和人们熟悉的英语、日语等外语中，这种强调词与反身代词同形（自己、英语 himself、日语 zibun 等），在词类框架中无此语类，于是将强调词的用法也都归入到反身代词的功能中，甚至还常有调查问卷用反身代词的强调用法例句来调查反身代词。当代类型学中已将强调代词从反身代词中单列出来，而且世界上确有很多语言用不同的词项分别充当强调代词和反身代词。例如在大多数欧洲语言中，包括英语以外的日耳曼语族许多语言中，两类词在词形上都是分开的。如俄语反身代词是 себя，强调代词是 сам。德语反身代词是 sich，强调代词是 selbst。两者的根本区别是，强调词只是强化先行词的信息强度，并不担当另一个题元，而回指词与先行词在句法结构中充当不同的句法成分（或作为虚化语素附加在谓语动词上）并担任不同的题元。因此，“小张自己走了”，“自己”是强调词用法，这样的例句不能用来调查反身代词；“小张责怪了自己”，“自己”是反身用法，充当了表示受事题元的宾语。强调词虽然语义上可以是强化先行词，但能占的句法位置也并不单一，如“小张早就自己走了”中“自己”只能分析为状

语，不同受它强调的“小张”直接组合，这时它就不是句法上修饰名词的成分。问卷此处问的是名词的修饰成分，只能指构成一个短语的“小张自己、我自己”、“he himself ”之类结构中的“自己”、“himself ”等。严格地说，在汉语、英语中，这么用的强调词在句法上也不算真正实现为定语，而是某种同位语。不过同位关系可以理解为介于并列和偏正关系中间，其中的一方如上面的“自己”、“himself ”独立性不如并列结构中的一方，通常要依附另一方名词而存在，因而兼有修饰语的特点。此外要注意，强调词通常比反身词有更多词项、更实在的意义。即使在反身词兼强调词的语言或方言中，还可能同时存在更多意义较实的专用强调词，如汉语强调词除兼反身词的“自己”外还有主要用作强调词的“本身、自身”等。调查时一方面要注意强调词是否与反身词同形，另一方面要注意强调词能否充当名词的定语或直接组合的同位语，其句法表现和语序如何。有些强调词只能以状语身份出现，则不在此处调查的范围，如“亲自”。

除形容词原形外，形容词的比较级、最高级、等同级等形态也可能有修饰名词的作用。但要注意这些形式充当定语和形容词原形做定语是否有不同的句法表现，如存在定冠词的语言中最高级形式做定语常要求带定冠词，没有“级”形态的语言也可以考察用分析性手段表示的“级”的形式（如“比”、“更”）能否修饰名词，使用时有何规律，如汉语中很多形容词可以直接修饰名词，而带表示比较级和最高级的形容词短语做定语时则必须带定语标记“的”。

最后，问卷没有问到但对汉语及亲邻语言非常重要的一项定语是量词。以往的量词调查多限于名量搭配问题，其实在名词短语的句法结构中，量词还有很多值得调查的内容：如离开数词、指示词单独修饰名词的功能；类似冠词的功能；连接定语和中心名词的功能。南方的汉语方言和壮侗等民族语言多有此类现象，不应忽略。

七　多种修饰语的语序规律和同现规律

名词短语常常可以有不止一个类型的定语，如汉语“我这三本昨天刚买的很好看的外国侦探小说”。这儿所说的多种修饰语是传统意义上的，其中有些定语在某些现代理论中被看成核心而非修饰语，本章暂不取这种处理。假如一种语言或方言中存在多种定语并存的情况，要注意考察在各类定语之间有没有一个强制的或优先的排列顺序。

各类定语之间的排列规则，涉及的因素相当复杂，不同语言有共同规律，也有各自的特点，需要深入研究才能全面揭示。总体上定语与名词核心的关系紧密度是其中影响较大的因素，即越是语义上接近核心，位置上越靠近核心。另一种角度是外延与内涵的区别，由形容词、名词等充当的性质定语能揭示核心的内涵，一般靠近核心（如上例中“外国、侦探”），表示指称、量化的定语只用来确定外延，与内涵无关，一般离核心较远（如上例中“这、三本”）。领属语虽然可能由名词充当，但它起的作用是外延而非内涵方面的，也当归入外延类定语（如上例中“我”）。同为揭示内涵的定语，则涉及核心名词内在、恒久的属性的定语紧靠核心，涉及外在的、临时的属性的定语相对离核心较远（“侦探”是比“外国”更内在的属性）。此外，语音节律也会影响修饰语的语序，在汉语中节律的作用尤其明显。在汉语中，黏合式（不带“的”）和组合式（带“的”）的定语区分也对语序很有影响（如“昨天刚买的”和“很好看的”是组合性定语，在“外国”、“侦探”这两个黏合定语之前）。有关英语名词各类定语的主要排序规律，英语的详解语法书一般都有所说明。关于汉语的相关情况，可参看陆丙甫（1993：92—97）。

不同类的定语也并不都是可以同现于一个名词短语的，有些确实存在相互排斥的情况。英语冠词和指示词相排斥（不像西班牙语冠词和指示词可以同现）；冠词和带 s 的领属语相排斥（不像西班牙语冠词和“物主形容词”可以同现），没有 my a pen， a my pen， his the pen， the his pen 等形式。但冠词和名词后由前置词引出的领属语可以同现，如 a friend of mine， the content of this book。指示词和领属格代词相排斥，没有 this my pen，his that pen 等形式（汉语可以说“这支我的笔、他的那支笔”）。英语全量词可以和定冠词同现，如 all the students，而部分量化词不可以，不能说 some the students，除非是组成领属结构 some of the students。汉语名词前各种修饰语的相容相斥情况，和英语不同，但目前这方面研究还很薄弱，至今对此所知甚少，其实还是有一些限制有待深入发掘。比如，本章第三部分讲北京口语中不带量词的阳平“一”的不定冠词用法时提到，这种用法的“一”不能与指示词同现，而普通表示数量的“一个”是可以的，如“这一个工厂很赚钱”。假如把只读阳平的“一”还看作数词，就很难解释这种同现限制，假如认识到这个“一”已经是不定冠词，就可以很容易理解了，因为不定冠词自然无法跟表有定的指示词同现。再如汉语全量词和部分量化词与指示词“这些”的同现规律也不同，可以说“所有这些学生”，不能说“有的这些学生”，但在全量词之前，指示词又只能用“这”而不能用“这些”，可以说“这全部学生”而不说“这些全部学生”。这些薄弱环节亟待加强。

除了名词的各种修饰语彼此之间的语序，各种修饰语和核心名词之间的语序，也是调查时需要关注的一个课题。在世界语言中，像汉语这样所有修饰语都在名词前的语言是少数，阿尔泰语言基本上也属于这种情况，但其他地方的语言（即使像日语等一样属于 SOV 类型）修饰语的语序也不都在名词前，如绝大多数语言都属 SOV 型的藏缅语，定语语序的情况就十分复杂。而属于 SVO 语言的英语、壮语、苗语等语言定语的位置也很复杂。就英语来说，冠词、指示词、数词、领属代词、带 s 的领属格、表属性的名词、单个形容词、单个现在分词和过去分词在名词之前，带论元（包括比较基准）或附加成分的形容词和分词、前置词短语、关系从句、副词做定语都在名词之后。俄语、法语都属 SVO 型的印欧语言，但定语的语序又与英语各有参差。俄语名词领属格只能在核心名词之后，法语形容词的常规位置是名词之后。因此，对大部分语言来说都需要仔细调查各种定语相对于核心的位置问题。事实上，汉语方言中也存在某些定语后置的情况，如海南屯昌闽语的形容词重叠式和象声词短语做定语时后置的情况（钱奠香，2002），甚至北京话口语中也发现可以分析为关系从句后置的情况（方梅，2004）。

参考文献

董燕生　1999　《西班牙语句法》，外语教学与研究出版社。

方　梅　2002　《指示词“这”和“那”在北京话中的语法化》，《中国语文》第 4 期。

———　2004　《汉语口语后置关系从句研究》，载《庆祝〈中国语文〉创刊 50 周年学术论文集》，商务印书馆。

黄布凡　1997　《藏缅语“指代名”偏正结构语序》，载《彝缅语研究（国际彝缅语学术会议论文选）》，四川民族出版社。

黑龙江大学俄语系编　1979　《现代俄语语法新编》（上、下册），商务印书馆。

黎锦熙　1992/1924　《新著国语文法》，商务印书馆。

林立芳　1997　《梅县方言语法研究》，中华工商联合出版社。

刘丹青　2002　《汉语类指成分的语义属性与句法属性》，《中国语文》第 5 期。

———　2005a　《形容词和形容词短语的研究框架》，《民族语文》第 5 期。

刘丹青　2005b《语法调查与研究中的从属小句问题》，《当代语言学》第3期。
陆丙甫　1993　《核心推导语法》，上海教育出版社。
吕叔湘　1982/1944　《中国文法要略》，商务印书馆。初版上卷1942年，下卷1944年。
钱莫香　2002　《海南屯昌闽语语法研究》，云南大学出版社。
王　力　1989　《汉语语法史》，商务印书馆。
王锁瑛、鲁晏宾　1999《葡萄牙语语法》，上海外语教育出版社。
王晓林　1991　《瑞典语语法》，外语教学与研究出版社。
邢向东、张永胜　1997《内蒙古西部方言语法研究》，内蒙古人民出版社。
杨顺禧　1993　《罗马尼亚语语法》，外语教学与研究出版社。
尹世良、季　兵　1988《简明阿尔巴尼亚语语法》，外语教学与研究出版社。
张才尧编、姚可昆审　1994《实用德语语法》，外语教学与研究出版社。
张　敏　1998　《认知语言学与汉语名词短语》，中国社会科学出版社。

Comrie, Bernard & Norval Smith 1977 *Lingua Descriptive Studies: Questionnaire.* North-Holland Publishing Company.

Bernstein, B. Judy 2000 The DP Hypothesis: identifying clausal properties in the nominal domain. In Mark Baltin & Chris Collins (eds.) *The Handbook of Contemporary Syntactic Theory.* Blackwell Publishing Ltd.

Hemmelmann, Nikolaus 2001 Articles. In Martin Haspelmath, Ekkehard König, Wulf Oesterreicher & Wolfgang Raible (eds.) *Language Typology and Language Universals: An International Handbook.* Berlin: Walter de Gruyter.

König, Ekkehard 2001 Intensifiers and reflexive pronouns. In Martin Haspelmath et al. (eds.) *Language Typology and Language Universals: An International Handbook.* Berlin: Walter de Gruyter.

作者：刘丹青

原载：《汉语学习》2006年第1期

第三章　语法调查与研究中的从属小句问题[1]

1.1.2 从属句关系（从句关系）

[说明]关于从属小句（subordinate clause，简称“从属句”、“从句”）的概念，我们在讨论特指疑问句可提取的范围时有基本的介绍（问卷 1.1.1.2.2.1.2 的[说明]，在问卷中排在更前面，所以在彼处先提）。由于这个概念是本章下面各部分所围绕的核心概念，因此我们将彼处的有关介绍先摘述如下：

从属句（从句）主要包括这几种情况：

一、广义的补足语（≠“补语”）从句（complemental clause），即充当谓语所要求的论元的小句（汉语语法中常称主谓短语等），包括主语从句（所谓“主谓结构做主语”，如“他打小孩是不应该的、物价上涨让我们的实际收入减少”）、宾语从句（所谓“主谓结构做宾语”，如“我希望他来、他告诉我小张穿了件新衣服”）、表语从句（所谓“主谓结构做系词‘是’的宾语”，如“来的目的就是看望您”）。

二、状语从句。西方语言学传统上将国内所说的复句分为两类，联合复合句不存在从句问题，主从复杂句的从属句则都看作状语从句，因为都用从句连词表示其做状语的从属句身份，如英语中用 if（假如）、since（自从、因为）、although（尽管）、so that（以便）介引的从句都是状语从句，不管它位于主句之前还是之后。这种分类在关联词语使用较严格的语言（如印欧语、阿尔泰语言和部分句法形式较丰富的藏缅语）中比较清楚。汉语联合和主从（偏正）复句的句法界限不清，常靠语义分类，不是真正的句法学分类，因此难以把一切归入偏句的分句都看作状语从

【1】本章据刘丹青正在编著的《语法调查研究手册》有关部分改写。文中编号后的文字为 Comrie 和 Smith（1977）《语言描写问卷》（吴可颖初译、刘丹青重译）的部分细目原文，本章所采部分从问卷 1.1.2 开始。“[说明]”后的部分为笔者就此所做的说明和举例，即本章的主体。

句。如“我病了，所以今天不能去了”，很难说“我病了”是状语，因为它没有使用关联词，而且也有一定的独立性，甚至可以用句号隔开，变成句群，即说成“我病了。所以今天不能去了”。所以汉语句法学所用的“分句”概念不等同于西方语言学所说的“从句”。但是，带形式标记的偏句确有状语从句的性质（参看下文1. 1. 2. 4[说明]）。最狭义的状语从句，则可以在汉语语法学所说的“单句”范围内存在（西方所说的 simple sentence 只能含有一个主谓结构，不等于汉语语法学所说的“单句”，超过一个主谓结构的句子即可被看作复合句或复杂句），包括两大类。一类是谓语前用“地、似的”介引的小句状语，如“他脸色铁青地对我说、他跟小孩耍赖似的缠着我不放”。另一类是在动词后用“得”介引、传统上称为主谓短语做补语的情况，如“他累得饭也不想吃了”、“老师说得大家都笑了起来”。

三、定语从句（attributive clause），尤其是关系从句（relative clause），即做定语的主谓短语及部分动词短语。所谓关系从句，就是从句所修饰的中心名词在从句中也有一个句法位置，包括主语、宾语等，可能是空位，也可能有代词复指。朱德熙（1980/1978）所讲的“的”字结构的“潜主语、潜宾语”等，说的其实就是“的”后中心词在“的”前小句中的句法位置。如“[t_i] 开车的人$_i$”，“开车”修饰“人”，但这个“人”是“开车”的“潜主语”，我们借用形式语法的方法用方括号表示它在从句中的句法位置，t 表示这是一个空位（trace，语迹），t 和“人”下标的 i 表示这两个单位的同指（co-reference）；“他开 [t_i] 的车$_i$”，中心词“车”是“他开”的“潜宾语”，也即与“开”后的空位 t_i 同指。“开车”和“他开”便都是关系从句，虽然“开车”在国内语法论著中被称为动宾短语，但仍具有关系从句的地位。有些关系从句的中心词在从句中有一个同指的代词，不再是空位，如“我给他$_i$书的那个人$_i$”，“他”和“那个人”同指。并非所有做定语的从句都是关系从句。假如被从句修饰的中心词在从句中没有同指的空位或代词，便不是关系从句。如“我们去旅游的计划”，“计划”在从句“我们去旅游”中没有同指的空位或代词，其从句便不构成关系从句。事实上“我们去旅游”这类从句属于同一性定语，“我们去旅游”整体就是这个“计划”，“计划”也就是“我们去旅游”，因此“计划”无法在从句中充当一个成分，倒是定语和中心语由于所指同一，可以从定中关系变成同位语关系，如“我们去旅游这个计划”。

1. 1. 2. 1 从句关系有什么一般性标记吗？例如语序、助词（在什么位置）、动词修饰等等？在以下问题中请记住某些现象也许在主句中才会有，如果是这样，请描述出来，如英语中：

a）he ran away　b） away he ran　c） I think that he ran away　d）* I think that away he ran

[说明] 从句关系，指主句或主句中支配从句的成分和各类从句之间的句法关系。一般性标记指适合于各类从句的主从句关系泛用标记。语序作为主从关系标记，如日语的各类主从句关系都是前从后主，补足语从句在支配它的动词之前，定语从句在名词中心语之前，状语从句在主句之前。英语基本上各类从句都在主句或支配成分之后，但有部分状语从句也可以前置于主句，如表示假设条件的 if 从句、表示时间关系的 when 从句等。英语的主语从句仍可以在句首，但也可以通过使用形式主语 it 而将主语放在谓语后。汉语的从句语序较复杂，没有统摄各类从句的统一语序规则，宾语从句在支配它的动词后，定语从句只能在名词核心前，状语从句（各类“偏句”）也以前置为正常语序。英语的 that 是比较泛用的表从句标记，可以用于补足语从句（主语从句、宾语从句），也能用于定语从句，但不能用于状语从句。普通话“的”用于各种定语从句（他遇到的朋友），“地”用于一部分状语从句（他头脑清醒地做出了决定）。调查中要注意其他方言和语言中是否有更加泛用的一般性标记。问卷所说的“动词修饰”，指在小句（主句或从句）的谓语动词上加上一定的标记，显示主句和从句之间的关系。

问卷提醒，主句和从句虽然都是小句（clause），内部结构却可能有不同规则。所举的英语例子说明主句内的语序比从句灵活。这种情况在很多语言中都存在。比较汉语“我看这本书 ~ 这本书我看”，“我看这本书的年纪 ~ * 这本书我看的年纪”。在有些语言里，主句和从句甚至有完全不同的基本语序。例如，在德语中，主句是 V2 语序，即谓语动词总是位于句中第二位置，第一位置或是主语（这时是 SVO 语序），或是时地状语或其他状语从句，主语和宾语则依次位于动词之后（这时是 VSO 语序）；从句却是稳定的 SOV 语序（不过最近十余年来，德语口语出现了在某些从句中也采用主句的 V2 语序的新情况，如用连词 weil（因为）和 obwohl（尽管）连接的状语从句。见 Günthner，1996）。问卷要求调查研究者注意从句和主句在句法方面的差异。

1. 1. 2. 2 名词从句

[说明] 名词从句指充当谓词的论元的从句，即充当主语、宾语、表语的小句，并不是由名词性成分充当的从句。只是因为名词的主要语法功能是充当论元，所

以将充当论元的从句称为名词从句，当代语言学界更常用补足语从句（complement clause）或论元从句（argument clause）来概括，其标记通常就称为补足语从句标记（complementizer），简称标句词。下面的说明将主要用“补足语从句”之名。

1.1.2.2.1 名词从句一般来说有什么标志？它们与其主句的位置关系如何？

[说明] 许多语言补足语从句必须有专用的标记，如英语的 that 等。英语有部分及物动词带宾语从句时 that 可用可省，如 I know （that） he will come（我知道他会来）。从句做主语时不能省 that，如 That she will come makes John nervous（她会来使 John 很紧张）。英语作为 VO—前置词型语言，从句标记 that 加在从句之前。而后置词语言（通常也是 OV 语言）的补足语标句词则以后置为常，即位于从句末尾。如日语小句做主语时可用定语标记兼名词化标记 no 加在小句后（后面再加主格标记 ga）（Ohori，1992：1.2）：

Ame-ga　　hut-ta-no-ga　　Taroo-wa　　iyadat-ta

雨—主格 下—过去时—名词化—主格 太郎—话题 讨厌—过去时

（下雨太郎很讨厌）

古代汉语做宾语的从句要在主谓之间加助词“之”，习称“取消句子独立性”，实际上就是让小句充当补足语从句。如《庄子·秋水》（陈鼓应注译本，中华书局，1983 年，第 443 页）：“庄子曰：‘儵鱼出游从容，是鱼之乐也。’惠子曰：‘子非鱼，安知鱼之乐？’庄子曰：‘子非我，安知我不知鱼之乐？’惠子曰：‘我非子，固不知子矣；子固非鱼也，子之不知鱼之乐，全矣。’”此例中，小句“鱼乐”做判断句表语从句（虽不用系词，性质上仍是表语），插入“之”成为“鱼之乐”。惠子的第一次回应中，小句“鱼乐”做“知”的宾语从句，也说成“鱼之乐”。庄子回应惠子的“鱼之乐”同此。惠子再次回应时，小句“子不知鱼乐”做谓语“全矣”的主语从句，“子”后插入“之”使整个小句成为主语从句，“鱼乐”中仍插入“之”，使“鱼之乐”成为“知”的宾语。从一个句子中不厌其烦两次用“之”，可见古代汉语中这是比较强势的规则，但还不是强制性规则。全按规则，庄子回应的话应是“子非我，安知我之不知鱼之乐？”实际上第一个“之”被省掉了，小句“我不知……”在主谓之间没有“之”的情况下做了“安知”的宾语。现代汉语基本上没有这样的规则，小句做主语、宾语、表语都不需要加助词，如“他要来使我吃了一惊、你怎么知道鱼很快乐、我看见的是你打他”。现代书面语中也能在古代汉语加“之”的地方加“的”，尤其是在早期现代文中，如鲁迅《朝花夕拾·二十四孝图》"但无论他是什么人，他的吃小孩究竟也还有限，不过尽他的一生"。调查中应注意是否存在标记从句的虚词，用与不用有没有什么规律。

标句词是类型学和生成语法所共同关注的重要课题。类型学调查发现标句词的位置与语言的总体语序类型特点有关。Dryer（1992）发现，"标句词＋小句"的语序在VO和OV型语言中都可以出现，英语that小句就属于这种语序出现在VO语言中的显示。而"小句＋标句词"的语序强烈倾向于出现在OV型语言中。显示标句词总体上表现为整个从句的核心，所以与动词短语的核心V的语序更容易一致。生成语法也把标句词处理为管辖整个小句的核心。生成语法在代表小句结构的IP（由谓语动词的屈折成分投射的屈折短语）之上又设了一个CP（complementizer phrase标句词短语），用C的位置来安放标句词及句法作用类似的成分，并认定整个小句受标句词管辖。

汉语几个标句词的语序特点比较特殊。它们不像许多语言中的补足语标句词那样位于从句的一端，并处于支配成分和被支配的从句之间。如英语I know that he will come，that一方面位于he will come这个从句的前端，另一方面位于支配从句的know和从句之间。先秦汉语的"之、所"位于从句的句中，多为主谓之间，不在从句的一端，也不在支配成分和从句之间。只有当"所"字从句的主语省略时，"所"才会符合标句词的常规位置，如"夫两者各得所欲，大者宜为下"（陈鼓应注译本《老子》第61章，中华书局，1984年，第301页）。

除了采用虚词形式的标句词外，在动词形态丰富的语言中，例如在阿尔泰诸语言中，也可能采用动词的形态变化来表示，但这应当归入非限定从句的类型，见1.1.2.2.6。

1.1.2.2.2 有不同类型的名词从句吗？请详细说明。

[说明]至少有两大类补足语从句常常在语法上有明显区别。一类从句的标句词自身在从句中不担当角色。上面举的英语补足句标记that，先秦汉语补足句标记"之"都属此类（that做定语从句标记时可在从句中担当角色，情况不同，详后）。能够省略的标句词多属此类从句。另一类从句的标句词自身又在从句中担当一种角色。英语由疑问代词兼任的补足语从句关系代词who，what，how等都属此类。如I know who will come（我知道谁会来），I know whom he likes（我知道他喜欢谁），who和whom都起标记宾语从句的作用，所以都要放在主句动词know之后，但它们在各自引出的宾语从句内分别充当主语和宾语，所以分别取主格和宾格的词形。

兼从句内成分的标句词很难省略。先秦汉语用“所”标记的从句也属此类，所以“所”也很难省略。如“如不可求，从吾所好”（杨伯峻译注本《论语·述而》，中华书局，1980年，第69页）。从句“吾所好”充当“从”的宾语，其中“所”既是从句标句词，又充当从句内动词“好”的宾语，全句的意义是“跟从我喜欢的（事物）”。可以很对应地译成英语 follow ***what*** I like，其中 what 功能与“所”相当。“所”在先秦汉语中作用非常灵活多样，在充当从句标记时，在从句中可充当各种名词性成分，甚至前置词的宾语，如“吾知其所由来矣”（《左传·僖公七年》，《春秋左传集解》，上海人民出版社，1977年，第261页），从句“其所由来”充当主句动词“知”的宾语。“所”在从句中则充当前置词“由”的宾语，按句法规则要用在前置词之前，所以介词“由”后只剩下空位。整句意为“我知道他从哪儿来了”，译成英语则为 I know where he came from 或 I know from where he came，“所”这时相当于 where（where 义可能比 what 义更早，与“所”的处所义有关。参看俞敏，1984）。先秦汉语标句词“所”的种种功能在现代汉语书面语中只得到部分的继承，例如“所”充当从句前置词宾语的功能在普通话中就不存在。

上面两类补足语从句在主句中的语法地位也很不同。标句词不兼从句内成分的补足语从句是纯小句性的单位，所以，必须能够带小句做补足成分的动词才能带这类小句。例如，英语 eat（吃）只能带名词性单位，因此就不能带 that 所介引的宾语小句，只有 know（知道）、say（说）之类本来能带小句宾语的动词才能带 that 从句做宾语。由兼作从句内成分的标句词所介引的从句是名词性从句，凡是能带名词性宾语的动词都能带这类小句，所以这类标句词同时也就有名词化功能。如英语 what he likes 作为一个单位就是名词性的，不能独立使用，只能用在主语、宾语、表语等名词能出现的位置。将英语疑问代词和汉语“所”介引的从句看作补足语从句是着眼于它们与主句的关系。就这些从句本身的结构说，它们又是一种无核关系从句，即由关系代词代替省去的核心的关系从句。如 what I like ≈ the things that I like，“吾所好≈吾所好之物（人、事）”。在论元位置上，whether 所带从句最能起命题性（小句性）作用，how，where 等所带从句有时接近命题 / 小句，有时接近个体 / 名词，what 所带从句更接近个体 / 名词，有些语法体系不看作论元从句。

在调查不同方言、语言时，应注意上述两类补足语从句的不同，同时要注意是否存在其他在语法上有不同表现的补足语从句类别，具体指出其语法上的特点。

1.1.2.2.3 间接陈述句如何标志？

[说明] 间接陈述句就是一个陈述小句充当主句动词的论元。前面两小节举的英语用 that 引出的从句和先秦汉语用"之"标记的补足语从句都属此类。朝鲜语间接陈述句后要加标句词 ko（Kim，2009），如：

nɑ nǔn　*John*　*i*　*næil*　*o-n-ta*　*ko*　malha-yəs'-tɑ

我（话题）约翰（主格）明天 将要来（标句词） 说了

（我说了约翰明天将要来。）

nɑ nǔn　*i*　*c^hæk*　*i*　*cæmiis'ta*　*ko*　sæŋkakha-n-tɑ

我（话题）这 书（主格）趣味有（标句词） 想

（我觉得这本书很有意思。）

相比之下，现代汉语普通话的间接陈述句通常不带任何标记，如"我告诉他小王来了"，"小王来了"就是一个充当宾语的间接陈述句，没有任何标句词。但是书面汉语从近代汉语中继承了一个"道"，用在表示言语和思维活动的动词后，用来引出直接引语，如"他说道：'我不去了！'"、"培根写道：'知识就是力量。'"等。这也可看作标句词（刘丹青，2004），但"道"是加在动词上的，和英语 that、朝鲜语 ko 等加在从句上有所不同。汉语其他方言中是否存在有标句词作用的虚词，语法功能有何特点，值得调查时挖掘。

1.1.2.2.4 间接问句如何标志？参照 1.1.1.2 部分回答该问题。

[说明] 间接问句是补足语从句的一种，就是由疑问小句充当主句谓语的论元，疑问小句成为一个主句（通常是陈述句）的嵌入从句。相对地，疑问小句直接作为主句的句子就称为直接问句。

为什么间接问句要和直接问句分别调查？因为在许多语言中，特别是疑问句涉及移位和主谓语换位的语言中，间接问句常与直接问句有结构上的不同。例如，在英语中，间接特指问句的疑问代词仍需移至从句（而不是全句）的句首，起标句词的作用，但主语和谓语则不互换位置。比较：

What will you buy?（你将买什么？）

~ I wonder what you will buy.（我想知道你将买什么。）

前一句是直接问句，助动词 will 要与主语 you 换位，后一句是主句谓语 wonder 带一个间接问句，主谓不换位。另外，直接问句无须标句词，而间接问句在许多语言中都需要标句词。英语间接特指问句就借助疑问代词做标句词，如上例中的 what，而间接是非问则要用 if，whether 等做标句词，如 I wonder if you will buy something（我想知道你会不会买点什么）。朝鲜语间接问句要用名词化间接问句后置标记 ci，如（引自 Kim，1987）：

nɑ nŭn　　*John*　*i*　　*ənce*　　*o-nŭn*　　*ci*　　molŭ-n-tɑ

我（话题）约翰（主格）何时　来（非限定）（标句词）不知道

（我不知道约翰什么时候将会来。）

汉语间接问句似没有明显的标句词，但处于嵌入句中的疑问代词和“V 不 V”式等疑问成分可以认为带有间接问句标句词的作用，如“我问你怎么打开这扇门、什么好吃要问他、我怀疑他是不是同意、来不来还没决定”。固然，汉语的疑问代词在直接问句和间接问句中都不移位到句首，疑问代词显性结构上标句词功能不强，而“V 不 V”形式做直接问句和间接问句也没有什么句法表现上的差别，但是，假如把句末疑问助词“吗”、疑问代词和“V 不 V”形式分别作为这几种问句的手段，那么可以看到，后两者都可以用在间接问句中，如上所举，而“VP 吗”不能出现在间接问句中（* 来吗还没决定），可见疑问代词和“V 不 V”形式确实带有间接疑问标句词的作用，而“吗”没有这样的功能。

问卷要求参照 1. 1. 1. 2 回答，就是要像调查疑问主句一样调查作为间接问句的各个小类，即是非问句、疑问词问句（特指问句）、选择问句等。

1. 1. 2. 2. 5 间接命令句如何标志？参照 1. 1. 1. 3 部分回答该问题。

[说明] 间接命令句也是补足语从句的一种，就是由祈使小句充当主句谓语的论元，祈使小句成为陈述句的嵌入从句。如“我命令你立即出发”，“你立即出发”这个祈使句充当了主句动词“命令”的宾语从句。这个句子还有另几种构造的可能。一是作为双宾句，“你”是间接宾语，“立即出发”作为没有主语的祈使句（这是祈使句的常态)，充当“命令”的直接宾语，仍是间接祈使句。二是作为兼语句，“你”是兼语，“立即出发”是“你”的谓语，仍可将兼语及其后面的谓语看作间接祈使句。这几种句式都可以看作间接祈使句在汉语中的句法安排策略。像调查研究间接问句一样，调查间接祈使句也要注意这几点：间接祈使句在形态（主要是“式”）方面与直接祈使句有什么异同；假如直接祈使句有祈使程度的形态或虚词差别，间接祈使句是否全面保留；间接祈使句是否使用标句词或有类似功能的词；间接祈使句有哪些句法实现手段。

1. 1. 2. 2. 6 以上各种类型的从句中有没有非限定式的（如不定式、分词结构、名词化结构等等）？针对每一种不同的可能性，回答以下问题：

[说明]前面说的都是典型的从句，即在存在动词限定/非限定（finite/nonfinite）范畴的语言中谓语动词要取限定形式的从句。现代句法学还把从句的概念扩大到以非限定动词为核心的小句类单位，称为“非限定性小句”。这是广义的从句概念。

所谓非限定性小句，是指作用如同小句、形式上缺少小句的限定形式的单位，如英语中的分词短语、不定式短语等。比较：

I want to wash these clothes.（我想洗这些衣服。）

I want him to wash these clothes.（我想要他洗这些衣服。）

I want washing these clothes.（我想洗这些衣服。）

I want him washing these clothes.（我想要他洗这些衣服。）

I want these clothes washed by him.（我想要这些衣服被他洗了。）

第1句 to wash these clothes 传统上分析为不定式短语做宾语，现代语言学分析为一个不定式宾语从句（做主句谓语 want 的宾语），有非限定形式的动词（to wash），有宾语（these clothes），表面上没有主语，但意义上动词 wash 的主语必须与主句主语 I 同指，意味着 to wash 前面有一个主语被强制性地删除了。假如这个主语不与主句主语同指，就必须出现，句法上有多种安排方式，其中之一是放在主句动词后做宾语（或者说借用了主句宾语的位置，称为不定式宾语从句的主语提升），如第2句的 him，它虽然取宾格，其实并不是 want 的宾语（要的不是“他”，而是“他洗衣服”这件事）。所以 him to wash... 也被看成一个不定式小句。遇到主句动词是不及物的，可以插入一个介词 for 引进从句主语（或者说借用了主句的介词状语的位置），如 I wait for him to wash these clothes， for him to wash... 也被看作一个非限定从句。第3、4句的结构分别与第1、2句类似，只是不定式动词换成了动词的现在分词，是另一种非限定动词。第5句因为从句主语 these clothes 和从句动词 wash 间是被动态关系，所以 wash 采用表示被动态的过去分词形式，而被动动词的施事则像被动句一样用 by 引出。中国的语言中，阿尔泰系诸语言有比较丰富的非限定从句，传统上其谓语部分分别称为“动名词”（充当论元性成分的非限定动词）、形动词（充当定语从句/关系从句的非限定动词）、副动词（充当状语从句的非限定动词）。对于这类语言，应对限定从句和非限定从句分别进行考察。汉语中谓语动词缺少明确的限定形式，因此很难明确区分限定小句和非限定小句。有一些有小句作用的动词短语假如充当了嵌入性成分，可以看作非限定动词做从句的现象。

更广义的从句还包括所谓名词化从句，即作用如同小句、形式上已经名词化的单位。英语传统语法中称为动名词的单位就属于一种名词化从句。名词化动词之所以还能构成从句类单位，是因为它还可能以一定方式带上论元，如英语 my eating garlic displeases him（我的吃大蒜让他不高兴），其中的动名词 eating（吃）是动词 eat 的名词化形态，还带上了领属定语，但它还带有宾语 garlic，而形式上的领属格的形式 my 实际上也是动名词的施事论元。整个结构 my eating garlic 形成一个完整的及物性论元结构，所以也被看成一种从句。

本节及所辖各小节就是考察以非限定动词为核心的从句与以限定动词为核心的从句在形态和句法上的差别。有些语言的某类从句只能由非限定动词充当，非限定从句显得尤其重要。如属西北高加索诸语言之一的 Kabardian 语所有补足语从句的核心动词都必须是非限定动词，而非限定动词的种类则非常多，超过英语（英语有不定式、现在分词、过去分词和动名词这几种）（Kumakhov and Vamling，1995）。还有些语言如英语、朝鲜语等限定式从句和非限定式从句语法上有显著差别。朝鲜语补足语从句如使用非限定动词，从句动词以 nŭn/ŭn/n 结尾，从句后要加名词化标记 kəs（起标句词作用），该从句如果做宾语，kəs 后还要加宾格标记 lŭl/ŭl。如：

nɑ nŭn	*i* c^h*æk i*	*cæmiis-'*nŭn	*kəs*	*ŭl*	ɑ-n-tɑ
我（话题）	这 书（主格）	趣味有—（非限定）	（标句词）	（宾格）	知道

（我知道这本书有意思。）

这种从句既可做主语，也可做宾语，还可以有话题化、被动化、准分裂焦点化等句法操作。假如换用限定动词，从句动词以 tɑ 结尾，然后加标句词 ko，标句词后不再能加宾格标记（如 1. 1. 2. 2. 3 朝鲜语例）。限定从句做宾不做主，也不能有话题化、被动化、分裂化等适合于名词性单位的句法操作。对于缺少限定非限定明显区别的语言，如汉语，这一节可以直接发现的现象也许不多，但深入的研究也可能揭示一些有意义的现象。

1. 1. 2. 2. 6. 1 哪些动词范畴没有了？哪些还保留着？（参看 2. 1. 3）

[说明] 非限定动词可拥有的形态范畴通常少于限定动词。例如，英语非限定动词保留体、态（voice，主动、被动等）的形态对立，却不再有时和主谓一致关

系的形态（所以时和一致关系范畴成为限定动词的显性标志）。不过英语的情况不代表其他语言。属上举 Kabardian 语的非限定动词仍有时的区别和与主语的互参关系（cross-reference，即双向一致关系），只是时制种类没有限定形式的时制种类多（据 Kumakhov and Vamling，1995）。

1. 1. 2. 2. 6. 2 动词的非限定式是怎样构成的?

[说明] 即构成各种非限定形式（如英语的不定式、分词、动名词）的形态手段及其他手段。

1. 1. 2. 2. 6. 3 哪些论元可以被省略?

[说明] 非限定动词所带的论元往往少于限定动词，所以这样提问。例如英语不定式和现在分词通常省略主语，而照常带宾语。过去分词则主语宾语都省略（指在定语或补足语位置的过去分词，不指完成体中 have/has 后的过去分词），但可以用前置词 by 引出施事论元。

1. 1. 2. 2. 6. 4 那些被保留的论元会按什么方式变化吗?

[说明] 有些被保留的论元可能与限定动词的相应论元没有差别，有的却可能需要特殊的句法处理才能被保留。如英语不定式动词和现在分词带宾语与限定动词无别，通常被省略的主语论元若在意义上需要出现就需要借助其他手段，从而出现形式上的变化：不定式前的主语要用前置词 for 引出（***For*** *him to go* is easy. 他去是很容易的），因而变成了宾格形式；现在分词前的主语要转化为领属定语（I heard ***his*** *coming*. 我听说了他的到来），因而变成了属格形式；过去分词的施动者论元要用前置词引出（I'm reading a book *written* ***by*** *him*. 我正在读一本他写的小说），也成为宾格。其他有限定动词和非限定动词的语言要根据具体语言的实际情况做出描述，情况不一定与英语相同。

1. 1. 2. 2. 6. 5 可以插入任何形态材料吗？例如，在论元之前插入前置词。

[说明] 本问题就是上一问题的具体化。插入形态材料或虚词就是按一定方式变化，如上面举的不定式主语加前置词 for 并取宾格就是插入了一定的形态材料。

1. 1. 2. 2. 6. 6 可以出现状语吗？如果可以，它们是以形容词的形式还是以其他方式发生变化？请讨论不同类型的状语。

[说明] 有些语言中动词变成非限定形式后，可能会失去或部分失去带状语的能力。非限定动词经常出现向名词靠拢的情况，因为有些状语可能需要变化为形容词等形式充当定语，所以问卷提出这样的问题。

1.1.2.2.6.7 名词化要通过一个特定的词序来表示吗？

[说明] 假如将名词化的动词也看作一种非限定动词，则在有些语言中名词化以后动词与其论元的语序可能有变化，值得调查。例如在英语中，动词名词化后其宾语要出现在动词前，而不是通常的动词后的宾语位置，这样构成的结构在英语中通常被视为结构紧密的复合词，如 shoe-making（制鞋）、scene-viewing（风景观赏）。汉语动词的名词化没有明显的形态标记，不过也存在语序倒换的情形，如"（进行）方言调查、（从事）飞机驾驶"等。

1.1.2.3 形容词从句（关系从句）

[说明] 形容词的基本功能是做定语，而关系从句的作用就是做定语，即功能上相当于一个形容词，因此称为形容词从句。问卷用括号中的"关系从句"来解释正题中的"形容词从句"，说明问卷只提问定语从句中的关系从句，因为正如上文 1.1.2[说明] 已指出的，有些定语从句不属于关系从句，如"我们去旅游的计划"。

汉语一般定语和从句定语都在核心名词之前，动词难分限定非限定，形容词也有谓词性，不必靠系词就能自由地充当谓语，关系从句和一般定语都用"的"做标记，这些因素使汉语的关系从句在理论上范围特别广。谓词性单位带"的"做定语都能看作关系从句。例如，英语 a smart student 和 a student who is smart 分别是形容词和关系从句做定语，位置分别在名词前后，关系从句中的形容词前面必须有系词做谓语核心，译成汉语都可以是"一个聪明的学生"，"聪明的"就可以看作关系从句。只有不带"的"的"聪明学生"可看作带一般定语而非关系从句。英语 a student reading books 和 a student who is reading books 分别是现在分词短语（上文 1.1.2.2.6 所说的非限定从句）和关系从句做定语，动词 read 及所带的宾语虽然都在名词后，但分别属于非限定形式和限定形式。译成汉语又都是"一个正在读书的学生"，"正在读书"也可以看成关系从句。另外，当被修饰名词是关系从句中的宾语（朱德熙 1980/1978 所说的"潜宾语"）时，英语的关系从句必须出现主语，否则不成一个从句，如"今天买的帽子"译成英语要么补上主语说成 the hat he bought today，要么用分词短语做定语，如 the hat bought today。但是日语、汉语等本身省略主语比较自由，关系从句也不例外。如日语（Baldwin et al., 1999）：

Kinō	katta	bōsi	
今天	买（过去时）	帽子	（今天买的帽子。）

谓语"买"虽然没有主语，但仍是定式动词，带过去时标记 tta，所以自然看

作关系从句。汉语单句省略主语也比较自由，“昨天买书了”也成一句话，因此没有理由把“昨天买的”甚至“买的”排除在关系从句之外。这使汉语关系从句的范围更加广泛。不过，单个谓词充当的定语毕竟不是典型的关系从句，方言中某些兼用的关系从句标记排斥单个谓词定语，要求形态—句法成分更加充足的关系从句，反映了单个谓词作为关系从句的非典型性（刘丹青，2005）。至于谓词不带“的”做定语的情况，可以明确排除在关系从句之外。这种定语与核心名词关系特别紧密，很像和名词结合成一个复合词，不宜再看作关系从句，如作为名词性单位的“学习文件、出口商品、打印材料”和“聪明学生、高大形象”等。这种定语只能在数量成分后出现，比较“那个聪明学生～＊聪明那个学生”。带“的”的成分与核心名词关系松散，在数量成分前后都可以用，如“那个聪明的学生”和“聪明的那个学生”，“聪明的”可以归入关系从句。

在汉语及其方言的调查研究中，形容词做定语情况比较简单，虽然有理由看作关系从句，但调查时可以不必放在关系从句部分处理。重点可调查由动词短语做关系小句的情况。另外，主谓齐全的小句做关系从句（如“年纪很轻的学者、态度凶狠的门卫”）是汉语的特点，同汉语的话题结构或所谓“主谓谓语句”有关，值得在调查研究中重视。

对于动词有限定非限定之分、形容词做谓语和做定语表现不同的语言，如阿尔泰语系的语言，则仍需要全面调查各类关系从句的构成情况，注意关系从句和做定语的单个形容词或动词非限定形式在句法上的区别。

在 SOV 型的藏缅语中，形容词做定语往往有两种语序。不带标记的后置定语适合于复合词等较紧密的结构，肯定不是关系从句；要带定语标记的前置定语是较松散的可以扩展的定语（戴庆厦、傅爱兰，2002），前置定语具有明显的关系从句性质（比较 SVO 的英语，前置形容词定语不是关系从句，关系从句只做后置定语）。藏缅语两类定语的深入描写和分析，可以为汉藏语系普通形容词定语和关系从句的分界提供有益的启示，值得进一步去调查研究。

1.1.2.3.1 形容词从句怎样标志？

[说明] 普通话各种定语包括关系从句的标记（习称“结构助词”）都是“的”，但这远非普遍情况，即使在汉语方言中也有不同种类的定语使用不同标记的情况，要特别注意关系从句使用的标记与哪些定语的标记相同，与哪些定语的标记不同。在一些南方方言中，还可以用量词兼任关系从句的标记，如吴语苏州话“我买本书

比傢买本书贵”（我买的那本书比你买的那本书贵），粤语广州话“我买本书贵过你买本书”。这些情况也值得重点调查，特别要注意使用量词的结构是否还需要加相当于“的”的定语标记，量词除了用来帮助标记关系从句外，还能否标记其他定语。此外，北方官话中的指示词有时也兼有关系从句标记的功能，如“我买（的）那书是名著”，假如不用“那”，“的”决不能省。调查时也要注意有无这种情况。

关系从句也并非必然使用标记。现代英语中当核心名词是关系从句的宾语时，关系从句标记 that/which/who（m）常常省略，纯粹靠语序表示，如：The book（*that*）I’m reading is a masterpiece（我在读的书是一本名著），The man（whom）you met yesterday is a businessman（你昨天遇见的那个人是个生意人）。壮侗语言的关系从句经常没有任何标记，就直接放在名词之后，如三江侗语（引自邢公畹，1985：102）：

me^{11} ʔi^{55} nəi^{31} le^{33} saːŋ^{31} li^{33} ʔi^{55} kəm^{31} tuŋ^{55} kwa^{55}. ta^{33} lən^{11} nəi^{31} le^{33}
有 一 妇 女 生 得 一 个 南 瓜。后 来 妇 女
saːŋ^{31} *li*^{33} *tuŋ*^{55} *kwa*^{55} ƫa^{33}, nəŋ^{11} ƫ^{h}iŋ^{452} səu^{11} hən^{33}.
生 得 南 瓜 那 真 觉得 愁 很。

（有一个妇女生了一个南瓜，后来那个生了南瓜的妇女真是忧愁得很。）

不过，壮侗语也有在名词和关系从句之间加标记的，例如西双版纳傣语中的定语标记 [ʔǎ^{33}]（引自中央民族学院，1983：171）：

pɤn^{33} ʔǎ^{51} *ʔa*^{51} *lǎ*^{33} *lɤ*^{55} *ku*^{51} *pi*^{33} kɒ^{11} jǎŋ^{51} mi^{51}.
别人（定语）能 干 比 我 也 还 有。

（比我厉害的人也还有。）

属于核心居后类型的日语也用不带标记的关系从句，如：

e-o kai-ta gaka
画（宾格）画了 画家 （画了画的画家）

gaka-ga kai-ta e
画家（主格） 画了 画 （画家画的画）

而这些句子在翻译成普通话时都必须加“的”。此外，有学者（Kortmann，1999）指出，在不少英语方言中，即使核心名词是关系从句的主语，关系从句标记 that/which/who（m）也能省略，不用标记的情况比标准英语更广泛，如：

He had a nephew ____ had a big confectioner’s shop.（Farnworth 方言，兰开

斯特郡东南）（我有一个开着一家大的糖果甜食店的侄子。）

I have a friend ____ lives over there.（爱尔兰英语）（我有一个住在那儿的朋友。）

例中画线的地方是标准英语必须加进关系代词之处。所以调查关系从句时要注意标记的有无、能否省略、省略的规则等。

1.1.2.3.2 限制性和非限制性从句之间有区别吗？请具体指出。

[说明]这是关系从句的重要分类。限制性从句从意义上对核心名词加以限制，缩小了所指的外延，使整个名词短语只指核心名词所指中的一个小类。而非限制性关系从句不改变核心名词的外延，只是对核心名词进一步补充描写和说明。在英语中，两类有一些语法上的显著差别。限制性关系从句与核心名词之间不能有停顿，关系从句标记（关系代词）倾向于使用 that，但有时可以省略，如：I want to buy a French book （that） I can read.（我想买一本我能读的法语书）。说话人不是想买任何一本法语书，而只是法语书中自己读得了的那种。非限制性从句与核心名词之间必须有停顿，关系代词倾向于使用 which，而且不能省略，如 I bought a French book，which is very attractive.（我买了一本法语书，那书非常吸引人）。说话人只是告诉对方自己买了法语书，没有指明特定的小类，然后补充说明该书有吸引力。有些语言可能只有限制性关系从句，不存在非限制性从句，如大洋洲的 Tokelauan 语只有限制性关系从句，当调查者用英语的非限制性关系从句来询问时，得到的都是同位性的或复句性的表达，不是关系从句（Hooper，1996：40）。汉语关系从句也主要是限制性的，非限定从句的内容多用复句表达，见上面后一英语例句的汉译。但专有名词等前面的关系从句通常要理解为非限制性从句，如“热爱劳动的中国人民、成天打麻将的王太太”等。两类关系从句是否都存在？有无语法形式和手段上的区别？这些都是语法调查和研究时值得注意的。

1.1.2.3.3 中心名词的位置在哪里？

[说明]这是问关系从句的语序问题。根据现有的调查（Dryer，1992、1998、2003），VO 语言（核心居前型）几乎一律用“名词＋关系从句”的语序（欧洲的 VO 语言无一不是“名词＋关系从句”的语序），OV 语言（核心居后型）按理说关系从句应当在核心之前，事实是两种语序都常见。“关系从句＋名词”的 OV 语言有日语、朝鲜语、阿尔泰诸语言等，这样的语言在欧亚大陆区和东南亚及太平洋区的 OV 语言中占 60% 多；但在其他四区（非洲、澳洲—新几内亚、

北美、南美）的 OV 语言中只占 10% 多至 40% 多。而“名词 + 关系从句”语序不但在 OV 语言中也常见，而且在其他四区的 OV 语言中占到 60% 多至 80% 多。这种不对称清楚说明，总体上关系从句有后置于核心名词的倾向，这也符合语言学理论中重成分后置的原则，因为在各类定语中关系从句是相对长而复杂的定语。汉语被认为是 VO 语言中唯一采用“关系从句 + 名词”语序的，成为这一倾向的唯一例外。实际上此外也有一些受汉语影响较大的壮侗语、苗瑶语是 VO 语言而出现“关系从句 + 名词”语序。如广东连山壮语福堂话就有关系从句前置的情况（刘叔新，1998：136）：

ʔit^{5} tu^{231} ban^{52} kɐt^{5} tai^{52} kɛi^{231} tɥɛŋ^{231}

一　头　　给　咬　死　嘅　　羊

这种结构显然是在汉语特别是粤方言的影响下形成的，连关系化标记也用了粤语的定语助词“嘅”（的）。壮语的其他方言关系从句一般都是后置的。壮侗、苗瑶语言的调查要特别注意关系从句的位置，并与其他定语的位置相比较，看哪些定语可以前置。作为 OV 语言的藏缅语也要注意是否因优势语序的影响出现关系从句后置的情况。

1. 1. 2. 3. 3. 1 在关系从句之前

[说明] 汉语被认为定语都是在核心之前的，这就意味着核心名词总是在关系从句之后。但有些学者认为古代汉语有些“……者”在名词后有定语的作用，相当于承认古汉语存在“名词 + 关系从句”的语序。如吕叔湘（1982/1942：76—8）认为古代汉语“者”可用于“把加语（定语——引者）移在端语（中心语——引者）之后的手法”，并认为“这都是因为加语太长了，放在端语之前不方便，所以移在后面的”，如“使吏召诸民当偿者悉来合券”和“请益其车骑壮士可为足下辅翼者”，其中“当偿者”是“诸民”的“加语”（当偿之诸民），“可为足下辅翼者”是“车骑壮士”的“加语”（可为足下辅翼之车骑壮士）。由于这些“加语”与“端语”都属于关系从句和中心词的关系，因此，这一分析肯定了后置关系从句的存在，核心名词就在关系从句之前了。关系从句出于“加语太长”（即成分太“重”）的缘故后置，是符合语言常理的。这是值得汉语史研究者进一步研究的。同时要调查这种结构什么时候消失，其消失的语法史背景是什么。此外，现代口语中的某些结构也被认为是关系从句，如“我的老同学，那个穿蓝衬衫的，是一位作家”。其中的“那个穿蓝衬衫的”，无法构成一个谓语，又用

在真正的谓语之前，所以被分析为后置关系从句。这也是值得深入调查研究的（方梅，2004）。汉语方言一般也都是关系从句前置的，但确实有更地道的后置关系从句存在。例如，据钱奠香（2002：84—6），在海南屯昌闽语中，形容词重叠式有前置和后置两种位置。当中心名词为有定，带指示词“这、许（那）”时，修饰语前置；当中心名词无定，则修饰语后置，如：

砍大大许两丛树。（砍比较大的那两棵树。）

做宿欠砍两丛树大大直直其来做树。（盖房子必须砍两棵又大又直的树来当大柱子。）

上例中心名词带“许”，是有定义，定语“大大”在前；下例中心词带数量词语“两丛”，意义是无定的，形容词定语“大大直直”在后。由于汉语的形容词特别是状态形容词有很强的谓语性，因此由它们充当的定语都可以看成关系从句，所以屯昌闽语中的后置状态形容词也属于一种后置的关系从句。

1.1.2.3.3.2 在关系从句之后

1.1.2.3.3 .3 在关系从句之内，确切在哪里？

[说明] 这是较少见的类型，叫核心内嵌（internally headed）关系从句，但确实存在。Comrie（1989/1981：179）就举过班巴拉语中的这类例子：

Tyɛ be [n ye so mìn ye] dyɔ.

男人（现在时）我（过去时）房子（关系化）看见 建造

（那个男人正在造一座我看见过的房子。）

在上例中，括号中的成分是作为主句宾语的带关系从句的名词短语（我看见的房子），其核心名词是so（房子），关系从句是“n（我）ye（过去时标记）ye（看见）”，但这个从句分布在核心名词的两端，使核心嵌在关系从句之内，关系从句标记mìn出现在核心名词之后。这实际上是将被关系化的名词留在从句中的原位（巴拉语是SOV，O本应在主语和动词之间），不放到核心通常所居之位。藏语中也有类似情况，如（引自Keenan，1985，拼法据此）：

[peeme thep khii-pa] the nee yin.

人名—作格 书—通格 带—助词 这 我的 是

（Peem带的这书是我的。）

此例关系从句修饰主语的核心，表示“书”的核心thep在从句中做宾语，留在从句的原位，即从句的主语和动词之间，而没有在从句的一端。

1. 1. 2. 3. 4 关系从句中与中心名词相当的那个成分（即关系化了的成分）：

[说明] 关系从句所修饰的名词在关系从句中也充当一个成分，该成分在关系从句中的表现有下面这些可能。调查时请对照这些情况看对象语言有哪种（哪些）表现。

1. 1. 2. 3. 4. 1 完全保留？非强制性地 / 强制性地。

[说明] 这就意味着被关系化的成分以同样形式出现两次，一次是作为被修饰的名词，另一次在关系从句内部，两个的所指是相同的。Comrie（1989/1981：181）举过印地语的这种结构，如：

Ādmī ne　jis ***cākū*** se murgī　ko　mārā thā, us cākū　ko

男人（作格）那　刀　用　鸡　（宾格）杀　死　那　刀（宾格）

Ram　ne　dekhā.

Ram（作格）　看见

（Ram 看见那个男人用来杀死那只鸡的那把刀。）

在上例中，被关系化的名词 cākū（刀）及其指示词既出现在关系从句中，也出现在主句中。调查时要了解保留在关系从句内的成分是强制性出现的，还是可用可不用的。

1. 1. 2. 3. 4. 2 被 1. 一个人称代词取代？强制性地 / 非强制性地。

2. 一个关系代词取代？强制性地 / 非强制性地。

3. 一个不变形的助词取代？强制性地 / 非强制性地。

[说明] 另一种可能就是在关系中用一个替代性词语来代表原来的名词。其中又分三种情况。

一是由一个人称代词取代。如“你上次见过他 $_i$ 的那个记者 $_i$”，出现在关系从句中的“他”就是代替“记者”的人称代词。这个“他”不是强制性使用的，也可以说“你上次见过 [t_i] 的那个记者 $_i$”。但是在有些句法条件下，比如核心名词在关系从句中充当前置词的宾语时，使用同指代词在普通话中就是强制性的，不能删除，比如“你替他 $_i$ 理过发的那个老人 $_i$”，“他”在关系从句中代替“老人”，但是不能像刚才一句那样删除，不能说“你替 [t_i] 理过发的老人”。因此，调查时如果发现有代词替代现象，要根据被关系化的名词在从句中的不同句法作用分别考察其使用的强制性与非强制性，不能用一种句法位置的情况代替其他的情况。

二是由关系代词取代。英语的关系代词便是这种情况。关系代词在从句中充当一定的句法成分，因此在有格形态的语言中，要根据其在从句中的句法身份进行变格。比较：

a. I met the man who works for that company.（我遇到了为那家公司工作的那个男人。）

b. I met the man whom I mentioned yesterday.（我遇到了我昨天提起的那个男人。）

c. I met the man whose son is my classmate.（我遇到了其儿子是我同学的那个男人。）

在三个例句中，被修饰的名词在主句中都是met的宾语，但在关系从句中，分别充当主语、宾语和领属定语，因此关系代词分别使用主格、宾格和领格。调查时要注意关系代词和格的关系，此外也要注意关系代词是否根据其所指的语义范畴（人、动物、事物、时间、地点……）而有不同的词项（如英语的who， that，which， where， why等）。普通话的关系从句标句词“的”是纯粹的连接性虚词，不在从句中充当成分，因此不属于关系代词。

三是由一个不变形的助词取代。这是使用比关系代词更虚的词来代替从句中的被提取的成分，不过这个成分仍能看作关系从句中的一个句法成分。普通话的“的”不能归入这种取代成分。“的”的作用纯粹是句法上的连接，而没有语义上的代替作用。即使句子已经有与关系化成分同指的代词了，“的”仍是要使用的，可见其不是代替性成分，如上举“你上次见过他的那个记者”，用了“他”，“的”仍必须出现。

1. 1. 2. 3. 4. 3 删除?

[说明] 删除也是一种常见的选择。汉语里如“学生看[ ]的书”和“[ ]看书的学生”都在从句中删除了被提取的成分，我们仍知道在意义上前一例“书”是从句的宾语（所谓“潜宾语”），后一例“学生”是从句的主语（潜主语）。英语中关系代词省略的情况也构成了删除类型，例见 1. 1. 2. 3. 1。允许采用删除策略的语言方言并不意味着所有地方都能采用删除策略。1. 1. 2. 3. 4. 2 已说明普通话有些情况可以删除、有些情况必须保留替代性人称代词。要注意调查删除策略的限制条件，何时能删除，何时不能。

1. 1. 2. 3. 4. 4 其他处理方式。

1. 1. 2. 3. 5 从 1. 1. 2. 3. 4 所描述的过程中产生出来的那个成分：

[说明]本节就被关系化的成分在小句中的语序提问，前提是该成分仍以某种形式保留在关系从句内。假如采用 1. 1. 2. 3. 4. 3 所示的删除策略，则不必问这里的问题。

1. 1. 2. 3. 5. 1 还保留在原来的位置上？

[说明]汉语普通话假如采用代词替代策略，其代词就位于关系从句中原来的位置。如“你给他书的那个人”，与核心名词“那个人”同指的“他”还位于间接宾语的位置；“你为他开车的那个人”，与“那个人”同指的“他”仍位于前置词之后。

1. 1. 2. 3. 5. 2 移到邻接含有核心名词的那个名词结构的位置上？

[说明]英语在使用关系代词时，关系代词通常移到邻接核心名词或含有核心名词的那个名词结构的位置上。如 I saw a man whom I met before. whom 虽然是 met 的宾语，但不位于 met 之后，而位于紧跟核心 man 的位置。

1. 1. 2. 3. 5. 3 移到其他位置上？

1. 1. 2. 3. 6 有没有无核心名词的关系从句？（如：I saw what he wanted. 我见到了他想要的。）

[说明]没有核心，只是句法上没有出现实在的名词，通常会有某种虚词代替名词，如问卷所举英文例中的 what，否则关系从句就失去存在意义。汉语的“所”字结构、前面为谓词性成分的“的”字结构和“者”字结构，都可归入无核心关系从句，如“尔所夺（皆珍宝）”、“你抢的（都是珍宝）”、“言降者（斩无赦）”，其中“所”、“的”、“者”都有与上例英语中 what 类似的代替核心的作用。南方方言中用量词代替名词构成的关系从句也可归入此类，如苏州话“我欢喜倷买只”（我喜欢你买的那只），“倷买只”就如无核心的关系从句，需要时可以补出核心名词，如“我欢喜倷买只手表”。

1. 1. 2. 3. 6. 1 这些从句有什么特殊的标记吗？

[说明]关系代词或“结构助词”都可归入特殊的标记。此外还可能以独立性更弱的词缀等形式加在谓语上作为标记。

1. 1. 2. 3. 7 哪些成分可以被关系化？请看 1. 1. 1. 2. 2. 1 部分，然后在出现关系化的地方提出相应的问题。

[说明]关系化不一定在一种语言的所有句法成分上都能发生，正如特指问句无法就一种语言的每一种成分都提出疑问。而且，研究显示语言中多少存在关系化

和特指问句的对应性，即有些不能关系化的成分也是难以用特指问提问的成分。所以问卷建议参看考察哪些成分能用特指问提问的 1. 1. 1. 2. 2. 1 节（作者按：此节不在本部分范围内，另文讨论），像那儿一样考察哪些成分能关系化。关系化的调查测试主要可就下列句法成分来进行：话题、主语（假如语言中存在这两种句法成分）、直接宾语、间接宾语、表语（系词后的补足语）、介词宾语、领属语。例如：

话题：这棵树叶子大～这棵叶子大的树

主语：学生在看书～在看书的学生

直接宾语：我送朋友一本书～我送朋友的一本书

间接宾语：我送朋友一本书～?我送一本书的朋友

表语：学生是孩子～??是孩子的学生

领属语：学生的诗歌很优美～??诗歌很优美的学生

介词宾语：学生替老人理发～*学生替理发的老人

另外一点要强调的是，关系化的成分在从句中可能删除、也可能以代词等某种方式出现。这些情况应分别调查、总结规则，因为有时不能进行删除式关系化的成分可能可以进行代词复指式关系化，如上面最后一例说成“学生替他理发的老人”就可以了。

1. 1. 2. 3. 8 如果那个关系化的成分被移动了，从句中其他的成分会跟着移动吗？如果会，是哪些成分？

[说明] 例如英语，被关系化的成分如果在从句中不是主语，它仍要移到从句的句首，如 I saw the man I met before（我见到了一个我以前遇见过的男子）。the man 虽然是 met 的宾语，但不位于 met 之后，而移到小句句首，紧靠主句的动词 saw。在英语中，这种移动一般不带动其他成分一起移动，但假如被关系化的成分在从句中受介词支配，介词及相关成分也可以跟着移动，以减少介词悬空的现象。如 I saw the man for whom John works（我见到了约翰为他工作的那个男子），介词 for 跟着关系代词一起移到前面。假如不移动介词，就会出现 I saw the man（whom）John works for 的介词悬空结构，这不算不合语法，但在英语中不受欢迎。其实汉语更不能接受介词悬空，所以上面译句中必须在“为”后加上复指关系化成分“那个男子”的“他”。更复杂的移动如 I chose the book the cover of which I like very much（我选了那本其封面我十分喜爱的书）。整个 the cover of 一起跟着关系代词 which 移到从句句首，假如单独以那个从句为单句，应说成 I like the cover of the book very much。

1. 1. 2. 3. 9 哪种类型的关系从句可以有非限定式（如把动词变成一个分词）？参看 1. 1. 2. 2. 6 部分，然后提出相应的问题。

[说明] 关系化也可能用非限定式来实现，就像 1. 1. 2. 2. 6 所讨论的补足语从句在有些语言中也可能采用非限定式表示。英语中做定语的动词不定式、现在分词和过去分词都可以看作非限定式的关系从句，因为这些成分仍能带上一些论元形成一个功能相当于限定式关系从句的单位，而不仅是动词带上形容词的定语功能那么简单。比较：

A representative to attend this meeting has been chosen. ≈ A representative who will attend this meeting has been chosen.（一个将出席本次会议的代表已经选定。）

I'm familiar with a person writing this kind of novels. ≈ I'm familiar with a person who writes this kind of novels.（我跟一个写这类小说的人熟悉。）

He read a book written by Hawkin. ≈ He read a book which is written by Hawkin.（他读了一本霍金写的书。）

以上约等号两边的句子的论元结构和命题语义相同，区别只在左句用非限定式做定语，右句用限定式做定语，前者没有后者的限定动词中所含有的情态时态成分。对于动词存在限定非限定之分的语言，要像调查补足语从句那样详细调查两者在一系列方面是否有别：带论元的情况、论元出现的语法方式（如在非限定从句中论元是否以领格 / 定语的形式出现），非限定动词保留和消失的形态范畴、关系从句标记使用方面的差别等。

1. 1. 2. 4 状语从句

[说明] 国内汉语学界基本上没有状语从句的概念，这方面的观念与国际上差异十分大。汉语学界首先是单句和复句之别，复句中再分联合式或偏正式。复句中的偏句只被看作"分句"，而不被看作状语。这部分是因为汉语尤其是口语复句多用意合法，联合复句和偏正复句这两类的界限就不很清楚，把某些缺少形式标志的"偏句"看作状语就更显困难。而国际上通行的观念是，联合复合句（coordinate compound sentences）和主从复杂句（subordinate complex sentences）结构性质很不相同，没有相当于我们"复句"的概念。初看之下复合句和复杂句也可分别相当于我们的两类复句，其实不然。其主从复杂句包括带主语从句（所谓"主谓短语做主语"）、宾语从句（所谓"主谓短语做宾语"）、定语从句（大多相当于关系从句，

所谓“主谓短语或动宾短语做定语”）和状语从句等几种情况，都被看作是主句或称母句（matrix sentence）的一部分。这里前三种从句在通行汉语语法体系中都不属于复句中的分句，而被看作单句内的成分（短语），而状语从句则在汉语语法学中没有对等的概念，其所指单位与复合句的并列小句一样被看作复句的“分句”，虽然叫偏句，却不再被看作单句内的成分，所以也不归入状语。只有少数学者看到所谓偏句确实有状语的性质（如黎锦熙，1992/1924：211“一切副句，实在就是单句的副词附加语的扩张”），至少带标记的偏句是这样的。这有句法上的表征：带标记的偏句可以嵌入正句（母句）的主谓之间，正句则不能嵌入偏句中，联合复句的分句也不能互相嵌入。比较：

我唱歌，他跳舞。~ *他 [我唱歌] 跳舞。~ *我 [他跳舞] 唱歌。

我一说他就同意了。~他 [我一说] 就同意了。~ *我 [他就同意了] 一说。

因为天气不好，我今天没有出门~我今天因为天气不好没有出门。（黎锦熙，1992/1924：215）

在嵌入的情况下，我们只能承认偏句应当分析为状语。所以，把那些带标记的偏句看作状语从句是有其合理性的，也便于进行跨语言比较和对汉语以外的民族语言的调查研究。将偏句看作状语在语义上并没有困难。通行汉语语法学承认有些虚词在同样意义下兼介词和连词，带名词性成分是介词短语做状语，如“由于健康原因，他辞职了”，带动词性成分就变成了分句，如“由于生病，他辞职了”。“由于”在两句中都表示原因，语义并无差别。用国际上的观念看，前者是介词短语状语，后者是状语从句，都表原因。

1.1.2.4.1 状语从句总体上如何标记？它们相对于支配它们的主句的位置是什么？

1.1.2.4.2 以下类型的状语从句是怎样标记的？

1.1.2.4.2.1 时间状语 1. 过去 / 2. 现在 / 3. 将来时间状语从句之间有区别吗？

[说明]注意时间状语从句标记与时间名词或代词的密切关系，汉语的“时”、“的时候”，日语的 toki，英语的 when，while 等都是来自时间名词或代词的虚化或半虚化连词（前置或后置）。时间状语从句本身表示的时间有现在、过去、将来等情况；就从句作为主句时间背景的范围看，则有同时（你外出时要注意身体）、有起点无终点（自从他来了，我就不得安宁）、无起点有终点（到你走为止，他的表现一直很好）几种情况，要分别调查。此外还要注意时间句标记是否引申出其他语法语义

和作用，如英语 when（当……时）有时表示 if（假如），近代汉语和某些现代方言中“时”可以做假设条件句和话题语的标记，英语 since（自从）可表示原因（因为、既然）等。

1. 1. 2. 4. 2. 2 方式状语

[说明]方式状语在一些语言中多用短语而非小句来表示，汉语也属此类。但也有些情况可归入方式状语从句。当状语标记“地、似的、（像）……似的”所带的成分是小句而且其作用是表示方式时，就有方式状语从句连词的作用。如“他头脑清醒地拒绝了这个要求”，“她（像）孔雀开屏似的炫耀着自己的美丽”。有些语言可用表示方式的半虚化名词来引导方式状语从句，如英语的 way：I will treat you ***the way*** you treat me（我将以你对待我的方式对待你），而地道的名词是不能不带介词做状语的。

1. 1. 2. 4. 2. 3 目的状语

[说明]根据语言共性研究，目的从句有后置于主句的倾向。汉语中的“以、以便、以使、以免”等目的状语或从句符合此项倾向。汉语用在主句前的“为了”等似乎也能表示目的小句，如“为了儿子能上大学，他们给他请了最好的家庭教师”。这种前置的“为了”小句也许可以分析为动机小句，但如何区分动机和目的、在其他语言中是否存在表达形式和语序上的区别，还需要深入调查研究。

1. 1. 2. 4. 2. 4 原因状语

[说明]注意有些语言因表达重点落在原因上还是结果上而有不同的构造（吕叔湘，1982/1944：21 章“释因·纪效”）。汉语的中性因果句（不专门突出因果中的一方）或以表达结果为主的纪效句都采用“因为……所以”、“由于……因此”这类关联词语和先因后果的语序，如“因为下雨，所以运动会延期了”，“由于甲方态度强硬，因此乙方决定退出谈判”。这时原因句可以分析为状语，原因状语从句可以插在作为主句的结果句的主谓之间（例见 1. 1. 2. 4 说明）。以解释原因为主的释因句常采用“……，因为”或“之所以……是因为”这类关联词语和先果后因的语序，如“乙方（之所以）决定退出谈判，（是）因为甲方态度太强硬”，这符合焦点成分后置的倾向。这类句子不是临时易位句，没有易位句的那种停顿语调方面的特征，所以很难说何主何从。从汉语先偏后正的大规则来说，结果句更像是从句。中性句也用先因后果式可能是因为这符合现实世界中先有因后有果的次序。英语因果句也有多种表达方式和语序安排，但未必能全盘套用汉语的规则，英语首先

要遵循从句在后的句法原则。所以具体语言要结合其类型背景做具体分析。

1. 1. 2. 4. 2. 5 条件状语

[说明]根据语言共性研究，条件句（包括中国语法学中所说的条件句和假设句）有前置于主句的倾向。汉语条件句后置多带有易位和追补的性质，如“我不去了，假如你不去的话”。条件句具有话题的性质（Haiman，1978），常使用与话题同样或有关的标记，在汉语中包括后置的标记“的话”、近代汉语的“时”等；也常使用跟疑问句标记同样的形式。此外要注意充分条件句和必要条件句是否有不同的表达形式。

1. 1. 2. 4. 2. 6 结果状语

[说明]这里是指作为状语从句的结果句，例如英语用 so that 之类引出的从句。假如结果句是相对于条件从句或原因从句的主句，就不属于这里所要调查的项目。

1. 1. 2. 4. 2. 7 程度状语 1. 差比 2. 等比（平比）

[说明]这里是指由小句作为比较基准的情况，而不是由名词短语做基准的情况。比如英语表差比的 than 引出的小句：He earns a higher salary than I do.（他挣的工资比我高。）普通话的差比标记“比”一般只能作为介词介引名词短语，不能作为连词介引小句。所以上面的翻译只能改用“工资”做主语中心，让“比”介引名词性成分“我”。等比句，英汉都能用小句做基准。英语用 as，或 as...as（He did his homework as fast as I did.）。汉语用小句表示的等比多带有比喻的性质，如用“像……似的 / 一样”等引出的程度状语从句，如“他像老黄牛拉车似的走得很慢”。

1. 1. 2. 4. 3 以上状语从句能变成非限定式吗？如果能，参看 1. 1. 2. 2. 6 部分，并对每一类型的状语从句提出相应的问题。

[说明]关于限定小句与非限定式的区别，参看 1. 1. 2. 2. 6 的[说明]。

1. 1. 2. 5 时态系列

1. 1. 2. 5. 1 有时态呼应吗？如果有，指出主句中的哪种时态需要从句中的哪种时态与之相配。

[说明]在时体范畴比较发达和严格的语言中，主句和从句间常常需要在时态上呼应。例如，在英语中，如果主句的谓语动词用过去时，其宾语从句也要用过去时（包括过去完成时、过去将来时等）。如下例：

John said “I like it”. ~ John said he liked it.

当说话人把 John 说的话由直接引语变成间接引语时，引语就变成了宾语从句。

主句动词 said 是过去时，因此从句动词 like 也要用过去时。其他呼应规则还有很多，状语从句和主句也可能有时态呼应规则，具体语言不尽相同，要根据调查结果总结。

参考文献

戴庆厦、傅爱兰 2002 《藏缅语的形修名语序》，《中国语文》第 4 期。

方 梅 2004 《从章法到句法：汉语口语后置关系小句研究》，载《庆祝〈中国语文〉创刊 50 周年学术论文集》，商务印书馆。

黎锦熙 1992/1924 《新著国语文法》，商务印书馆。

刘丹青 2004 《汉语中的一个内容宾语标句词》，载《庆祝〈中国语文〉创刊 50 周年学术论文集》，商务印书馆。

——— 2005 《汉语关系从句标记类型初探》，《中国语文》第 1 期。

刘叔新 1998 《连山壮语述要》，高等教育出版社。

吕叔湘 1982 《中国文法要略》，商务印书馆。初版上卷 1942 年，下卷 1944 年。

钱莫香 2002 《海南屯昌闽语语法研究》，云南大学出版社。

邢公畹 1985 《三江侗语》，南开大学出版社。

俞 敏 1984 《古汉语的"所"字》，《中国语文论文选》，日本光生馆；又见《俞敏语言学论文集》，商务印书馆，1999 年。本章据商务版。

中央民族学院少数民族语言研究所第五研究室编 1983 《壮侗语族语言文学资料集》，四川民族出版社。

朱德熙 1980/1978 《"的"字结构与判断句》，《现代汉语语法研究》，商务印书馆。

Baldwin, Timothy, Takenobu Tokunaga and Hozumi Tanaka 1999 The parameter-based analysis of Japanese relative clause constructions. In *IPSJSIJ Notes* 99,95:5-62.

Comrie, Bernard 1989/1981 *Language Universals and Linguistic Typology*. 沈家煊译《语言共性和语言类型》，华夏出版社，1989 年。

Comrie, Bernard and Norval Smith 1977 *Lingua Descriptive Studies: Questionnaire*. Amsterdam: North-Holland.

Dryer, Matthew S. 1992 The Greenbergian word order correlations. *Language* 68,1:43-80.

——— 1998 Aspects of word order in the languages of Europe. In Anna Siewieska (ed.) *Constituent Order in the Languages of Europe*. Berlin/New York: Mouton de

Gruyter. pp.283-319.

Dryer, Matthew S. 2003 Word order in Sino-Tibetan Languages from a typological and geographical perspective. In Graham Thurgood and Randy LaPolla (eds.) *Sino-Tibetan Languages*. Richmond: Curzon Press.

Günthner, von Susanne 1996 From subordination to coordination? Verb-second position in German causal and concessive constructions. *Fachgruppe Sprachw-issenschaft der Universität Konstanz* 75. Internet-Dokumenteserver der Universitä tsbibliothek Konstanz.

Haiman, John 1978 Conditionals are topics. *Language* 54,3:564-89.

Hooper, Robin 1996 *Tokelauan*. München/Newcastle: Lincom Europa.

Keenan, Edward 1985 Relative clauses. In T. Shopen (ed.) *Language Typology and Syntactic Description, Vol II: Complex Constructions*. Cambridge: Cambridge University Press. pp.141-170.

Kim, Nam-Kil 2009 Korean. In Bernard Comrie (ed.) *The World's Major Languages* (2nd Edition). London: Croom Helm.

Kortmann, Bernd 1999 Typology and dialectology. In B. Caron (ed.) *Proceedings of the 16th International Congress of Linguists, Paris1997*. Amsterdam: Elsevier Science. 刘海燕译、刘丹青校注《类型学与方言学》，《方言》2004 年第 2 期。

Kumakhov, Mukhadin and Karina Vamling 1995 On root and subordinate clause structure in Kabardian. *Working Papers* 44:91-110. Lund University, Dept of Linguistics.

Ohori, Tohio 1992 *Diachrony in Clause Linkage and Related Issues*. PhD. dissertation, University of California at Berkeley.

作者：刘丹青

原载：《当代语言学》2005 **年第** 3 **期**

第四章　形容词和形容词短语的研究框架

在名词、动词、形容词三大类实词中，形容词的词类地位最不确定。虽然形容词所表示的原型范畴意义——所指对象的属性，在任何语言中都有词项来表示，应属普遍性语义范畴，但这并不意味着它一定是普遍性的词类范畴。是否存在独立的形容词、形容词的功能更接近哪类词、形容词词项是开放性的还是封闭性的，这些已被类型学家列入调查一种语言的词类时先要关心的问题。

一　形容词和形容词短语

在许多类型学家看来（例如 Bhat，2000；Rijkhoff，2000），不少语言没有独立的形容词词类。这些语言当然存在表示其他语言中形容词类语义（某种属性）的词项，并有一定的句法策略让这些词起修饰限制名词的作用，如作为关系从句（像动词）或名词的同位成分（像名词），但这些词项在形态—句法上难以成为一个独立的词类。所以，在确认该语言有形容词之前，学者们谨慎地先把与英语之类语言的形容词语义上对应的词叫作“属性词”。南美洲印第安人的 Quechua 语就被认为是属性词与名词合流的语言，属性词的句法表现与名词无异，例如（转引自 Bisang，2000：Chap 6）：

rikashka：　alkalde-ta　～　rikashka：　hatun-ta
见到（过去时，I 人称）　市长—宾格　　见到（过去时，I 人称）　大—宾格
（我见到了市长）　　（我见到了一个大的）

chay　alkalde runa　～　chay hatun runa
那　市长　人　　那　大　人
（那个当市长的人）　（那个大人）

上一对例子显示属性词像名词一样可以自由地充当宾语，而且无须词性变化

的形态就可以像名词一样直接带上名词的宾格标记 ta。下一对例子显示名词和属性词在做定语方面表现也相同，都无须任何标记就可以直接做定语。

形容词是否是一个普遍性的词类至今仍是语法理论界包括类型学界内部很有争议的论题。有些类型学家认为名词、动词、形容词三大词类与人类语言指称、述谓和修饰三大普遍性功能相适应，都是普遍性的独立词类，但承认形容词的具体句法表现和词库大小可以相差很大（如 Croft，2000； Dixon，2004）。

如觉得形容词确实难以独立成类，也要区分具体的类型。可以借鉴现有调查研究的成果来观察分析。

形容词在句法上的根本特点是做定语。有些语言虽有可做定语的属性词，但它们跟其他某个词类在形态—句法特征上没有差别。常见情况是两种。一是如上举 Quechua 语那样被认为形—名不分的语言，这种语言的主要词类格局是 N-A，V，即名—形同一体和动词两大类。另一种情况是形—动不分语言，这种语言的主要词类格局是 N，A-V，即名词和形—动同一体两大类。其重要特点是，属性词做谓语很自由，表现像动词一样，而做定语却不像英语的形容词那样自由，而需要像动词或关系从句一样带上一定的标记。藏缅语族的 Manipuri 语（印度 Manipuri 邦官方语言）被认为是此类语言的一个典型。如：

cəy ə - saŋ - bə ~ mi ə - ca - bə （Bhat，2000：51）

树枝 前缀 长 分词 男人 前缀 吃 分词

（一根长的树枝） （一个吃东西的男人）

在这对例子中，属性词的词根 [saŋ] 和动词词根 [ca] 一样带有前缀 [ə]，做定语时一定要加分词标记 [bə]。而且，做定语的属性词和动词有同样的时、体、式的形态变化（例详 Bhat，2000：51）。因此在形态和句法功能方面，属性词只能归到动词中去，无法独立成类。

以上两种情况的共同特点是名词、动词中至少有一类词性质不这么单纯，实际上兼有一点形容词的性质，如前举 Quechua 语例显示名词做属性定语也很自由。还有些语言中只有名词、动词两大类，不存在名—形一体或形—动一体的词类。属性概念由语法上的纯名词或纯动词来表示。比如，古印度的梵语（Sanskrit）被认为是只有名词没有形容词的语言。其修饰名词的属性词都是名词，具有名词的各种形态。更重要的是，它和属性主体之间根本不构成句法上的修饰关系，而仅仅是一种意合（juxtaposition）关系。表属性的词和表属性主体的词不但具有相同的形态标记和句法身份，而且在语序上也是自由的。如（引自 Bhat，2000：50）：

kRSNam　　　　sarpam　　　　apaśyat

黑—阳性单数宾格　蛇—阳性单数宾格　看见了—第三人称

（（他）看见了一条黑蛇。）

=sarpam　　　　kRSNam　　　　apaśyat　　　　kRSNam

蛇—阳性单数宾格 黑—阳性单数宾格 看见了—第三人称 黑—阳性单数宾格

apaśyat

看见了—第三人称

（（他）看见了一样黑东西。）

在上述例子中，表示“黑”的词跟表示“蛇”的词具有同样的形态表现，语序也是自由的，而且前者也可以自由地单独充当宾语，表示“黑的东西”。按形态—句法标准看，表示“黑”的词就像一个名词，因此梵语被这些学者认为只有名词词类，没有名—形同一的词类。另一些有名、动无形容词的语言要靠领有动词和名词（表属性的抽象名词）的配合来表示其他语言中形容词定语的意义。如北非的豪萨语（Hausa，见 Rijkhoff，2000：221）：

mutum　　mai　　alheri/arzaki/hankali　（一个善良的/富裕的/聪明的人）

人　　具有……的　善良/富裕/智慧

对于形容词能够独立成类的语言来说，形容词的词项数目或者说开放度也是悬殊的。像英语那样拥有完全开放的形容词词类的语言并不是人类语言的普遍情况。词项最少的语言只有 8 个形容词，如西非的 Igbo 语，它们分别表示“大、小、黑、白、新、老、好、坏”（Dixon，1977）。其他一些封闭性形容词系统有：Sango 语约 60 个，Kilivila 语约 50 个，Acoli 语约 40 个，Luganda 语约 30 个，Bemba 语约 20 个，Supyire 语约 10 个（转引自 Bhat，2000：49）。这些封闭性的形容词，通常是一些表示最基本属性特征的词。但究竟哪些属性用形容词表达，哪些属性用其他词类表达，各语言之间有相当大的差异，但也有一定规律，可用下表来例示：

表 4-1

<table>
<tr><th></th><th>物理属性</th><th>颜色</th><th>速度</th><th>年龄</th><th>维度</th><th>价值</th><th>人类属性</th></tr>
<tr><td>Bemba</td><td colspan="2">动词</td><td>副词</td><td colspan="3">形容词</td><td>名词</td></tr>
<tr><td>Tzotzil</td><td colspan="6">形容词</td><td>名词</td></tr>
<tr><td>Chinook</td><td colspan="3">助词</td><td>动词</td><td colspan="3">名词</td></tr>
</table>

（续表）

英语	形容词
Martuthunira	名词

（据University of West Australia“*Language, Culture and Society*”课程网页资料翻译）

由此可见，要注意用句法标准来判断到底哪些属性是用形容词表示的，哪些属性是用其他词类表示的，不能因为其表示属性语义就划进形容词。

对于存在形容词类的语言，其词类属性也很不一样。总体上，形容词有两种重要类型。如日语中的形容词（指全部由固有词构成的 -i 型形容词）接近动词，属于谓词型形容词。主要表现为：像动词一样可以直接做谓语而无须系词，像动词一样不能直接做定语而需要一定的定语标记（实际上是取消形容词本身的谓词性），具有与动词相同或相近的形态范畴，日语形容词本身就具有“时”的形态，只要去掉现在时词尾 i，加上词尾 katta 就能表达过去时（yoi“好”> yokatta“过去好”）。另一些语言如英语中的形容词接近名词，属于体词型形容词。主要表现为：像名词一样不能直接做谓语而需要系词的帮助（形态也相应落在系词上），可以直接做定语而不需要特定的标记或形态，可以带上一些适合于名词的形态或虚词如冠词等。当然在这两极之间，也可能存在各种复杂情况。

总之，在形容词的调查中，不必先验地认为一定存在一个足以独立的形容词词类。即使存在独立的一类形容词，也要注意观察特定语言方言形容词的形态—句法特征，并与其他词类比较，以确定其类型是否接近体词或谓词。东亚地区语言中谓词型形容词较常见。相信形容词词类地位普遍性的 Croft（2000）认为，假如考察更多的句法表现的话，即使在某些语言中部分词类被认为可以合并，原型的属性词跟原型的动作词或原型的名物词也总会体现出某种差别。不过这些学者同时也承认，有些语言能确定实词词性的词可能相当有限，只是那部分原型的词项，有大量的词可能仍处在词类之间的边缘和模糊状态。简言之，他们认为实词词类作为原型范畴是普遍存在的，但词类之间的边界在某些语言中是可以相当模糊的。

现代汉语语法论著一般都设有形容词词类，但是确有一些重要学者如赵元任认为汉语形容词不必独立成类，而可以看作动词中的一类，称为“状态动词”。国外类型学界也倾向于将汉语与其他许多东亚东南亚语言一样视为动—形合流型语言，有的学者甚至对汉语形容词能否在动词类自成一个次类都怀疑（如 McCawley，

1992）。他们的主要理由是汉语形容词像动词一样可以自由地做谓语，做定语则不自由，而也要像动词或小句一样带上“的”，如 Li & Thompson（1981：121）就以“漂亮的女孩子”和“* 漂亮女孩子”的对比来显示这一点。就这个例子来看汉语似乎像上举 Manipuri 语那样属于动—形合流型语言。但是，正如张伯江（1997）的分析显示的，汉语中还是存在一批无须“的”就可以直接修饰名词的属性词，这一条正是类型学用来鉴别形容词的最重要标准。张伯江据此认为汉语存在独立于动词的形容词词类。同时，他也指出汉语形容词的范围虽然不像 Igbo 语的 8 个那么小，但比通常认为的小，一大批不能自由地充当定语的词被排除在外，需要划入状态动词，如“安静、诚实、孤立”等，而形容词中最典型的成员则是“大小黑白老少高低好坏”等表示最基本属性的单音节词。从类型学的角度，张伯江的观点是比较公允和符合实际的。此外，张国宪（2000）对汉语形容词语法特征做了多角度观察及与动词、名词的详细比较，为形容词的研究提供了更加多样和细致的观察角度，适于调查形容词时参考。

需要补充的是，在汉语及其方言中，以及在藏缅、壮侗、苗瑶、孟高棉、蒙古诸语族和朝鲜语、日语等东方语言中，普遍存在着跟性质形容词句法功能有所区别的某种状态词。在现代汉语中，这种词被称为状态形容词（详见朱德熙，1980/1956）或形容词生动形式（如吕叔湘主编，1980），其形式一般由性质形容词通过重叠或加缀（尤其是重叠式词缀）而构成，如“亮亮的”、“亮晶晶的”、“雪亮的”。但是在古代汉语中，状态词是另外一套词根，与性质形容词从词形到句法功能都有差别（参看杨建国，1979），例如“嘒”（明亮的样子—“嘒彼小星”），不能像性质形容词一样用于“不嘒”、“甚嘒”等。实际上可以看作另一种词类。在壮侗语中，状态词（壮侗语著作，如梁敏、张均如（1996）等，多称之为声貌词）通常以动词或形容词的修饰补充成分出现，意义上有点像“亮晶晶”中的“晶晶”，但并不进入形容词词形，可与形容词、动词隔开，它们也无法归入形容词。因此，在这些东方语言中应另设一类状态词进行调查，比叫作“状态形容词”更具有语种适应面。

区别词的特点是可以做定语，不能做谓语，如“慢性、现行、首要、野生”等。此外不能受程度修饰的特点也使它们与普通形容词有别，沈家煊（1997）据此认为区别词属于非典型的形容词。对形容词近谓词的语言来说，这是区别于一般形容词的类别，可以独立成类。区别词多因应现代社会的复杂化而生，较传统的群体所使用的民族语言不一定有此词类（这一点由黄行先生提醒我）。对于形容词近体词的语言来说，做定不做谓是形容词的正常特点，不需要专门为此设类。后一类语言中倒是可能存在一些能做表语不能做定语的形容词，可能需要设立独立的一类或在形容词中设“非定形容词”的小类，如英语的 asleep， afraid， alike 等。

二　形容词短语的操作性定义

实际上各种词类和短语类的界定都需要操作性定义，即具体明确的句法及形态标准。名词、动词及其短语属普遍性范畴，其语义基础较为显著，因此至少其原型成员是很容易确定的，如表示桌子、房子、手的词总是名词，表示走路、吃、喊叫、敲打的词总是动词。而形容词作为一个词类在被调查语言中是否存在本身就是个待定的问题，即使存在，其范围也出入很大，无法单纯据语义来判断。因此，要确定形容词短语的操作性定义，首先需要形容词的操作性定义，以确定形容词是否存在及基本范围。理想的操作性定义，要做到对同类的一致容纳和对异类的一概排斥。不过人类语言的范畴化很难出现这种理想的泾渭分明（clear-cut）状态，词类范畴通常都是以原型与边缘的方式存在的（参看沈家煊，1999：250），因此，有关词类的操作性定义应追求的是至少能使其原型成员同其他词类有所区别，或者说几大词类之间至少其原型成员彼此能按定义划开。例如，张伯江（1997）就是建立形容词操作性定义的一个努力。张文结合了有关形容词的普遍性研究和对汉语形容词的专门研究，确定以能否自由地（即无须“的”一类标记）充当名词的定语作为汉语形容词的标准。这就是一个使形容词区别于动词的操作性定义（当然还需要使之区别于名词，这在汉语中不困难）。其他语言在确立形容词的词类时也要给出这种操作性定义，并使操作性定义尽可能与形容词的普遍性原型特征相符或相近。张文的定义是符合普遍性特征的，因为做定语是形容词最基本的功能（名词是做主宾语、动词是做谓语）。

以形容词为核心的短语不一定是形容词短语，如“他的胖”以形容词“胖”为核心，但不属于形容词短语，句法上是只能做主宾语的名词短语（他的胖是遗传的）。所以，一方面应将形容词的操作性定义应用于短语。另一方面，我们还强调定义一个单位为短语的先决条件：“内部整一性和外部可移动性”。“内部整一性”是说该结构能够成为一个语法单位，“外部可移动性”是说它可以整个作为一个板块移动。举例来说，用比较标记引出的基准可以成为修饰形容词核心的成分，可以跟形容词一起构成一个形容词短语。如“比父亲高”、“热得冒汗”，都是内部整一的语法单位，本身表达一定的语义。同时，它们也可以作为一个整体移动，如“儿子比父亲高”可以将“比父亲高”整块移出构成关系从句修饰“儿子”：、“比父亲高的儿子”。“学生热得冒汗”也可以同样将“热得冒汗”构成“热得冒汗的学生”。问卷要求，任何操作性定义所界定的短语都要符合这两条要求。像“他热得说不出话”若抽出“热得说”就不符合这两条要求。这不仅是对形容词短语的要求，也是对各种短语的要求。有时整个短语可以带某种标记，例如汉语形容词短语可以由前加的助词“得”引介放在谓语核心后，如“他把自己的本事吹＜得比天还大＞”，这种标记也能够用来帮助确定短语单位。

还需要补充重要的一点，“X词短语”这样的语类，虽然句法上可以认为与“X词”为同一语类，但实际上可以存在不小的差别，这也进一步说明“X词短语”的操作性定义未必能用“X词”的操作性定义来代替。这一点对形容词来说特别明显。例如各语言中形容词最原型的句法功能是不带标记做名词的定语，如“大房间、聪明学生、便宜东西”中的定语。而直接做定语的形容词恰恰是不能扩展的，即不能构成形容词短语的。如“很大房间”、“聪明得很学生”、“比这个便宜东西”等不合格，必须在定语后加“的”。在不少藏缅语中，单个形容词做定语有在前和在后两种语序，但在后的形容词不能做任何加程度副词之类的扩展（参看戴庆厦、傅爱兰，2002），即形容词短语做定语只能在名词前，这也体现了单个形容词和形容词短语的重要差别。英语中“副词＋形容词”短语尚可以在名词前做定语，但其他形容词短语就跟形容词的句法功能差别很大。带介词短语或差比结构的形容词，都根本不能在名词前做定语，而要放在核心之后，如：the teacher proud of Pat~* the proud of Pat teacher, a man taller than you~* a taller than you man。因此 Van Valin & Lapolla（1997：68—69）认为形容词短语（不包括单个形容词）更能实现的句法位置是表语而非定语（在表语位置各种类型形容词短语都不受限制），这与形容词以定语为原形位置是很不相同的。

三　带论元的形容词

形容词最常见的是一元（一价、单向）性质的，即需要有一个属性主体，它充当被修饰的核心名词或形容词谓语所陈述的主语，如“聪明孩子”或“孩子聪明”中的“孩子”。这儿说带论元，是指在属性主体之外还需要出现才使形容词的论元结构完整的名词成分。因此此处所谓“带论元的形容词”是指至少二元的形容词。

跟动词不同的是，形容词的另一个论元（暂称“客体”）一般不以宾语的形式出现，通常需要加介词或格形态等手段，不过在话题发达的语言如汉语中，有主语以外的话题位置可以用来安放客体论元。例如，“陌生”是个二元形容词，它要求有主体和客体两个论元一起出现，如“这个学生对北京很陌生”，否则就不完整。假如光说“这个学生很陌生”或“陌生的学生”，意义就是不自足的，甚至可能有歧义，因为难以判断“这个学生”是主体还是客体。假如它们由“这个学生对北京很陌生”或“对北京很陌生的学生”而省，则“这个学生”是形容词主体。假如由“这个学生大家很陌生”或“大家很陌生的学生”而省，则“这个学生”是形容词的客体（详细讨论见刘丹青，1987）。再请注意，这个例子中，“这个学生对北京很陌生”是用前置词介引客体“北京”，而“这个学生大家很陌生”是让客体“这个学生”充当了话题，所以没有用前置词。还有一种手段是用“对……来说”引出主体，让客体当主语，如“北京对这个学生来说很陌生”或“这个学生对大家来说很陌生”。英语中也有很多带论元的形容词，如 familiar。He is familiar（他熟悉）也因缺少论元而出现歧义。完整的论元结构应当像 He is familiar with Beijing（他对北京很熟悉）或 He is familiar to teachers（他对老师们来说是很熟悉的 / 老师们对他很熟悉），前者 he 是主体，后者 he 是客体。

确实有一些形容词是强制性带论元的，如英语 This ring is worth much money（这只戒指值很多钱），worth 虽然是形容词做表语，但去掉后面的名词短语，句子就不合格。worth 后也常带动名词论元，如 This book is worth reading（这本书值得一读），其中的 reading 也不能省。worth 的近义词 worthy 在做定语时要带用前置词 of 引出的论元，如 He gave me a ring worthy of much money（他给了我一只值很多钱的戒指）或 He borrowed a book worthy of reading（他借了一本值得一读的书），其中的 of 短语也是不能省的（用前置词引出形容词论元是更正常的现象，像 worth 一样直接带名词论元的形容词在英语中和在类型学上都属少见特例）。再如，据力提甫（2001：182），维吾尔语有一类形容词要求向格名词的出现，如表示“近”的 yeqin，另有一类形容词要求从格名词，如表示“远”的 yiraq。后者例如：

bizniŋ mäktäp šahär-din yiraq.（我们学校离城市远。）

我们的 学校 城市—从格 远

力提甫指出这时用 -din 引出的从格论元 šahär 就是"必有补足语"或者说"必有论元"。而同样这个 -din 也可以引出比较句的基准，这时基准就不再是必要论元。汉语中形容词所带的论元是否强制似乎受语义制约较大，假如语境中有足够信息，有关论元也可以省略。如"他很陌生"，假如语境已表明"他"是主体或客体，那么这句话是可以成立的。

同一个形容词是否要带论元往往因义项（义位）而异，不同的义项可能有的要带论元，有的不带。例如英语 free 在表示免费或自由时不需要另带论元，但假如表示免除，就必须带客体论元。如 You will be free *of tax*（你可以免除税务），This drink is *caffeine*-free（这饮料不含咖啡因），斜体部分是 free 的论元，都不能省略，否则即使能说也变成了 free 的其他义项而不再是表示免除的义项。可见更细致的调查研究必须深入到义项而不仅是词项的层面。

四　无主句中的形容词

在动词与主语有一致关系的语言中，如意大利语等某些拉丁语族语言，引出形容词的系词已含有主语的人称性质，这时即使不出现主语，也不是真正的无主句形容词。而对于句法主语基本上强制出现的语言，如英语，有少量应答性的形容词可以用在无主句中，不过这些句子同时也不用系词，可以认为是连同系词一起省略了（因为这种语言中的形容词不能单独做谓语），如 Fine！ OK！ Alright！ Very good！ Wonderful！ Too bad 等，都可以单独成句，但不能说 Is fine，除非说全了成为 It's fine。这也不是真正的无主句，而是连同系词一起省略的省略句。汉语中主语省略比较自由，一般情况也不必看作无主句。只有那些在语境中也很难补出主语的常用应答形容词，可以看作是无主句形容词，如："行！""好！""悬！""痛快！"对于有格形态的语言，要注意是否有些形容词可以或要求由主格以外的形式（与格等）表示其属性主体，假如这样，则这种句子虽有主体却无句法上的主语，其形容词属于可选的或强制的无主句形容词。如波兰语（引自李金涛，1996：30）：

Jest	me	zimno.	（我觉得冷。）
是（第三人称单数现在时）	我（与格）	冷	

从中文译句看，此例"我"当是主语，但事实上形容词 zimno 要求"我"取第 3 格（与格）me（主格是 ja），句子并无主语。同样，作为谓语核心的系词也取了

代表无人称的第三人称形式 jest（第一人称单数为 jestem）。可见形容词 zimno 是可以出现在无主句中的形容词。

五 有没有可以带直接宾语的形容词?

英语 worth 可算形容词带直接宾语的一例，而且还是强制性带直接宾语的。这种情况不常见。有些语言在定义上已经排除了形容词带宾语的可能，但实际情况却比较复杂。汉语语法区分形容词和动词的重要标准之一就是能否带宾语。因此只要形容词后出现宾语，就被认为是形容词用作动词，如“红着脸”、“厚着脸皮”、“明确目标”、“严肃纪律”等。理论上更难处理的是“高他一个头”、“重你十斤”、“大陈德瑞三岁”等。能用于这种句式的恰恰是构成形容词原型的那些单音节形容词（参看张伯江，1997），而其句式意义是差比，也很符合形容词的语义功能，丝毫没有带上动词的语义特点，较难说这种用法的形容词是用如动词。在有些方言（如某些闽南话）和语言（如侗语）中，形容词即使不带“一个头”、“十斤”之类度量成分也能直接带名词作为基准，侗语中甚至形容词性短语也能带基准宾语，如（石林，1997：63—65）：

mau^{6} ni^{5} jau^{2} （他比我小）
他 小 我

mau^{6} lai^{1} sən^{3}tji^{4} jau^{2} （他比我身体好）
他 好 身体 我

mau^{6} am^{3} wəi^{5} jau^{2} （他比我走得快）
他 走 快 我

对这类现象，语言调查的首要任务是要将它们描写清楚，至于其词性，作为一个理论问题可以另外讨论。

间接宾语，是指一种在形态上或句法上与直接宾语有所区别又带有某些宾语属性的句法成分（而不是看是否为语义上的与事）。它一方面在形态—句法上要有别于普通的宾语，另一方面又不同于用介词引出的成分。在俄语中，交接行为句的与事用与格（所谓第 3 格）表示，区别于宾格（第 4 格。普通的受事宾语和交接行为句中的交接物都用此格），而且可以与宾格一起受三价动词支配，组成双宾结构，不需要另加前置词。俄语的与格宾语便可看作独立范畴的间接宾语。如：

Дать книгу брату （给哥哥/弟弟书）

给 书（宾格）哥哥/弟弟（与格）

句中表“书”的直接宾语用宾格 книгу（主格是阴性名词 книга，其与格形式是 книге），而表弟兄的间接宾语用与格 брату（主格是阳性名词 брат，其宾格形式为 брата），前面没有前置词。德语也存在由变格体现出来的间接宾语。在这些形态上可确定间接宾语地位的语言中，间接宾语不仅用于双宾句，也用于单宾句——有一些及物性不很强的动词的关涉对象（不是典型的受事）要采用与格而非宾格。如 помогать товарищу（帮助同学），其中表示同事、同学、同志的词用了与格 товарищу（主格为阳性名词 товарищ，宾格为 товарища），这就是一种间接宾语。表示帮助的动词要带与格是很自然的，因为其宾语是得到者或受益者而不是真正的受事。汉语很多方言的受益者前置词就是由动词“帮”虚化来的，体现了“帮”和与事受益者的天然联系。

英语中交接行为句的与事在有格形态的情况下（即人称代词做与事）采用宾格，与直接宾语无别，如 He gave me a pen（他给我一支笔）和 He caught me（他抓住了我）中第一人称单数代词用同样的宾格形式 me，可见凭形态难以确认有独立的间接宾语。但英语在句法上还是可以确认有独立的间接宾语，因为它不但可以与直接宾语一起受三价动词如 give 支配，形成双宾共存句式，而且其句法表现确有不同于作为直接宾语的客体之处。客体只要出现在动词后，总是无须前置词，直接做宾语，而与事在某些情况下即使在动词后也不能做宾语，而必须带上前置词，显示其与动词的关系要疏远一些，所以是间接宾语。比较：

a. He bought me a pen. 他买给我一支钢笔。

b. A pen was bought*（for）me. 字面义：一支钢笔被买给了我。

a 句与事 me 在动词后做了宾语，但是当客体在被动句中充当主语时（b 句），me 虽然仍然在动词后，却不再能充当 bought（买的过去时）的宾语，而要强制性带上介词 for。根据类似的句法测试，我们也可以判断汉语存在独立的间接宾语。不过，同样的语言，假如与事改由前置词引出了，就成为明确的介词短语中的成分，就不再是动词的宾语了。所以，英语中虽然有间接宾语，但是假如句子变换为 He gave a pen to me 或 He bought a pen for me，这些句子便成为单宾语句，其中不再存在间接宾语。

回到此处问卷，这里是问是否有形容词可以带或必须带这种意义上的间接宾语。德语中的有些形容词就可以不加介词带间接宾格（与格）的名词，这就是形容词带间接宾语的情况，如（引自张尧才，1994：134）：

Diese Geschichte ist uns allen bekannt.

这个 故事 是我们（与格）大家（与格） 熟悉

（这个故事对我们大家来说都很熟悉。）

这一意思英语中要说 This story is familiar to us all，由于用了介词 to，因此就不再是间接宾语了。而且英语直接宾语和间接宾语没有形态差别，只有在双宾结构中才可以分离出间接宾语；在单宾情况下，即使形容词能直接带宾格名词，也不存在直接宾语和间接宾语之别。汉语的“高他一个头”看似形容词带双宾语，但后面的“一个头”属于度量成分（measure element），与“动量补语”一类成分性质接近，不是真性宾语。因此“他”虽然是宾语，也很难说是间接宾语。

在我们的调查问卷中出现：

有没有别的论元和形容词同现？可选 / 强制？

就是问形容词是否能带直接宾语、间接宾语以外的论元。这里说的是论元，即形容词强制性要求同现的名词性成分（包括用介词等引出的）。

有什么可能的论元组合？

即指形容词的不同论元之间哪些可以同时出现，哪些是互相排斥的。

不同论元同时出现时的语序。既要注意论元相对于形容词核心的语序（在其前或后），也要注意不同论元彼此之间的语序，后者通常体现了各自与核心的接近度，也可能与成分的长度等节律因素有关。

哪种类型的状语可以修饰形容词？

状语是个纯句法概念，用生成语法的话说是个表层结构的概念。假如结合句子的论元结构，则状语要分两类：一类属于论元，句法上实现为状语（如使用介词等手段来介引。实现为宾语等的论元则不是状语），另一类是副词性成分和具有加接语（adjunct）性质的状语，不在论元结构之内。作为普遍性概念的“状语”还包括汉语中一部分划入所谓“补语”的成分，关于汉语“补语”的性质分析和处理，我们有另文讨论。

如果采纳目前国内的语法学框架，把形容词后的状语性成分都称为“补语”，则不再存在状语和形容词的语序问题，因为定义中就规定了只允许“状语 + 形容词”的语序，在后的都被划到“补语”里去了，就无法再问哪些语言或哪种状语在前、哪些语言或哪种状语在后的问题了。由此也可看出按语序来人为区分状语和补语是不太科学的（参看刘丹青，2005）。不受国内语法体系影响的学者如李艳惠（2005）就把谓词后的一些国内称为“补语”的成分（度量成分、介词短语等）自然地看作状语，有时称为“动词后状语短语”。假如认识到所谓“补语”其实就包含了一些后置的状语，包括形容词的后置状语，那么探讨形容词和状语前置后置的规律及制约因素就是富有意义的，尤其是在跨语言比较的时候。例如，哪些状语是可前可后的，哪些是只能在前或在后的、前后两可的状语是由什么因素决定的，都值得调查分析。

如果形容词、论元和状语都出现的话，其组成的语序是怎样的？

这儿状语的语序也包含了两个观察角度，一是状语相对于形容词核心的语序，即前置于或后置于形容词，二是不同状语彼此之间的语序，实际是彼此与核心的接近度。例如，“我们在海外对他们很友好”，“对他们”是由前置词“对”介引的形容词“友好”的客体（对象）论元，“在海外”、“很”是两个状语，分别表示处所、程度。就前一观察角度来看，只有副词“很”可以在加标记“得”的条件下后置于核心“友好得很”，其他两个短语都只能前置于核心。就后一观察角度来看，程度副词“很”与核心关系最紧密，其次是论元性的前置词短语“对他们”，离核心最远的是加接性的前置词短语“在海外”。这是比较固定的语序。还有些状语有一定的灵活性，如上引例句可以插入时间副词“一直”。“一直”可以在“在海外”之前或之后，但是不能在“很”之后。形容词能带的论元，特别是状语，是很多的，其中涉及的语序规则相当复杂，只能根据研究计划的规模来决定研究的细度和深度。一般的调查，则重在勾勒论元和主要状语类别的语序，特别是注意论元与加接性状语之别及单词状语与短语、从句状语之别。

参考文献

戴庆厦、傅爱兰 2002 《藏缅语的形修名语序》，《中国语文》第4期。

力提甫·托乎提（Litip Tohti） 2001 《维吾尔语及其他阿尔泰语言的生成句法研究》，民族出版社。

李金涛 1996 《波兰语语法》，外语教学与研究出版社。

李艳惠 2005 《省略与成分缺失》，《语言科学》第2期。

梁 敏、张均如 1996 《侗台语概论》，中国社会科学出版社。

刘丹青 1987 《形名同现及形容词的“向”》，《南京师大学报》第3期。

—— 2005 《从所谓“补语”谈古代汉语语法学体系的参照系》，《汉语史学报》第5辑，上海教育出版社。
吕叔湘主编　1980　《现代汉语八百词》，商务印书馆。
沈家煊　1997　《形容词句法功能的标记模式》，《中国语文》第4期。
———　1999　《不对称和标记论》，江西教育出版社。
石　林　1997　《侗语汉语语法比较研究》，中央民族大学出版社。
杨建国　1979　《先秦汉语的状态形容词》，《中国语文》第6期。
张伯江　1997　《性质形容词的范围和层次》，《语法研究和探索（八）》，商务印书馆。
朱德熙　1980/1956　《现代汉语形容词研究》，《语言研究》1956年第1期；又载朱德熙《现代汉语语法研究》，商务印书馆，1980年。
张国宪　2000　《现代汉语形容词的典型特征》，《中国语文》第5期。
朱伟华、徐　哲　1989　《捷克语语法》，外语教学与研究出版社。
Bhat, D.N.S. 2000 Word classes and sentential functions. In Vogel & Comrie (eds.).
Bisang, Walter 2002 *Typology* (Lectures for 7th summer school of the German Linguistic Society).
Comrie, Bernard & Norval Smith 1977 *Lingua Descriptive Studies: Questionnaire*. North-Holland Publishing Company.
Croft, William 2000 Parts of speech as language universals and sa language-particular categories. In Vogel & Comrie (eds.).
Dixon, R.M.W. 1977 Where have all the adjectives gone? *Languages* 1: 19-80.
——— 2004 Adjective classes. In R.M.W. Dixon & Alexandra Y. Aikhenvald (eds.) *Adjective Classes:A Cross-linguistic Typology*. Oxford: Oxford University Press.
Li, Charles N. & Sandra A, Thompson 1981 *Mandarin Chinese: A Functional Reference Grammar*. University of California Press.
McCawley, James. D. 1992 Justifying part-of-speech assignments in Mandarin Chinese. *Journal of Chinese Linguistics*, June. 中译文载张伯江、方梅《汉语功能语法研究》，江西教育出版社，1996年。
Rijkhoff, Jan 2000 When can a language have adjectives? An implicational universal. In Vogel & Comrie (eds.).
Van Valin, Robert & Randy Lapolla 1997 *Syntax: Structure, Meaning and Function*.

Cambridge University Press.

Vogel, Petra A. & Bernard Comrie (eds.) 2000 *Aproaches to the Typology of Word Classes*. Berlin: Mouton de Gruyter.

作者：刘丹青

原载：《民族语文》2005 年第 5 期

第五章　汉语关系从句标记类型初探

关系从句是语法理论中的一种重要结构，在当代语言学诸学派中都受重视（详见刘丹青，2003b）。但国内通行的汉语语法学系统缺少关系从句的概念[1]，尤其缺少“关系从句标记”（relativizer，也可叫“关系化标记”）的观念，印象中好像一个“的”字管所有要标记的定语，没有专门的关系从句标记，如“小孩看见的蛇、看见蛇的小孩”，跟“他的学生、昨天的书”同用一个“的”。

本章主要从关系化标注法的角度研究汉语的关系从句，通过初步的跨方言比较，揭示汉语的关系从句实际上存在着好几种标注手段，并不限于一个通用的“的”类定语标记。由于汉语关系从句的范围尚未很好划定，因此更全面地考察关系从句标记也有助于拓展关系从句研究的范围，为这一课题的研究打下更全面的基础。此外，名词短语可及性等级序列（参阅 Keenan & Comrie，1977；Comrie，1989/1981；Kortmann，1999）在具体语言和方言中的验证一直是类型学关注的焦点。注意到汉语关系从句不同的标注手段，也能使我们在更加全面的语言事实基础上验证或补充可及性序列的理论含义。

一　指示词和指量短语兼作关系从句标记

关系从句在汉语传统语法中被笼统地归在定语中，而汉语普通话的定语标记向来被认为只有一个“的”，称为结构助词。但至少在北京口语中，除了“的”之外，也可以有条件地使用指示词“这”、“那”或指量短语（指示词（+数词）+量词）兼作某些定语的标记，包括关系从句的标记（参看刘丹青，2001a：§2.1；2002：

【1】朱德熙（1978）基本上是从关系从句角度研究“的”字结构的重要论文，其所讨论的“潜主语”、“潜宾语”实际上说的就是该成分在关系从句中的主语或宾语身份。但该文并没有使用关系从句或类似的概念，因而并没有能在汉语语法学界明确地引入关系从句的概念。

§3.2）。

先从指示词兼作领属定语标记的情况说起。看例（1）：

（1）我**这**书 | 小王**那**朋友 | 老张**这**帽子 | 大家**这**想法 | 北京**这**胡同

其中的"这"、"那"都保留了其作为指示词的指称作用和信息特征，但值得注意的是，这些"这"、"那"在结构上通常不能省略，否则结构就可能不合格或转化为其他结构。如：

（2）*我书 | *小王朋友（做同位结构成立）| *老张帽子 | *大家想法 | 北京胡同（≠北京**这**胡同）

例（1）—（2）中的领属结构基本上都属于可让渡（alienable）领属关系，也不是亲属关系（亲属关系的领属结构在汉语和一些美洲、大洋洲语言中被处理为不可让渡关系。参阅张敏，1998：230—231、358—360），通常需要连接项来连接。假如不使用定语标记"的"，就靠指示词起连接作用，从而在结构上不可省略。假如指示词不兼定语标记的作用，就不好解释它们为什么在结构上不能省略。

这里体现了一个成分具有或兼有定语标记作用的两个句法特点：1. 用了它可以不用"的"类标记；2. 删除它必须补进其他标记。本章就根据这两条来进行判断。

另一个值得注意的现象是，假如名词前使用指量结构（指示词 [+ 数词]+ 量词 classifier），前面的"的"可加可不加；假如单用指示词，再加"的"反而难以接受。这显示单用的指示词比指量短语更具有定语标记的作用，对其他专用的定语标记已有一定的排斥性。比较：

（3）我（的）这本书～我（??的）**这**书

（4）小王（的）那个朋友～小王（??的）**那**朋友

（5）大家（的）这个想法～大家（??的）**这**想法

（6）北京（的）这些胡同～北京（??的）**这**胡同

用指示词兼作领属标记的情况已大量见于用北京话写作的书面作品中，如：

（7）你**这**架势是打算跟这儿过一辈子？（王朔《过把瘾就死》）

（8）种儿是早叫你们汉人串了，除了眼珠子还有点波斯猫**那**劲儿，鼻子狐臭什么的全改了。（王朔《一点正经没有》）

（9）打下月起咱**这**房钱再涨几块钱吧！（邓友梅《那五》）

（10）一篇文章中你**这**名字就得提好几回，还怕众人记不住？（邓友梅《那

五》）

比起下面要讨论的吴语量词来，北京话指示词兼作定语标记时仍保留了很强的指示作用。这些指示词的指别作用（区别于另一对象）是降低了，因为领属定语往往限定了该名词的所指范围，有时甚至是唯一的对象，指示词很少有甚至完全没有指别作用。如“我这脸”，等同于“我的脸”，一人只有一张脸，不可能另有“我那脸”。但是指示词的语篇作用仍强烈地保留着，特别是方梅（2002）所介绍的指示词与情景、现场、上文有关的三种话语功能，即情境用、示踪用和语篇用。一个相关的现象是，不少兼作定语标记的指示词还不宜换用没有指示作用的泛用标记“的”，就因为“的”无法发挥所需的话语功能。如例（7）的“你这架势”是情境用（现场事物），例（9）的“咱这房钱”也是要突出房钱和现场的社会关系（房主和听话人兼租住人之间）的相关性。若换用“的”，就无法体现这些现场相关性。因此，这些指示词离专用定语标记还比较远。

再看关系从句。用指示词或指量短语兼作标记的用法也已见于用北京话写作的书面作品，只是不如兼作领属标记那么常见。像领属语和核心名词之间的指示词一样，关系从句和核心名词之间的指示词也都保留了明显的指示功能，特别是与现场情景有关的话语功能。例如：

（11）刚才我看**这**《小家碧玉》不是全本都写好了吗？（邓友梅《那五》）

（12）张作霖应该到达**这**天，全城不管忙人闲汉，清晨起就都挤到街头看热闹。（邓友梅《陋巷旧闻录》）

（13）她这么一句倒把我怄笑了，没词可说，指指地上：“你瞧你砸**这一地**东西，这家还像个家么？”（王朔《过把瘾就死》）

（14）杨重说，“你瞧咱请来**这些**人一个赛一个德行。”（王朔《一点正经没有》）

例（11）的“刚才我看这《小家碧玉》”就是“刚才我看 $[t_i]$ 的这部《小家碧玉》”，例（12）的“张作霖应该到达这天”就是“张作霖 $[t_i]$ 应该到达的这天$_i$”，例（13）的“你砸**这一地**东西”就是“你砸 $[t_i]$ 的这一地东西$_i$”，例（14）的“咱请来**这些**人”就是“咱请来 $[t_i]$ 的这些人$_i$”，都是关系从句加中心名词的结构。例中的中心名词都提取了关系从句中的宾语或时间词语，或者说与关系从句中谓语动词的空位宾语或空位时间语同指。同类的还有“我买（的）那本书”、“他盖（的）这些房子”等。

北京话中指示词介引关系从句的功能不如介引领属语的功能强，这是有道理的。在汉语中，名词做定语本来就比动词短语或小句做定语更自由、更不需要标记。对于某些不可让渡领属关系和亲属关系来说，不带标记直接组合也是允许的，如“他心脏（不太好）、（我们想去）德国公司、我奶奶、小张爸爸”等。而动词短语或小句做定语时标记是强制性的。换句话说，关系从句对定语标记的需求本来就强于领属语。而北京话的指示词还不是专用的定语标记，其介引定语的功能还比较弱，所以介引对标记的需求小一些的领属语要容易一些。但指示词或指量短语毕竟已开始兼有关系从句标记的作用，这是值得重视的，因为关系从句后的定语标记更具有强制性，离真正的定语标记更近。如（11）—（14）诸例中的指示词或指量短语在句法上是绝对不能省略的。

用指示词介引的关系从句提取主语也可以，但书面作品中难找，频率上确实比提取宾语的少见，其原因后文将解释。下面是我们自造的例句：

（15）a. [t_i] 买小汽车（的）这些人$_i$也不都是有钱的。

b. [t_i] 提议挖井那工人$_i$早就走了。

关系从句以提取宾语为主，也使关系化标记的使用更加必要，否则容易误解为其他结构，如“王师傅炒的/这菜”省略标记“的”或“这”就成为“王师傅炒菜”，就是主动宾句式了。当然单纯加指示词仍有歧义的可能，如“王师傅炒这菜”也可以理解为主动宾式。但由于汉语宾语的无定性倾向（有定的受事容易通过话题化、“把”字状语化或被动化而实现为非宾语），因此人们还是较容易将动词后的“这NP”理解为关系从句修饰的核心。

作为关系从句标记，专用定语标记“的”、指示词和指量短语（后两者有时合称为“指示类标记”）三者之间在语义上有所区别。

先看指示类标记和“的”的差别。指示类标记词都保留其原来的有定指称意义，因而保证整个名词短语是有定的。而靠“的”标记并且不带指示词的关系从句并没有明确的指称义，整个名词短语有多种理解的可能。比较：

（16）a. 我穿上了妈妈买**这**衣服（，显得很新潮）。

b. 我穿上了妈妈买**的**衣服。

（17）a. 妈妈买**这**衣服很新潮。

b. 妈妈买**的**衣服很新潮。

汉语宾语的优势指称义是无定。例（16）a“妈妈买这衣服”只能理解为有定，因此整个分句不自然，要加上后续分句才好些。例（16）b很自然，这是因为"妈妈买的衣服"有定性较弱，甚至可以是无定（妈妈买的衣服中的一件）。主语的优势指称义是有定或类指。例（17）关系化结构做主语，用"这"的是有定，很自然，用"的"的又可以理解为有定或类指，也很自然。"这"和"的"指称义的差别显示指示类标记还不是单纯的关系从句标记，其指示词语的性质仍然保留着。

在一种情况下，指示词作为关系化标记反而与"的"接近而与指量短语明显不同。"的"可以用于表类指的名词短语，指示词"这"作为关系化标记用于类指短语虽不太自然，但在一定程度上还能接受（这时"这"只念轻声 zhe，不念 zhè 或 zhèi，属于方梅（2002）所说的定冠词用法之一），而指量短语若这么用就完全不能接受。如：

（18）a. 玩蹦极的游客还挺多的。～ b. 玩蹦极这游客还挺多的。～ c.* 玩蹦极这些游客还挺多的。

刘丹青（2002）用"多、少"类谓语做类指成分的测试项。光杆名词短语是表示类指的典型形式，带定冠词"这"的名词短语也能表类指，而出现量词（种类量词"种、类"等除外）的名词短语只能表个体，不能表类指。（18）a句用"的"引导关系从句，实际修饰的是光杆名词，所以可以与谓语"多"同现。b句用冠词性的"这"兼作关系化标记，由于"这"有时可表类指，所以b句也基本能接受。c句用个体性指量短语兼作关系化标记，因此完全不能与"多"同现。

"的"和指示类标记在句法上也存在差别。"的"兼转指性名词化标记，可以构成无核（headless）关系从句，"的"代替被删除的核心名词。而指示类标记无法构成无核关系从句。比较：

（19）a. 他买的书好看。→ b. 他买的好看。

（20）a. 他买这书好看。→ b.* 他买这好看。

（21）a. 他买这些书好看。→ b.?? 他买这些好看。

两类标记的这种句法差别肇源于"的"和指示类标记更深层次的一大差异。关系化偏正结构中，"的"属于从属语标注手段，是加在关系从句上的，即应当切分为"他买的 / 书"。而指示类标记原来是加在核心名词上的，作为关系标记属于核心标注手段[1]，即应当切分为"他买 / 这书"和"他买 / 这些书"，指示类标记

【1】关于从属语标注和核心标注，参阅刘丹青（2001b）及所引文献，刘丹青（2003a：9.1.3）。

与前面的关系从句在句法上并非直接成分。这就可以理解为什么指示类标记难以脱离名词构成无核关系从句了。同样道理，指示类标记可以脱离关系从句与核心名词单独组合（这书、这些书），而作为从属语标记的“的”不可以（＊的书）。[1]

Matthews & Yip（2001）将由指量短语标记的关系从句看作香港粤语的特点，是比用“嘅”（相当于“的”）标记的关系从句更加地道和固有的粤语层次。如：

（22）佢唱嗰首歌。（她唱的那首歌。“嗰”＝那）

从本章的以上分析看，北京话也能用指量短语标注关系从句，只是用得没有粤语那么多。此外，北京话的“她唱那首歌”可以认为是更自然的“她唱的那首歌”省略“的”来的；而根据 Matthews & Yip，例（22）是最自然的粤语式关系从句，假如加进“嘅”（的）说成“佢唱嘅嗰首歌”，反而是“佢唱嗰首歌”和“佢唱嘅歌”两种类型混杂的产物，带有书面色彩，口语中很不自然。换言之，粤语中指量短语标记的关系从句是更基本的，北京话中用“的”的关系从句是更基本的。

由指示词派生出关系从句标记是很自然的语法化过程，英语的关系从句标记 that 也是由指示词来的，所以传统语法称为关系代词。有趣的是，英语的 that 也不能用于无核关系从句，无核关系从句都由从疑问代词来的标记来表示，如 what，which，where 等。

二　量词兼作从句标记关系

用指量短语兼作关系从句标记是从南到北很多方言的共同特点，只是这种标记的语法化程度不很高。单用量词做关系从句标记则仅见于部分量词功能发达的南方方言，具有很强的方言特色，下面我们以苏州话为例来分析这种广泛存在于吴语中的关系化标记类型。

石汝杰、刘丹青（1985）已详细描写过苏州话量词的定指功能，其中有些用例就用在定语和核心名词之间，包括本章所说的关系从句和名词之间。刘丹青（1986）

【1】当然，这里分析的是指示类标记的现实状况。在句法的历史演变中，核心标注的手段也可以经过重新切分（re-segmentation）成为从属语标注的手段，如古代汉语的“之”就是由指示词发展成从属语标记的（麟 / 之趾→麟之 / 趾）。假如采纳“的”来自“之”的说法（王力，1980），那么今天的从属语标记“的”正是由来自指示词的核心标注手段“之”演变来的。不排除“这”今后也出现类似的演变。

进一步明确把量词作为苏州方言定中关系的表达手段之一，即看作定语标记，用例中也包括关系从句的情况（当时未使用“关系从句”之名）。例（23）是上述二文中的一些用例：

（23）a. 我**本**书（我的那本书）| 红颜色**件**衣裳 | 乡下**间**房子 | 归面**点**人（那边的那些人）

b. 俚剪**块**布（他剪的那块布）| 小王勿见脱**本**书（小王丢了的那书）| 剩下来**碗**菜

跟北京话一样，苏州话最基本的关系化标记是泛用定语标记“葛”[kəʔ]（相当于“的”，由于与“个”同音，也不排除同源，所以本章量词举例尽量避开“个”），如“我买葛书”、“买书葛人”等。下面我们比较一下用量词做关系化标记和汉语中其他关系化标记的情况，以观察量词类标记的特点所在。

在指称功能上，量词类标记和北京话单个指示词所充当的关系化标记较接近。量词类标记是由量词的定指用法而来的，其作用相当于定冠词（详见石、刘，1985），它们在用作关系从句标记时仍保留着有定性，这与北京话指示词相似。如“我买本书”（我买的这 / 那本书），其中的“本书”在苏州话中也成立，而且很常用，就相当于英语不分远近指的 the book。不过苏州话个体量词只相当于单数定冠词，复数要换用不定量复数量词“点”，比较：

（24）a. 俚买**本**书好看。（他买的那**本**书好看。）

b. 俚买**点**书好看。（他买的那**些**书好看。）

苏州话量词和北京话指示类标记作为关系化标记在各自方言中的重要性是不相匹敌的。北京话关系从句使用指示类标记仍然是一种边缘性手段，仅偶见于口语，远不如用“的”的关系从句常见和顺口，如“我买这书”作为名词短语远不如“我买的这些书”或“我买的书”常见而自然。用指示类标记的口语表达鲜有进入正规书面语者。而在苏州话中，用量词引导关系从句是相当自然而常见的说法，“我买本 / 点书穷好看”不比“我买葛书穷好看”不自然。事实上在有定的情况下前一种说法至少在中老派中还占着明显优势。

是否明确表示有定是量词和定语标记“葛”的主要差别。除此而外，量词和“葛 / 的”也有一个重要的共同点，都能用于无核关系从句，如：

（25）a. 俚买本书好看。→ b. 俚买本好看。

（26）a. 生病只猫死脱哉。→ b. 生病只死脱哉。（生病的那只（猫）死了。）

相比之下，北京话指示类标记不能用于无核关系从句，见前例（20）—（21）。

上文指出，指示类标记为核心标注手段，“的”则为从属语标注手段。那么苏州话的量词属于哪种手段呢？这个问题不那么简单。在苏州话中，量词既可以像指示词、冠词那样单独加到名词上，如“本书”、“只猫”、“点人”，又可以像“的”一样与定语构成一个名词性短语，如“我本”（我的这/那本）、“小王买本”（小王买的这/那本）、“买书个”（买书的这/那个）。对“小王买本书”（小王买的这/那本书）这类结构，就会出现两种切分都有道理的情况，即“小王买本|书”或“小王买|本书”。于是还有“第三条道路”可选，即三分法的“小王买|本|书”，从而将量词看作不依附任何一方、句法位置中立的关系从句标记。这种不依附于任何一方的标记，是人类语言的客观存在，还是一种特设（ad hoc）的解释，这是句法理论中有争议的问题，我们姑且存疑。

量词作为关系化标记和泛用定语标记“葛”（及北京话“的”）的更重要差别在于两者的适合范围。请注意苏州话量词在标记适用范围上的一种限制：

（27）红通通葛书～红葛书～红通通本书～*红本书

标记适用范围的问题又牵出一个本章尚未正面论述的更基本的问题：汉语中关系从句包括怎样的范围？行文至此，必须先探讨一下这个更大的问题。

对于一个主动宾齐全的小句（如“学生买书”）来说，将其主语或宾语提取出来做核心名词，在关系从句中留下一个与核心名词同指的语迹，这是最典型、最少争议的关系化结构，如“$[t_i]$ 买书的学生$_i$”和“学生买 $[t_i]$ 的书$_i$”。但是在下列情况下，就会遇到难以确定的情况。

一种情况是不及物动词及形容词充当小句谓语，如“学生游泳”和“学生聪明”，这时只有主语可以提取，得到的关系从句结构将会是“游泳的学生”和“聪明的学生”。在汉语传统语法中，这向来被分析为简单的动词/形容词做定语，而其他语言中动词（或者其分词形式）和形容词也能做定语，并不看作关系从句，因此“游泳的学生”和“聪明的学生”之类似乎不存在关系从句的问题。可是，从理论上来说，汉语的不及物动词和形容词带定语标记做定语时又难以完全排除关系从句的定性。

首先，既然及物动词谓语在修饰其句内提取的论元时构成了关系从句，那么不及物谓语和形容词谓语同样的操作所构成的也应是同样性质的结构，即关系从句。

其次，汉语中做定语的不及物动词和形容词都属于谓词，可以做名词的谓语

（游泳的学生＜学生游泳；聪明的学生＜学生聪明），因此有资格分析为关系从句（关系从句的主语是与被提取的核心名词同指的语迹）[1]，而英语这样的语言中，做定语的不及物动词必须取分词形式（如 working girls，电影名《上班女郎》或《白领丽人》），形容词则为其原形（如 pretty girls 漂亮姑娘），这两种形式都不能直接做谓语，必须加上系词才能做谓语（如 The girls are working 和 The girls are pretty），因此不带系词、只能做定语的不及物动词和形容词自然也就不能分析为关系从句了。可见英语类语言的情况和汉语不同，难以一概而论。

不过，需要注意到，光杆的不及物动词和形容词其实在汉语中述谓性也不强，上面举的"学生游泳、学生聪明"之类，主要还是一种静态的短语，单独成句的能力并不强，只有加上一些增加述谓性的成分，如时体、程度词语等，才成为自由而自然的句子，如"学生在跑步"、"学生很聪明"。因此，光杆的不及物动词或形容词即使看作关系从句也只能算不典型的关系从句。

至于不带定语标记直接做定语的动词（不管及物不及物）和形容词，则可以完全排除做关系从句的可能。直接修饰名词的谓词通常与核心名词构成一个不可扩展的紧密组合，如"聪明学生"不能说"非常聪明学生"，而作为关系从句中的谓语应当是能够扩展的，如"聪明的学生"可以说"非常聪明的学生"、"从小非常聪明的学生"等。由动词做定语的"报考学生"、"游泳健将"等也是如此，其中有些定语实际上已有名词的性质，如上例中的"游泳"。这些定语是跟英语中的动词分词和形容词最接近的定语，是不需要标记可以直接修饰名词的[2]。

另一种情况是做定语的及物动词论元残缺，即一个论元（宾语或主语）出现为核心名词，另一个论元（主语或宾语）阙如，谓语位置只有单个及物动词，如"买的书"、"买的学生"（指买东西的学生）。假如将核心名词放回其论元的位置，则应当是"买书"、"学生买"。因此，上述例子中做定语的"买"算不算关系小句，实质就是"买书"、"学生买"算不算小句。在英语这样的语言中，一方面存在定式动词和非定式动词的显性差别，另一方面主语要求强制性出现，及物动词的宾语

【1】有部分形容词定语不能转换为谓语，见刘丹青（1987），这些定语不宜分析为关系从句。

【2】张伯江（1997）根据类型学原理，将可以直接做定语的有关词语看作形容词；传统归入形容词、但做定语时必须带"的"的一大批词如"安静、悲伤、充沛"等则排除在形容词之外。从关系从句的角度看，这样处理虽然未必为国内学界所习惯，其实却是合理的。带"的"以后就有关系从句的性质而不是地道的形容词定语。做关系从句是谓语尤其是动词的特征，假如它不能直接做定语，确实不宜分析为形容词。

一般也要求出现，因此相应的意义只能用分词来修饰名词，如 the bought books，不能用关系从句。但是在汉语中，既缺少动词定式和非定式的差别，又存在主宾语省略都较自由的现象，因此“买的书”、“买的学生”似也可以看作关系从句修饰名词。但是，比起论元齐全的及物动词谓语，这种关系从句显然是不太典型的。

综上所述，根据汉语的实际类型特点，单个不及物动词、单个形容词和单个及物动词带定语标记修饰名词，从理论上说都有理由看作关系从句，但比起论元齐全的及物动词或带有述谓性强化成分的不及物动词和形容词定语来说，它们只能算不典型的关系从句。

关系从句的典型和不典型之别，在吴语量词型关系从句上表现得非常明显。

苏州话单个的谓词（包括及物动词、不及物动词、性质形容词），都不能带量词做定语，这些正好作为关系从句都是不典型的。这些词类如果加上一些增加关系从句典型性的成分，就可以用量词来做定语标记了。

先看及物动词：

（28）a.* 买本书穷好看。（买的那本书很好看。）

b. **俚**买本书穷好看。（他买的那本书很好看。）

c. **昨日**买本书穷好看。（昨天买的那本书很好看。）

（29）a. * 咬只狗穷大。（咬（人）的那条狗很大。）

b. 咬**小干儿**只狗穷大。（咬小孩子的那条狗很大。）

c. 咬**牢半日天**只狗穷大。（咬住半天的那条狗很大。）

d. **勒后门口**咬只狗穷大。（在后门口咬的那条狗很大。）

（28）a 句由单个的及物动词“买”带量词做定语，修饰由宾语提取出来的“书”，结果句子不成立。但只要如 b 句补上主语，或如 c 句加上时间状语，句子就“合法化”了。（29）a 句由单个的及物动词“咬”带量词做定语，修饰由主语提取出来的“狗”，句子也不成立。但只要如 b 句补出宾语，或如 c 句加上一些补语性成分，或如 d 句加上地点状语，句子也都“合法化”了。

再看不及物动词：

（30）a.* 走位客人是我朋友。（走的那位客人是我朋友。）

b. 走**脱**位客人是我朋友。（走掉的那位客人是我朋友。）

c. 走仔**半日天**位客人是我朋友。（走了半天的那位客人是我朋友。）

d. **早浪向**走位客人是我朋友。（早上走的那位客人是我朋友。）

e. 走来走去位客人是我朋友。（走来走去的那位客人是我朋友。）

a 句由单个不及物动词“走”做定语，修饰由其唯一论元提取出的“客人”，句子不成立。但只要如 b 句加唯补词“脱掉”，或如 c 句加时量成分“半日天”，或如 d 句加时间状语，或如 e 句变成反复貌重叠式“V 来 V 去”，句子就都合格了。

最后看形容词：

（31）a.* 厚块布勿好看。（厚的那块布不好看。）

b. 厚纳纳块布勿好看。（厚厚的那块布不好看。）

c. 穷 / 顶厚块布勿好看。（很 / 最厚的那块布不好看。）

d. 比衬衫厚块布勿好看。（比衬衫厚的那块布不好看。）

a 句由单个性质形容词“厚”做定语，修饰由其主语提取出的“布”，句子不成立。但只要如 b 句改用状态形容词，或如 c 句加程度状语，或如 d 句用“比”引入差比基准，句子都能成立。

上面改变光杆谓词身份的手段既有句法性的，如添加论元，也有形态性的，如“厚纳纳”这种形容词的生动形式和“走来走去”这种反复貌复杂重叠式。然而，并非所有的形态手段都能让光杆谓词转换为合格的关系从句。动词重叠或带体标记“仔”（相当于“了”）就无法使关系从句成立，比较例（28）—（30）的 a 句和下列各句：

（28’）a.* 买买本书穷好看。（买买的那本书很好看。）

b. 买仔本书穷好看。（买了的那本书很好看。）

（29’）a. 咬咬只狗穷大。（咬咬（人）的那条狗很大。）

b. 咬仔只狗穷大。（咬了（人）的那条狗很大。）

（30’）a. 走走位客人是我朋友。（走走的那位客人是我朋友。）

b. 走仔位客人是我朋友。（走了的那位客人是我朋友。）

上文所举均为单音节谓词，而（28’）—（30’）的 a 句显示即使重叠为双音节 VV 式，一样不成立。双音节形容词也并不改变上述限制，如“漂亮只面孔”不成立，而“漂漂亮亮只面孔”就成立。况且量词在介引领属语时也允许单音节定语，如“我本书”。可见上述限制与音节数目无关。

以上（28）—（31）中的 a 句假如将量词换成泛用定语标记“葛”（或对译时用普通话“的”），句子就都能成立。由于“葛 / 的”也能用于领属定语等明确不属于关系从句的定语，因此这种泛用定语标记无助于划出关系从句的范围。而苏州话的量词对关系从句有限制，它排斥的是不属典型关系从句的光杆谓词，接纳的是更像关系从句的种种更复杂的谓语形式。这提示我们，苏州话充当定语标记的量词正好用作一个标尺，以此可以划出关系从句和一般定语的界限，或至少是典型的关系从句和不典型的关系从句的界限。

从大处着眼，这一界限是可以理解的。关系从句毕竟是一种小句，比单词层级要高，它要求比单词更复杂的形式是很正常的。此外，比起谓词的原形来，一些具有形态性的单位如生动式或反复貌重叠式有更强的述谓性，这在单句中也有反映，因此它们比光杆谓词更能充当关系从句也是可以理解的。具体到细节，为什么形容词生动形式和反复貌重叠式等在这条界线里边，而动词的简单重叠式和完成体标记在这条界线外边，目前还难有完满的解释。我们想到的一些语义范畴，如“有界/无界”之类，都难以理想地概括上述情况。[1]这是值得今后深入探究的。

以上苏州话用量词兼作关系化标记的情况基本上反映了北部吴语区的情况，下面是钱乃荣（1997：99）用到的一个说明上海话量词定指用法的例句：

（32）我专门用来画图画**块**板阿里搭去了？（我专门用来画画的那块板到哪儿去了？）

据 Mattnews & Yip（2001），香港粤语用指量短语做关系化标记的句子有时也可以省去指示词，如例（33）a 中的远指词“嗰”，特别是用复数量词“啲”（些）时指示词常常不用，如例（33）b，这样就形成了粤语中的量词型关系从句：

（33）a. 我写咗（嗰）**封**信好长嘅。（我写了的那封信很长。）

b. 佢写**啲**嘢有冇用㗎？（他写的那些东西有没有用处啊？）

不过据方小燕（课题组讨论）介绍，例（33）a 这种单靠个体量词连接的说法在广州话中还是不太能接受，不如加上指示词“嗰”自然。看来量词单独兼作关系化标记的用法在粤语中还是不如吴语发达。由此可见，尽管量词的定语标记功能与其定指用法有关，但两者毕竟不是一回事。总体上粤语量词的定指作用比吴语发达和常用，但在关系化标记方面，粤语量词还远不如吴语量词发达和常用。

【1】有些满足关系从句条件的谓语并不具备有界性。如例（28）b 句的“俚买”比 a 句的“买”只是多了一个主语，根据有界性理论，光添加主语并不能使一个无界谓语变成有界，因为被认为无界的谓语经常是带着主语的（例见沈家煊，1995）。另一方面，有些明显能造成有界性的替换并不能改变关系从句的不合格性。如动词重叠是有界的，动词带完成类体标记后也是有界的（沈家煊，1995），但它们却无助于动词构成关系从句的能力。

量词的定语标记作用来自其定冠词用法。冠词（article，泛指冠词和尾词）和定语标记的相关性在类型学上不乏其例，术语“连接性冠词”（linking article）就指兼有冠词和介引定语作用的虚词，见 Himmelmann（2001），例如他所引的阿尔巴尼亚语后置冠词（即尾词）i 的例子：

（34）shok-u　　　　　　　　　　　*i*　　　mirë

朋友—有定、主格、单数、阳性　连接性冠词　好

（这个好的（男性）朋友。）

连接性冠词的一大特点是不用在整个名词短语上（如英语 the 那样），而是用在定语和核心名词之间，以符合 Dik 提出的“联系项居中”原则（参看刘丹青，2003a：§2.3）。吴语的量词和阿语的尾词都是如此。吴语和阿语的区别在于，吴语定语在前，所以用由量词充当的前冠词，而阿语形容词定语在后，所以用后冠词（即尾词）。

三　半虚化的处所词—体标记兼作关系从句标记

吴语区普遍存在一种由处所短语紧缩而来的复合处所词语，结构有如近代汉语中的“在里”[1]，其前字为表示“在”的存在动词兼前置词，后字为方所后置词，大致可用“在这儿/在那儿”来翻译。苏州话中这类词有“勒里（老派，近指，“在这儿”）、勒哚（老派，远指，“在那儿”）、勒海（早期多表示“在里边”、“在内”的范围义，现中性或远指）、勒浪（不分远近）、勒搭（后起，中性或近指）。关于这些词的构成和语义分工及其由来，详见刘丹青（2003a、2003c）。刘丹青（2003a）将其简称为 PPC（pre-postpositional compound，前后置词复合词）。本章沿用这一简称。

苏州话 PPC 是多功能词，兼有存在动词（我**勒里**~我在，我在这儿~）、处所介词短语（整体上相当于一个“在 NP 里”一类短语，如“我坐**勒里**”~我坐在这儿，我坐着~）、处所前置词（整体用如一个前置词“在”，后置词作用淡化，如“我住**勒里**苏州”）、动词前的进行体标记和动词后的持续体/存在体标记（我勒里看书~我在[这儿]看书~；倷坐勒里~你坐着~）、句末语气词（开心杀勒里~高兴着呢~；我定心勒里~我安心着呢~）等等功能。除此而

【1】吕叔湘（1984/1941）最早考察近代汉语的“在里”，并指出了其与苏州话这类词语的相关性。

外，PPC还可以兼作关系化标记，如：

（35）我摆**勒海**饼干啥人吃脱哉？（我放着/放在那儿的饼干谁给吃了？）

PPC的关系化标记用法是从其动词后的持续/存在体标记用法而来的，事实上它们在用作关系从句标记时，仍然保留着它们的体意义，尤其是动词后的存在体意义。我们说它这时兼有关系从句标记的作用，是因为假如去掉PPC“勒海”，就必须要加进定语标记“葛”，否则句子就不合格，如：

（35'）我摆*（葛）饼干啥人吃脱哉？

可见“勒海”除了表示存在体外，还起了介引关系从句的作用。

在清末的苏白小说《海上花列传》中，我们检索到PPC这类用法的不少例子（“勒”写作“来”。可能当时有“来”读，现在邻近的无锡方言也是“来～勒”两读）。从《海》书语料中，我们观察到以下事实：

一、当时有这种用法的PPC主要是表示远指的“来哚”，此外不分远近的“来浪”有个别例子，其他PPC没有兼作关系化标记的用例。

二、当PPC用在关系从句和核心名词之间时，绝大多数（15个“来哚”中的13个，3个“来浪”中的2个）用例不再用定语标记“葛”。可见PPC确实兼有关系化标记的作用，“葛”在此时已显得多余。当作为体标记的PPC和被修饰核心名词之间还隔着一个宾语（例子中是间接宾语）时，即PPC不在关系从句和核心名词之间时，“葛”是不能省的。下面例（36）是15个不带“葛”的例子中的4例，（37）是这类句子中带“葛”（该书做“个”）的仅有2例。（38）是PPC不居中时带“葛”的那个例子：

（36）a. 耐放**来哚**“水饺子”勿吃，倒要吃“馒头”！（你放着的“水饺”（隐指女阴）不吃，倒要吃“馒头”（隐指乳房）！1回）

b. 写**来哚**凭据阿有啥用场？（写下来的凭据有什么用处？8回）

c. 耐少**来哚**几花债末，我来搭耐还末哉。（你欠下的好多债么，我来给你还好了。10回）

d. 耐说**来浪**闲话，我总归才依耐。（你说下的话，我总是都依你。58回）

（37）a. 四老爷叫**来哚**<u>个</u>老倌人，名字叫啥？（四老爷叫在这儿的那个老倌人（妓女），名字叫什么？15回）

b. 倒好像是俚该**来哚**<u>个</u>讨人！（倒好像是他拥有的讨人（从妓院娶

的妾）！17回）

（38）“嫁时衣”还是亲生爷娘拨**来哚**囡件个物事。（“嫁时衣”还是亲生父母给了女儿的东西，48回）

三、使用PPC的全部关系从句用例，不管带不带“葛”，都是提取宾语论元，没有一例提取主语或其他论元，如上所举。从整个关系化结构在主句中的句法位置看，15例（13例“来哚”，2例“来浪”）使用PPC而不用“葛”的关系化结构都在谓语前。有的是主语，如例（36）b；有的是受事主话题（所谓“大主语”），如例（36）c；有的是受事次话题（所谓“小主语”），如例（36）a。换句话说，PPC兼作关系化标记的用例仅限于关系从句提取宾语、整个NP在主句中充当主语或话题的情况。而带“葛”的例子，则关系从句所在的NP也可以出现在动词后的表语位置，如例（37）b和例（38）。此时关系从句已由“葛”介引，PPC已没有关系从句标记的作用，仅起体标记的作用。

四、用PPC介引的关系从句，不能删除核心名词构成无核关系小句。这是很容易理解的。虽然PPC作为动词的体标记显然是加在关系从句上的，像北京话“的”一样是从属语标注成分，但V＋PPC不能像“的”字结构一样形成一个名词性单位，因此无法取代核心名词。

当代苏州话“勒哚”已不常用，以上关系从句用法大多换用“勒海”来表示，如例（35），而“勒海”是当代苏州话略带远指义的PPC。除了这一词汇替换外，上述《海》书的情况基本反映了当代苏州话的实情。可能在最新派的苏州话中，由于普通话的影响，更多采用带“葛”的关系从句，用PPC做标记的关系从句逐渐衰落，具体细节还有待观察调查。

《海》书PPC介引关系从句的以上情况，有些方面可以方便地找到合理的解释。

为什么只有位于关系从句和核心名词之间的PPC才可以取代“葛”作为关系化标记？这是因为“联系项居中”原则的作用（参看刘丹青，2003a：2.3）。关系从句标记是一种联系项，联系项的优先位置是位于所联系的双方（这里是关系从句和核心名词）之间。“葛”、量词做标记时都占此位。PPC也只有在这种中介位置，才可能像语法化进程中常见的那样，吸收所在单位的结构义（关系化修饰关系），从而兼有（进而可能完全获得）关系化标记的作用。

关系从句优先选择有远指义的PPC（老的“勒哚”，新的“勒海”）而非近指PPC做标记，这可以从关系从句的功能得到解释。关系从句主要是用来限定名词短语的所指范围，以帮助听话人辨认。如“我买的书”比“书”更容易确定范围。而需要用关系从句限定范围的对象，通常是不在眼前的对象或尚未激活的信息，这类成分用远指词语更合适。上一节苏州话用量词介引的关系从句，我们也多用普通话“那”的指量短语来翻译才觉自然（如“我买本书”——“我买的那本书”），这也基于同样的功能动因。这一解释看起来有个反例：北京话优先选择近指的“这”而不是远指的“那”兼作关系化标记。其实这未必是反例。由于关系从句已有很强的帮助确定所指的功能，因而所在的名词短语实际上已不太需要用标明远近的指示词来指别，只是当必须在远近指示词中挑选时才会优先选择远指词。对存在冠词的语言来说，此时更优先的选择是冠词而不是远近指示词。如上文例（22）“佢唱嗰首歌”虽然用了粤语远指词，但作者的英译文用的却是定冠词 the（the song she sang）。北京话“这”比“那”更多地具备不分远近的冠词功能（方梅，2002），用作关系化标记的“这”主要是作为定冠词而非近指词来兼作关系化标记的，像吴语的量词一样，是经由冠词语法化为定语标记的。

上承近代汉语“在里”的 PPC 式复合词在南方方言中广泛存在，如温州话的“是搭”、广州话的“喺度”、福州话的“伫咧”等。这些方言中 PPC 能否兼作关系化标记，还有待考察。

四　小结与余论

汉语中最普遍的关系从句标记类型是泛用定语标记“的”及其方言对应词，如广州话的“嘅”、苏州话的“葛”等。本章则显示另有一些其他性质的功能词也可以兼作关系从句标记，甚至颇为常用。上章根据两条句法标准确认下列要素兼有关系从句标记的作用：1. 北京话的单个指示词，2. 北京话、广州话及很多其他方言中的指量短语，3. 吴语中整类具有定冠词作用的量词，4. 以苏州话为代表的部分吴语中表示处所及存在体的紧缩式 PPC 复合词。这些要素在兼作关系化标记时都保留了其原来的语法意义（有定、存在体等），同时又在不同程度上出现向专职关系化标记语法化的迹象，有的已对泛用定语标记有所排斥。

以上四类要素的这一“兼职”都与其位于关系从句和核心名词之间的中介位置有关，是语法化中常见的结构义吸收现象。在带关系从句时，这些要素也可以出现在关系从句之前，这时它们就无法兼作关系化标记，而必须另有定语标记。关于

PPC 复合词的情况已有上面例（38）为证。例（39）和（40）分别是北京话指示词和苏州话量词的例子：

（39）a. 小张买**这**书很好看。～ b. **这**小张买 *（的）书很好看。

（40）a. 小张买**本**书穷好看。～ b. **本**小张买 *（葛）书穷好看。

指示词“这”、量词“本”在中介位置时，不必用“的 / 葛”，如例（39）a—（40）a 句；“这 / 本”在关系从句前面时，“的 / 葛”就不能省，如例（39）a—（40）b 句。这清楚显示了中介位置对联系项形成的关键作用。

苏州话量词在做关系化标记时，对从句谓语有一定的形态—句法要求。这些限制可以帮助我们在动词定式范畴缺乏和主宾语省略自由的汉语中界定典型的关系从句的范围。

北京话指示词介引的关系从句主要是提取宾语，提取主语的例子很难找。苏州话 PPC 介引的关系从句也主要提取宾语。不仅如此，我们在初步考察汉语各方言的关系从句时也发现， 即使是主宾语都能提取的“的”类定语标记，被试也常常觉得提取宾语更加常见而自然。看来汉语整体上有优先提取宾语的情况。这不尽符合 20 世纪关系从句方面一个重要的类型学发现，即 Keenan & Comrie（1977）考察 50 种语言后提出的“名词短语可及性等级序列”，该序列表示如下：

主语 > 直接宾语 > 间接宾语 > 旁格宾语 > 领属定语 > 比较句基准

根据这一序列，1. 不同语言关系从句可提取的成分范围可以是不同的，但总是按照从左到右的优先顺序，若位于右边的某个成分可以提取，则其左边的所有成分都能提取。2. 同一语言中不同的关系化策略可提取的成分范围也可以是不同的，但同一种策略也总是按照从左到右的优先顺序提取。如何解释汉语多种关系化手段都是优先提取宾语的现象呢？

唐正大（课题组讨论）提出一个较可信的解释。在汉语中，提取宾语时只要在动宾之间插进关系化标记，变动小，操作简单；提取主语时，主语和谓语还要换位，操作更为复杂。比较：

（41）a. 学生买书。→ b. 学生买的书。

（42）a. 学生买书。→ b. 买书的学生。

根据语言的经济原则，省力的操作比费事的操作更有优势。当然，人们可以问，经济原则在其他语言中也起作用，为什么 Keenan & Comrie 的大规模跨语言研究仍然得出主语比宾语更容易提取的结论呢？上述解释是不是为汉语特设（ad hoc）的解释呢？不是。

事实是，汉语在关系从句的语序类型上本身是极其特殊的。根据 Dryer（1992），在他所统计的 625 种语言 252 个语组中，汉语语组（收了普通话、客家话、粤语、马来亚粤语四种变体）是 VO 语言中唯一关系从句在核心名词之前的语组。其他所有的 VO 语言中，关系从句都后置于核心名词。因此，VO 语言的常规是，提取主语不变语序，如英语例（43）；提取宾语却要变语序，如例（44）：

（43）a. The boy likes the birds. → b. the boy who likes the birds

这个男孩喜欢这些鸟。　　喜欢这些鸟的这个男孩

（44）a. The boy likes the birds. → b. the birds that the boy likes

这个男孩喜欢这些鸟。　　这个男孩喜欢的这些鸟

由此可见，仅就上述经济性动因而言，VO 语言的常规确实是提取主语比提取宾语更省力，只在关系从句语序特殊的汉语中才会出现提取宾语更省力的情况。由此可见提取时的经济性确实可能是造成名词可及性等级的普遍性因素之一，对汉语和其他 VO 语言都是起作用的，汉语罕见地优先提取宾语是由其罕见的关系从句语序类型造成的。

另一个值得一提的现象是，北京话用指示词介引的关系化结构和苏州话用 PPC 介引的关系化结构在主句中都优先居于主语或话题之位。这个问题的原因可能比较简单。借用沈家煊（1999）一书系统采纳的“标记关联模式”，可以说汉语中存在着“主语（或话题）与有定”和“宾语（或焦点）与无定”的无标记关联模式。由于这两种关系从句明确表示或倾向于表示有定，因此优先占据主语或话题之位就很自然了。

从可及性序列看，本章基本上只讨论了提取主语和直接宾语这两种最常见的情况，提取其他论元时标记使用情况如何？尚未能展开讨论。为什么某些形态能够帮助动词构成苏州话中靠量词标注的关系从句，而有些形态无此作用？诸如此类的问题，在汉语关系化标记的研究中还有很多。除了关系化标记以外，关系从句还有很多其他尚未开垦的领域。关系从句需要汉语语言学界更多的关注。

参考文献

方　梅　2002　《指示词“这”和“那”在北京话中的语法化》，《中国语文》第 4 期。
刘丹青　1986　《苏州方言定中关系的表示方式》，《苏州大学学报》第 2 期；

又载中国人民大学《复印报刊资料·语言文字学》第6期。
刘丹青　1987　《形名同现及形容词的“向”》，《南京师大学报》第3期。
———　2001a《粤语句法的类型特点》，香港《亚太语言教育学报》第2期。
———　2001b《方所题元的若干类型学参项》，香港《中国语文研究》总第9期。
———　2002　《汉语类指成分的语义属性与句法属性》，《中国语文》第5期。
———　2003a《语序类型学与介词理论》，商务印书馆。
———　2003b《试论汉语方言语法调查框架的现代化》，载戴昭铭主编《汉语方言语法研究和探索——首届国际汉语方言语法学术研讨会论文集》，黑龙江人民出版社。
———　2003c《苏州方言“勒X”复合词》，载上海市语文学会、香港中国语文学会合编《吴语研究》（第二届国际吴方言研究学术研讨会论文集），上海教育出版社。
吕叔湘　1984/1941　《释景德传灯录之在、著二助词》，原载《华西协合大学中国文化研究所集刊》一卷三期；又载吕叔湘《汉语语法论文集》，商务印书馆，1984年。
钱乃荣　1997　《上海话语法》，上海人民出版社。
沈家煊　1995　《“有界”与“无界”》，《中国语文》第5期。
———　1999　《不对称和标记论》，江西教育出版社。
石汝杰、刘丹青　1985　《苏州方言量词的定指用法及其变调》，《语言研究》第1期。
王　力　1980　《汉语史稿》中册，中华书局。
张伯江　1997　《性质形容词的范围和层次》，《语法研究和探索（八）》，商务印书馆。
张　敏　1998　《认知语言学与汉语名词短语》，中国社会科学出版社。
朱德熙　1978　《“的”字结构与判断句》，《中国语文》第1、2期。
Comrie, Bernard 1989/1981　*Language Universals and Linguistic Typology.* 沈家煊译《语言共性和语言类型》，华夏出版社，1989年。
Dryer, Matthew S.1992 The Greenbergian word order correlations. *Language* 68 (1): 43-80.
Hemmelmann, Nikolaus 2001 Articles.In Haspelmath, Martin, Ekkehard König,

Wulf Oesterreicher & Wolfgang Raible (eds.) *Language Typology and Language Universals:An International Handbook*. Berlin: Walter de Gruyter.

Keenan, E. L. & B. Comrie 1977 Noun Phrase Accessibility and Universal Grammar. *Linguistic Inquiry* 8: 63-99.

Kortmann, Bernd 1999 Typology and Dialectology. In B. Caron (ed.) *Proceedings of the* 16*th International Congress of Linguists, Paris 1997*. Amsterdam: Elsevier Science. 中译文见《方言》2004 年第 2 期。

Matthews, Stephen & Virginia Yip 2001 Aspects of contemporary Cantonese grammar: The structure and stratification of relative clauses. In H. Chappell (ed.) *Sinitic Grammar: Synchronic and Diachronic Perspectives*. Oxford University Press.

作者：刘丹青

原载：《中国语文》2005 年第 1 期

第六章　与关系从句有关的三条语序类型原则

一　引言

大量语言的统计结果表现出来的绝对共性和倾向性共性，尤其是其中的蕴涵性共性，使语言类型学成为科学。而这些共性背后总存在一系列原则，原则解释共性，原则本身也就成为共性。从优选论角度看，这些原则也是制约条件。本章拟从关系从句角度，提出尽可能少而简化的原则，以统一解释几个和关系化有关的语序共性：1）为什么几乎所有的 SVO 语言都选择后置（post-nominal）关系从句？而 2）SOV 语言中前置（pre-nominal）和后置关系从句都有相当数量的分布（关于 1 和 2 参看 Dryer，1992：86 和本章 2.3）？3）为什么绝大多数 SVO 语言在其核心与关系从句之间都会有一个显性的标记（见本章附记及 3.3）？而 4）相当数量的 SOV 语言却可以不需要任何标记即可实现关系化（见附记及 3.2）？等等。

本章所涉及和记录的语言，其及物、直陈语气单句倾向于选择一种常规语序，以安排主语（S）、主要的及物性谓语动词（V）和该动词的宾语（O）的线性位置，并至少可以关系化主语和宾语两个句法位置。同时，考虑到下述原则 I 和 Ⅱ 只涉及 SVO 和 SOV 两种语序类型，原则 Ⅲ 涉及个别 VSO 语言。我们在尽量照顾语系均衡性的前提下观察了 189 种语言，其中以 SVO 为主要语序的语言有 92 种；以 SOV 为主要语序的语言有 85 种；VSO 语序 12 种，多为南岛语（如复活节岛语，Rapanui）。

二　原则 I 和原则 Ⅱ

要回答前述问题，必须引进核心名词（head noun）与名词短语修饰语（NP

modifiers）的概念。充当主语和宾语的通常是名词短语，本章研究的是有核心且以关系从句作为修饰语的名词短语，即关系从句结构（RC）。由于主语和直接宾语核心名词的关系从句有前置和后置分工的语言非常罕见（见2.1），下面的讨论不予以考虑。

通过跨语言研究我们发现，制约SVO和SOV语言中关系从句前置和后置分布不均的条件是，主句主语的核心名词要求尽早确认，宾语的核心名词也要求与统辖它的主句动词尽可能紧靠。可以进一步表述为：

（1）原则Ⅰ：主语核心尽早确认

原则Ⅱ：宾语核心紧靠动词

原则Ⅰ是“重成分后置”（heavy constituent final）原则（Hawkins，1994；Arnold et al.，2000等）在关系从句结构中的一个体现[1]。下文考虑到行文逻辑，先讨论原则Ⅱ。

2.1　原则Ⅱ与SVO和SOV语言关系从句类型的分布

宾语成分在多数情况下都由NP充当，NP在理论上可做无限扩展，扩展的最重要手段就是在NP的核心上附加修饰语，包括限定词（determiners）、形容词、领属成分（genitives）、关系从句等。从统计看，相对于主句动词V和其宾语O的核心名词O_H，核心名词的修饰语M_H的出现位置有两种[2]：

Ⅰ. 修饰语与主句动词位于宾语核心名词两侧，表示为：

（2）$[V—[O_H—M_H]]$ 或 $[[M_H—O_H]—V]$

这两种语序意味着：修饰语永远处在外缘，动词紧靠宾语名词的核心。分别如法语和朝鲜语。

Ⅱ. 修饰语将主句动词与宾语核心名词隔开，表示为：

（3）$[V—[M_H—O_H]]$ 或 $[[O_H—M_H]—V]$

这两种语序意味着：修饰语处在动词和宾语组合的内嵌位置，动词与宾语核心分离。分别如汉语和普什图语（参看Penzl，1955）。

然而，由于可扩展性不同，上述各种名词修饰语在SVO和SOV语言中在核心名词前或核心名词后都有分布，甚至在同一种语言中。例如以SVO为主要语序

【1】这里受《中国语文》匿名审稿人修改意见的启发。
【2】修饰语与核心名词被动词隔开的常规语序还未得到验证，这里只讨论修饰语紧靠核心名词的情况。

的英语，其形容词多在名词之前，而关系从句都在名词之后；缅语（SOV）的数量组合在名词之后，形容词在前在后都有，关系从句都在前（参看 Okell，1969；丁椿寿，1991）；瑶族布努语（SVO）与凉山彝语（SOV）的关系从句在前和在后都有（参看蒙朝吉，2001；丁椿寿，1991）[1]。不过，统计发现，同时存在核前和核后关系从句的语序只零星见于一些 SOV 语言，如匈牙利语、Assamese 语等（分别参看 Hidasi，1988；Campbell，2000）。关系从句相对于名词核心的位置的相对稳定性可能是因为：关系从句结构复杂，在层次上有嵌套关系，在线性上可做无限扩展，从而成为修饰语中最“重”的成分，也因为“重”而“稳定”地以后置为优势。这样，我们将（2）—（3）的四种语序进行改写，并着重论述关系从句类型分布与原则Ⅰ和Ⅱ的互动关系（Rel 表示关系从句）：

（4）[V—[O_H—Re1]] 或 [[Rel—O_H]—V]

（5）[V—[Rel—O_H]] 或 [[O_H—Re1]—V]

（4）中，关系从句处在外缘，主句动词紧靠宾语的核心；（5）中，关系从句将主句动词和宾语核心隔开。

仅从（4）—（5）两式看，就可以有三个推测，对于每个推测，我们都用统计进行评估：

推测一：（4）中的两种语序应该比（5）得到验证的次数多，而且应该占大多数。

这个推测是正确的。我们统计的 189 种语言中，关系从句处在外缘、动词紧靠宾语核心的语序有 136 种，包括除汉语外的 SVO 语言 91 种和有前置关系从句的 SOV 语言 45 种。

推测二：V—O_H—Rel 和 Re1—O_H—V 在分布上均应该有较大规模且较为接近的分布。

这个推测不完全正确。二者分布上的差距不容忽视：V—O_H—Rel 语序语言 91 种，Rel—O_H—V 语序语言 45 种[2]，占“动词紧靠宾语核心”语序总和的不足 1/3；这显然是不均衡的分布。

【1】我们根据丁先生和蒙朝吉先生提供的语例发现：对主语进行关系化的从句居后，对非主语的其他成分进行关系化的从句居前。这一点待考。这正好可以作为本章原则Ⅲ一个论据。

【2】在统计 45 种有“Rel—O_H—V”语言和 38 种“O_H—Re1—V”的时候，有 9 种语言各统计了 2 次：这 9 种 SOV 语言每种都同时具有“Rel—O_H—V”（前置）和“O_H—Rel—V”（后置）两种语序，它们是 Agul 语、现代亚美尼亚语、Assamese 语、阿塞拜疆语、匈牙利语、Kabard-Cherkes 语、Kannada 语、凉山彝语和 Udmurt 语等。此外，45 种 Rel 前置的 SOV 语言不包括 Sindi 语、Garo 语和 Bengali 语。

推测三：V—Rel—O_H 或 O_H—Rel—V 都违反了“宾语核心紧靠动词”的原则，在分布上也应该趋于接近，即同样的少。然而该推测完全错误。这两种语序出现了强烈的不均衡分布：V—Rel—O_H 语序语言仅 1 种（汉语）[1]，而 O_H—Rel—V 语序语言有 37 种！

2.2　原则 I 与关系从句类型分布

我们的推测二和三存在偏差，尤其是同样违反了原则Ⅱ“宾语核心紧靠动词”的“O_H—Rel—V”竟有相当数量的分布（37 种）。

其实，这并不是因为原则Ⅱ失去了约束力。究其原因：前两个推测我们少考虑了另一个原则性因素：主语核心与其关系从句修饰语之间的语序。而原则 I 和原则Ⅱ有互动关系。在 S、V 和 O 三者中，主要由 NP 充当的成分除了宾语还有主语。相对于主语名词短语的核心 S_H，关系从句的位置有两种：

（6）[S_H—Re1] 或 [Rel—S_H]

下面是我们对 189 种语言的语序类型统计的结果（统计材料说明见章末附记）[2]：

表 6-1 关系从句相对于主语核心的位置的语序类型分布

	S_H—ReI	ReI—S_H
SVO（92 种）	91	1
SOV（85 种）	37	45
VSO（12 种）	13	0
总 计	141	46

SOV 语言的前置关系从句语序在阿尔泰语言中最为集中，没有例外。

以上统计结果若孤立地看让人吃惊的地方在于，SVO 作为一个参项对于很多其他语序共性的预测力比 SOV 要弱（Hawkins，1983），但为什么偏偏对于“关系从句前置于名词核心”如此不能容忍？而 SOV 语言却能够允许它有如此广泛的

【1】根据 Dryer（1992），只有汉语组 1 种。根据刘丹青（2004，课题组讨论）和李云兵（2005），受汉语影响较大的部分苗语（SVO）也出现了关系从句前置，也就是说，关系从句开始插加在动词和宾语核心之间。

【2】本章引用和统计的语言及其关系从句结构简表请参看唐正大（2005：74—79）原表和 Tang（2006）修订表。本表所列语言关系从句的材料除文中已指出的来源以外，均来自于综合性的语言总汇中，它们是：Butt（1994）、Campbell（2000）、Comrie & Corbett（1993）、Harris & Vincent（1988）、Hetzron（1997）、Steever（1998）等。

分布？SOV 语言的语序更严格，可选语序更少，而在关系从句前置和后置之间的选择上竟如此“骑墙”？

2.3 遵循/违反两条原则与类型分布的相关：“内嵌说”的理论困难

这些问题仍然可以从原则Ⅰ和Ⅱ的统一认识中得到统一的回答。

我们使主语 S 和主句动词的宾语 O 的核心名词都各有关系从句做其修饰语。这样，可以很清楚地观察到 SVO 和 SOV 语言在选择前置还是后置的关系从句与遵循还是违反原则Ⅰ和原则Ⅱ之间的相关关系。下表比较清晰地反映出这种关系：

表 6-2 SOV/SVO 对于 Rel 前置/后置、遵循/违反原则Ⅰ/Ⅱ和语序类型分布的相关关系

基本语序	主语、宾语与其关系从句同现的语序表达	原则Ⅰ	原则Ⅱ	分布
SOV	关系从句后置：[S_H—Rel]—[O_H—Rel—V]	+	–	37
	关系从句前置：[Rel—S_H]—[Rel—O_H—V]	–	+	45
SOV	关系从句后置：[S_H—Rel]—[V—O_H—Rel]	+	+	91
	关系从句前置：[Rel—S_H]—[V—Rel—O_H]	–	–	1

从表 6-2 可知，只有 SVO 语言的后置的关系从句同时遵循了原则Ⅰ和Ⅱ，因此，“后置”几乎垄断了整个 SVO 语言的关系化策略。而关系从句前置的 SVO 语言汉语同时违反了两个原则，也就是说，同时增大了短语组合范域（Phrasal Combination Domain，参看 Lohse et a1.，2004），并减少了直接成分—非直接成分比率（IC-to-Non-IC ratios，参看 Hawkins，1994；Wasow，1997、2002），这解释了汉语在这一类型上的“孤独”。而对于 SOV 语言，无论前置或是后置，都不可避免地在这两个原则之间遵循一个而违反一个，因此，这两种策略取得了较为均衡的分布。

对于 SVO 和 SOV 语言中定语（包括关系从句）前置和后置现象，刘宁生（1995）有过解释。他首先认为：SOV 语言的“相关特征”（即与 OV 和谐的语序特征——笔者）是定语前置；然后，用 Kuno（1974）和 Hawkins（1990）的“内嵌”解释这种相关性：

a. 定＋名＋定＋名＋动

S　　　O　　　V

b. 名＋定＋名＋定＋动

刘文认为 a 式只有宾语位置的定语是内嵌的，而 b 式主语和宾语位置的定语都

是内嵌的，所以 SOV 倾向于 a 式语序类型：定语前置。然而我们从关系从句做定语的情况看，语言类型分布的事实如表 6-2 及 Dryer（1992：86）所示，SOV 语言中定语前置和后置的分布并无明显差异。因此，“内嵌”出现的次数和优势语序分布之间相关系数很低，单纯的“内嵌说”的解释力似乎应该受到影响。

对于 SVO 语言，刘文也进行了语序排列分析：

c. 定＋名＋动＋定＋名

S　　V　　O

d. 名＋定＋动＋名＋定

同样，刘文认为，c 中宾语位置的定语是内嵌的，而 d 式主语位置的定语是内嵌的[1]，从而，“不论定语前置或后置，造成内嵌结构的机会均等”。所以，“SVO 型语言在这个问题上可能允许更大的灵活性”。然而事实是，尽管“大多数语言学家认为 SVO 型语言在语序相关性方面缺少可预测性”，但它和“关系从句居于名词之后”高度相关，几乎无例外。单纯的“内嵌说”在 SVO 语言的关系从句结构语序方面的解释力更要打一些折扣。

我们认为，原则Ⅰ、原则Ⅱ与 SVO、SOV 语言中关系从句相对于核心名词的语序类型的分布之间具有直接的、可以统计和验证的相关关系，可以用来统一地解释这种语序现象。

2.3.1 SOV 语言关系从句前置的无标记性

我们知道，SOV 为“核后”（head-fina1）语言，因此“修饰语—名词核心”以及与其和谐的“OV，N-Post（名词＋后置词）”等都应该是无标记语序，“名词核心—修饰语”则是有标记语序。

有共性表述为证（Foster & Hofling，1987：481）：

> 在 SOV 语言中，当所期望的“修饰语—名词”语序没有出现，一致关系在名词和修饰语之间倾向于出现[2]。与此等价的命题是，在名词和修饰语组合中，当一致关系（有标记）没有出现，则“修饰语—名词”的语序倾向于出现。

以关系从句为例，阿尔泰语系语言的关系从句前置修饰核心名词是无标记的。我们认为，所谓阿尔泰语言“以分词（participial）形式构成关系从句”（Campbell，

【1】原文（87 页）是：“在 c 中，主语中的定语是内嵌的；在 d 中，宾语中的定语是内嵌的。”显然是笔误。
【2】陆丙甫教授在修改建议中认为，这里应该还跟 Greenberg 所说结束标记在后有关。

2000）的策略其实在很多情况下就是零形式策略[1]。阿尔泰语言中常见的“分词”一般可以同时在主句中做定式动词，也就是说其“分词形式”既附缀于主句动词词根上以表时体，也附缀于处在修饰语位置上的动词词根上，同时承担关系化和表示时体的功能。（关于零形式策略见 3.2）

SOV 语言以“Rel...N”为无标记的优势语序，还可从某些语言的历时演进中窥得一二：

根据力提甫•托乎提（1995），古代维吾尔语也曾经有过“核心名词—关系代词—关系从句”的语序类型，这是典型 SVO 语言的关系化策略（Keenan，1985：154）。与大多数印欧语言不同，古代维语用兼作第三人称代词的远指指代词 ol 做无标记关系代词[2]：

（7）bu butik ol kiʃi-ni oqi-t -ʁan.

这 书 （关系代词） 人—（宾） 读—（使动） —（过去）

（这是一本难读的书）

对于 SOV 的后置关系从句来说，关系代词不可或缺可以看作是更有标记的形态。从古代到现代维语，经历了一个从有标记向无标记发展的过程。

对比同一种语言的前置和后置两种策略，可以更明显地看出有标记性和无标记的对立，如匈牙利语（Hidasi，1988）：

（8） az angol nyellvtanár húgom

（冠）英语 语言老师 姐姐—我的

（（是 / 作为）英语老师的姐姐）

（9） az húgom akiröl angol nyellvtanár van

（冠）姐姐—我的（关系代词） 英语 语言老师 是

（（是 / 作为）英语老师的姐姐）

与维语情况相反，匈牙利语的后置关系从句是“新兴”关系化策略（可能受印欧语影响——笔者）；与之相比，前置关系从句仍然是无标记的形式。然而在口语表达中，若关系从句需要编码的信息趋于复杂，匈语还是倾向于使用后置关系从

【1】这里的“分词形式”同传统意义上常用于印欧语的“分词”似乎略有出入，印欧语中的分词是非定式动词（non-finite verbs）的一种，出现在主句中必须另有定式动词出现。

【2】根据该文，古代维语也有由疑问代词 kim（谁）充当关系代词的情况，但正如英文的 who，法语的 qui 等，仍未脱离指称人的功能。

句。这和严格 SOV 语言不同。

对于 SOV，至少从形态句法角度看，前置的关系从句是相对更无标记的形式，后置的关系从句需要关系代词、一致关系等形态标记完成关系化（详见 3.2）。此外，一些 SOV 语言如日语和一些阿尔泰语言在关系化对象的选择上几乎无所不能（Hidasi，1988；Baldwin，2004），也从另一角度说明其无标记性。

2.3.2 SVO 语言关系从句后置的绝对优势

上文已述，遵循或违反原则 I 或原则 Ⅱ 是 SOV 语言无法避开的选择。因此，在某种 SOV 语言里，这两个原则的竞争结果直接影响该语言对于前置或后置的选择。而诸如匈牙利语等九种 SOV 语言中同时存在前置和后置的情况，可看作这两个原则的竞争势均力敌的结果。

相比之下，SVO 由于只需选择“关系从句后置”就可同时遵循两个原则，因此，即使彼此“毫不相干”的 SVO 语言都“不约而同”地选择了关系从句后置。Foster & Hofling（1987：489）的共性具有较强的概括力：“当基本语序为 VO，在任何情况下，如果修饰语前置于名词，那么一致关系倾向于出现在名词和修饰语之间。”有一致关系意味着成为有标记项，这一点通过观察汉语和一些苗瑶语（李云兵，2005）可清楚地看出来。

用重成分后置原则解释关系从句类型分布的有 Hawkins（1983）、Caffarel et a1.（2004）等，但重成分后置仍不足以解释后置关系从句为什么在 VO 语言中几乎无例外，而同时在 OV 中又各有分布，更忽略了 OV 语言中前置略多于后置的现象[1]。用重成分后置原则将数量不菲的关系从句前置语言归入弱势，即使在统计学上也是不合适的。上文的两条语序原则与关系从句类型分布高度相关，且建立在可以关系化主语和宾语的语言材料之上，无额外理论假设，根据奥卡姆剃刀（Occam's Razor）原则，其解释不是特设的（ad hoc）。

【1】对此，匿名审稿人建议的解释是，关系从句前置于核心名词是与 OV、N-Postp 等具有和谐关系的语序。

三　关系从句结构与主句结构有所区分原则

3. 1　再次从“极端”无标记关系从句策略——核心与关系从句直接邻接——角度观察，可以得到：

第一，在动词居末（V-final）的 SOV 语言中，[Rel...N] 语序由于违反了两条原则中的一条而无明显分布优势，但其中，关系从句与核心名词“直接邻接”的语言（记作 [RelN]）却有不可忽视的数量（详见下文）。

第二，[N...Rel] 语序由于同时遵循两条原则而在 SVO 语言中的分布几乎无例外，但这一语序中，关系从句后置并与核心名词“直接邻接”的语序（[NRel]）却几乎无分布。

第三，按照逻辑，动词居首（V-initial）语言更应该至少具有直接邻接的 [NRel] 作为其可选的关系从句结构语序。但情况完全不是这样。

在受到原则Ⅰ和Ⅱ互动影响确定适合自己的关系化策略之后，语言一般都会倾向于在避免歧义的基础上，选择最简形式的无标记策略。下面从几个角度着重论述影响关系化策略选择的另一重要原则：

（10）原则Ⅲ：关系从句结构与主句结构有所区分

涉及关系从句界限的确定和标示这一问题的有 Comrie（1989/1981：188）、Givón（1990：663）、Hidasi（1988）、Baldwin（2004）、刘丹青（2005）等。我们的尝试是将区分关系从句和主句结构的必要性作为一条原则，统一观察它在关系从句结构语序类型上的约束力以及由此引起的与语序类型分布相关的现象。

关系从句本身是一个从句，或类似于小句的从属成分，典型的从句中有一个定式动词，同时主句中也有一个定式动词；那么，RC 中的核心名词与主句定式动词的语法关系应该区别于它与从句定式动词的语法关系。也就是说，核心名词与关系从句定式动词之间的关系必须另外加上标记，或使用不同于主句的标记，以显示从句的从属身份。下面从多个方面观察原则Ⅲ对于关系从句结构语序的制约作用。

3. 2　严格 SOV 语言：直接邻接的可能性

上文可知，日语和一些阿尔泰语言在关系化时提供了不同程度的零标记策略，即，让核心名词直接位于关系从句的末尾，也就是定式动词之后。这是因为，严式 SOV 语言，其主句或从句的动词严格居于末尾。所以，当动词后出现 NP，并且一个语气单元的终点落在该 NP 之后，听者自然不会将其识别为一个主句或从句。将其识别为关系从句结构是自然的。Givón（1990：658）将这种零标记关系化策略称作“空缺策略”（gap strategy）。

从我们的记录看，完全通过零标记形式“RelN”语序来构造关系从句结构的有：日语、日本北海道的阿依努语（Ainu，参看 Shibatani，1990）、高加索语系的阿瓦尔语（Avar，参看 Campbell，2000）、藏缅语基底又深受梵语影响的 Newārī 语、Dravidian 语系的现代泰米尔语（Tamil，参看 Annamalai & Steever，1998）、藏缅语族的 Rawang 语（参看 Dryer，2003）等，其他见下文论述。

以 Newārī 语为例（Snellgrove & Richardson，1995）：

（11）calā nawo dhun（吃羚羊的老虎）
羚羊 吃 老虎

（12）dhun nawo calā（老虎吃的羚羊）
老虎 吃 羚羊

仔细观察，SOV 语言使用的所谓“分词手段”或“形动词”实际上属于不完全的零形式。因为所谓的分词形式同时也用于主句，也表时体意义。如维吾尔语（赵相如、朱志宁，1985）：

（13）bu kiʃi bazaar-ʁa bar-ʁan（这个人去过市场）
这人 市场—（目标）去—（过去）

（14）bazaar-ʁa bar-ʁan bu kiʃi（去过市场的这个人）
市场—(目标) 去—(过去) 这人

再如藏缅语族的格曼语（李大勤，2002）：

（15）a^{31} $s\Lambda\eta^{35}$ lap^{53} sal^{53} la^{35} （树叶子干枯了）
树 叶子 干枯(体)

（16）$k\text{ɯ}^{31}$ tan^{35} xu^{53} la^{35} pit^{55} $k\text{ɯ}^{31}bli\text{ɯ}\eta^{53}$ $tso\eta^{35}$ （新来的老师（教书人））
新 来（体）书 教 人

这样的可做主句时体标记和关系化附缀的还有鄂伦春语的 -tʃaa（胡增益，1986）、保安语的 -gu（布和、刘照雄，1982）、哈萨克语的 -ʁan（耿世民、李增祥，1985）、土族语的 -gu（n）（照那斯图，1981）、鄂温克语的 -ʃaa（胡增益、朝克，1986）、柯尔克孜语的 -gen、-tʃu 和 -tʃy（胡振华，1986）、土耳其语的 -miş（埃•捷尼舍夫，1959）、怒语的 a^{31}（孙宏开等，1986），等等。

当然这还不包括以直接邻接为可选语序之一的 SOV 语言，例如藏缅语的桑孔语（李永燧，2002）：

（17）po^{33} qa^{31} ŋgɯ^{55} qa^{31}na^{31} (i^{55}) ŋaa （那些牛休息的地方）
牛 队 些 休息（的）处

该语族其他一些语言中也存在可以省略的关系从句标记，如独龙语（孙宏开，1982）的 sa^{55}、土家语（田德生等，1986）的 ne^{55} 等都属于这种情况。

总之，严格 SOV 语言应该能够仅凭语序手段（零形式策略）就可以将关系从句结构与主句结构区分开来。当然，如上文所述，对于原则 I 的不可避免的违反，使 SOV 语言中的关系从句后置也有相当数量的分布。然而，相比之下，后置的关系从句就更有标记了，如 2.3.1 论述。下面从语序角度详细论述 Rel 后置的标记性根源。

假定关系从句后置型 SOV 语言也使用直接邻接的手段，那么其句法后果是：对主语进行关系化，使其成为核心名词，记作 $S_{从}$；同时，由于已提取主语，其余部分成为关系从句，结构为 [宾语—动词]。同时，如果该关系从句结构 $[S_{从}[O_{从}V_{从}]_{Rel}]_{NP}$ 做主句的主语，则从句的核心名词也同时是主句的主语核心（$S_{从=主}$）。这样“园径句”（garden path sentence）或歧义（ambiguity）就是不可避免的了（即使宾语不出现）：

（18）$[[S_{从=主}[O_{从}V_{从}]_{Rel}]_{NP}O_{主}V_{主}]_{SP}$

真正的主句应该是 $[S_{从=主}O_{主}V_{主}]$，但 $[S_{从=主}O_{从}V_{从}]$ 会被首先理解为主句，直到真正的主句结束，才有可能获得正确理解，甚至永难获得。例如 Bambara 语（Campbell，2000：191）：

（19）Dunan min na-na taga-ra （来的那个外国人走了）
外国人（关代）来—（完成）去—（完成）

（20）Dunan na-na taga-ra
外国人 来—（完成）去—（完成）
（那个外国人来了又走了 /$^{?}$ 来的那个外国人走了）

我们知道，不可避免地引起园径句或歧义理解的语序不大可能成为某种语言的优势语序（Temperley，2003），跨语言讲，也不可能有相当数量的分布[1]。

【1】实际上，严格地讲，同时具有“后置”并“直接邻接”这两种关系化策略的 SOV 语言应该罕见：在我们的统计中还没发现；下面几种语言可以辨识出 [NRel] 的单位来，但在其两侧都有至少一个标记，它们是：Gujarati 语、Mende 语、古努比亚语、Tigre 语（Rel 以动词开始，其前有冠词 *la-* 附缀）、Kannada（有前置和后置两种语序）、Pali 语、Panjabi 语等，均参看 Campbell（2000）。

那么对于（18）来说，最紧要的任务是在关系从句结构部分 $[S_{从}[O_{从}V_{从}]_{Rel}]_{NP}$ 加上一个标记，以尽早标出该部分的 NP 身份、其核心部分和关系从句部分；该标记可以加在核心上，为核心标记；也可以加在关系从句上，为从属语标记；关系从句后置于核心的结构倾向于在核心 $S_{从}$和关系从句 $[O_{从}V_{从}]_{Rel}$ 之间加上关系代词，即使在 Rel 后置的 SOV 语言中也是如此：

关系从句后置的 SOV 语言有 37 种；其中，使用 [N- 关系代词 -Rel] 语序的有阿卡德语（Akkadian）、匈牙利语（Hungarian，有后置与前置两种语序）、库尔德语（Kurdish，除关系代词外，核心和从句上还要加额外标记）、普什图语（Pashto）、乌德姆尔特语（Udmurt，有后置和前置两种语序）等 26 种（详见唐正大，2005：74—79）。

关系代词在句法上占据了提取母句成分后形成的空位，替代核心名词完成句法功能，所以一般来说在句法上隶属于关系从句，可以看作从属语标记（dependent marking）类型。

总之，动词居末（V-final）的 SOV 语言使直接邻接型（RelN）成为可能，并作为无标记的现象。这里可以看出两个原则的互动：一是主句结构和关系从句结构（NP）有所区分，二是在这一基础上的经济原则（标记能不用就不用）。

3.3 SVO 语言：直接邻接的受限及使用关系代词的优势

我们继续从如何区分、识别关系从句结构与主句结构的角度，讨论 SVO 的关系化策略。

同样，对于主语的关系化，并使关系化结构作为主句的主语，若同时采用“后置”和“直接邻接”两种策略，其后果是：

（21）$[[S_{主=从}[V_{从}O_{从}]_{Rel}]_{NP}V_{主}O_{主}]_{SP}$

和（18）一样，这也是一个造成园径句或歧解的语序。因此，虽然 SVO 语言几乎都不约而同地选择了关系从句后置这一策略，但却极少让关系从句直接邻接在核心名词的后面而不在两者之间添加一定的联系项以完成标记、联系、承担句法成分等功能。

在我们统计的 92 种 SVO 语言中，关系从句后置于核心的有 91 种，其中关系从句直接邻接于核心的 [NRel] 语序只有 1 种，即 Macassarese 语（参看 Campbell，2000）。而其他不彻底的 [NRel] 语序语言有 Efik 语（参看 Campbell，2000）、Igbo 语（参看 Green & Igwe，1966）、老挝语（参看

Hoshino & Marcus，1981）等。而下面三种语言虽可以找出 [NRel] 这样的片段，但在 N 前或 Rel 后或两侧都带有关系代词或其他形式的关系从句标记，它们是：瓜拉尼语（Guaraní，参看 Campbell，2000）、满姆语（Mam，参看 England，1983）、萨摩亚语（Samoan，参看 Campbell，2000）。这三种语言也不计入具有 [NRe1] 语序的 SVO 语言。

SVO 语言高度一致地选择了关系代词，有一个因素起了非常重要的作用：主句结构和关系从句结构必须有所区分。关于这一现象，也可参考 Bever（1970）和 Bever & Langendoen（1971）对于英语关系代词的排歧功用的论述。

3.4 NP 的有定 / 无定与主句 / 关系从句结构理解

按照逻辑，动词居首（V-initial）语言也应该有相应的直接邻接型 [NRe1] 作为无标记的语序（因为如果某种 VSO 语序是严格、无可选语序的，主句第一的位置永远被动词占有，则 [NVX] 的出现只能理解为 NP）。但不幸的是，我们统计的以 VSO 为主要语序的语言中只有标准书面阿拉伯语使用 [NRe1]，而且有个条件：先行词必须为无定形式。这似乎和"VSO 语言都至少有 SVO 作为可替换语序"（Greenberg，1963）这一共性有关。例如阿语的两种关系从句结构（22）—（23）（Cantarino，1974）：

（22） bayānun　sadara　fī　London

（一个）公报　出现　在……里　伦敦

（出现在伦敦的一个公报）

核心名词 bayānun 是无定形式，与其后的关系从句之间没有任何形态句法上的联系项，是 [NRe1]。然而当先行词为有定形式时，二者之间必须有关系代词 allaði 或 allati：

（23） al-bintu　l-hasanatu　allaði　zāra London axīran

冠—姑娘 冠—美丽的 关代 访问　伦敦　最近

（最近访问过伦敦的那个美丽的姑娘）

根据周植志、颜其香（1984）对佤语（可以看作SVO和VSO并存的语言）的描写，我们可以认为，佤语中也存在后置型直接邻接关系从句结构：

（24） pui tçoih ta̠ɯ̠ˀ da̠i̠ŋ ha̠u̠h ŋaiˀ

人　卖　菜　十分　多　今天

（今天卖菜的人十分多）

佤语中“人卖菜”这样的片段也可以切下来做主句。这样，理解（24）时似乎只能等到说出“十分多”后，才可以回过头去将“人卖菜”理解成关系从句结构（NP），这也是一个典型的园径句。然而，情况不完全这样糟。从整本书提供的例子看，做主句主语的名词性成分都是有定的（如[光杆名词短语+指示成分]、人称代词等），例如必须说成“puiˀi̱n tɕ̢oih taɯ̱ˀ（人这卖菜）”才能成为主句[1]。

这一点和SVO语言老挝语很相似。根据Hoshino & Marcus（1981）的描写，老挝语在关系化无定成分时，不需要任何关系代词；而一旦先行词是有定成分，必须使用关系代词thi。可以这么说，用指示词（典型的定指标记）的有无和位置来区分主句和关系从句结构，这应该不是偶然现象。我们在木佬语中发现了指示词的这种功能（薄文泽，2003）：

（25）tsi^{53} xai^{31} ɣo^{53} ku^{24} py^{24} （一个人吃酒/一个吃酒的人）
一 个 人 吃 酒

（26）tsi^{53} xai^{31} ɣo^{53} na^{31} ku^{24} py^{24} （这个人吃酒/*这个吃酒的人）
一 个 人 这 吃 酒

木佬语中的指示词严格地居于NP末尾，也就是说，若该名词短语还有其他修饰成分，该指示词就处在这些修饰语之后，以标记整个名词短语的身份和结束。例（26）中的na^{31}标记出了前面这个NP的有定特性，同时也根据“主语/话题倾向于由有定成分充当，反之亦然”这一规则，标记出后面的VP成分不是做该NP的定语的关系从句，而是主句的谓语。至于如何让（25）只理解为“定中结构”（NP），薄文发现，将指示词放在整个结构末尾即可：

（27）tsi^{53} xai^{31} lai^{53}la^{33} ɬo^{53}-ve^{24}ve^{24} ti^{33} na^{31} （这位矮墩墩的孩子）
一 位 孩子 矮—生动形式 的 这

这个例子耐人寻味。“ti^{33}”借自“的”，且本来后置于名词的形容词、领属成分、关系从句等修饰语竟因此“借”而可以前置于名词。尽管如此，NP修饰语之一的指示成分还坚持占据名词短语末尾的位置，这是语言接触过程中一种强势和弱势共存的现象。当然，“矮墩墩”毕竟不是严格的关系从句，我们根据薄文提供的全部例子还是不能判断下面的句子是否仅理解为关系从句结构，且不能断定指示词na^{31}

【1】根据我们的观察，佤语似乎只能在对作为无定成分的主语进行关系化时，才可以用直接邻接的[NRel]。

就是“吃酒的人”的限定词，也不能否认它做宾语“酒”的限定词的可能。

（28）tsi[53] xai[31] ɣo[53] ku[24] py[24] na[31]　（这个吃酒的人）

　　一　个　人　吃　酒　这

幸运的是，有一个发现对我们有利：整书例句中还没发现有宾语为“N-Dem”的用例；按照原则Ⅲ，（28）至少优先理解为无歧义的关系从句结构应该是有道理的。

总之，木佬语利用自身的“指示词居于NP之末”这一严格规则标记出了该指示词前面成分的NP属性，也同时标记出该NP后面的成分只能是名词的修饰语，不可能是主句谓语。

SVO和VSO语言，由于[NP—VP]结构既有可能成为SP，也有可能是NP。当关系代词这样的联系项标记不出现时，为了避免歧义和园径句，一些语言选择了以有定和无定来区分SP或NP。这是可以理解的：出于设置话题的需要，这两种语言会使某个名词性成分处于句首做话题/主语；无定NP话题性低，不大可能做话题，因此一旦出现于句首位置，不会无标记地理解为主语/话题，而只能无标记地理解为NP的核心名词；同时，有定成分做主语/话题是无标记的，因此[$S_{有定}$ VO]无标记地理解为主句结构，而它做NP的核心名词是有标记的，因此[$S_{有定}$—关系代词—VO]才可以做关系从句结构。表述为表6-3：

表6-3 SVO/VSO语言中无关系代词时NP/SP理解与有定/无定NP的标记性关联

	有定成分	无定成分
关系从句结构（NP）	有标记	无标记
主句结构（SP）	无标记	无标记

选择无定成分做名词核心，后有关系从句直接邻接，这又充分说明：语言需要提供一定的策略（语序、联系项或其他标记手段），使关系从句结构区别于主句的常规语序。同时，语言总会让这种策略尽可能地简化，简化的极限是零形式。这可以用Atlas & Levinson（1981）简化Grice（1975）后提出的两个会话原则来解释，分别是：足量原则（Q-principle）和不过量原则（I-principle）。而与之更接近的理念应该是优选论中的“非必要不用”原则（“do only when necessary” principle，参看Prince & Smolensky，1993；Kager，1999）。

3.5　标准英语：原则Ⅲ的制约以及AH的局限性

Givón（1990：663）列举的一些“非标准”英语的方言为直接邻接型，即对于宾语和主语的关系化都可以采用零形式：

（29）The guy *married my sister* is a crook.

（30）The book *John read* is terrific.

标准英语关系化直接宾语时关系代词可以不出现，对此，Givón 认为：英语小句的中性语序是严格 SVO，所以“NP—NP—VP”序列在英语中“很不正常”，不会成为小句，因此足以用来区别于主句结构，标记其关系从句结构的身份；既然“足以”，关系代词就不是绝对必要了。而对主语的关系化，至少在标准英语中，必要的最小标记还是关系代词。

关于使用零形式对某个成分进行关系化（即上文“直接邻接”），Keenan（1985: 154）根据“名词短语可及性序列”（Noun Phrase Accessibility Hierarchy）提出的看法是：“如果名词短语是关系从句的主语，那它最有可能表现为空位，其次是它作为直接宾语等。”对此，Kortman（1999；刘海燕译，2004）指出：“显然在标准英语中并非如此。”也引他的一个例句：

（31）*The man _____ called me was our neighbour.（主语，标准英语）

不过 Kortman 还是坚持可及性序列的普遍解释力。他说：“如果我们去看那些主语位置零形式很普遍的不同地区的英语变体，那么可及性序列的预测将被完全证实。”他引的例句如：

（32）He had a nephew _____ had a big confectioner's shop.（兰开斯特郡东南 Farnworth）

（33）I have a friend _____ lives over there.（爱尔兰英语）

这样说来，如此普遍使用的标准英语违背了同样普遍的可及性：可及性序列中最靠前最无标记的主语在关系化时使用了关系代词，而其后的宾语却完全可以不使用任何形式标记；并由于违背可及性序列，标准英语也在 Kortman 和 Keenan 的理论体系中不具有代表性和普遍性了。这种观点的推论是：标准英语在关系化主语时使用有标记形式并非必要之举。

我们不同意这样的观点和推论。标准英语在关系化主语时必须使用关系代词，而关系化宾语可以不使用任何这样的标记，是由原则Ⅲ“关系从句和主句有所区分”决定的；并且，在能够“有所区分”的前提下，采取最简形式做标记。标准英语这样做，与可及性序列略相左；但如果在关系化主语时使用零形式标记，则违反了原则Ⅲ，造成园径句理解；若规定对宾语进行关系化时必须使用关系代词，则在一定程度上违背“不过量原则”。

可以这么说，根据各种制约条件的优先序列，在这里起作用的原则Ⅲ应该高于名词短语可及性序列制约[1]。至少在我们所观察的语言中，原则Ⅲ是具有相当普遍的解释力的原则。这很自然，一种语言应该也必须提供策略，使其结构A保持自己的身份，而不在形式和功能上理解为结构B。

可以这样小结：语言必须在足以区分出关系从句和主句语序的前提下，才倾向于寻找最简单的标记手段以完成关系化。

在这条原则之下，汉语关系从句类型也不例外，例如关系从句结构“我今儿说这段相声”（刘宝瑞《珍珠翡翠白玉汤》听记）类结构之所以在我们所考察的北京话口语和其他北方官话中有相当数量分布，应该和汉语不少方言的VO结构不大容许 [Dem-NP] 等有定成分充当宾语的限制有关（刘丹青，2005），此不展开。

四 小结

本章概括并提出了三条与关系从句结构语序有关的原则。原则Ⅰ：主语核心尽早确认；原则Ⅱ：宾语核心紧靠动词；原则Ⅲ：关系从句结构与主句结构有所区分。前两条原则的互动制约解释了为什么SOV语言中关系从句前置和后置都占相当比例，而在SVO语言中则几乎都是后置；第三条原则统一解释了关系从句前置的SOV语言在构造关系从句结构时，比较多地在Rel和N之间不采用形态句法上显性的联系项，而在后置的SOV语言和SVO语言中几乎都需要这样的联系项，以及有定/无定的对立在一些语言中对应于主句/关系从句结构的对立，等等。

汉语关系从句前置于核心名词的语序，同时违反了两条我们认为最根本的原则，所以成了非常“孤立”的语言。然而汉语（包括大多数方言）对于第三条原则是遵循的。汉语关系从句的很多表现都和这三条原则的互动有关。

参考文献

埃·捷尼舍夫　1959　《土耳其语语法》，科学出版社。

【1】实际上，可及性序列的例外情况并不鲜见：可参考刘丹青（2005）对于汉语关系化主语和宾语以及一些旁格成分标记性的重新分析。

薄文泽　2003　《木佬语研究》，民族出版社。
布　和、刘照雄　1982　《保安语简志》，民族出版社。
陈宗振、雷选春　1985　《西部裕固语简志》，民族出版社。
程道良、阿不都热合曼　1987　《乌孜别克语简志》，民族出版社。
道　布　1983　《蒙古语简志》，民族出版社。
丁椿寿　1991　《汉彝缅语比较研究》，贵州民族出版社。
耿世民、李增祥　1985　《哈萨克语简志》，民族出版社。
胡增益　1986　《鄂伦春语简志》，民族出版社。
胡增益、朝　克　1986　《鄂温克语简志》，民族出版社。
胡振华　1986《柯尔克孜语简志》，民族出版社。
李大勤　2002　《格曼语研究》，民族出版社。
李永燧　2002　《桑孔语研究》，中央民族大学出版社。
李云兵　2005　《论语言接触对苗瑶语语序类型的影响》，《民族语文》第3期。
力提甫·托乎提　1995　《维吾尔语的关系从句》，《民族语文》第6期。
刘丹青　2005　《汉语关系从句标记类型初探》，《中国语文》第1期。
刘宁生　1995　《汉语偏正结构的认知基础及其在语序类型学上的意义》，《中国语文》第2期。
蒙朝吉　2001《瑶族布努语方言研究》，民族出版社。
皮细庚　1987　《新编日语语法教程》，上海外语教育出版社。
孙宏开　1981　《羌语简志》，民族出版社。
———　1982　《独龙语简志》，民族出版社。
———　1986　《怒族语言简志》，民族出版社。
唐正大　2005　《汉语关系从句的类型学研究》，中国社会科学院研究生院博士学位论文。
田德生、何天贞等　1986　《土家语简志》，民族出版社。
赵　杰　1989《现代满语研究》，民族出版社。
赵相如、朱志宁　1985　《维吾尔语简志》，民族出版社。
照那斯图　1981　《东部裕固语简志》，民族出版社。
———　1981　《土族语简志》，民族出版社。
仲素纯　1982　《达斡尔语简志》，民族出版社。

周植志、颜其香　1984　《佤语简志》，民族出版社。

Annamalai E. and Steever S. B. 1998 *Modern Tamil*. In Sanford B. Steever (ed.) *The Dravidian Languages*. London: Routledge.

Arnold, J. E. and T. Wasow 2000 Heaviness vs. newness: The effects of structural complexity and discourse status on constituent ordering. *Language* 76:28-55.

Atlas, J. and S. Levinson 1981 It — clefts, informativeness and logical form. In P. Cole (ed.) *Radical Pragmatics*. New York: Academic Press.

Baldwin, Timonthy 2004 Making sense of Japanese relative clause construction. In http://www.cs.mu.oz. au/ ~ tim/pubs/acl2004-rcc.pdf.

Bever, Thomas G. 1970 The cognitive basis for linguistic structures. In John Hayes (ed.) *Cognition and the Development of Language*. New York:Wiley.

Bever, Thomas G. and D. Terence Langendoen 1971 A dynamic model of evolution of language. *Linguistic Inquiry* 2:433-463.

Butt, Miriam et al. 1994 *Theoretical Perspectives on Word Order in South Asian Languages*. CSLI publications.

Caffarel, Alice et al. 2004 *Language Typology: A Functional Perspective*. John Benjamins B.V.

Campbell, George L. 2000 *Compendium of the World' s Languages*. New York: Routledge.

Cantarino, V. 1974 *Syntax of Modern Arabic Prose*, 3 vols. Bloomington, IN: Indiana University Press.

Comrie, Bernard 1989/1981 *Language Universals and Linguistic Typology*. 沈家煊译《语言共性和语言类型》, 华夏出版社，1989 年。

Comrie, Bernard and Greville G. Corbett (eds.) 1993 *The Slavonic Languages*. New York: Routledge.

Croft, William 2000 *Typology and Universals*. Beijing: Beijing Foreign Language Teaching and Research Press; London: Cambridge University Press.

Dryer, M. S. 1992 The Greenbergian word order correlations. *Language* 68:81-138.

——— 2003 Word order in Sino-Tibetan Languages: from a typological and geographical perspective. In Graham Thurgood and Randy Lapolla (eds.) *Sino-Tibetan Languages*.

Richmond: Curzon Press.

England, C. 1983 *A Grammar of Mam, a Mayan Language.* Austin: University of Texas Press.

Foster, Joseph F. & Charles A. Hofling 1987 Word order, case, and agreement. *Linguistics* 25: 475-499.

Givón, Talmy 1984 *Syntax: A Functional-Typological Introduction*. John Benjamins B.V. pp.141-170.

——— 1990 *Syntax: A Functional-Typological Introduction*. John Benjamins B.V. pp.644-698.

Green, M. and E. Igwe 1966 *Introductory lgbo Language Course for Non-lgbo Speakers*. London: Methodist Missionary Society.

Greenberg, Joseph H. 1963 Some universals of grammar with particular reference to the order of meaningful elements. In J. H. Greenberg (ed.) *Universal of Language* (second edition). Cambridge, MA.: MIT Press.

Grice, H. P. 1975 Logic and Conversation. In P. Cole and J. Morgan (eds.) *Speech Acts Syntax and Semantics*, No.3. New York.

Harris, Martin & Nigel Vincent (eds.) 1988 *The Romance Languages*. New York: Routledge.

Hawkins, John A. 1983 *Word Order Universals*. New York: Academic Press.

——— 1990 A parsing theory of word order universals. *Linguistic Inquiry* 21, 2.

——— 1994 *A Parsing Theory of Order and Constituency*. Cambridge: Cambridge University Press.

Hetzron, Robert (eds.) 1997 *The Semitic Languages*. London: Routledge.

Hidasi, J. 1988 *Noun-modification in Hungarian and in Japanese: A Contrastive Study.* Budapest: Akademiai Kiado.

Hoshino, T. and Marcus, R. 1981 *Lao for Beginners: An Introduction to the Spoken and Written Language of Laos*. Rudand, Tokyo: Tuttle.

Kager, Rene 1999 *Optimality Theory*. Cambridge: Cambridge University Press.

Karlsson, Fred 1983 *Finnish: An Essential Grammar*. London: Routledge.

Keenan, E. L. 1985 Relative clauses. In T. Shopen (ed.) *Language Typology and Syntactic*

Description, Vol. II: Complex Constructions. Cambridge: Cambridge University Press. pp.141-170.

Keenan, E. L. & B. Comrie 1977 Noun phrase accessibility and universal grammar. *Linguistic Inquiry* 8: 63-99.

Kortman, B. 1999 Typology and dialectology. 刘海燕译、刘丹青校注《类型学与方言学》，《方言》2004 年第 2 期。

Kozinsky, Isaak 1981 *Some Grammatical Universals in Subsystems of Expression of Subject-Object Relations*. Doctoral dissertation. Moskovskij Gosudarstvennyj Universitet.

Kuno, Susumu 1976 Subject, theme, and the speaker's empathy: A reexamination of relativization phenomena. In C. Li (ed.) *Subject and Topic*. New York: Academic Press: 419-444.

Lohse, Barbara, John A. Hawkins and Thomas Wasow 2004 Domain minimization in English verb-particle constructions. *Language* 80: 239-261.

Lynch, John 1998 *Pacific Languages: An Introduction*. University of Hawii Press.

Matsunoto, Yoshiko 1992 Interaction of factors in construal: Japanese relative clauses. At the Annual Meeting of the LSA at Phil.

Okell, John 1969 *A Reference Grammar of Colloquial Burmese*. London: Oxford University Press.

Penzl, Herbert 1955 *A Grammar of Pashto: A Descriptive Study of the Dialect of Kandahar, Afghanistan*. Washington, DC: American Council of Learned Societies.

Prince, Alan and Paul Smolensky 1993 *Optimality Theory: Constraint Interaction in Generative Grammar*. Rutgers University Center for Cognitive Science.

Shibatani, M. 1990 *The Languages of Japan*. Cambridge: Cambridge University Press.

Snellgrove and Richardson 1995 *The Cultural History of Tibet*. Boston: Shambhala.

Tang, Zhengda 2006 Three word order principles regarding relativization: A typological perspective. *Preconference Proceedings at IACL-14/IsCCL-10*. Academia Sinica, Taiwan.

Temperley, David 2003 Ambiguity avoidance in English relative clauses. *Language* 79: 464-484.

Tomlin, Russel S. 1986 *Basic Word Order: Functional Principles*. London: Croom Helm.
Wasow, Thomas 1997 Remarks on grammatical weight. *Language Variation Change* 9: 81-105.
——— 2002 *Postverbal Behavior*. Stanford, CA: CSLI Publications.

附记

本章引用和统计的语言及其关系从句结构简表请参看唐正大（2005：74—79）原表和 Tang（2006）修订表。该表所列语言关系从句和材料除文中已指出的来源以外，均来自于综合性的语言总汇中，它们是：Butt（1994）、Campbell（2000）、Comrie & Corbett（1993）、Harris & Vincent（1988）、Hetzron(1997)、Steever（1998）等。

作者：唐正大

原载：《中国语文》2006 年第 5 期

第七章　关系化对象与关系从句的位置
——基于真实语料和类型分析

一　引言

1.1　本章出现的几个概念示例如下：

正在四中教书	的	那个	老师	被调走了。
关系从句	专职关系从句标记	指示成分	核心名词	主句谓语

关系从句结构（完整名词短语 full NP，简记为 RC）

主句

NP（noun phrase）理论框架下，指示成分是 NP 的限定词的一种，本章的指示成分是指示（代）词及其与量词的组合，例如“这、这个、那、那张”[1]等。

1.2　本章研究的两种语序（格式）

现代汉语的名词修饰语成分在核心的左边，即，[指示—名核]，[关系从句—名核]，这决定了指示成分进入关系从句结构只有两种可能的格式：

1）这/那（个/些）—关系从句—的—核心名词　　　　（关内式）

2）关系从句（—的）—这/那（个/些）—核心名词　　　（关外式）

1.3　以往相关研究

1.3.1 赵元任（Chao，1979/1968：148）认为两种格式中的关系从句部分分别对应于描写性（descriptive）和限制性（restrictive）：

【1】将指示（代）词简单式“这/那”与复合式（这个、那群等）放在一起讨论，因为二者在文本中都有相当分布，并无明显的功能分工。举个二者并置的例子：“虎妞看着院中将化的冰，与那些破碎不堪的衣服，闻着那复杂而微有些热气的味道，听着老人们的哀叹与小儿哭叫，心中凉了半截。”（《骆驼祥子》）

（1）那位戴眼镜儿的先生是谁？——“戴眼镜儿的”是描写性

（2）戴眼镜儿的那位先生是谁？——“戴眼镜儿的”是限制性

也就是说，“关内式”中的关系从句是非限制性的，“关外式”中的是限制性的。我们用可表复数意义的名词短语做核心名词，发现限制性/非限制性与“关内式”/“关外式”之间不是一一对应的关系：

（3）a. 那些吃螃蟹的毛利人世世代代生活在新西兰南部。

——限制性/非限制性理解

b. 那些吃螃蟹的毛利人侮辱了那些不吃螃蟹的毛利人。

——限制性理解

（4）a. 吃螃蟹的那些毛利人世世代代生活在新西兰南部。

——限制性/非限制性理解

b. 吃螃蟹的那些毛利人侮辱了不吃螃蟹的那些毛利人。

——限制性理解

例（3）a、（4）a 中，“毛利人”都可以指整个民族所有毛利人，即关系从句可以为非限制性；例（3）b、（4）b 只能指称毛利人中“吃螃蟹”的，即关系从句为限制性。可见限制性与非限制性的对立与语序之间不存在这样的相关关系。

1.3.2 吕叔湘（1985：214—218）、陆丙甫（2006 电子版）等

同样，吕叔湘（1985：214—218）指出“这、那”前的定语有“决定作用”，而“这、那”后的定语“只有描写作用”。陆丙甫（2006 电子版）也认为“这、那”前的定语区别性更强。这些论述很有见地，但作为“定语”家族一大成员的关系从句，它出现在“这、那”前还是后，可能还有其他的制约因素。例如：

（5）a. * 红的 哪三本 书？ b. 哪三本 红的 书？

陆丙甫认为例（5）a 不合语法是因为“哪三本”指别不清楚，与处在区别性位置的“红的”相矛盾。我们如果把“红”换成关系从句，其区别性也很强，却可以说了，而且很能产：

（6）a. 我看过的哪三本书？ b. 你刚才指的是老师批评过的哪三个学生？

我们再看一下陆丙甫（2006）引原由起子的另一例：

（7）* 富士山是一座日本最高的山。

陆丙甫认为，由于“日本最高的”具有极强区别性而必须前置。那么，我们再次用关系从句替换它，结果是，即使不前置于“一家”，也能说：

（8）一家（*北京）最让人看不起的旅馆。[1]

也就是说，在上面讨论的情况下[2]，“关内式”不和“区别性/指别性/限制性”相关，“关外式”也不和“描写性/非限制性”相关。

我们不妨宕开一笔，额外探究一下为什么很多学者在这两种格式上会有相似的语感。实际上，张敏（1998：222—232）和陆丙甫（1988：102—115，2003：14—29，2004：3—15）讨论过的概念距离象似性动因在确定修饰语与中心语之间的相对距离时的确具有一定程度的解释力，此不详论；而关系从句显然在名词短语修饰语中具有一定的特殊性。另一方面，对于这两种格式所出现的语体差异关注不多或语料验证不足也是一个原因。

1.3.3 篇章功能有没有分工？

“关内式”是否由于指示成分的位置居首而与引进新的对象相关？“关外式”是否由于关系从句居首而更自然地与“回指/追踪”话语中某个被激活过的对象相关？基于语料，我们谨慎地说，不存在这样的相关。因为下面的四种关联在语料中都是很容易验证到的，诉诸语感，各自的接受程度都很高，并无明显差异（下面例（9）—（11）来自《骆驼祥子》，例12是刘宝瑞的单口相声《珍珠翡翠白玉汤》的录音听记）：

（9）街上的柳树，像病了似的，叶子挂着层灰土在枝上打着卷；枝条一

【1】究其原因，我们认为，“日本”实际上做了“这座山最高”的话题。因为修饰语部分“日本最高”不是一个有意义、能单独存在的单位，必须与“（一座）山”相互依赖，“最高”处于凸显位置，相当于赵元任（Chao，1979/1968：147）所说的“逻辑谓语”，与“日本”无选择关系。“日本”表范围和框架，是框架式话题，其述语部分是“这座山最高”。整个名词短语的逻辑底层其实是一个TP（topic phrase，参看Shi（1992：138）和徐烈炯、刘丹青（1998：54—81）），“日本”既统摄全局，自然不能蜗居于由“一座”统摄的DP之下。

然而，把“日本”换成“全日本/在日本”，“北京”换成“全北京/在北京”，又可居于数量组合之后了：

（1）a. 一座全日本最高的山。　　b. 全日本最高的一座山。

（2）a. 一家在北京最让人看不起的旅馆。　　b. 在北京最让人看不起的一家旅馆。

例（1）a、（2）a能说的原因很简单，“全/在”赋予“日本/北京”以旁格，组成介词短语，可以降级作为“最高/最让人看不起”的状语附加语（adverbial adjunct），并使得“全/在日本/北京最高/最让人看不起”成为有意义的修饰语成分，这样，作为意义限定修饰语的关系从句（画线部分）和作为限定词的“一座”之间的相对语序就可以自由了。

【2】当然，汉语的修饰语置于限定词之外或之内的确在指称性质上存在差异，但这种差异是有条件的，张宁（Zhang，2006：1—21）对于“修饰语内置”和“修饰语外置”式的研究得出了有意义的结论，她认为：前者（三个戴眼镜的学生）在实指性（specificity）上存在歧义，而后者（戴眼镜的三个学生）毫无例外地表实指。我们同意该观点，但张宁此文研究只涉及“数量”组合，我们只涉及“指（数）量”组合，结论互不冲突。

动也懒得动的，……风忽然大起来，那 半天没有动作 的 柳条像猛的得到什么可喜的事，飘洒的摇摆，枝条都像长出一截儿来。——关内式—回指/追踪

（10）就是想起抢去他的车，而且几乎要了他的命 的 那些大兵，也没有像想起她这么可恨可厌！——关外式—回指/追踪

（11）他晓得那些 穿洋服 的 先生们是多么怕脏了衣裳。——关内式—引进

（12）今天我说 这段单口相声啊，这可不是现在的事情。——关外式—引进

下面我们尝试观察并讨论使得关系从句前置或后置于指示成分的其他动因和条件。

1.4　本章用到的材料

为了找出“暗中操纵”汉语使用者时而说出“关内式”，时而说出“关外式”的“力量”，我们把目光投向真实语言材料。在本节中，问卷式语料库为《现代汉语方言语法语料库（电子版）》（刘丹青，2006）；书面语小说作品选了《骆驼祥子》、《四世同堂》、《过把瘾就死》；书面语散文作品选了叶永烈传记散文35种；经过书面加工的带有强烈独白式话本小说性质的《京语会话》[1]。这些都属于有准备的（planned）语言材料，下面简单称为书面语。

无准备的（unplanned）自然口语语料包括北京话口语语料转写（Cocosearch，2001—2003）、关中方言口语录音（唐正大，2004—2005）。

二　关系化对象与两种格式的关联：基于真实文本

本章的“关内式”包括（1）完整式（full NP）：那个喜欢我的人；（2）无核式（“的”字结构一种）：那个喜欢我的；（3）框式指示式：那个喜欢我的那个（人）。“关外式”只有有核形式：喜欢我的那个（人）。

2.1　书面语和非对话式口语的情况

对于“关内式”和“关外式”，我们首先统计了《骆驼祥子》、《四世同堂》、

【1】该书在韩国发现。作者和出版时期不详，由鲜文大学校梁承敏、朴在渊编（整理），鲜文大学校中韩翻译文献研究所2004年出版，据朴介绍“大约成书于20世纪第二个十年中期至20年代之间”。

《过把瘾就死》、《京语会话》和叶永烈的35篇传记散文，发现"关内式"和"关外式"的分布与关系化对象之间存在着高度相关性。这两种关联可表示为：

（13）a. 关内式—对于主语/话题的关系化　　　　（内—主）

b. 关外式—对于宾语的关系化　　　　　　（外—宾）

分别如（14）和（15）：

（14）那个（主 t_i）拿着碗酒 的 中年人$_i$，已经把酒喝净，眼珠子通红。（《骆》，内—主）

（15）她把他由乡间带来（宾 t_i）的 那点清凉劲儿$_i$ 毁尽了。（《骆》，外—宾）

再举一些例子：

（16）连那老凿凿念书的人，也一样儿的这们浑。（《京》，内—主）

（17）她知道家中有不少像瑞丰拿来的那种礼物篮子，找出两个来，掸掸尘土就可以用。（《四》，外—宾）

（18）那些曾经羞辱过我的人的脸孔一张张在我的眼前浮现。（《过》，内—主）

（19）8月13日，我又请教了关于他提到过的那几部古典小说的评价问题。（叶永烈，外—宾）

最漂亮的是使主语/话题、宾语在同一个句子中都进行了关系化的例子，关系化主语的RC嵌套在关系化宾语的RC中，可以集中地看出"内—主"和"外—宾"的整齐分工。

（20）透过放映孔射出的那道粗大的光束，我看到贾玲……全神贯注热泪盈眶。（《过》，内—主/外—宾）

（21）嗓子哑着，很像他常在天桥听见的那个卖野药的老头子，哑而显着急切。（《骆》，内—主/外—宾）

（22）刚才您说那些个迷信的事，什么请和尚，老道念经咧，又是糊什么执事咧，虽说是一点儿用没有不是呀，可是这宗习惯由来已久，您要是都不用，外面儿就显不好看。（《京》，内—主/外—宾）

"框式指示式"（方梅，2004：70—78）极少，我们的统计是2个，如：

（23）就是那最酸的，被各种糟人玷污得一塌糊涂，无数丑行借其名大行其道的那个字眼。（《过》）

（24）所以另找了别人——就是那曾被李四爷请来给钱先生看病的那位医生。（《四》）

第一种例外的情况是“外—主”，数量在有准备书面语料中也不多见（分布见表 7-1）：

（25）就是想起抢去他的车，而且几乎要了他的命的那些大兵，也没有像想起她这么可恨可厌！（《骆》，外—主）

（26）给我缝针的那个医生，是她们医院最好的整形外科大夫。（《过》，外—主）

第二种是貌似的“例外”，即“内—宾”，数量更少，且并非真正的对于宾语的关系化：

（27）“打鼓儿的”把东西收拾了走，屋中只剩下他的一份铺盖和那几件挑出来的衣服，在没有席的炕上放着。（《骆》）

（28）她从妓女们身上看到了肉体，那无须去想象，而一眼便看清楚的肉体。（《四》）

有理由认为，这里的“衣服”和“肉体”所由提取的不是宾语，而仍是主语，试比较：

（29）提宾说：?挑出来（了）那几件衣服。?一眼便看清楚（了）那肉体。

（30）提主说：那几件衣服挑出来了。那肉体一眼便看清楚了。

这样认为的理由有四：第一，有定成分做宾语在汉语中相当有标记，这使得提取宾语的看法大打折扣；第二，汉语至少具有和作格语言相似的特征（吕叔湘，1987：1—5）：在动词后有趋向或结果补语的情况下，受事一般可以不通过形态句法上的被动化操作而出现在主语的位置，这可以看作是与取通格（absolute）平行的做法；第三，施事并不强制要求出现，或者无法根据话语环境补出明确的施事；第四，即使从话题化的角度去分析，这些受事在提取前的母句中也是话题。因此，我们认为应该将此类仍归入“内—主”的阵营，但为了讨论中的公允，我们在统计时将此类总量很少的例句单列，记之为“内—通”。

真正的例外只出现了 1 次：

（31）他怕回到家中，面对面地看着老祖父，病母亲，吃那猪狗都不肯吃的东西。（《四》，内—宾）

表 7-1 是五种语料中“关内式”和“关外式”分别与关系化主语 / 话题和关系

化宾语的对应情况的频率（《过》和《京》只统计了“那”系）：

表7-1 有准备书面语材料中两种格式与主宾语关系化的关联分布

	骆驼祥子	四世同堂	过把瘾就死	京语会话	叶永烈	总计
外—宾	19	27	8	15	7	76
外—主	5	5	1	0	3	14
内—主	43	200	19	20	25	307
内—宾	0	1	0	0	0	1
内—通	1	5	0	0	0	6
总计	68	238	28	35	35	404

通过上表可以对书面汉语“内—主”、“外—宾”两种关联模式及其例外情况做一个概括：1）“内—主”和“外—宾”是占优势的对应；2）“内—宾”对应几乎不出现；3）“外—主”允许少量出现。

此外，无核式数量较少，《骆》中44个“关内式”里有12个无核式（那个吃着大饼的）；《四》里有206个“关内式”，无核式只有22个；叶永烈传记散文中无。

2.2　对话形式的真实口语中两种关联的分布情况

先看看北京话口语情况。下面统计中的“关内式”有3种，分别举例如下：

（32）关内式，核心为光杆名词，这种几乎没有。例：搞商业的人，什么资本家啦，什么……，什么这个大一点儿的店啦什么的，这种啊，都在都在东城住的人多。

（33）关内式，核心为[指+名]（框式指示），这种略多。例：说这个退了休在家里共产党给的这个，这个这幸福，我没有cijiao的事儿。

（34）关内式，无核，三种“关内式”中最多。例：反正我就看见过他们那八卦兜，看见过那个刀了伍的，小时候儿还有这么一印象。

“关外式”1种，如：

（35）关外式，核心为[指+名]或[指]。例：他那个书哇，是那叫春之庭园啊那那种书哇，就是那动物园儿安排的那个书。

表7-2 北京话口语中“关内式”和“关外式”分布情况

关内式			关外式
有核		无核（“的”结构之一）	
核心为光杆名词	核心为[指＋名]（框式）		
2[1]	5	12	99

上文知道，典型的“关内式”在书面语中高度发达，以有核为绝对优势，但在口语中高度萎缩，表现在：（1）总量非常少；（2）多为无核关系从句，其次是“框式指示式”。相比之下，书面语中的这两个比率相当低。

再看看“关外式”的情况：（1）典型“关内式”在书面语中的分布远多于“关外式”，而在口语中几近不存在，远远少于“关外式”。（2）书面语中，主语关系化远多于宾语关系化；口语中，由于“关内式”萎缩，“关外式”仍以关系化宾语为绝对优势[2]。

下面用表格可以明确显示，语体因素对于关系化对象、“关内式/关外式”语序三者之间的影响有多大。这一影响在以往的研究尤其是关于这两种格式的研究中似乎重视得不够：

表7-3 有准备书面语和无准备口语中两种格式的极性分布

	书面语	北京话口语
典型关内式	76%	1.7%
无核式	8.4%	63.2%
框式指示式	0.5%	26.3%
关内式/关外式	3.5%	0.02%
主语关系化/宾语关系化	4.2%	0.48%

陕西关中话的情况更是明显。无论笔者的语感还是我们的语料都显示：关中话中没有典型“关内式”。分别示例如下：

（36）无指示成分参与，表类指（generic），关系从句：吃生肉的人

【1】这个例句是2个中的1个：“啊，走下坡路的时期所以哦已经就很多那个原来所保持的，哦，习惯啦，风俗有好多就，我也不知道，没赶上。”核心名词之前有“哦”和停顿隔开，不是很典型的关系从句结构。
【2】这让我们想起了陆丙甫（个人交流）的观点，主语是旧信息，所以用关系从句对其所指进行限定的话语动因不强。我们的发现可以佐证之。但这只适应于口语语体。书面的叙述文体所需要引进/命名（陶红印，2002：47—57；方梅，2004：70—78）的对象较多，需要关系从句负载新信息以明确所指，故主语关系化较多。

（37）关内式：*兀个吃生肉的人　　无核式：兀个吃生肉的　　框式指示式：兀个吃生肉（的）兀个人

（38）关外式：吃生肉的兀个（人）

这里，我们期望能得到其他方言真实口语语料（非问卷式）在两种格式上的分布情况。我们相信，“关内式”的萎缩甚至阙如至少不是关中话的独有现象。下面简单小结一下从真实语料中获得的发现：

1）书面语：“内—主”和“外—宾”的绝对优势对应；“内—宾”几乎不出现。

2）口语：无论关系化对象是什么，典型“关内式”都几乎得不到验证，“关外式”为绝对优势，“框式”和“无核式”为补充。

下面尝试解释这些趋于两极的发现。

三　关于两种格式分布情况的解释：相互竞争的制约条件

我们讨论的格式涉及三个成分：指示成分、核心名词和关系从句。按照排列组合，可以组成六种语序：[指—核—关]；[指—关—核]；[关—指—核]；[关—核—指]；[核—指—关]；[核—关—指]。正如Keenan（1985：145），这六种语序都得到了验证[1]。根据汉语名词短语的语序特征，我们讨论两种：[指—关—核]和[关—指—核]。

下面通过以上统计的个案，尝试提出制约条件，制约条件有两个属性，普遍性和可违反性（violability。Prince and Smolensky，1993；Kager，1999）。

3.1　书面语中“内—主”关联及“尽早NP”制约条件

对主语进行关系化的句法后果是，整个名词短语NP开始于VP[2]：

（39）母句→[[（空位$_i$）　　关系从句]　　标记　　核心$_i$]

SVO→[[（t_i）　　VO　　]　　的　　H_{Si}]

【1】分别如下：英语和绝大多数SVO语、汉语和一些关系从句前置的SOV语、巴斯克语（Basque，Campbell，2000：213）、乌尔霍博语（Urhobo，Keenan，1985）、木佬语（薄文泽，2003：110；唐正大，2006），当然，木佬语受汉语影响，也出现了关系从句前置的情况，这样语序就变成[关—核—指]，见薄文泽（2003：103）的研究。

当然，Keenan少考虑了限定词分裂的情况，而这在藏缅语中非常普遍。所以，我们不用限定词这个概念，而使用指示成分，避免了这一遗漏。

【2】关系代词只可能出现在后置的关系从句的句首位置，与先行词同指，联系核心与关系从句。

例句：[[（t_i） 参加过最近两次战役] 的 老兵$_{i}$]$_{NP}$

当作为关系从句的VP过长，则说者编码和听者解码难度都增加。需要尽早标记出NP身份，汉语似乎只能加指示成分、数量词等限定成分了：

（40）[那些$_{NP\text{-}marker}$[[（t_i）参加过最近两次战役]的老兵$_{i}$]$_{NP}$]$_{NP}$

因此，我们提出一条制约规则，即名词短语身份的尽早确立，表示为：

（41）尽早NP

这一制约条件具有跨语言的普遍性。在线性排列上尽早确认名词短语的身份，Greenberg（1966/1963：87）给出核心前修饰语的优势语序：[指示成分—数量成分—描述性形容词]。

指示成分靠前自然有助于尽早确认NP。不仅如此，老挝语、阿拉伯语、木佬语等甚至通过指示词居首来将关系从句结构与主句结构区分开来。实际上，如果不是核心名词居于NP首位，那么，在绝对大于偶然频率（chance frequency）的情况下，指示成分，而不是其他修饰语，倾向于居首；对于以上论述，语料方面可参看Campbell（2000：213），薄文泽（2003：110），分析验证可参看唐正大（2006：409—422）。这样，将“尽早NP”作为一条制约条件，是符合普遍性要求的。

3.2 书面语中“外—宾”关联与“非歧义结构”制约条件

顺着3.1的逻辑，由于“尽早NP”的制约，我们给宾语关系化格式前加上指示成分。然而，这样做的后果很糟，我们不知道指示成分限制的是哪个名词性成分：

（42）中国人爱吃饺子

→[那些[[中国人爱吃]的饺子]]：符合说话者意图的理解

→[[[那些中国人]爱吃]的饺子]：园径句或歧义句的理解

不难推知，一个语言若具有[指—核]和[关—核]语序，那么三个成分共现时引起歧义便是不可避免的。对此，我们提出：语言单位的结构必须不能不可避免地带来歧义，表达为：

（43）非歧义结构

虽然排除某种句法结构的歧义的必要性不言自明，我们还是来分析一下其普遍性基础：英语关系化主语必须要求关系代词出现，而宾语不需要（Bever，1970：433—463；Hawkins，1994：60）认为大多数“核后”语言在“核前”位置安排内嵌小句的补足语标记正是因为排除结构歧义的需要；Hankamer（1973：17—68）尤其是Frazier（1985：128—189）在多种语言多种结构分析的基础上，提出“禁止歧义限制条件”（impermissible ambiguity constraint）[1]；唐正大（2006：409—422）关于“关系从句结构与主句有所区分”原则的共性解释在观察近200种语言的基础上，讨论了核后关系从句结构中关系代词的必要性、核前关系从句结构中零标记的可能性等一系列关系化策略。

3.3 口语中“关内式”的萎缩和“关外式”的强势

[指—关—核]语序即“关内式”满足了“尽早NP”制约条件，但由于关系从句将指示成分与核心隔开，又不可避免地违背了“非歧义结构”制约。此外，Keenan（1985：141—170）也发现，指示成分与核心紧靠占压倒性优势的语序。这里显然出现了与“尽早NP”竞争的条件。

“最早直接成分”（early immediate constituent，Hawkins，1994）原则可以用来有效地讨论指示成分与核心之间的距离问题，其计算方法是“直接成分—非直接成分之比”（IC-to-Non-IC ratios，Hawkins，1994；Wasow，1997：81—105），具体说来，该比值越大，越易于大脑的处理（processing），示例如下：

（44）a. 关外式：[特别 喜欢 在 大海 游泳]的 那个 小姑娘

1　2　3

“直—非直比”为3/3=100%

b. 关内式：那个[特别 喜欢 在 大海 游泳]的 小姑娘

1　2　3　4　5　6　7

“直—非直比”为3/7=43%

根据这一具有普遍性的原则和类型学上的验证，我们再提出一条制约条件：

（45）最大“直/非直比”

“尽早NP”和“最大‘直/非直比’”这两个制约条件在汉语、阿尔泰语以及修饰语前置于核心名词的语言中，显然处于竞争地位。

关系从句越长，“尽早NP”就越重要；若关系从句缩短，它的重要性就相对降低，“最大‘直/非直比’”就相对重要了一些[2]。这意味着，在不违反“非歧义结构”的前提下，书面语中，二者的优先性关系是：尽早NP >> 最大“直/非直比”。

【1】Constructions that would lead to ambiguities or misanalyses on every occurrence tend to be prohibited.
【2】因为只有在关系从句是1个词的时候这个比值才为100%，而1个词不可能成为我们所定义的关系从句。

而在口语中，这一序列应该是反过来的[1]：最大“直/非直比”>>尽早NP。

这样看来，“关外式”仅有一弊：违反了“尽早NP”制约。它不违反“非歧义结构”，且具有“最大‘直/非直比’”。好处还没说完：

汉语的“关外式”在很多情况下，“的”可省去。省去“的”，指示成分兼了指称、联系项和关系从句标记（刘丹青，2005：3—15）。这是汉语“一石三鸟”的策略。体现了“非必要不用”原则（“do only when necessary” principle，参看Prince and Smolensky，1993；Kager，1999）。

由此，我们再提出一条具有普遍意义的制约条件：

（46）必须经济

3.4 两种格式的优选论分析

根据上文1.1—3.3论述，我们在优选论的理论框架下，以竞选表的形式分析“关内式”和“关外式”这两种输出项格式，并得出一系列制约条件优先序列。

3.4.1 书面语——对于主语的关系化

表7-4

输入：关、指、核	非歧义结构	尽早NP	最大直/非直比	必须经济
☞关内式（指—关—核）			*	*
关外式（关—指—核）		*!		

3.4.2 书面语——对于宾语的关系化

表7-5

输入：关、指、核	非歧义结构	尽早NP	最大直/非直比	必须经济
关内式（指—关—核）	*！		*	*
☞关外式（关—指—核）		*		

3.4.3 口语——对于主语的关系化

表7-6

输入：关、指、核	非歧义结构	最大直/非直比	尽早NP	必须经济
关内式（指—关—核）		*！		*
☞关外式（关—指—核）			*	

【1】唐正大（2005）记录了8个小时左右的关中话关系从句录音，得出下列关于关系从句长度的数据：1）关系从句出现频率206次；2）字数在5个以内的关系从句出现频率179次，占总出现频率的86.9%。

“无核式”违反了OT理论中的“忠实性条件”（反删除），然而口语中核心词出现的强制性相对较弱，这里暂不置于制约条件之列；同时，无核式使“直/非直比”成为100%，且同时满足了“必须经济”的制约，所以应该比“框式指示式”更有优势，因为后者是对于关系从句加长后的一种权宜之计。

表7-7

输入：关、指、核	非歧义结构	最大直/非直比	尽早NP	必须经济
框式（指—关—指—核）		*！		*
☞无核式（指—关—的）				

出现在语料中，“无核式”的频率大于“框式”。

3.4.4 口语——对于宾语的关系化

表7-8

输入：关、指、核	非歧义结构	最大直/非直比	尽早NP	必须经济
关内式（指—关—核）	*！	*		*
☞关外式（关—指—核）			*	

四　作为优势语序的“关外式”

上文北京话口语和关中话的实际情况以及随后的优选论分析告诉我们，典型的“关内式”由于违背了致命的制约条件而在口语中非常罕见。而“关外式”在口语中的优势非常明显。实际上，综合书面语和口语的情况，用四分表形式就可以更清晰地看出两种格式中谁是优势语序（dominant order）了：

表7-9

关外式—宾语关系化	关内式—主语关系化
关外式—主语关系化	*关内式—宾语关系化

无论是在分布频率上还是在歧义理论框架下观察，“关内式”与宾语关系化的结合都是致命的，难被允许的。因此，总的说来，“关外式”应是优势语序。下面看一些方言的情况：

表7-10 一些有记录的方言点中的情况

参照例	看书的老师回家了	老师看的书破了
长沙（伍云姬）	看书的那个老师回家哒	老师看的那本书烂咖哒

（续表）

成都（张清源）	看书的那个老师回家了	老师看的那本书破了
衡阳（彭兰玉）	看书咯那只老师回去哒	老师看咯书烂咖哒
兰州（王森等）	看书的那个老师那回掉家了	老师看的那本书破了
西安（唐正大）	看书那个 / 兀老师回屋里去咧	老师看的那个 / 兀书破咧
湘乡（陈　晖）	看书的糯只老师回去哩	老师看的糯本书烂夹哩
襄樊（罗自群）	那个看书的老师回家了	老师看的那本书破了
扬州（张其昀）	那个看书的老师家去了	老师看的那本书破了

这些例句来自问卷，如果有更多可以利用的方言的自然对话语料，我们就可以更加乐观地、尝试性地提出下面的蕴涵性共性假设：

（47）如果某语言存在“指示成分—关系从句—核心名词”语序，且同时存在“指示成分—核心名词”这样的语序；那么必然同时存在“关系从句—指示成分—核心名词”这种语序。

用公式表示为：

（48）[指—关—核] ∩ [指—名] ⊃ [关—指—核][1]

从目前观察到的北方官话、日语（小岛美由纪，个人交流）、韩语（姜先周，个人交流）、瑶族勉语江底方言（毛宗武，2004：669、671、673）等的情况看，“关外式”至少是一种存在着的格式。对于这一共性的验证，还可以随着汉语方言以及其他具有 NP 修饰语前置于核心这种语序的语言的自然口语对话语料的增加而继续进行。

参考文献

薄文泽　2003　《木佬语研究》，民族出版社。

方　梅　2004　《汉语口语后置关系从句研究》，载《庆祝〈中国语文〉创刊 50 周年学术论文集》，商务印书馆。

刘丹青　2005　《汉语关系从句标记类型初探》，《中国语文》第 1 期。

陆丙甫　1988　《定语的外延性、内涵性、称谓性及其顺序》，《语法研究和探

【1】陆丙甫（2003：14—29；2006 以及个人交流）提出一个看法：“关外式”的优势性跟历史上很可能先有“关外式”有关，我们认为该看法与我们的假设之间的理论相关性以及看法本身都很有道理，值得进一步考察。

索（四）》，北京大学出版社。

陆丙甫　2003　《“的”的基本功能和派生功能——从描写性到区别性再到指称性》，《世界汉语教学》第1期。

———　2004　《作为一条语言共性的“距离—标记对应律”》,《中国语文》第1期。

———　2006　《“的”的基本功能和派生功能——从描写性到区别性再到指称性》扩充稿电子文本。

吕叔湘（著）、江蓝生（补）　1985　《近代汉语指代词》，学林出版社。

———　1987　《说“胜”和“败”》，《中国语文》第1期。

毛宗武　2004　《瑶族勉语方言研究》，民族出版社。

唐正大　2005　《汉语关系从句的类型学研究》，中国社会科学院研究生院博士学位论文。

———　2006　《与关系从句有关的三条语序类型原则》，《中国语文》第5期。

陶红印　2002　《汉语口语叙事体关系从句结构的语义和篇章属性》，《现代中国语研究》第4期。

徐烈炯、刘丹青　1998　《话题的结构与功能》，上海教育出版社。

张　敏　1998　《认知语言学和汉语名词短语》，中国社会科学出版社。

Bever, T. G. 1970 The cognitive basis for linguistic structures. In J. Hayes (ed.) *Cognition and the Development of Language*. New York: Wiley. pp.279-362.

Bever, T. G. and D. Langendoen 1971 A dynamic model of evolution of language. *Linguistic Inquiry* 2: 433-463.

Campbell, G. L. 2000 *Compendium of the World's Languages*. New York: Routledge.

Carlson, G. N. 1977 A unified analysis of the English bare plural. *Linguistics and Philosophy* 1: 413-457.

Chao, Yuen Ren（赵元任）1979/1968. *A Grammar of Spoken Chinese*. Berkeley and Los Angeles: University of California Press. 吕叔湘译《汉语口语语法》，商务印书馆，1979年。

Frazier, L. 1985 Syntactic complexity. In D. R. Dowty,L. Karttunen and A. Zwicky (eds.) *Natural Language Parsing: Psychological,Computational,and Theoretical Perspectives*. Cambridge: Cambridge University Press. pp.128-189.

Greenberg, Joseph H. 1966/1963 Some universals of grammar with particular reference to the order of meaningful elements. In J. H. Greenberg (ed.) *Universal of Language* (2nd edition). Cambridge, MA.: MIT Press. pp.73-113.

Hankamer, J. 1973 Unacceptable ambiguity. *Linguistic Inquiry* 4: 17-68.

Hawkins, J. A. 1994 *A Parsing Theory of Order and Constituency*. Cambridge: Cambridge University Press.

Kager, R. 1999 *Optimality Theory*. Cambridge: Cambridge University Press.

Keenan, E. L. 1985 Relative clauses. In T. Shopen (ed.) *Language Typology and Syntactic Description, Vol.2: Complex Constructions*. Cambridge: Cambridge University Press. pp.141-170.

Prince, A. and P. Smolensky 1993 *Optimality Theory: Constraint Interaction in Generative Grammar*. New Brunswick, NJ: Rutgers University Center for Cognitive Science.

Shi, Dingxu 1992 *The Nature of Topic Comment Constructions and Topic Chains*. PhD. dissertation, University of Southern California, Los Angeles, CA.

Wasow, T. 1997 Remarks on grammatical weight. *Language Variation Change* 9: 81-105.

Zhang, N.（张宁） 2006 Representing specificity by the internal order of indefinites. *Linguistics* 44, 1: 1-21.

语料来源

《骆驼祥子》，选自《老舍全集》第三卷，人民文学出版社，1999 年。

《四世同堂》，选自《老舍全集》第五卷，人民文学出版社，1999 年。

《过把瘾就死》，选自《王朔文集》，云南人民出版社，2003 年。

叶永烈传记散文 35 种全来自北京大学中文语料库 Cocosearch（2001—2003）。

“北京会话”为电子版，由刘丹青先生提供。

《现代汉语方言语法语料库》电子版，刘丹青主编（2006），中国社会科学院语言研究所和香港城市大学中文、翻译及语言学系资助。

北京话口语语料转写来自北京大学中文语料库 Cocosearch（2001—2003）“北京话”部分。

本章所用的关中方言口语录音材料由唐正大于 2004—2005 年采录，简况如下：

第一组对话：郝公平，男，38 岁，陕西省永寿县御驾宫乡原农林特产税务组成员，初中文化；唐小绒，女，37岁，永寿县监军镇居民，小学文化。2004年3月7日录音，56分钟。第二组对话：孙秀霞，女，陕西永寿县渡马乡基督教会成员，农民，小学文化；其他两位为教会成员，佚名。2004年2月26日、27日录音，分别为1小时35分钟和55分钟。第三组对话为作者在永寿县乘坐出租车时与司机的对话，发音人为永寿县监军镇人，佚名，40岁左右，2005年2月23日录音，28分钟。

作者：唐正大

原载：《当代语言学》2007年第2期

第八章　汉语口语后置关系从句研究

一　关于汉语的关系从句

所谓“关系从句”（relative clause）指的是修饰名词的从句，谈到关系从句必定涉及一个核心名词和一个对这个名词进行修饰的从句。按关系从句与核心名词的不同次序关系，通常把位于核心名词前的关系从句称作前置关系从句（pre-nominal relative clause），把位于核心名词后的关系从句称为后置关系从句（post-nominal relative clause）（参看 Keenan，1985）。

汉语语言学界对关系从句的研究通常是跟“的”字结构的研究结合在一起的，国内的语法学家一般没有对“关系从句”这个范畴做详细的说明。在中国语法学文献中（比如朱德熙，1982），关系从句通常被看作复杂的名词性偏正结构中的修饰语。像下面名词前的“的”字结构：*我买的书 / 一个没有看过这个电影的人*。海外的学者关于汉语关系从句的研究一般也是针对“‘的’字结构 + 名词”（比如 Li and Thompson，1981；赵元任，1979/1968）。

不过，吕叔湘先生早在《中国文法要略》里，就已经从动态的角度详细地比较了一般句从独立句子的身份转换为名词修饰语时的各类问题，讨论范围已经超出了词组。20 世纪 90 年代以后，汉语研究方面，陶红印（2002）较多采用篇章语法和话语分析的视角，考察口语叙事体中的关系从句。他的研究范围虽然仍然是名词前的“的”字结构，但是明显与以往的纯句法视角不同，借鉴了 Fox & Thompson（1990）和 Bernardo（1979）的思路，注重信息结构限制对关系从句编排的影响。近年来还有一些关于英语关系从句的研究也开始引入篇章语言学的视角，比如：Fox & Thompson（1990a、1990b）利用加州大学圣芭芭拉校区的美国口语语料库（Corpus of Spoken American English）对英语对话中关系从句的研究；Yamashita（1994）利用兰卡斯特英语口语语料库（Lancaster/IBM Spoken English Corpus）对限定性关系从句与非限定性关系从句所做的对比研究；Tao & McCarty（2001）利用诺丁汉大学话语语料库（Cambridge and Nottingham Corpus of Discourse in English）和加州大学圣芭芭拉校区的美国口语语料库（Corpus of Spoken American English）对英语口语非限定性关系从句的研究，等等。这种研究思路，对语法分析提供了一个新的认识角度，对本章关于汉语口语关系从句的研究具有很大的启发性。

本章通过对自然口语的考察，提出汉语中存在前置关系从句，同时也存在后置关系从句。前置关系从句受"简单结构"限制，具有限定性，用来指称、识别某个实体。后置关系从句较少受"简单结构"限制，具有描述性，用来提供新信息。后置关系从句形成的语用动因可以归结为两个信息表达原则：（一）单一新信息原则；（二）线性增量原则。

本章所用的材料来自笔者收集的15篇口语谈话录音材料，总量约为10万字。

二 后置关系从句的确认

2.1 是并列关系还是从属关系

在汉语中确定一个从句在句法上是独立单位还是从属性单位是比较棘手的问题。本章确定关系从句的基本参照除了语义上的关系之外，句法上主要考察下面两点：

（一）独立性。考察该类从句是否具有句法上的独立性。一个典型的从属性小句不能独立进入篇章。

（二）关系化标记。考察该从句中做主语的代词是否具备关系代词的句法—语义属性。一个典型的关系代词不体现被指涉对象的所指范畴（如：专指/泛指，有定/无定，单数/多数），它所处的句法位置也不能恢复成那个被修饰名词或相应的代词。

上述特征是从语言共性角度概括后置关系从句的普遍特征（Comrie，1989/1981；Keenan，1985；Payne，1997），拿来看汉语依然有效。下面是两个后置关系从句的例子。

（1）你比如说你跟着那种水平不高的英语老师，**他根本不知道那个纯正的英语发音，他英语语法也不怎么样**，你就全完了。

（2）你站在大街上总能看见那种不管不顾的人，**他看见红灯就跟不认得**

似的，照直往前骑，你当警察要爱生气得气死。

例（1）中“他根本不知道那个纯正的英语发音，他英语语法也不怎么样”用来修饰“那种水平不高的英语老师”，有下述特点：

第一，如果把“他根本不知道那个纯正的英语发音，他英语语法也不怎么样”删除，句子仍然可以成立；但是，“他根本不知道那个纯正的英语发音，他英语语法也不怎么样”却不能独立进入篇章。

第二，后一个从句中的主语“他”不是一个实在的第三人称单数代词。“他”的照应成分 “那种水平不高的英语老师”是一个具有类指（generic）意义的名词短语，如果把这两个小句的主语“他”换成表示第三人称多数的代词“他们”，句子反而不能说了。可见，此处“他” 的作用与典型的第三人称代词所表达的同指关系（co-referential）不同，语义上已经泛化（generalization）。这种代词的使用不同于典型的第三人称代词，典型的第三人称代词，如下面例（3）a 句中的“他们”，是不能换作“他”的。

（3）a. 今天有很多你的支持者，还有熟悉你的人，他们都在观众席上。

b.* 今天有很多你的支持者，还有熟悉你的人，他都在观众席上。

第三，关系代词做主语是关系从句句法上的要求。如果一个从句中的主语“他”在句法上成为必有成分，则说明这个“他”具有独立的句法作用。

（4）a. 我看见那个新娘子了，（她）长得也不怎么漂亮。

b. ? 你比如说你跟着那种水平不高的英语老师，根本不知道那个纯正的英语发音，英语语法也不怎么样，你就全完了。

c. ? 你站在大街上总能看见那种不管不顾的人，看见红灯就跟不认得似的，照直往前骑，你当警察要爱生气得气死。

这里，三例的核心名词都是宾语，但是 a 句代词“她”的隐与现不妨碍句子的理解；而 b 句的第二个从句里是否出现代词，理解会完全不一样，“根本不知道那个纯正的英语发音，英语语法也不怎么样”前代词从缺，那么整个从句陈述的对象就变成了“你”，而不是“那种水平不高的英语老师”了；c 句也是这样。从上述对比不难看出，例（1）和例（2）当中的“他”具备了关系代词的句法属性，可以看作关系代词。

2.2 关系代词

后置关系从句的关系代词只有一个“他”。“他”作为关系代词的用法有其语义泛化的基础，在口语的共时平面上，“他”的用法已经远远超出了第三人称代词的范围。[1]

第一，“他”可以用来表现虚拟的对象，与指示词的情境用相似。[2] 例如：

（5）什么学位呀什么，其实有什么大用呀，有时候想想真是这样。你说尤其学个文学什么的中文哈，你学个大本和学个硕士，其实也差不离多少，甚至有时候还不如人家好的大本呢，但是他就一听说你是个硕士感觉要好点儿。

这里的“他”是说话人心里一个虚拟的对象，与“吃他三天三夜”当中的完全无所指称的“他”有所不同。“吃他三天三夜”可以省略，也可以说成“吃他个三天三夜”，但是例（5）中的“他”不能省略，也没有其他变化形式。

第二，“他”可以回指类指性名词，用在典型的话题化表达当中。“他”的这种用法与英语中名词短语话题化以后的保留代词在形式上有相似之处。例如：

（6）其实用筷子用得好的，他也不会在那个盘子里乱晃，一夹起来就那一块。

（7）海外中国人，他比你还在中国文化上懂得中国文化，因为他追求啊。

（8）今天的演员在理论上他能知道四十年代、六十年代演员的基本感觉是什么，但他有很多时候有露出马脚来的东西，你要一点点去提示他。

这几个例子里的“他”分别指“用筷子用得好的”、“海外中国人”和“今天的演员”，与英语当中左向位移以后的保留代词相似。[3]

第三，指物的类指名词短语也有上述保留代词的用法。例如：

（9）好像北京大部分医院，它都可以带硕士博士。

在一些语言里，关系代词由指示词或疑问代词演变而来，比如英语的 that 和 wh- 系列疑问代词。无论是哪一种来源，一个代词演变成为关系代词的共同特征是，它可以指涉一个非专指（non-specific）或无定（indefinite）的对象（参看 Heine，1991；Payne，1997）。汉语里的“他”虽然在先秦汉语中是一个非专指

【1】有关“他”的虚化，作者在张和方（1996）中曾经有一个较为粗略的描述，现在从大量的口语材料看，情况远比当时的描述复杂。本章所述“他”的用法，可作为补充。

【2】指示词的情境用及其虚化，可参看方梅（2002）。

【3】对照英语左向位移的例子：My brother, he likes Beethoven.（Payne，1997）

成分，意思是“别的”，但是，在近代以来，已经成为一个第三人称代词，指涉一个特定的对象。现在，从上面三类用法可以看出，“他”的用法又开始向非专指方向虚化。这种转化使“他”进一步演变为关系代词成为可能。

三　前置关系从句与后置关系从句的语义—功能差异

3.1　前置关系从句的简单结构限制

Keenan（1985）在讨论前置关系从句与后置关系从句的差别的时候说，跨语言看，前置关系从句中通常表现为弱化谓词形式，其中的动词倾向于在时体或一致关系方面弱化；而后置关系从句中的动词与主句动词在形态方面则没有太大差别（100页）。那么，汉语中，前置关系从句是否存在某些结构上或句法上的限制呢？

如果做内省式的分析，似乎很难发现问题。而且在书面语里，层层套叠的长修饰语也从来不会被看作错句。但是到了口语里头，特别长的修饰语往往要做些处理，例如（“=”表拖长音节）：

（10）你不应该限制他的**那种**＝永远＝，就是说，想尝试新的东西的**那种**想法。

（11）其实呀，我们的困惑呀，就是在……你比如说我们从小……没有**这个**闯，没有**这个**学习英语的**这个**机会。

据陶红印（2002）对前置关系从句的统计，在叙事语体中，有定标记“这个”、“那个”只用在追踪（tracking）从句，而引进人物或纯粹命名的关系从句一般不用有定标记“这个”、“那个”。但是，上面的例子当中的“这个”、“那种”显然不属于这种情况。

口语当中，上述指称表达是处理名词前较长修饰成分的常见手段。接下来的问题是，为什么要采用“的”字和指示代词双重手段？我们发现，是否使用指示代词与前置关系从句的长度和句法上的复杂程度有关，前置关系从句越长，结构越是复杂，对指示代词的依赖性就越强。一般来说，仅仅使用“的”关系从句，其组成成分都是简单形式。例如：

（12）**北京国安踢延边**的那场比赛，差点让人给捂那儿。

（13）好，请那位**穿红衣服**的朋友，把话筒给他。

（14）**真正想练车**的学员，绝大部分，就像学技术似的。

当关系从句中的某个成分是一个较为复杂的句法结构时，说话人就要借助于一个指称形式标记"这个"、"那个"或"一个/种"、"一/这种"，紧紧贴在核心名词与修饰性从句之间，与关系从句起始位置的指称标记一起构成一个框式表达。例如：

（15）你试试你拉着教练去吃饭，把他当成**一个**你免费学车的**一个**途径。

（16）所以现在……看来国安队这个打客场，打硬仗……嗯打**这种**＝……压力比较大的**这种**比赛啊……嗯这种承受能力，嗯需要＝嗯认真地总结。

这种用法下的"这个"与"那个"以及"一个"与"这个"和"那个"之间可以互换。

（15'）你试试你拉着教练去吃饭，把他当成**这个**你免费学车的**这个**途径。

（15"）你试试你拉着教练去吃饭，把他当成**那个**你免费学车的**那个**途径。

在口语中，前置关系从句要求句法上要简单，因此当关系从句结构复杂的时候，除了名词化手段"的"之外，还要求其他的手段来确定从句的范围和整体上的指称属性。使用框式指称标记的作用是明确、凸显一个较长修饰成分的指称属性。例如：

（17）那个得病的孩子

得病的那个孩子

? 那个得病的那个孩子

（18）那个刚从外校转来的孩子

刚从外校转来的那个孩子

那个刚从外校转来的那个孩子

（19）?? 那个刚从外校转来没两天、又跟他家里出国了的孩子

?? 刚从外校转来没两天、又跟他家里出国了的那个孩子

那个刚从外校转来没两天、又跟他家里出国了的那个孩子

不难看出，核心名词前的关系从句越长，结构越是复杂，对指称标记的依赖性就越强。

3.2 前置关系从句与后置关系从句的语义—功能差异

Bernardo（1979）通过对英语"梨子的故事"的研究得出了很有启发性的结论，他根据修饰语和核心语的信息内容区别了两种关系从句：一种是增加信息的（informative），如（20）；另一种不提供新信息（non-informative）而只起辨识作用，如（21）。

（20）There was a man <u>who was picking pears</u>. 有一个人在摘梨子。

（21）The man <u>picking pears</u> came down. 那个摘梨子的人下来了。

Bernardo 认为英语叙述体中的关系从句是对名词所指对象在特定叙述点进行描绘（constructing a picture）。陈和陶（1998）的文章对口语叙事体中关系从句的研究表明，汉语中像“有一个在摘梨子的人”这类把修饰语放在中心语前的编排不多见，而“有一个人在摘梨子”这种顺序更常见。Li & Thompson（1981）把后面这种格式称作“连动存现句”（presentative serial verb constructions）。陈和陶文认为，口语语料中，这类格式一般分散在两个语调单位（intonation unit）中，说成类似下面的格式：“有一个农人，在摘梨子”，“前面有一个小女孩，也骑着脚踏车过来”。并指出这种现象可能跟 Chafe（1987、1994）所谓的“一次（一个语调单位）一个新信息”（One New Concept at a Time）的限制因素有关，但是这篇文章只讨论了由“的”字构成的前置关系从句。对由“的”字构成的前置关系从句的考察结果是，关系从句（前置型的）一是用在最具有语义模糊的地方以及需要长距离回指（long distance anaphora）的地方，再就是用于描述故事中的重要的名词所指。下面是他们文章中列举的这两种“的”字结构的例子：

然后，那个小孩子很感谢这三个人——这三个小孩子。所以，还他帽子的时候，他就给那——小孩子——给那个〖还他帽子的〗小孩子三个芭乐。（长距离回指）

那个芭乐树下已经放了两——两篓那个——〖已经摘好的〗芭乐。（故事中的重要名词）

在我们看来，上述两种关系从句的基本功能都是增加核心名词所指的可辨识性，整体上用来指称某一个言谈对象。或者说，关系从句在核心名词之前，都具有限定性，用来指称、识别一个已知的言谈对象。与后置关系从句相比较，前置关系从句有下述特点。

第一，名词前的关系从句可以用来回答“哪个 X”。

（22）北京国安踢延边的那场比赛（哪场比赛）

刚从外校转来的孩子（哪个孩子）

第二，“的”字结构中的动词是弱化谓词，它在加体标记或重叠形式方面也受到限制。

（23）* **北京国安踢了/过延边的那场比赛**，差点让人给捂那儿。

* **真正想练练车的人**，绝大部分，就像学技术似的。

与此相对，后置关系从句是以一个陈述形式对核心名词做补充性说明的，具有描述性，提供新信息。主要表现在：

第一，核心名词在前行从句当中是宾语，一个放置新信息的常规位置；

第二，数目可以不止一个，如果删去，句子依然合法。

四　后置关系从句的形成机制

关于关系从句与核心名词的顺序问题，跨语言的研究表明，世界上 OV 型语言中关系从句在核心名词之后的约占 58%，而 VO 型语言里关系从句在核心名词之后的约占 98%（Dryer，1992）。也就是说，VO 型语言中，关系从句在核心名词之后是强势语序。一般认为，汉语属于修饰语前置于核心名词的语言，因此，类型学的研究中，就关系从句与核心名词的顺序这个参项来说，汉语被看作同时具备 VO 语言和 OV 语言特征的一个例子（Hawkins，1990）。但是，通过对口语的考察，我们发现关系从句在名词前这个规律也不是一条铁律，汉语中也存在着关系从句在核心名词之后的情形。口语里关系从句后置是语用原则在语句组织形式上的直接体现，它从一个侧面反映了语用原则的语法化。我们认为，导致关系从句后置的语用动因有两个，一个是单一新信息原则，另一个是线性增量原则。

4.1　单一新信息原则

话语里要传达一个新信息的时候，说话人会采用一种比较完整或繁复的（heavy）结构形式表达这个概念，反之，如果说话人要传达的是一个旧信息，通常会采用一种结构比较简单的（light）形式。这种现象一方面是经济原则的驱动，更主要的原因是人类认知能力的局限性。这种局限体现为每个语调单位内新信息的总量有一定的限制。语调单位在很大程度上反映了人们说话的时候大脑处理信息的过程。Chafe（1987、1994）的研究表明，一个语调单位中倾向于只出现一个新信息表现形式，这就是所谓单一新信息限制（one-new-concept constraint）。从信息表现功能着眼，代词是旧信息的载体，名词短语则更多地承载新信息。名词性成分的新信息表现功能大致可以归纳为：

旧信息　零代词＞代词＞名词＞名词性短语　新信息

Du Bois （1987）进而提出，一个语调单位当中，倾向于容纳一个词汇题元，即单一词汇题元限制（one-lexical-argument constraint）。词汇题元指以真正的名词形式出现的题元。词汇题元通常与新信息有关，由于每次所能传达的新信息的量受到一定制约，所以在同一个语调单位内避免出现两个或两个以上的词汇题元。

汉语言谈当中，一个韵律单位与从句（clause）大体上是对应的。下表是对Tao（1996）中的两个统计表的归纳，基本可以反映汉语语调单位与句法结构类型的关系。

表8-1

语调单位	比例	例子
（单个）从句	47%	车子倒了 / 他在摘水果 / 走过去
并列从句	3.2%	我想他心里在担心吧
名词性结构	27%	忙着工作的时候 / 据我想
其他语法结构	19%	介词、副词、篇章连接成分
非语法单位	2.5%	笑声等

在口语中，单一新信息限制是制约表达单位的大小和繁简的重要因素。换句话说，如果说话人表述的是两个或更多的新信息的时候，就会把它们拆开，成为各自独立的语调单位，这也就是我们在口语中常见的延伸现象。例如："我刚买了辆车，日本原装的，越野，今年最新款的。"口语中的这种延伸现象与本章所述后置关系从句的产生机制是相同的。

4.2　线性增量原则

线性增量原则是指，说话的自然顺序要从旧信息说到新信息。随着句子推进，线性顺序靠后的成分比靠前的成分提供更多的新信息。 单一信息限制可以用来说明从句内新信息的容量，新信息如果超过一个，就要另起一个表述单元。线性增量原则可以说明，修饰性成分提供的新信息的量越大，越是倾向于放在被修饰成分的后面。

当核心名词的所指不确定时，就要求修饰成分置于核心名词之后。大家知道，英语中形容词做定语一般是在名词之前，但是如果被修饰成分是泛指的，那么，形容词就要在被修饰成分的后面。比如：something new, something old, something blue, something borrowed。这种次序是强制性的。汉语里核心词的所指对象不确定时，修饰成分也必须在后。

（24）你们班里万一有谁吸毒的，谁这个瞎搞的，谁携枪的，这谁受得了啊！

*你们班里万一有吸毒的谁，这个瞎搞的谁，携枪的谁，这谁受得了啊！

句子从左到右，信息的重要程度递增。这样的语序符合线性增量原则，“你们班”的所指最为确定，提供的新信息的量最少，“谁”次之，“吸毒的”最不确定。因此，可以说，即使在汉语里，修饰成分在被修饰成分之前还是在被修饰成分之后，也是与被修饰成分所指的确定性密切相关的。或者说，语用上的线性增量原则也同样在名词性短语内部起作用。

Payne（1997：326）指出，虽然一般而言，关系从句相对于核心名词的位置与修饰性定语与核心名词的顺序是一致的，但是，后置关系从句却在大量的语言中存在，即使这个语言的数量修饰语、形容词修饰语在被修饰名词之前。这种强烈的倾向或许是由于一个普遍的语用原则所致，即把重成分，如线性序列较长的、语音复杂的成分置于从句的后面。我们认为，汉语口语中发生的关系从句后置的现象，正是属于这类情形。那些线性序列较长的“大块头”成分，也正是描写性较强并提供新信息较多的成分。

后置关系从句在汉语共时系统中处于从章法向句法转变的过程之中，或者说还没有完全语法化。这种未完全语法化表现在两个方面。一方面表现为语体方面有限的可选性，即不同语体对关系从句前置与后置的选择具有一定的弹性，书面语里前置关系从句较少受到本章所述“简单结构”限制。另一方面，关系从句后置也有某种强制性。当修饰核心名词的关系从句不止一个的时候，或者被修饰成分是一个泛指成分的时候，即便在书面语里，关系从句也必须后置。

参考文献

陈佩玲、陶红印　1998　《台湾官话叙事体中音律单位的语法构成及其规律初探》，《语言研究》第1期。

方　梅　2002　《指示词“这”和“那”在北京话中的语法化》，《中国语文》第4期。

陶红印　2002　《汉语口语叙事体关系从句结构的语义和篇章属性》，《现代中国语研究》（*Contemporary Research on Modern Chinese*）第4期，日本。

张伯江、方　梅　1996　《汉语功能语法研究》，江西教育出版社。

赵元任　1979/ 1968　《汉语口语语法》，吕叔湘译，商务印书馆，1979年。

朱德熙　1982　《语法讲义》，商务印书馆。

Bernardo, Robert 1979 The function and content of relative clauses in spontaneous narratives. *Proceedings of Fifth Annual Meeting of the Berkeley Linguistics Society.*

pp.539-551.

Bolinger, Dwight 1952 *Liner Modification*. Publications of the Modern Language Association of America.

Chafe, Wallace 1979 The flow of thought and the flow of language. In T. Givón (ed.) *Discourse and Syntax*. NY: Academic Press.

——— 1987 Cognitive constraints on information flow. In R. Tomlin (ed.) *Coherence and Grounding in Discourse*. Amsterdam: John Benjamins.

——— 1994 *Discourse, Consciousness, and Time: The Flow and Displacement of Conscious Experience in Speaking and Writing*. Chicago: University of Chicago Press.

Chen, Ping 1986 *Referent Introducing and Tracking in Chinese Narratives*. Los Angeles: UCLA dissertation.

——— 1996 Pragmatic interpretations of structural topics and relativization in Chinese. *Journal of Pragmatics* 26: 389-406.

Comrie, Bernard 1989/1981 *Language Universals and Linguistic Typology*. 沈家煊译《语言共性和语言类型》，华夏出版社，1989 年。

Dryer, Matthew S. 1992 The Greenbergian word order correlations. *Language* 68,1.

Du Bois, John W. 1980 Beyond definiteness: the trace of identity in discourse. In Chafe (ed.) *The Pear Stories: Cognitive, Cultural, and Linguistic Aspects of Narrative Production*. Norwood: Ablex Publishing Corporation.

——— 1987 The discourse basis of ergativity. *Language* 63.

Du Bois, John W. and Thompson, Sandra A. 1993 Dimensions of a theory of information flow. University of California, Santa Barbara. MS.

Fox, Barbara A. and Sandra A. Thompson 1990a A discourse explanation of the grammar of relative clauses in English conversation. *Language* 66(2): 297-316.

——— 1990b On formulating reference: an interactional approach to relative clauses in English conversation. *Pragmatics* 4:183-196.

Hawkins, John A. 1990 A parsing theory of word order universals. *Linguistic Inquiry* 21, 2.

Heine, Bernd, Ulrike Claudi and Friedrike Hunnemeyer 1991 *Grammaticalization: A Conceptual Framework*. University of Chicago Press.

Keenan, Edward L. 1985 Relative clause. In T. Shopen (ed.) *Typology and Syntactic Description, Vol. II: Complex Construction*. Cambridge University Press.

Li, Charles and Sandra A. Thompson 1981 *Mandarin Chinese: A Functional Reference Grammar*. University of California Press.

Miller, Jim and Regina Weinert 1998 *Spontaneous Spoken Language: Syntax and Discourse*. Clarendon Press,Oxford.

Payne, Thomas E. 1997 *Describing Morphosyntax: A Guide for Field Linguistics*. Cambridge University Press.

Tao, Hongyin 1996 *Units in Mandarin Conversation: Prosody, Discourse, and Grammar*. Amsterdam: John Benjamins.

Tao, Hongyin and Michael J. McCarthy 2001 Understanding non-restrictive which-clause in spoken English, which is not an easy thing. *Language Sciences* 23, 651-677.

Yamashita, J. 1994 An analysis of relative clause in the Lancaster/IBM spoken English corpus. *English Studies* 75(1), 73-84.

作者：方　梅

原载：《庆祝〈中国语文〉创刊50周年学术论文集》，商务印书馆，2004年

第九章　语体差异对使用频率的影响——汉语对话语体关系从句的统计分析

一　引言

将篇章语言学视角引入关系从句的分析，较早的研究当属 Bernardo（1979）。Bernardo 根据修饰语和中心名词的内容关系区别两种关系从句，一种是增加信息的（informative），另一种是不增加信息的（non-informative），并且指出，英语叙事语体中的关系从句是对名词所指对象在特定叙述点进行描绘（constructing a picture）。这种从信息结构限制着眼考察关系从句的思路，不仅为语法分析提供了新的视角，同时也为句法结构的存在依据提供了实际的解释。

近年来，已有学者把篇章语言学视角引入汉语关系从句的研究中，如陶红印（2002），与以往研究的纯句法视角不同，他借鉴了 Fox and Thompson（1990）和 Bernardo（1979）的思路，注重信息结构限制对关系从句编排的影响。陶文探讨了什么样的从句修饰结构在言谈中最为常见，及其原因，以及从句修饰结构都有什么样的篇章功能；如果有几个不同的结构形式可以表达同样的意思，说话人为什么选择从句修饰结构而不是其他类型的结构。同时也通过对这些问题的讨论，提出了在汉语语法理论建设上的看法。陶文以汉语“梨子的故事”为对象，研究结论大致如下：叙述体中的关系从句可从语义上分成五类：时间、指人、指物、地点、样子，其中时间从句和指人从句数目最多。从篇章角度来看，时间类从句用来标示情节转移。指人类从句主要用来追踪人物，也可以用来给人物命名，在少数情况下用来引进人物。其他三类关系从句的作用是描述故事中的重要名词的所指。陶文认为，关系从句的功能基本上是对当前叙事发展有重要意义的名词性成分提供铺垫信息。正因为如此，从句中表达的事件只有前时（preceding）和共时（simultaneous）事态，不大会出现超（过当）前（next stage）时间状态。

众所周知，即便是口头交际，语言的互动式交际与非互动式交际之间仍然存在诸多差异。互动式交际的典型样本是对话语体，非互动式交际的典型样本是叙事语体。前者是双向交际，以交换信息为目的，具有现场性和评论性。对言谈当时的语境、现场相关信息和交际双方的共享知识有较多的依赖，听说双方在言谈内容和表达方式上也是相互影响的。后者的特点是单向性交际，以谈话人单方面提供信息为特征，具有过程性和事件性。与对话语体比较，叙事语体更多地依赖说话人自己已有的言谈内容所构建起来的知识框架，同时，谈话的结构较多地依赖事件的自然过程。我们研究的基本假设是，语体特征上的差异有可能影响说话人对事物的指称频率，同时说话人的视点和关注的重心也会影响他对事物的指称方式。

本章的考察范围是对话语体当中名词前以“的”为标记的关系从句，即“（S）VP的+名词”当中的“的”字结构。以叙事语体关系从句为参照，以自然口语对话材料为统计对象，考察对话语体里关系从句的篇章功能和语义表达功能。

本章引用的材料来源于自由谈话（包括有准备和无准备的谈话）、电话录音、记者采访、同期录音的电影和电视剧对话，共29篇，总量为约20万字。[1] 语料转写符号根据Du Bois et al.（1993）。[2]

二 语义类型

所谓关系从句的语义类型指的是由中心名词成分的所指对象所限定的语义类型。据陶文对叙事语体的考察，各类语义成分出现频率相当不均匀（如表9-1所示）。

【1】语料目录：1）面对面自由谈话5篇，简称“聊天”。2）电话录音10篇，简称“电话”。3）电视谈话2篇，简称“访谈”。4）电视辩论1篇，简称“辩论”。5）电台热线直播2篇，简称“热线”。6）同期录音电影1部（《大撒把》），简称“电影”。7）同期录音电视剧8集（《编辑部的故事》3集、《我爱我家》5集），简称“电视剧”。

【2】语料转写符号：本章例子中的标点符号反映的是一种音律单位，即“语调单位”（intonation unit）。而不是传统语法单位。关于语调单位的概念是根据Chafe（1987、1994）及Du Bois et al.（1993）。即，任何一个自然语调框架内所发出的言语串。简述如下：

，	非中止型语调单位。	^	重音音节。
。	中止型语调单位。	=	拖长音节。
——	切断单位。	@	笑声。
..	少于半秒的停顿。	uh	无法用文字代表的犹豫音节。
...	少于一秒的停顿。		

在叙事语体当中，时间名词数量最多，其次为指人名词，这种不均衡的分布与叙事语体的语体特征密切相关。下面是陶文的统计。

表 9-1 关系从句的语义分布（陶文表 1）

	时间	指人	指物	地点	样子	合计
数量	31	25	11	4	1	72
比例（%）	43	35	15	6	1	100

下文将以陶文的描写框架为起点，看一看与叙事语体相比较，对话语体中的关系从句在语义类型分布上有哪些特点，并尝试做出解释。

考虑到指人、指物、时间是最高频的三类，比较具有统计意义。为比较方便，本章对关系从句在对话语体当中的语义类型的划分采取三分法，即，区分指人、指物、指时间三类。指物类既包括具体的实体，也包括抽象概念。下面略举数例。

（一）指人。例如：

（1）女人，坏人跟他接触，哪个危险？哪个危险小一点？就说**跟张老师接触的女人**，有不三不四的，可总比跟不三不四的男人接触要好啊。（电视剧）

（2）硕士的话是在职的那种也是一百多，脱产的那种又一百三四十，就那年招的，就是**我代过课的学生**…（聊天）

（二）指物。包括具体实体和抽象概念两类。例如：

（3）这是**您太太寄来的离婚协议书**，这是**她写的亲笔信**。（电影）

（4）把**我原来学的那些东西**重温了一下。（聊天）

（5）像刚才我的理解呢就是，**胡碧玲同学讲的这个文化**··是属于比较宽的。（聊天）

（三）指时间。例如：

（6）我再给他送一份传真去，告诉他**我回家的日期**。（聊天）

下面是三类关系从句在对话语体中的统计结果：

表9-2 对话语体关系从句的语义分布

	指物	指人	指时间	合计
数量	236	59	125	420
比例（%）	56.2	14.0	29.8	100

据陶红印（2002）的统计，关系从句三种语义类型在叙事语体中的频率是：

时间 > 指人 > 指物

陶文认为，从叙事功能上来看，时间名词关系从句的根本功能跟故事中的情节（episode）变化更有关系一些。对“情节”这个概念的理解各家略有不同，陶文遵从的定义是，情节由场景（scene）构成，情节的改变或者是一个场景的转移，或者是新的人物的出现，或者二者兼有。从这个角度出发，陶文认为，时间名词关系从句基本上可以说是情节转移的标记之一。

从上文我们的统计可以看出，对话语体与叙事语体的情形形成对照。对话语体的关系从句当中，指事物是主流用法，指时间类并不占优势。同时，用关系从句来描述人物的例子也要少得多。三种类型在对话语体中的频率对比可以表述为：

指物＞时间＞指人

本章用作统计的谈话材料包括不同的言谈内容，上述统计结果的倾向性，只能解释作语体性质的相关性表现。也就是说，不同的语体，谈话的展开方式各不相同，因此，关系从句在语义类型的分布上也就会相应地有不同的表现。具体说来，可以理解为叙事与对话语体在下述两个方面的差异：

第一，过程性与现场性。叙事语体具有过程性，对话语体具有现场性。叙述事件的时候，对过程的描述是以时间顺序为线索的，时间的改换往往带来场景和人物的变换。因此，时间的重要程度大大超过其他因素。但是，对话活动的目的是交换信息和观点，自然，在对话语体中，时间因素的重要性退居次要地位。

第二，事件性与评论性。叙事语体具有事件性，对话语体具有评论性。叙事语体在讲述事件过程，而对话语体是在交换信息和观点。对话语体的谈话重心是当前彼此关心的事物，而不是一个事件的过程。因此，以各种方法去描述或限定某个事物，给事物命名、定性就成为谈话参与者着力去做的事情。

三　信息属性

一个名词性成分的所指对象在谈话中有可能是谈话的话题，也有可能仅仅作为与谈话内容相关的客体出现在言谈当中。前者一旦被引入谈话中，在首次出现之后还会被反复重提。而后者往往在谈话中出现一次，而后不被重提。我们把名词性成分在谈话中的隐现情况分成三类，即：

1）首现（first mention）；

2）复现（next mention）；

3）偶现（only mention）。

（一）首现。该名词的所指对象在谈话中首次出现，在其后的言谈中还会以显性的或隐性的方式重提。例如：

（7）对，所以，呃，她们没有这种压力，[她们穿的衣服]都是很随便，呃，呃，[]很适于活动，[]很适于工作，……她们对[**这个**]没有什么压力。（聊天）

（二）复现。该名词的所指对象在谈话中不是首次出现，而是作为一种回指性指称出现在谈话中。例如：

（8）好的。那么接了两个电话我们都是正方得到了支持，下面我们再试着接一个，看看有没有支持反方朋友的。好，请导播再给我们切进一个电话。……

那我们现在看一看，呃，坐在这个现场的观众朋友，有哪些观众呢是支持反方的，如果有支持反方的，请[这些观众朋友]你们把手举起来我们看一看。……

那么我们现在是不是请在场的这个支持反方的观众朋友，把你们的观点也亮一亮，看看哪位朋友先说。好，请。把话筒递给他。（访谈）

（9）我觉得[社会新闻]应该是我们能感知到的东西，[]是每个人都能感觉到的东西，[]是社会上…口头上流传最广泛的一种东西，[]就在理发店里边很多人在…传说的一种东西，我觉得就，就，就，社会新闻。（聊天）

（三）偶现。该名词的所指对象在谈话中出现一次，在以后的谈话中不再重提。例如：

（10）我们就认为这不是**女孩子干的事情**。（聊天）

表9-3 对话语体关系从句的中心名词的信息类型

	首现		复现		偶现		合计
	指人	指物	指人	指物	指人	指物	
数量	8	24	14	31	37	181	295
比例（%）	2.7	8.1	4.8	10.5	12.5	61.4	100

从这个统计可以看出，对话语体当中关系从句的中心名词偶现类居多，首现类最少：

偶现＞复现＞首现

偶现信息占多数这种分布表明，从篇章功能上说，含有关系从句的名词性成分在对话语体当中主要不是用来引入一个概念，或指称一个已经被引入谈话的对象。下面我们具体讨论。

四　篇章功能

用关系从句描述一个对象，陶文把这种指称手段用于指人的情形区别为三种篇章功能：命名、引入和追踪，认为关系从句修饰名词的表达方式就是通过人物的活动来给人物命名。像“偷或者是拿芭乐的小孩子”、“那摘水果的人”这种指称方式从具体程度上来说，处在具体名字和宽泛名词的中间：具体名字（例如“张三”）> 摘水果的人 > 男人。

对话语体中关系从句用作命名的用例如下：

（11）甚至有的时候组织穆桂英战斗队之类的，她们就，呃，要搞出一些成绩来给这些**看不起她们的人**看看，呃，而且也确实搞出了一些成绩，所以，现在，这个，妇女的地位也有很大的提高。（聊天）

所谓引入人物是指一个言谈对象以某种形式首次进入谈话这类情形。例如：

（12）（刚才我们在进行当中这个正方呃，这边是不是支持正方的观众？他们都很积极地举手，下面我们给他们一个机会，让他们来阐述一下他们的观点。）好，请那位**穿红衣服的朋友**，把话筒给他。（辩论）

（13）**我接触到的很多人和知识分子**都认为这个男女都一样，呃，没有什么不同，甚至**有的人**认为女孩更会体贴，呃，父母，呃，更愿意要女孩子。（聊天）

所谓追踪（tracking，Du Bois，1980；Du Bois and Thompson，1993；Chen，1986）是指一个言谈对象在被引入谈话之后，说话人可以描述这个人物的活动，使用不同的形式来指称这个对象。下面是对话中的例子：

（14）A：嘀嘀，巧了！我也有句话，跟你说的一样！啊，呃，还真是有比你更难处的。**我们单位的老胡**，胡穆，老吴，老陆……

B：你看看你看看，你跟谁也处不好吧？**你说的那个老胡**是你们局里头从前那个总工程师吧？（电视剧）

陶文调查显示，在叙事语体里，指人类从句主要用来追踪人物，尤其是长距离的追踪，也可以用来避免语义模糊及给人物命名，在少数情况下也用来引进人物。

下面是陶文的统计。

表9-4 指人关系从句的功能分布（陶文表2）

	追踪人物	名＋追踪	引进人物	纯粹命名	合计
次数	10	8	5	2	25
比例（%）	40	32	20	8	100

就对话语体来说，关系从句的高频分布是作为偶现信息出现于言谈当中的，因此，相应的篇章功能肯定与叙事语体有所不同。根据我们就对话语体当中指人关系从句的调查，追踪功能并不是关系从句在对话语体当中的主要功能。这一点与上文所述偶现信息占优势的统计结果是一致的。

下面是我们对对话材料的统计。

表9-5 对话体关系从句里指人关系从句的功能分布

	命名人物	引进人物	追踪人物	合计
数量	37	8	14	59
比例（%）	62.7	13.6	23.7	100

陶文的“命名＋追踪”类指所指对象在篇章中以关系从句作为修饰语复现。我们统计的时候，这一类也算作“追踪”，不再单列。

把上面两类语体的统计结果进行对比，可以看出关系从句的优势功能在两种不同语体中的差异。即：

叙事语体：追踪＞引进＞命名

对话语体：命名＞追踪＞引进

与叙事语体对比，在对话语体中关系从句用作命名的要多得多。也就是说，在对话语体当中，关系从句是命名一个言谈对象的重要手段。我们认为，这种现象也是由语体特征导致的。

叙事语体语篇主要用作讲述事件，有主干人物和事物，作为独白形式，可依赖的主要是人类共有知识以及言谈中已经提供的相关信息。所以，当言谈中需要反复指称一个前面提到过的人物的时候，说话人要尽可能把所有的区别性信息都说出来。而且，随着事件的发展进程，人物的活动不断变化，通过描述某人物的活动来追踪他，这种指称方式比较容易将一个特定的个体与其他个体区别开来。比较而言，对话语体的主要功能不是叙述事件而是交流信息或观点，谈话里面论及的对象是不断变化的。因此，以活动描述来追踪人物不是主要任务，而以活动描述来定义一个相关对象，这种方式成为指称或区别一个特定对象的重要途径。再者，由于对话是互动式交际，对于说和听双方共有知识的依赖性也就相对较强。此外，追踪人物还可以通过其他的辅助手段，比如手势、眼神等。

综上所述，比较对话和叙事这两种不同语体，关系从句在篇章功能上的差异可以归纳为两点：

第一，对话语体的现场性和评论性决定了对话语体中关系从句统计上的倾向：以指物类居多。叙事语体的过程性和事件性决定了指时间类关系从句使用频率较高，而对话语体的现场性和评论性决定了时间类关系从句不是高频用法，而指物类用法在对话语体中的频率最高。

第二，对话语体的评论性决定了对话语体中含有关系从句的名词性成分以偶现信息居多。表现为，人物不再是一个贯穿言谈始终的描述对象。关系从句的主要功能不是转移情节场景，或追踪一个人物，而是对一个事物命名。与叙事语体比较，对话语体的语体特性决定了，含有关系从句的名词性成分具有相对较低的承前性和启后性。

五　时间关系表达

Bernardo（1979）的研究指出，叙事语体中，关系从句代表的事态都与当前叙事状态相关。如果把主句的时段作为参考点，从句中表达的事件都有前时（preceding）状态或共时（simultaneous）状态，不大会出现超（过当）前（next stage）时间状态。

前时状态：以主句的时点为参照，从句的时点早于主句的当前时间状态，发生在主句所述时点的过去时间。

共时状态：以主句的时点为参照，从句的时点与主句的时点没有时间先后之别。

超前状态：以主句的时点为参照，从句的时点超前于主句的当前时间状态，发生在主句所述时点的未来时间。

下面的例子引自陶文。

（15）可是，他们在路上发现——〖这个小男孩掉了的〗一顶帽子。于是，〖那个拿着玩具的〗小男孩就——捡起他的帽子。

这里整句的当前语境是“发现……帽子”，从句时点（“小男孩掉了（帽子）”）

发生在整个叙事句的时点之前，因此这里从句时点是“前时”状态。在第二个句子中，“拿着玩具”的时点和语境的时点（“捡帽子”）是同时发生的，是“共时”状态。

下面是几个对话语体当中前时状态和共时状态的例子。

（一）前时状态。例如：

（16）只要有这么几十万的流动资金，无所谓，你爱关，是爱停，怎么样无所谓，我把**交了钱的学员**，踏踏实实把本给人拿走。（聊天）

（17）等一会儿呢正方和反方呢将会展开这个激烈的辩论，在这之前呢我们来看一看**北京国安队今年以来取得的一系列的成绩**。（辩论）

（二）共时状态。例如：

（18）现在我们听听**咱们电视机前跟我们一起看节目的观众**他们的观点是怎么样的。（辩论）

（19）哎呀**这官厅儿管不了的事情**我管。（聊天）

陶文的考察发现，叙事语体关系从句中表达的事件没有超前时间状态。这个结果与 Bernardo 对英语叙事语体的观察一致，说明关系从句中表达的内容都是已经出现过的或正在出现的事实。关系从句提供的信息属于背景信息。

我们现在来看对话语体的情形。

首先，与叙事语体不同，对话语体中的关系从句有前时和共时状态，也有超前状态，尽管所占比例不大。先看一下例子。

（20）**可能遇到的困难**分析得那么透彻，我想你们那个美好愿望也是咱们共同的美好愿望也未必能实现，对不对。（辩论）

这个例子的第一句是受事主语句，主干结构是“困难……分析”，“分析”表达的状态是当前语境时点，相对于这个当前时点而言，“可能遇到（困难）”发生的状态应是未来时点。再如：

（21）她可没有跟我说**要借钱的事**。（电话）

（22）得让自己满意，观众满意，这才能**达到自己要求的效果**。（聊天）

（23）我看啊，**你结婚请客的那事儿**咱们得重新考虑！（电视剧）

下面表 9-6 是对话语体关系从句时点分布状态的统计。这个统计显示，前时和共时类的分布在指物关系从句中的出现频率接近，共时类在指人和指时间从句中占多数，尤其是指时间类关系从句。

表9-6 从句的时点与功能分布

	指人		指物		时间	
	数量	比例（%）	数量	比例（%）	数量	比例（%）
前时	17	28.8	109	46.2	2	1.6
共时	36	61.0	113	47.9	114	91.2
超前	6	10.2	14	5.9	9	7.2
合计	59	100	236	100	125	100

上表显示的频率分布倾向与叙事语体差异很大。请对照下面陶文对叙事语体的统计。

表9-7 从句的时点与功能分布（陶文表5）

	总数	前时	比例（%）	共时	比例（%）	其他
时间	31	7	23	24	77	
指人	25	18	72	7	28	
指物	11	8	73	2	18	1
地点	4	3	75	1	25	
样子	1	—	—		1	

如果把陶文就叙事语体的统计与我们对对话语体的统计做一个对比，就可以看出，在时点表达方面，语体差别表现在下面两个方面：

第一，对话中关系从句有超前时点表达，而叙事体中没有。超前时点表达往往是表达假设的情况，超前时点表达普遍存在于对话语体指人、指物和指时间三类关系从句当中，这说明，对话语体关系从句既可以表现现实状态，也可以表现非现实状态。而叙事语体关系从句只表现现实状态，不用作表现非现实状态。

第二，对话语体和叙事语体在指时间类关系从句上的差别不大，都是共时类占优势，但是，在指人和指物类的出现频率差别比较明显。叙事语体当中指人和指物类都以前时状态居多，而对话语体却没有这种倾向。

上述时点表达分布上的差别与关系从句在两种语体中的功能差异直接相关。

首先，对话语体这种交际模式决定了它的主要功能不是叙述过程，而是发表见解。说话人在发表见解的时候，原因和条件经常是分析讨论问题的基础，而与原因和条件相关的言谈对象，它涉及的事态肯定是尚未发生的事态。这是超前状态表达见于对话而不见于叙事语体的原因。

第二，叙事语体在表达上的过程性，决定了关系从句在叙事语体当中的主要功能是对一个已经论及的对象进行追踪；对话语体表达上的评论性，决定了关系从句在对话语体当中的主要功能不是追踪,而是对一个言谈中所涉及的对象进行命名。过程性和评论性的差异决定了在事态表达方面的频率分布差异。

六　结论

前面我们对对话语体关系从句和叙事语体关系从句进行了对比分析。从语体差异着眼，对话语体当中关系从句的特点可以概括为下面两点。

（一）从篇章功能上看，与叙事语体相比，对话语体中关系从句以偶现信息居多，关系从句的主要功能不是转移情节场景，或追踪一个人物，而是对一个事物进行命名。

（二）从语义表达上看，叙事语体中的关系从句只表现现时状态，表现为关系从句只有前时时点和共时时点表达。而对话语体关系从句可以表现现实状态，也可以表现非现实状态；表现为，关系从句既有前时时点和共时时点表达，又有超前时点表达。

本章希望通过对对话语体关系从句的统计分析，考察语体特征对篇章功能和语义表达方面的影响。通过前面几节的讨论我们看到，对话语体这种交际模式所具有的现场性和评论性决定了：关系从句的篇章功能倾向——命名功能为主，追踪功能为辅；关系从句的表达特征的分布格局——可以表现现实状态（前时时点和共时时点表达），也可以表现非现实状态（超前时点表达）。这个结果与叙事语体中的关系从句的情形形成对照。换句话说，关系从句这种句法形式作为一种指称手段，在不同语体当中的功能差异确实存在。

本章所做的对比研究是一种尝试。我们认为，区分不同语体，针对一种句法形式对照不同语体进行功能考察，有助于我们深入准确地了解汉语语法的全貌。如陶红印（1999）所述，只有系统地研究清楚多种主要语体中的语言现象，我们才有资格、才能带着一定程度的信心来描述汉语不同语体之间的共性有多大，差异有多大，才能更有效地回答涉及汉语全貌的重大理论问题。我们希望看到更多的建立在细致的语体分类系统之上的语法描写，并且相信，以语体差异为出发点进行的研究有可能揭示汉语语法中更多的规律，这样的研究无论在理论上还是实际应用上都具有重要价值。

参考文献

陈佩玲、陶红印　1998　《台湾官话叙事体中韵律单位的语法构成及其规律初探》，《语言研究》第 1 期。

方　梅　2004　《汉语口语后置关系从句研究》，载《庆祝〈中国语文〉创刊 50 周年学术论文集》，商务印书馆。

陶红印　1999　《试论语体分类的语法学意义》，《当代语言学》第 3 期。

———　2002　《汉语口语叙事体关系从句结构的语义和篇章属性》，《现代中国语研究》（*Contemporary Research on Modern Chinese*）第 4 期，日本。

袁毓林　1995　《"的"字的句法语义功能》，《中国语文》第 4 期。

张伯江、方　梅　1996　《汉语功能语法研究》，江西教育出版社。

赵元任　1979/1968　《汉语口语语法》，吕叔湘译，商务印书馆，1979 年。

朱德熙　1982　《语法讲义》，商务印书馆。

Bernardo, Robert 1979 The function and content of relative clauses in spontaneous narratives. *Proceedings of Fifth Annual Meeting of the Berkeley Linguistics Society.* pp.539-551.

Chafe, Wallace 1987 Cognitive constraints on information flow. In R. Tomlin (ed.) *Coherence and Grounding in Discourse*. Amsterdam: John Benjamins.

——— 1994 *Discourse, Consciousness, and Time: The Flow and Displacement of Conscious Experience in Speaking and Writing*. Chicago: University of Chicago Press.

Chen, Ping 1986 *Referent Introducing and Tracking in Chinese Narratives*. Los Angeles: UCLA dissertation.

——— 1996 Pragmatic interpretations of structural topics and relativization in Chinese. *Journal of Pragmatics* 26 (3): 389-406.

Comrie, Bernard 1989/1981 *Language Universals and Linguistic Typology.* 沈家煊译《语言共性和语言类型》，华夏出版社，1989 年。

Du Bois, John W. 1980 Beyond definiteness: The trace of identity in discourse. In Chafe (ed.) *The Pear Stories: Cognitive, Cultural, and Linguistic Aspects of Narrative Production*. Norwood: Ablex Publishing Corporation.

Du Bois, John W., Stephan Schuetze-Coburn, Susanna Cumming & Danae Paolino

1993 Outline of discourse transcription. In J. Edwards & M. Lampert (eds.) *Talking Data: Transcription and Coding Methods for Discourse Research*. Hillsdale, NJ: Lawrence Erlbaum Associates. pp.45-89.

Du Bois, John W. and Thompson, Sandra A. 1993 *Dimensions of a Theory of Information Flow.* University of California, Santa Barbara. MS.

Fox, Barbara A. and Sandra A. Thompson 1990a A discourse explanation of the grammar of relative clauses in English conversation. *Language* 66 (2): 297-316.

——— 1990b On formulating reference: an interactional approach to relative clauses in English conversation. *Pragmatics* 4 (1/2): 183-196.

Hawkins, John A. 1994 *A Performance Theory of Order and Constituency*. Cambridge University Press.

Keenan, Edward L. 1985 Relative clause. In Shopen (ed.) *Typology and Syntactic Description, Vol. II: Complex Construction*. Cambridge University Press.

Li, Charles and Sandra A. Thompson 1981 *Mandarin Chinese: A Functional Reference Grammar*. University of California Press.

Miller, Jim and Regina Weinert 1998 *Spontaneous Spoken Language: Syntax and Discourse*. Clarendon Press, Oxford.

Payne, Thomas E. 1997 *Describing Morphosyntax: A Guide for Field Linguistics*. Cambridge University Press.

Tao, Hongyin 1996 *Units in Mandarin Conversation: Prosody, Discourse, and Grammar*. Amsterdam: John Benjamins.

Tao, Hongyin and Michael J. McCarthy 2001 Understanding non-restrictive which-clause in spoken English, which is not an easy thing. *Language Sciences* 23 (6): 651-677.

作者：方　梅、宋贞花

原载：*Journal of Chinese Language and Computing* 14 (2)，2004 年

第十章　汉语关系从句的限制性与非限制性解释的规则

一　引言

经典的关系从句的定义大多是针对限制性关系从句的，如 Keenan & Comrie（1977：3）和 Comrie（1989/1981：176—179）。根据这些定义，限制性关系从句增加核心名词所表示概念的内涵，使其核心名词所指对象的潜在范围缩小；非限制性关系从句不增加内涵，不缩小所指对象的潜在范围。

名词短语修饰语的限制性和非限制性对立不只局限于关系从句，跨语言看，还可存在于领属性定语、形容词性定语这些意义限定修饰语（meaning-restricting modifiers）中。这种对立在有的语言中体现在形态句法上，如班图语（Givón，1972）：

（1）限制性：umuana **mu**-suma...

孩子　好

the good child

那/这个好孩子

（2）非限制性：umuana **umu**-suma...

孩子　好

the child, the good one

那/这个孩子，（就）那/这个很好的那/这个

那/这个孩子，他 [tʰa] 很好的

班图语用不同的从属语标记来区别限制性与非限制性修饰语，这种标记可以看作与核心名词的一致关系。

据我们所了解的材料看，班图语的“光杆名词”即使在零语境的首发句中也倾向于表定指。所以，例（1）和例（2）中当说到“umuana”的时候，说话者心目中就已经指“那个孩子”了；例（1）的限制性用法并没有缩小说话者已经确定了的“那个孩子”的所指范围。使用限制性修饰语的唯一理由是，他认为听话者必须依靠他所说的修饰语“好”才能容易地确定“那个孩子”的所指。因此，对于有定指指示成分出现的名词短语，修饰语的限制性和非限制性的区别在本质上是语用的，是说话者和听话者对核心名词所指的“可及”能力不同的表现。这种说话者和听话者的内在矛盾应该是所有语言中都存在的，但并非所有语言都提供不同形式加以区分（Campbell，2000）。

英语的 NP 修饰语在形式上有没有提供不同的形式以表示限制性与非限制性的对立?

以光杆复数名词（bare plurals）为例，英语的 [形容词—光杆复数名词] 是一个歧义结构，也就是说形式上不区分限制性与非限制性的对立：

（3）black horses

限制性理解：horses that are black (are rare.)（马中的黑色马，小类）

非限制性理解：horses, which are black (, are rare.)（马，马都是黑的，大类）

歧义的原因属于指称范畴，英语光杆名词的复数形式本质上是表示类指的（Carlson，1977 等），因此，英语的 [形容词—光杆复数名词] 仍然表类指，但无论对于说话者还是听话者而言，这一形式本身便同时存在着限制性（马中的黑色马）和非限制性（马，马都是黑的）两种理解。理解的不同既体现在语用上，也体现在语义上：限制性理解增加了内涵，缩小了所指范围；非限制性理解与光杆名词所指范围相同。这是“修饰语”对“类指成分”进行限定时所必然面对的歧义结构。如果某种语言在这里没有提供形式上的区别，就构成了歧义。这一点具有跨语言共性。

对“black horses”进行解释，最好的方式是通过关系从句，如例（3）；可以看出，英语的关系从句修饰语对于限制性和非限制性的对立提供了形式区分。跨语言看，如果一种语言对类指性成分（一般为光杆名词，参看 Kratzer，1995）的某种修饰语的限制性和非限制性范畴提供了形式上的区分手段，那么它对特指性（specific）成分也是如此。

英语的关系从句在修饰类指性成分和特指成分时都有这种区分：非限制性关

系从句“通过语气停顿而与核心名词分离”，并成为“插入语（parenthetical）”；限制性关系从句则一般“内嵌（embedding）”（Givón，1990），或有不彻底的形态句法限制，“that”不能做非限制性关系从句的关系代词。

如果认为汉语的关系从句都前置于核心名词[1]，则无论对于类指成分或特指成分，前置的关系从句都没有提供形态句法上的区分；而前置也使停顿、“插入语化”成为不可能。这样，根据上述讨论，汉语的[关系从句—的—光杆核心名词]在脱离语境的状况下便存在着歧义解释了，这也是本章讨论的范围。

二　限制性和非限制性形容词修饰语

在讨论关系从句之前，我们先从汉语形容词做修饰语的名词短语结构谈起。

Ⅰ. 红苹果——指别性：苹果中的红的（而不是其他颜色的）[2]

Ⅱ. 红的苹果——a. 指别性：苹果中的红的（而不是其他颜色的）
　　　　　　　b. 描述性：（所有的）苹果，苹果是红的

Ⅲ. 红彤彤的苹果——描述性：（说话者所关注的所有的）苹果红彤彤的

光杆名词短语在没有单复数的语言中最适于表达类指意义（Chierchia，1995；刘丹青，2002）；光杆名词短语就是不带限定词（determiners，包括指示词、冠词、量化成分等）的名词短语；名词修饰语中的形容词定语、关系从句定语、名词性属性定语等都不改变光杆 NP 的类指属性（刘丹青，2002）。下面我们让以上Ⅱ和Ⅲ处在话题/主语位置，用 Carlson（1977）和刘丹青（2002）的类指成分测试框架观察简单形式形容词和复杂形式形容词对光杆名词“苹果”的指称属性带来的影响：

（4）苹果	苹果很常见。
（5）红的苹果	红的苹果很常见。
（6）红彤彤的苹果	?红彤彤的苹果很常见。
（7）挺红的苹果	*挺红的苹果很常见。

【1】方梅（2004）调查研究了北京话口语中的一些关系从句后置现象，这些让从句后置与核心名词的“信息增量”方式在方言口语中并不罕见，参阅唐正大（2005：95—99）。

【2】汉语的简单形式形容词尤其是单音节形容词直接加在光杆名词前做修饰语很受限制（朱德熙，1980/1956；张伯江、方梅，1996等），限制之一就是不能自由地修饰任何光杆名词。所以，能够组合的一些“形＋名”格式有一些词汇化的倾向，尤其是当光杆名词所表示的概念只有一种属性，而该属性恰好用一个简单形式形容词表示，如“恶狼、白雪”等。但这类组合的大多数情况还是指别性的。

（8）好红好红的苹果　　　　　＊好红好红的苹果很常见。

例（6）—（8）的句子部分不自然或不成立并不是因为其主语部分不适合做主语：

（9）挺红的／好红好红的苹果就这样全烂在了地里。

可见，“红彤彤、挺红、好红好红”这些形容词复杂形式，对光杆名词本来的类指属性产生了影响，使整个光杆名词短语形式不再适合于做类指成分。

其实，“好红的苹果”虽仍采用了光杆 NP 形式，但已经不能表达这种形式最“擅长”表达的类指功能了，整个 NP 似乎只适合于表示有定的个体，如例（9）[1]。关于这种用光杆 NP 形式只表有定而不表类指功能等形式与功能的矛盾现象，我们称为“指称悖论”，见唐正大（2005：83—86）。

从“苹果”到“红的苹果”，限制性的解释是，概念的内涵增加了，所指对象的范围也缩小了，但缩小后的概念还适合表示一个类，它是“苹果”的下位概念、次类。非限制性的解释是，“红的苹果”与“苹果”的内涵和所指范围相等。

而说“挺红的苹果”时，说话者的预设中并不存在“＊不挺红的苹果”等“类”，他只关注他所能及、所描述的“苹果”，而“无意于”这些“苹果”之外的其他苹果。

总之，简单形式的形容词做修饰语有两种情况：（1）限定、缩小光杆核心名词所指的范围，但缩小后仍不改变整个 NP 的类指属性，属于限制性修饰语；（2）不限定、缩小该光杆核心名词所指的范围，但整个 NP 不再表示类指，属于非限制性修饰语。

含有情态意义的复杂形式的形容词做 NP 的修饰语使整个 NP 不能表示类指，只能指称个体，该形容词也是非限制性修饰语。

三　核心名词为光杆名词时的限制性与非限制性关系从句

3.1　Givón（1990）认为的“非限制性修饰小句”以插入语的形式与核心名词分离的倾向不适应于汉语光杆名词表类指并做关系从句结构核心的情况：汉语关系从句前置这种单一形式使非限制性和限制性语义的表达是同形的，都是内嵌的非插入语：

【1】由于汉语的光杆名词既可以表类指，也可以表无指，还可以表定指和不定指，所以，例（9）译成英语是“**The** once flourished apples are now all decomposed in the field”，冠词不可省略。

（10）吃草料的马

（the） horses that/which eat hay...

（11）吃草料的马

horses, which eat hay...

汉语光杆名词也可以在语境允许的情况下指称特指成分，所以：

（12）吃草料的马

the horses, that/which eat hay...

与形容词做核心名词修饰语类似，如果一个关系从句不改变核心名词的类指属性，只限制核心名词的指称范围，那么它就是限制性关系从句（如10），与Ⅱ.a的简单形容词相当。

如果一个关系从句不限定光杆核心名词的所指范围（即整个关系从句结构与核心名词的所指范围相同），而只是凸显了该光杆名词本身所表示概念的内涵之一，就是非限制性关系从句（如11）。如果该光杆核心名词表类指，则整个关系从句结构也表类指，与Ⅱ.b相当；如果光杆名词指称个体，该关系从句结构也指称同样的个体，与Ⅲ相当。

如果我们认为汉语的形容词加“的”做名词修饰语时是关系从句，那么，Ⅲ是非限制性关系从句，Ⅱ.a是限制性关系从句，Ⅱ.b是非限制性关系从句（“简单形容词—的—核心”既是限制性关系从句，也可以是非限制性关系从句）。

也就是说，非限制性关系从句结构中，核心名词的指称属性和所指范围不需要关系从句就已经确定，用公式表示就是 Rel—N = N。

而限制性关系从句结构中，核心名词的指称属性或所指范围需要该从句确定或限定。用公式表示就是 Rel—N < N。

那么，当核心名词为光杆形式，是不是所有关系从句结构都有歧义呢？情况不这么简单。

3.2 专有名词做核心名词。专有名词是绝对“独一”（unique）的指称形式，其所指范围已经由能指本身进行限定（因此称作 proper name），不需要另加限定成分（指称限定成分或意义限定成分）。也就是说，如果有关系从句做修饰语，这个从句只能是非限制性的：

（13）写过《狂人日记》的鲁迅

因为：{鲁迅 | **写过《狂人日记》**，生于浙江，曾留学日本，……}

所以：[写过《狂人日记》的鲁迅]=[鲁迅]；“写过《狂人日记》”是非限制性关系从句。

从沈家煊（1999、2004）的“认知框架”内部关联模式的角度分析这一问题很方便：专有名词“鲁迅”蕴涵一系列语义特征（内涵）；在话语中，根据篇章等语境需要，使其中某个语义特征凸显，并使之成为修饰语，这不增加“鲁迅”的内涵，所以被凸显的语义特征实现为某个修饰语时，该修饰语为非限制性。

然而，请注意下面的例句：

（14）正在写《狂人日记》的鲁迅

[正在写《狂人日记》的鲁迅]<[鲁迅]

（15）处在童年时代的鲁迅

[处在童年时代的鲁迅]<[鲁迅]

（16）（作为）书法家的鲁迅

[（作为）书法家的鲁迅]<[鲁迅]

以上三例都只能做限制性关系从句结构解释，不能同时歧解为非限制性关系从句结构。例（14）和（15）中的[鲁迅]其实是根据不同时间阶段对“独一”的“鲁迅”进行划分而形成的，这种修饰语使“鲁迅”的所指不再“独一”：[青年时代的鲁迅]、[晚年的鲁迅]、[完成《狂人日记》的鲁迅]等都可以存在。

我们观察到这几个从句中的谓语都具有显性的时间标志，“在”是典型的事件谓语（stage-level predicates，参看 Carlson，1977；Chierchia，1995；Kratzer，1995；刘丹青，2002）的标志。例（16）的“书法家”是鲁迅多方面“特性/职业”中的一个方面，这个论元与“空间论元”（Diseng，1992）或“地点”（陈平，2004）是同等地位的概念，而事件谓语除了具有“时间论元”外，还有“空间论元”，所以本质上还属于事件谓语类型。

关于专有名词做核心名词时其修饰语的限制性和非限制性理解，我们的结论是：

对于专有名词，粗略地讲，当从句具有属性谓语（individual level）特征时，关系从句只能为非限制性关系从句；当从句具有事件谓语（stage level）特征时，关系从句只能为限制性关系从句。

3.3　非专有光杆名词做核心名词。下列例句中，RC 表示限制性关系从句；NRC 表示非限制性关系从句。

（17）吃螃蟹的毛利人

——RC：吃螃蟹的毛利人和不吃螃蟹的毛利人我都见过

——NRC：毛利人都吃螃蟹

（18）毛利人吃的螃蟹

——RC：毛利人吃的螃蟹和白人吃的螃蟹不同

——NRC：螃蟹只有毛利人吃（只有毛利人吃螃蟹）

我们以此设计一个光杆名词非限制性关系从句理解的测试模式：

a. 对于主语的关系化时（[Rel 的 N_{sub}]）：

如果可以说“**N_{sub} 都** Rel”，则 Rel 可以解读为非限制性关系从句；

如果“**Rel 的 N_{sub} 和不 / 没 Rel 的 N_{sub} 我都见过**”也成立，则 Rel 也可解读为限制性关系从句。

b. 对于宾语的关系化时（[Rel 的 N_{obj}]）：

如果可以说“**只有 S 才 VN_{obj}**”成立，则可以解读为 NRC；

如果可以说“**SV 的 N_{obj} 和 S_1V 的 N_{obj} 不同**”，则也可以解读为 RC。

下面对一些例句进行测试：

（19）吃螃蟹的人

——RC：吃螃蟹的人和不吃螃蟹的人

——NRC：人都吃螃蟹

RC > NRC

（20）吃螃蟹的人类

——*RC：*吃螃蟹的人类和不吃螃蟹的人类

——NRC：人类吃螃蟹

如果说“吃螃蟹的毛利人”中的“吃螃蟹”理解为限制性和非限制性关系从句的可能性相当的话，“吃螃蟹的人”中的“吃螃蟹”理解为限制性的可能性应该大于非限制性的理解。而“吃螃蟹的人类”似乎只能理解为非限制性关系从句结构，这其中的原因很具有讽刺意义：“人”、“毛利人”和“人类”中，“人”的所指（referent）范围最广，因此其内涵和所指对象的个体特征、数量、范围等都最难确定，也最需要语境来激活其中某个内涵，以明确其所指；而“人类”虽“贵”为一“类”，其所指却只能是一个“独一”概念，不能够包括“张三、李四、玛丽或苏姗娜”，其内涵和所指最易确定，最不需要语境的激活，所以它的修饰语只能是非限制性的。“毛利人”的内涵和所指的确定性介于“人”和“人类”之间。

人　　　　毛利人　　　　人类

←————————————————→

内涵不确定性 / 对于语境的依赖性　　　　内涵确定性 / 对于语境的独立性

上文所说的“语境”表现在关系从句结构中，就是关系从句，即下文画线部分：

（21）直立行走、会制造工具的人

（人 = 人类）>（人 = 一类人）>（人 = 某些 / 那些人）

（22）吃肉的人

（人 = 一类人）>（人 = 人类）>（人 = 某些 / 那些人）

（23）吃螃蟹的人

（人 = 某些 / 那些人）>（人 = 一类人）>（人 = 人类）；?（人 = 人类）

（24）正在吃螃蟹的人

（人 = 那些 / 这些人）　*（人 = 人类）　*（人 = 一类人）

可以看出，“人”的所指对象的确需要语境确定，因此，“人”能够出现的句法环境也就更多。而“人类”不仅不依靠语境就可以明确所指，而且还对语境有选择性限制：不能进入例（24），进入例（23）也不太自然（见下文3.4的讨论）。

不难理解的是，**某个核心名词越是需要语境（句法上实现为关系从句）的出现才能确定其所指，那么该关系从句就越容易被解读为限制性关系从句。**

3. 4　修饰语依赖型名词做核心名词。下面讨论这些强烈依靠关系从句来限定其所指的名词的极端情况。我们注意到，下面的关系从句只能都解读为限制性关系从句：

（25）老张喜欢的方式

——RC：老张喜欢的方式和老李喜欢的方式不同

——*NRC：* 只有老张才喜欢方式

（26）曾经广泛流行的思想

——RC：曾经广泛流行的思想和从未广泛流行的思想我都经历过

——*NRC：* 思想都曾经广泛流行

（27）老张调查的情况

——RC：老张调查的情况和老李调查的情况不同

——*NRC：* 只有老张才调查情况

（28）价格便宜的东西

——RC：价格便宜的东西和价格不便宜的东西不同

——*NRC：* 东西都价格便宜[1]

（29）让人赞叹的体形

——RC：让人赞叹的体形和不会让人赞叹的体形不同

——*NRC：* 体形都让人赞叹

Givón（1990）将这样的名词称作“语义和语用无指”的“旁格”语义角色。实际上，这些名词并非真正“无指”，而且并不限于占据旁格（以上举例都不在旁格位置上）。袁毓林（1994）称之为“一价名词”，不过当时用“一价名词”的概念所讨论的问题是由这些一价名词组成的述谓短语的“的”字结构的转指问题[2]。其实，“一价名词”的特殊性并不限于此。“事物—属性”关系类的一价名词在做名词短语的核心时，虽不一定必须“激活”与之有依存关系的名词性配价论元，即表“属性”的核心名词并不必要求拥有这种属性的“事物”名词共现，但必须要求一定的修饰语出现，这修饰语可以是形容词、领属性成分、关系从句等意义限定修饰语，还可以是指示成分。

（30）* 他喜欢体形

他喜欢漂亮的体形　他喜欢老婆的体形

他喜欢这种体形　他喜欢经过锻炼形成的体形

这些“体形”的修饰语都是限制性的。诸如“体形”这样的一价抽象名词还有：“方式、研究、手段、结果、原因、技术、性质、事物、想法、器官、样子、表情、气质、性格”等。

然而，上述不能理解为非限制性从句结构的核心名词里面，还包括一些非“一价名词”的名词，例如“东西、情况、思想、工具、事物、文集、材料、器物”等，这些名词并不存在与之有依存关系的名词配价论元，它们则更像是具有某种属性的名词的抽象类名（例如“材料”包括“红木、铝合金、塑料”等）。这些词若单用，在认知过程中由于一般不存在与之相对立的概念（“牛奶—蛋糕—羊奶”、“食品—药品—战略物资”、“东西—？”），所以一般很难“一下子”把握其内涵和所指，不做个体理解，也因此强烈要求修饰语出现以确定其所指。这些抽象度高的类

【1】“东西都价格便宜”只在语境中有可追踪的所指对象时才可以表有定，在零语境条件下只能表类指。
【2】我们认为“价格便宜的毛料”为提取“这毛料价格便宜”中话题作为核心名词的关系从句结构。

名加上修饰语后强烈倾向于表限制性修饰关系。

“儿子、爱人、（桌子）腿儿”类的关系名词和其他一价名词对于修饰语的依存程度和方式也不一样，它们必须要求与之共现的是修饰语中的领属成分，即使有其他修饰语，领属成分的影响力还在：

（31）老张喜欢的儿子

=老张喜欢的老张自己的儿子（老张有两个或以上儿子 > 老张只有一个儿子）

≠老张喜欢的老李的儿子

≠老张喜欢的所有人的儿子

（32）漂亮的儿子

=某个人的那个/那些漂亮的儿子

≠世界上所有的漂亮的儿子

≠≠世界上所有的儿子，他们都漂亮

我们不妨把这里的三种对修饰语都有不同程度和方式的依赖性的名词（一价抽象名词、抽象类名、一价亲属名词）称为“**修饰语依赖型名词**”。这些名词以光杆形式出现于关系从句之后做核心名词时，该关系从句只能理解为限制性关系从句。

至此，根据光杆名词在确定其所指时对于修饰语的依赖程度的不同，我们已讨论了三类名词做关系从句结构核心名词的情况：

最不依赖语境确定所指的名词，专有名词；属性类关系从句都只能理解为非限制性关系从句；

最依赖语境确定所指的名词，“修饰语依赖型名词”，包括一价名词、抽象类名词和关系名词；这些名词强制要求修饰语出现，关系从句修饰语都只能理解为限制性关系从句。

处于两者之间的大多数光杆名词，对于修饰语的依赖程度也略有不同，但作为修饰语的关系从句一般都有限制性和非限制性两种理解。

我们对“人、毛利人、人类”的关系图进行改造，作为这一部分的小结：

方式、东西、儿子　　人　　毛利人　　人类　　鲁迅

←——————————————————→

修饰语依赖型名词	专有名词
内涵不确定性/对于语境的依赖性	内涵确定性/对于语境的独立性
关系从句的**限制性**理解	关系从句的**非限制性**理解

四　关系从句谓语类型对于限制性和非限制性关系从句理解的影响

关于谓语类型，与上文讨论到的事件谓语相对的就是属性谓语，它“天然地”与类指（Chierchia，1995）和谐。对于谓语类型进行的这两大区分对许多问题的分析产生了深刻的影响，关系从句限制性与非限制性理解也不例外。

上文3.2已经讨论，当核心名词为专有名词时，从句具有属性谓语（i-level）意味着该关系从句理解为非限制性关系从句；而从句具有事件谓语（s-level）意味着该关系从句可以理解为限制性关系从句。

而当核心名词为另一个极端——修饰语依赖型名词时，则无论关系从句具有属性谓语还是事件谓语，该关系从句结构只能理解为限制性：

（33）老张应该尝试的方式　　属性谓语，限制性

（34）老张正在尝试的方式　　事件谓语，限制性

下面考察处于上述两个极端“修饰语依赖型名词”和“专有名词”之间的名词的情况：

（35）正在吃螃蟹的毛利人　　事件谓语，限制性 > 非限制性

（36）习惯吃螃蟹的毛利人　　属性谓语，限制性 = 非限制性

（37）去年吃过螃蟹的人　　事件谓语，限制性 > 非限制性

（38）敢吃螃蟹的人　　属性谓语，限制性 = 非限制性

（39）不小心折了的铅笔　　事件谓语，限制性；* 非限制性

（40）不小心就会折的铅笔　　属性谓语，限制性 = 非限制性

可见，作为整体趋势，关系从句中的事件谓语不易于使该关系从句理解为非限定关系从句；而其中的属性谓语既可以使该关系从句理解为限制性关系从句，也可以使之理解为非限制性关系从句。

五　关系从句谓语与核心名词表类指时内涵的相关程度对RC和NRC理解的影响

上文3.3例（21）—（24）所表现出的一个参项不容忽略：关系从句的谓语类型。可以看出，对于同一个核心名词，具有事件谓语（SL）的关系从句比具有属性谓语（IL）的关系从句更倾向于成为限制性关系从句。例（21）—（24）就是属性逐

渐减弱、事件逐渐增强的过程。

当核心名词类型、关系从句谓语类型都确定的时候，该关系从句的“内容”，即所表示的命题与核心名词所表示的类的内涵的相关程度，也往往影响对于关系从句限制性和非限制性的理解。

我们知道，“人”表类指成分时的内涵结构可以描述为 { 人 | 能直立行走，能制造工具，有语言能力，……}；那么，“能直立行走的人”就倾向于理解为“人类”，即非限制性解释；而由于“潜水、用双手走路”等不大可能进入“人”作为 homo sapiens 的内涵结构，所以“能潜水的人、能用双手走路的人”也就与“人”作为类的内涵相关度变小，结果是，“能潜水”和“能用双手”倾向于只做限制性理解。

六　余论

上文关于限制性和非限制性关系从句的论述有几个前提：（1）核心名词都是光杆名词；（2）该光杆名词表类指；（3）只讨论关系从句结构作为名词短语 NP 的本身，不讨论该结构出现在主句中的情况。设立这三个前提的原因是，汉语光杆名词在不同的语境中往往具有不同的指称功能；在汉语有限定词尤其是定指指示词出现的时候，汉语的“Rel 的 N”在形式、语调、停顿上并没有表现出限制性和非限制性的语用对立。

方梅（2004）在基于北京话口语语料的研究基础上，认为前置关系从句“都具有限制性，用来指称、识别某个实体”。这个观察很有道理。我们认为，汉语核心名词表特指意义时，[关系从句—的—核心名词] 结构并没有限制性和非限制性的区分。

而根据方梅（2004）对于北京话口语语料的研究和我们对于关中方言口语语料的观察，按照严格关系从句的定义，口语中出现的“关系代词”型后置关系从句已经在北京话中得到验证，所用的关系代词是人称代词虚化以后的“他”；而关中方言的后置从句修饰语多用轻读的“就是”、“那个 / 兀个……的”、“那个 / 兀个……那个 / 兀个”或零形式（只有停顿）表达。但一般都是用于“线性信息增量”，从统计来看，口语中，有些还可以相当长。

我们认为，如果汉语中在前置关系从句“占统治地位”的句法环境中出现了语法化程度较高、渗入书面语体较深的后置关系从句（如匈牙利语），那么，这种从句与前置的从句的分工可能会成为汉语限制性与非限制性关系从句在形式上对立的标志。这还不是本章能够深入讨论的问题。

参考文献

方　梅　2004　《汉语口语后置关系从句研究》，载《庆祝〈中国语文〉创刊50周年学术论文集》，商务印书馆。

刘丹青　1983　《亲属关系名词的综合研究》，《语文研究》第3期。

———　2002　《汉语类指成分的语义属性与句法属性》，《中国语文》第5期。

———　2005　《汉语关系从句标记类型初探》，《中国语文》第1期。

沈家煊　1999　《转指和转喻》，《当代语言学》第1期。

———　2001　《不对称与标记论》，江西教育出版社。

———　2004　《语法研究的目标——预测还是解释？》，《中国语文》第6期。

唐正大　2005　《汉语关系从句的类型学研究》，中国社会科学院研究生院博士学位论文。

袁毓林　1994　《一价名词的认知研究》，《中国语文》第4期。

———　1995　《谓词隐含及其句法后果——“的”字结构的称代规则和“的”的语法、语义功能》，《中国语文》第4期。

张伯江、方　梅　1996　《汉语功能语法研究》，江西教育出版社。

朱德熙　1978　《“的”字结构与判断句》，《中国语文》第1、2期。

———　1980/1956　《现代汉语形容词研究》，《语言研究》第1期；又载《现代汉语语法研究》，商务印书馆，1980年。

Campbell, George L. 2000 *Compendium of the world's languages*. New York: Routledge. 1-1854.

Carlson, G. N. 1977 *A Unified Analysis of the English Bare Plural, Linguistics and Philosophy*. Dordrecht, Holland: Reidel Publishing Company. pp.413-457.

Chierchia, Gennaro 1995 Individual-level predicates as inherent generics. In Carlson et al. (eds.) *The Generic Book*. Chicago: University of Chicago Press. pp.176-223.

Comrie, Bernard 1989/1981 *Language Universals and Linguistic Typology*. 沈家煊译《语言共性和语言类型》，华夏出版社，1989年。

Givón, Talmy 1972 Studies in ChiBemba and Bantu grammar. *Studies in African Linguistics*, Supplement 3.

——— 1990 *Syntax: A Functional-typological Introduction*. John Benjamins B.V. pp.644-698.

Keenan, E.L. & B. Comrie 1977 Noun Phrase Accessibility and Universal Grammar. *Linguistic Inquiry* 8: 63-99.

Keenan, Edward L. 1985 Relative clauses. In T. Shopen (ed.) *Language Typology and Syntactic Description, Vol. II: Complex Constructions.* Cambridge: Cambridge University Press. pp.141-170.

Kratzer, Angelika 1995 Stage-level and individual-level predicates. In Carlson et al. (eds.) *The Generic Book*. Chicago: University of Chicago Press. pp.125-175.

作者：唐正大

原载：《语法研究和探索（十三）》，商务印书馆，2006 年

第十一章 汉语形容词的限制性和非限制性与“的”字结构的省略规则

一 引言

和“的”有关的问题一直是汉语研究中的一个热点问题，朱德熙（1980/1961）认为，汉语中存在三类不同的“的”：副词性后附成分“的$_1$”，形容词性后附成分“的$_2$”，名词性后附成分“的$_3$”。后来研究者对朱先生分出的三个“的”进行了不同程度的归并。黄国营（1982）认为，“的$_1$”和“的$_2$”都不改变它前面成分的语法性质，可以归并为一类，而“的$_3$”改变了它前面成分的性质，可以另立一类。张敏（1998：234）指出，加“的”增加了修饰语和名词之间的认知距离，所有“的”都有此类功能。郭锐（2000）认为，把“的$_3$”看作名词化标记并不合适，“的”字结构在词汇平面都是修饰性的，在句法平面才有指称性，三个“的”可做统一处理。陆丙甫（2003）也赞成“的”字的各类用法具有同一性，认为“的”的基本功能是做描写性标记，而区别性或指别性功能是描写性一定条件下派生出来的语用功能。陆丙甫（2003）还认为，描写性和区别性都属于修饰性，描写性是从内涵角度修饰核心成分，告诉听话者“怎么样的”；而区别性及指称性强调所指的外延，告诉“哪一个/些”。从这个定义来看，描写性和区别性分属于两个层面，因而不会产生冲突，一个定语可能语义上既有描写性，语用上又有区别性及指称性，描写性和区别性可以共存于一个定语中，如“白白的”与“白的”都有描写性和区别性，只不过前者描写性更强。陆文的重要贡献在于区分了定语语义和语用两个层面的功能，并意识到描写性和区别性在同一个形容词定语中不存在冲突。但正如朱德熙（1980/1961）所指出的，“X的”多用于指称，“XX的”一般不能视为NP性结构，多用于对某指称对象的性质进行描写。如果把描写性和区别性视为所有定语都具备的两个层面的功能，则不能解释朱德熙先生所指出的这一明显对立。

本章认为，定语的功能确实应该区分语义和语用层面，语义层面表现为描写性和区别性的对立，语用层面表现为限制性与非限制性的对立。

区别性是为名词核心分类，描写性是对核心的性质进行说明。通常情况下对核心进行分类和说明核心性质并不矛盾，因而一个形容词定语往往既有区别性又有描写性。如“白衬衣”和“雪白的衬衣”中，“白”和“雪白”都可以为“衬衣”分类，同时也都是对“衬衣”颜色的说明；只不过它们在语义功能的倾向性上存在差异，人们倾向于把“白衬衣”理解为“衬衣中白的一类”，而把“雪白的衬衣”理解为对既定衬衣的描写。这可能也正是“白的”和“雪白的”在应用中体现出来的差异，这种语用差异反过来作用于语义层面，使得不同类型的形容词有了不同的语义倾向性。描写性和区别性强调形容词定语本身的功能，不牵涉应用中所在NP的指称范围。

限制性与非限制性是在实际应用中体现出来的对立，和语境关系密切。限制性修饰语缩小NP的指称范围，去掉之后影响对所指的辨识，即限制性修饰语用于帮助辨识NP的所指。非限制性修饰语用于在所指已经依赖其他条件得以确定的情况下描写所指，非限制性修饰语无法帮助辨别所指。

本章只探讨作为名词修饰语或可以独立指称的“X的”，“的”的功能非常复杂，因而处于谓语或补语位置上的“X的”不在本章研究范围，我们不讨论“这个孩子白白胖胖的”中的“X的”。另有一个与本论题密切相关的问题，即定语标记“的”在何种情况下可以省略，本章所探讨的主要是定语的功能，某些定语修饰核心可以不带“的”，但如果它有限制性功能，就必须加“的”之后才能起称代作用，如“红衣服”在“红”有限制性功能时须说成“红的”。

二　限制性与非限制性的定义及表现

2.1　限制性与非限制性的定义

对限制性（restrictive，简称R）与非限制性（non-restrictive，简称NR）的研究多来自有语法手段区别这对范畴的语言，如停顿与标点是辨识英语中限制性与非限制性关系从句最有效的手段，书面语中有逗号（口语中表现为语音停顿）隔开的关系从句是非限制性的，紧靠核心的则是限制性的。

Christensen（1957）指出，定语从句、形容词、并列结构的某一并列项、句末状语从句在功能上都有限制性与非限制性之别。不过一般对 R 和 NR 的研究都限于 NP 的修饰语。Givón（2001：10—11）指出，限制性修饰语缩小所指的范围，功能上和有定限定词（指示词、领属语或定冠词——引者）类似，而非限制性修饰语用更多特征来丰富对所指的描写，并不缩小所指的范围。

（1）a. There were two men standing at the bar. One was tall，the other short... That is，until the tall man opened his mouth and said...

b. There was a man standing at the bar. He was exceedingly tall，his head almost scraping the ceiling... That is，until the tall man opened his mouth and said...

前一句中，tall 是限制性的，后一句则是非限制性的。英语中（包括口语和书面语）都无法区别形容词限制性和非限制性的对立，因而在没有其他语境的情况下，下列句子有歧义（Peterson，1997：232）：

（2）The tired men ate strawberries.

这句话有两个解读：1）tired 为非限制性的，此句意为男人们（一定范围内的所有男人）吃草莓并且他们都非常疲惫；2）tired 为限制性的，此句意为一定范围内的男人们之中只有疲惫的那一部分才吃了草莓。

西班牙语也可用逗号（语音停顿）区别出限制性与非限制性的关系从句：

（3）Los combatientes que son valientes deben ser respetados.
ART champion RELATIVE PRONOUN be brave ought to be respect-PPL
勇敢的战士应该受到尊敬（特指战士中勇敢的那一部分）。

（4）Los combatientes，que son valientes, deben ser respetados.
ART champion RELATIVE PRONOUN be brave ought to be respect-PPL
这些战士们，他们是勇敢的，应该受到尊敬（指谈到的所有战士）。

除关系从句的 R 和 NR 之别可靠语音手段标示之外，西班牙语还可用语序标记出形容词的 R 与 NR 功能，前置形容词功能为非限制性的：[1]

【1】陆丙甫先生向笔者指出，西班牙语及其他罗曼语言中，前、后置定语的区别很复杂，各种文献说法不一，可能跟具体形容词有关，他认为基本趋势是前置的限制性更大（详见 Lu，1998）。此处我们采用的是西班牙语法教材中的通用讲法，如常福良（2004：67）。这两种相反的说法反映的是同一种现象：西班牙语中形容词的限制性/非限制性功能可以依赖语序进行分别，只是语序手段还没有语法化为辨识这组语用功能的固有句法手段。分辨不清的现象恰好说明语序手段正处于演进的过程中。

（5）las　altas　torres

ART　高　塔

高塔，描述某一特定的塔有高的特性。

后置为限制性的：

（6）las　torres　altas

ART　塔　高

塔之中高的那些，与不高的塔相区别。

R 与 NR 之别同样存在于有多重修饰语的 NP 中，如 the first edition of 1962，可以理解为（书）在 1962 年首次出版，也可以理解为在 1962 年出版的几版书中的第一版，在其他年份可能已经出版过多次。如果做前一种理解，1962 有非限制性功能；做后一种理解，1962 是限制性的。汉语中相对应的“1962 年的第一版”有同样的歧义。

同样的修饰语在不同语境中可有不同的功能，如例（1）中 tall 在 a 句中是一个限制性信息，b 句中是一个非限制性信息，例（2）中的 tired 在句中有歧义。可见限制性与非限制性不是定语本身所具备的语义特征，而是在实际应用中体现出来的修饰语和核心之间的一种语用关系。确认核心名词的所指也可使用其他手段，比如手势、上下文提供的信息等语境因素，限制性修饰语的功能与这些语用因素的功能相当。

汉语中 NP 的修饰语同样存在 R 与 NR 的对立，重音是汉语使用的使修饰语具有限制性功能的唯一手段，这一现象很容易解释，加重音使修饰语成为焦点成分，构成了与同类对象其他次类的对立，因此必然是限制性的。但重音并不是汉语中区别 R 与 NR 的特定范畴，因为虽然加重音的修饰语一定是限制性的，不加重音的修饰语却仍然存在限制性和非限制性的对立。英语中重音手段和汉语类似（Givón，2001：10）：

（7）The industrious Chinese did well in California.

a. 所有的中国人都勤劳，=NR；

b. 仅有一部分中国人是勤劳的，=R。

（8）The INDUSTRIOUS Chinese did well in California.（大写表示重音——引者）

a. * 所有的中国人都勤劳，=NR；

b. 仅有一部分中国人是勤劳的，=R。

区分 R 与 NR 的语法手段之间存在一个优先度序列：句法手段 > 语音手段 >

其他因素。句法手段控制性最强，即其他手段不能改变用句法手段区别出的 R 与 NR；语音手段（停顿、重音等）次之，其他因素（如定语是性质形容词还是状态形容词等，NP 所参与的事件的情态等）对区分 R 和 NR 有一定作用，但却不具备强制性，可以因句法、语音手段而发生改变。

2.2 确立限制性 / 非限制性的方法

采用省略法或变换法可以确定修饰语的性质。

1）省略法，看修饰语去掉之后是否会影响 NP 指称的范围，如果影响，该修饰语是限制性的，否则为非限制性的。

（9）远处走过来一个女孩子，这个（戴红帽子的）女孩子显然不是她要找的人。NR

（10）*（戴红帽子的）女孩子是她妹妹。R

2）变换法，即“X 的 Y（NP）”能否变换为“Y 中 X 的（那 / 一个 / 些）”格式，若能，则 X 为限制性修饰语，否则为非限制性修饰语。

（11）我想要一件漂亮的衣服。（= 我想要（所有）衣服中漂亮的一件，R）

（12）我买了一件漂亮的衣服。（≠我买了衣服中漂亮的一件，NR）

用变换法可以看出其中的不同，例（12）意思是“我买了一件衣服，这件衣服很漂亮”，是叙述一件事实；而变换后的意思是“面对（特定的）一批衣服，我买了其中漂亮的一件”，含有一种比较的意味，由此可看出“漂亮”在例（12）中是非限制性的，而在例（11）中是限制性的。

2.3 描写性 / 区别性与限制性 / 非限制性的区别和联系

在我们看来，陆丙甫（2003）所说的区别性是语义与语用功能的杂糅，而描写性则对应于我们所说的语义角度的分类。

语义功能是根据形容词的固有特征对形容词的分类，是看形容词是否能够为核心分类，可为核心分类的修饰语是区别性的，对既定对象进行描写的修饰语是描写性的。原则上来看，“雪白的”和“白的”在修饰名词时都有为名词分类的功能，同时都有描写功能，区别性和描写性是任何一个形容词本身都同时具备的功能，分类的同时也有描写功能。“白的”和“雪白的”二者实际上都有两种解读。

	白衬衣	雪白的衬衣
a.	**衬衣中白的一类**	衬衣中雪白的一类
b.	对某一件衬衣的描述	**对某一件既有衬衣的描述**

但是在只出现“修饰语 + 名词”，无其他语境的情况下，“白的”和“雪白的”在理解上存在倾向性，“白的”倾向于理解为分类，“雪白的”倾向于理解为对既定对象的描写（上文加黑处为倾向性解读）。

限制性就是说话人是否强调对核心从某种角度进行分类，即核心分类与否影响指称范围；而非限制性是定语对既定指称对象的性质加以描述，不管是否为核心分类，都不影响指称范围。我们认为，是否影响指称范围在实际运用中才能得到体现，因而应该用限制性 / 非限制性而不是描写性 / 区别性来描述更加合适。限制性 / 非限制性和区别性 / 描写性不同，二者是一种非此即彼的关系，一个句子在有了既定解读之后，修饰语不可能既是限制性的又是非限制性的。

倾向于体现区别性特征的“白”可以是限制性的，也可以用于非限制性的：

（13）她穿了件白衬衫，下身配了条花裙子。

（14）给我拿件白衬衫过来。

三　形容词的限制性与非限制性

3.1　汉语中形容词的功能

根据前人研究（朱德熙，1956、1980/1961；沈家煊，1999a：301—307），汉语形容词的形式和功能存在对应关系，单音节形容词是典型的性质形容词，复杂形容词（包括重叠、带后加成分、受程度副词修饰或并列使用的形容词）是典型的状态形容词，双音节形容词则介于性质和状态之间。性质和状态“属意念上的区别，同时完整地反映在句法功能上”（朱德熙，1956：6），即性质形容词表示的是名词稳定的、长期的属性，起分类作用；状态形容词描述名词暂时的状态，起描写作用。同时性质和状态的分别还体现在句法功能的对立上，如能否不加“的”直接做定语，常用句法功能是做谓语还是定语等（朱德熙，1956；沈家煊，1999a：301—307）。性质、状态之别是混合了形容词的形式、句法和语义特征的分类，之所以能够混合，就是因为形容词的形式、句法和语义功能之间存在着无标记的对应。

形容词可以依据句法功能分出次类，并非汉语独有的现象，Dixon（2004）指出，Macushi 语中根据句法表现可以区别出两类形容词：

	A 类	B 类
是否可修饰名词	须带名词化标记	可直接修饰名词

是否能构成完整的NP[1]	不可以	可以
是否能做系词的补足语	可以	须带去名词化标记
是否有副词功能	有	没有

从句法功能来看，A 类形容词大致相当于汉语中的状态形容词，B 类相当于性质形容词。

Genetti & Hildebrandt（2004）指出，Manange 语（藏缅语的一种）形容词可以区分为简单形容词（simple adjectives）和类动形容词（verb-like adjectives）两类，同做定语时，类动形容词要加上名词化标记 -pv，而简单形容词不需要。简单形容词与类动形容词大致与汉语中的性质形容词和状态形容词相当。刘丹青（2008）进一步指出，性质—状态语法范畴的对立广泛见于东亚语言，如藏缅、壮侗、阿尔泰语系中的语言。

朱德熙（1956：7、17—18）指出，同做定语，单音节（即性质）形容词是限制性的，复杂（即状态）形容词是描写性的，双音节形容词靠近复杂形容词。朱先生所言限制性与描写性就是看是否能够给名词分类，这组对立与本章所言的描写性和区别性相当，可以看作性质—状态对立所呈现出的一类语义特点（沈家煊，1999a：308—309），也可以看作一组独立的语义范畴。

我们认为，形容词的各项功能之间存在如下无标关联模式：

	无标关联1	无标关联2	无标关联3
形式	单音节形容词	双音节形容词	复杂形容词
形式—句法—语义	性质形容词	介于性质和状态之间	状态形容词
语义	限制性[2]	大多数为描写性	描写性

性质和状态的分别是形容词的形式、句法与语义功能的糅合，描写性 / 区别性是从性质 / 状态对立中剥离出来的语义功能，形容词的形式、句法、语义特征之间存在着无标记的关联，因而可糅合成性质与状态的对立。

3.2 “的”字结构的称代规则

朱德熙（1956、1980/1961）指出，名词性的“X 的$_3$”可称代“X 的 + 中心语”，这一结构是“限制性的”。范继淹（1979）指出，“形容词 + 的”的称代规则与

【1】此处作者的介绍也不够详细，大意是形容词加上某类附缀之后可以构成 NP，这样看来这类附缀和汉语中的“的”相当。

【2】朱德熙（1956）所说的限制性是一个语义概念，我们称为区别性。

区别性和描写性相关联：单音节形容词做定语是区别性的，因而可以称代中心语；形容词的生动形式是描写性的，无法加“的”称代中心语，双音节形容词则两属：

单音形	双音形 A	双音形 B	状态形
大的（苹果）	重要的（问题）	奇怪的*（问题）	雪白的*（床单）
好的（意见）	正确的（决策）	英明的*（决策）	热腾腾的*（饭菜）

按照范继淹（1979）的观点，状态形容词不能加“的”起称代作用。但是朱德熙（1956）指出，由程度副词“最”、“比较”、“更”构成的状态形容词做定语时是限制性的，是状态形容词中的特殊形式。用称代规则进行测试，它们也不同于一般的状态形容词：

（15）最贵的不一定是最好的。

（16）那件比较新的是他的。

（17）别哭了，我给你买一个更好的。

我们发现，典型的状态形容词“很＋A”也可以用于称代中心语：

（18）我很喜欢毛毛熊，昨天又买了个很大的。

（19）哪件是张三的衣服？——床上那件很新的就是。

这组例外无法使用区别性/描写性的对立进行解释。

沈家煊（1999a：293）援引姚振武（1996）指出，除“很A”之外，其他格式的状态形容词带上“的”也可以在一定条件下名词化：

（20）那块黄澄澄的准是金子。

（21）这件干干净净的给你穿。

这些典型的状态形容词并不违背描写性特征，同样是对特定个体的叙述，却可以加“的”后称代名词。而具有典型区别性的单音节形容词，做定语时可以起分类（区别）功能，但却不能加“的”称代核心名词：

（22）我五岁的时候，妈妈给我了一个小盘子（*小的），上面写了一行我不认识的字。

例（22）中“M＋N（小盘子）”是N（盘子）中的一个小类，M＋N＜N，“小”有区别（分类）作用，却不能加“的”之后称代NP。

由此看出，“形容词＋的”能否称代NP与描写性、区别性存在一定关联，但却不是决定性条件。

我们认为，修饰语在运用中表现出来的限制性与非限制性功能才是决定“修饰语+的”是否能够成为一个合格NP的关键因素。可用变换法进行测试：

（23）*我五岁的时候，妈妈给了我盘子中比较小的一个。[1]

单音节形容词“小”虽有区别性特征，但功能却不是限制性的，因此无法加“的”称代名词。

综合前人研究，我们认为，汉语形容词可从形式、句法、语义、语用等层次分出如下次类，存在着这样一组无标关联：

	无标关联1	无标关联2
形式—句法—语义	性质	状态[2]
语义	区别	描写
语用	限制性	非限制性

性质形容词有分类（区别）作用，主要用于限制性功能，而状态形容词多有描写作用，主要用于非限制性功能。语言中同时存在一些有标记的关联，比如性质形容词在保持分类功能的同时可用于非限制性，而有描写性的状态形容词也可以用于从同类中确定所指，起限制性功能。把区别性/描写性和限制性/非限制性看作不同层次上的两组概念可以解释上文所提出的一系列不对应。

从上文可以看出，“的”字结构可以称代NP与形容词的语义特征（区别性/描写性）存在关联，但语义特征不能完全解释称代规则。

“红帽子”中的“红”是性质形容词，一般起分类作用，通常认为可以省略中心语说成“红的”；可是如果它在句中起非限制性作用，核心名词并不能省略：

（24）刚才我还看见她了呢，她戴了一顶红帽子（*红的）。

（25）*我五岁的时候，妈妈给我了一个小的，上面写了一行我不认识的字。

“小的”在句法上完全可以成立，上例“小的”省略中心语之后句法不合法，我们认为是因为“小”在句中不起限制性功能，这可以用省略法证明：“小”可以省略而不改变指称范围。

（26）我五岁的时候，妈妈给我了一个盘子，上面写了一行我不认识的字。

核心名词不能省略可以有其他方面的解释：名词省略的前提是它有语境中可

【1】例（22）、（23）中的画线部分句法上都没有问题，但是变换后句子意义发生了改变，这里是语用上不合格。

【2】上文已经指出，性质、状态的区别是形式、句法和语义的杂糅，和区别/描写的对立是属于上下位概念，此处为了处理方便，我们把它们暂时并列。

以追溯到的先行词，但是此句不存在这样一个先行词，因此可以认为例（25）不合法是因为语义上不允许省略，与限制非限制无关。但我们看到即使有可以追溯的先行词，只要修饰语不是限制性的，中心语同样不可省略：

（27）我五岁的时候，妈妈给了我一个小盘子，我用这个小盘子/（*小的）盛了水，端到屋里去。

这说明限制性/非限制性这组语用限制，确实是话语中NP是否可以用修饰语加“的”称代的决定性因素。

这是句子语用上不合格。由此，我们提出一个修正的“的”字结构的称代规则：

只有限制性的修饰语才可以加“的”称代NP。

“限制性”是省略中心语的必要条件。这条规则是对袁毓林（1995）“的”字结构称代规则的修正。袁毓林（1995）意识到语义上的区别性和描写性不足以作为“的”字结构是否可以称代中心语的依据，他最终把“的”字结构的称代规则归于语用规则：

在具体语境中，如果“X＋的”能明确地指示Y，那么“X＋的”可以称代Y。

但是这个语用规则前件本身正是需要证明的部分，和后件有同义反复的嫌疑，前件中已经假设“X＋的”能够成立（“明确地指示”），然后由此推出“X＋的”能够成立，作为规则而言不够严密。“明确指示”本身表述就比较含糊，如下例：

（28）衬衫他要了一件红的。

（29）??衬衫他穿着一件红的。[1]

两句中的“红的”在“明确指示”的程度上应该相当，前面都同样有先行词，但前者能称代NP，后者却不可以。

3.3　形式、语义分类与“X的”的称代规则

根据形式和语义特征对形容词划分出的类别也会对“X的”产生一定的影响。

单音节形容词多用于分类，多音节形容词多用于描写，因而单音节形容词加“的”称代NP较为自由。双音节形容词则介于两者之间。音节形式是根据形容词固有的特征进行的分类。

语义上的区别性和描写性则是形容词在修饰名词时和名词之间表现出来的一

【1】这句话要想成立需要加一些语境条件，如“衬衫他穿了一件红的，西服他穿了一件黑的”或“衬衫他穿了一件红的，拿着一件白的”，即要构成对立语境，对立语境中修饰语一定是限制性的，详见下文。

种互动关系。前辈学人往往采用语义标准判断“X 的”是否能够称代 NP。黄国营（1982）提出，修饰语是否可以加“不”否定可用来鉴定“修饰语 + 的”是否可以称代核心：

[不] 新鲜的（蔬菜）　[* 不]　* 单薄的（衣服）

[不] 发达的（国家）　[* 不]　* 宝贵的（生命）

他认为，可以加“不”否定的形容词加“的”可以称代 NP，否则不能。依照我们的判断标准，修饰语可以加“不”否定，意味着在同一个范畴内有互相区别对立的成员（分类），因而这是一个语义标准，修饰语能够为核心分类，必然是区别性的。这些形容词不用作修饰语时都可以用“不”否定。此处使用“不”进行测试，其实就是认为区别性可以影响称代规则，但这个标准只适用于形容词，不适合名词、动词、人称代词等其他修饰语。并且在一定语境下，不能加“不”否定的形容词也可以加“的”称代 NP：

（30）这些衣服厚点儿的你拿走，单薄的就扔垃圾桶吧。

（31）他认为生命有宝贵的也有轻贱的。

语义对称代规则的影响的另一测试标准是专有名词，专有名词受形容词修饰，一般不能被称代：

（32）漂亮的 *（张小梅）　　富饶的 *（中国）

修饰专名的形容词不起分类作用，因而是描写性的，它无法称代中心语证明了语义因素对称代作用的影响。但是一定情况下修饰专有名词的修饰语也可加“的”起称代作用：

（33）你希望见到一个什么样的张小梅，漂亮的还是优雅的？

（34）你想看到一个什么样的中国，富饶的还是贫瘠的？

加“不”否定和专有名词这两个语义标准不能有效说明“的”字结构的称代规则，说明语义因素不能决定“X 的”是否可以称代 NP。语义上的区别性、描写性通常无标记地分别应用于限制性、非限制性，因而语义因素会影响“X 的”的称代作用，这一影响已经在上文分析中得到了体现，前人常利用一些语义手段来判断“X 的”是否可称代 NP。语义因素的影响，就是人们从语感上判断“X 的”是不是一个合格的句法结构。“红的”、“好的”人们常常判定为是一个句法上合格的 NP，虽然语义上不完整，同时常认为“红彤彤的”、“很好的”是对某对象的描述而不是一个 NP。可以说，语义层面的功能影响形容词是否可以加“的”构成合格的句法结构。

（35）那些红彤彤的就是他从陕西运来的苹果。

和语义角度的影响不同，语用角度的限制性 / 非限制性影响“X 的”在具体应用中是否可以应用于称代 NP。

3.4　修正的称代规则的应用价值

3.4.1 强调结构

（36）小王今天也戴帽子了，她戴着一顶红帽子 / ?? 红的。

（37）小王今天也戴帽子了，她戴的是一顶红帽子 / 红的。

有先行词或是听说双方共知的话题是名词核心省略的条件之一，但是先行词的出现并不能保证“的”字结构可以称代 NP。例（36）和（37）的对立可以说明限制性对“的”字结构的作用。强调结构中修饰语是限制性的，因而能够使用“的”字结构称代。

3.4.2 重读修饰语

（38）**勤劳**的中国人

例（38）只有一个解读：指中国人中勤劳的那一部分。

（39）勤劳的中国人

例（39）有两个解读，一个指中国人中勤劳的那一部分；另一个指所有的中国人，“勤劳”是中国人的习性之一。

3.4.3 对举格式

中心语相同的对举或并列等格式是强限制性格式，一般不能被“的”字结构称代的结构置于对举格式中，中心语同样可以省略（沈家煊，1999b）：[1]

（40）这里有许多种动物的尾巴——兔子的、狐狸的、还有……

（41）钱老人的理解是比祁老人和韵梅的高明得很多的。

这些单独看来无法省略中心语的结构，一旦用于语境中，与其他同类成分构成区别对立，即有了限制性功能之后，就可以称代中心语。进一步证明了我们的规则，同时可以解释描写性很强的状态形容词可以称代 NP 的原因：在运用中赋予它

【1】这些无法被转指的，就是所谓的一价名词，如“爸爸、尾巴、时间、原因、方法、意见、立场、问题、故事、身份”，等等。唐正大（2006）认为这属于一种“修饰语依赖型”名词，其实这类名词的修饰语也可以称为“核心依赖型”修饰语，或者说，这类名词的修饰语是名词的补足成分（complement），而不是像一般名词修饰语，往往做附接成分（adjunct）。这类修饰语虽然是限制性的，但同样不可转指中心语，沈家煊（1999b）指出，这有另外规则的制约：中心语无法被转指，是因为它们不处于同一个理想认知模型（ICM）中。

们限制性功能。

由于限制性—区别性、非限制性—描写性分别构成无标记的组配，区别性和描写性这组语义特征会影响称代规则，在此意义上，朱德熙（1956）、范继淹（1979）所发现的规则仍然是有效的。姚振武（1996）、沈家煊（1999b）发现，某些脱离语境不可能实现的称代在运用中（尤其是呈现对比意义的等立格式中）却非常自然，这说明称代规则与语用因素有更为直接的联系，是一种受限制性/非限制性控制的语用规则。

形容词可否加“的”称代，受到限制性/非限制性的制约，但我们必须看到区别：即使状态形容词可加“的”转指中心语，指称对象一般也是某个个体，而不是类名，这是它与单音节（性质）形容词加“的”转指中心语的最大不同，“红的”往往指称一类，但是“很大的”、“很新的”一般指称个体，因此前面往往带“一个”、“那个”等特指标记。陆俭明（1991）曾指出，状态形容词加“的”称代中心语时往往与指示词同现，现在我们给了这个观察一个比较合理的解释。

“的”字结构称代NP除受限制性制约之外，还需要其他条件，如上文中提到的先行词条件。“的”字结构的称代规则还与定语类型有关。汉语中做定语时不能加“的”的修饰语：指示词、量化词、数量词等，它们在当代语言理论中被称作限定词（determiner），生成语法DP理论中更把这些成分视为DP的核心，这几类成分做修饰语都有限制核心所指的作用，但无法加“的”称代中心语。[1]可以加“的”的其他类修饰语，如形容词、名词、关系从句、方位词短语等兼有R与NR两种作用，但只有在具备限制性时，它们才有可能加“的”称代中心语。“的”字结构的称代规则和核心名词的类型也有关系，详见上页注【1】。

四　汉语形容词的功能对应

4.1　形式、句法与语义之间的功能对应

（一）非谓形容词，用于分类（区别性）

（42）废纸　副经理　男教师　中型企业　重点中学　业余爱好　新生力量

（二）单音性质形容词，一般用于分类（区别）

（43）白纸　烈酒　长的棍子　好的教育

【1】度量衡量词组成的数量结构修饰名词可以加“的”，但加“的”之后已经不再是一个表示数目的数量结构，而是表示性质的修饰语，因而一定条件下可以称代核心名词，如：给我来一条三斤的（鱼）。

单音节形容词并不必然起分类作用（区别），有时可用作描写功能，如：

（44）一位旅客走累了，坐在坚果树下休息，他注意到前方一根细藤上结了个巨大的南瓜。/“自然界中的一些现象真是很荒谬”，旅客暗自嘀咕，“如果让我创造这个世界，我会让万物回到它们本来的样子。大南瓜长在结实的大树上，而坚果则应该结在细藤上面”。/这时，一枚小坚果从树上掉下来，打在他的脑袋上，震惊之余，游客望着枝干暗想，“天啊，原谅我的傲慢自大吧！假如从树上掉下来的是一个大南瓜，我岂不是被砸死了？”

（三）双音形容词，一类靠近性质形容词，可直接修饰名词，一般起分类作用

（45）漂亮的（姑娘）　普通的（衣服）　好看的（玩具）

另一类靠近状态形容词，加“的”之后才能修饰名词，一般体现描写性：

（46）美丽的姑娘　昂贵的首饰　英明的决策

（四）复杂形式的状态形容词，一般是对个体或特定对象（specific）的描述

（47）笔直的马路　湛蓝的天空　密密麻麻的雨点　歪歪扭扭的字迹

汉语形容词的形式、句法和语义功能匹配如下：

	区别	描写
非谓形容词	+	–
单音形容词	+	–（+）[1]
双音形容词	+	+
复杂形容词	–	+

区别性/描写性作为修饰语本身的内在语义特征，遵循如下序列：

非谓形容词　单音形容词　双音形容词　复杂形容词　唯谓形容词

描写性增强 →

← 区别性增强

4.2 句法、语义与语用功能的对应

（一）典型的性质形容词，有如下功能

1）语义层面是区别性，语用上是限制性

（48）好书是百读不厌的。

【1】括号意为在特定情况下也可具有此类特征。

2）语义上是区别性，语用上是非限制性

（49）他给我买了件花衣服。

3）语义上是描写性，语用上是非限制性

（50）小鸟　　　小草　　　大树[1]

（二）典型的状态形容词是形容词的生动形式

1）语义层面是描写性，常用于非限制性

（51）漂漂亮亮的女孩子一旦嫁作人妇，几年下来就变了个样子。

2）语义层面是描写性，语用层面用于限制性

（52）白白胖胖的那个孩子就是他弟弟。

（53）黑糊糊的那个红薯就是他烤的。

因为可以用于限制性功能，状态形容词同样可以加“的”称代中心语：

（54）你给我拿一块干净点儿的红薯，我不要黑糊糊的。

4.3　影响形容词限制性 / 非限制性功能的因素

4.3.1 形容词的形式及句法、语义功能

单音节——性质形容词——区别性——限制性

复杂形容词——状态形容词——描写性——非限制性

上述两种关联模式是形式及句法、语义功能对限制性、非限制性的影响。

4.3.2 语序与现实情态 / 非现实情态（realis/ irrealis）

文旭、刘润清（2006）指出，汉语中关系从句的限制性与非限制性功能和核心名词的定指 / 不定指有关。核心名词定指，则关系从句是限制性的；核心名词是不定指的，则关系从句是非限制性的（他们称为描述功能）：

（55）我一直想要借的那本书今天终于借到了。

（56）我买到了一本对我写论文很有用的书。

但在核心的指称性质不变的情况下，改变一下限定词相对于修饰语的位置，修饰语的功能就发生了明显改变：

（57）（终于有人把《野草》还回来了，）这本我一直想要借的书今天终于借到了。

（58）对我写论文很有用的一本书不见了。

【1】这是一种不太常用的，非常有标记的形式。

文旭、刘润清（2006）所举例句正好证明了汉语中限定词的语序对修饰语功能的影响：在限定词之后的修饰语一般是非限制性的，其前的修饰语一般是限制性的（赵元任，1979/1968：148；吕叔湘，1985：214；陈玉洁，2007：第8章）。

改变例（58）的情态，同样的NP中关系从句也可以变成限制性的：

（59）我想买一本对我写论文很有用的书。

这说明，情态与语序都是对关系从句的限制性还是非限制性起作用的因素。对形容词的功能这两个因素同样有效：在现实情态的句子中，形容词功能一般为NR，非现实情态的句子中则为R：

（60）a. 她穿了一件花衣服。（NR）

b. 她想要一件花衣服。（R）

（61）a. 小李$_i$一来到办公室，大家就喜欢上了这个漂亮的姑娘$_i$。（NR）

b. 他喜欢上了漂亮的这个姑娘。（NR）

对现实世界中的既定对象进行描写和叙述总是非限制性的，加不加定语不影响指称范围。如果在非现实世界中提出要求，定语自然多用于限定名词的范围。限制性与非限制性之别其实在于定语是否是强调的重点，可用重音进行标记，因而我们才把这一对立归为语用对立。

另外，核心名词的性质、不同的修饰语类别也会影响形容词的语用功能，详见唐正大（2006）、陈玉洁（2007）。

五　结语

本章主要探讨名词的修饰语（主要是形容词类修饰语）可以在何种条件下加“的”称代名词。区别性和描写性是从语义角度对形容词进行的分类，是形容词固有的语义特征，其判断标准为是否可以为核心分类。形容词限制性、非限制性是形容词在运用中体现出来的功能，其判断标准为是否可以缩小NP的指称范围。我们认为，从用法来看，存在如下两组无标记对应：单音形容词—区别性—限制性，复杂形容词—描写性—非限制性。但形容词可以同时具备区别性和描写性，在运用中体现限制性或者非限制性功能。

陆丙甫（2003）在分析“的”的性质时指出，“的”的出现与否体现了区别性与描写性的对立，区别性定语常不用“的”，描写性定语不可缺“的”，因而“的”

与区别性定语不很匹配，而与描写性定语很和谐。按照我们的看法，把描写和区别都看作语义层面的分类，正好也符合陆丙甫所言描写性定语与“的”更为和谐的看法，因为描写性定语一般不可不加“的”，而区别性很强的定语如单音节形容词可不加“的”。严辰松（2007）也提到，限制性功能是修饰语可以加“的”称代的必要条件，他也注意到了语境因素对称代规则的重要影响，但是他没有对限制性进行定位。他把语境看作修饰语“X”和核心名词之间的互动关系，他认为，凡是为核心分类的X都可以加“的”称代核心，从这一点来看，他的限制性大致相当于我们所定义的语义层面上的区别性。而我们认为，限制性是修饰语在应用中体现出来的语用功能，时刻受语境的调控，这个语境是“修饰语＋核心”结构之外的、更大的语境，如果说存在互动，应该是整个NP和它所在的句子之间的互动。

修饰语在语境中实现限制性功能是修饰语能够加“的”省略核心的必要条件，这是区分限制性/非限制性的重要意义之一；同时，作为一组可以在语言中被语法化的范畴，这一对立的确立可进一步推进对形容词的研究。

参考文献

常福良　2004　《西班牙语语法新编》，北京大学出版社。
陈玉洁　2007　《指示词的类型学考察》，中国社会科学院研究生院博士学位论文。
范继淹　1979　《“的”字结构代替名词的语义规则》，《中国语文通讯》第3期。
郭　锐　2000　《表述功能的转化和“的”字的作用》，《当代语言学》第1期。
黄国营　1982　《“的”字的句法、语义功能》，《语言研究》第1期。
刘丹青　2008　《汉语名词性短语的句法类型特征》，《中国语文》第1期。
陆丙甫　2003　《“的”的基本功能和派生功能——从描写性到区别性再到指称性》，《世界汉语教学》第1期。
陆俭明　1991　《现代汉语句法里的事物化指代现象》，《语言研究》第1期。
吕叔湘（著）、江蓝生（补）　1985　《近代汉语指代词》，学林出版社。
沈家煊　1999a《不对称与标记论》，江西教育出版社。
———　1999b《转指和转喻》，《当代语言学》第1期。
唐正大　2006　《汉语关系从句的限制性与非限制性解释的规则》，《语法研究和探索（十三）》，商务印书馆。
文　旭、刘润清　2006　《汉语关系小句的认知语用观》，《现代外语》第2期。

严辰松　2007　《限制性“X的”结构及其指代功能的实现》，《解放军外国语学院学报》第5期。

姚振武　1996　《汉语谓词性成分名词化的原因及规律》，《中国语文》第1期。

袁毓林　1995　《谓词隐含与“的”字结构的称代规则》，《中国语文》第4期。

张　敏　1998　《认知语言学与汉语名词短语》，中国社会科学出版社。

赵元任　1979/1968　《汉语口语语法》，吕叔湘译，商务印书馆，1979年。

朱德熙　1956　《现代汉语形容词研究》，《语言研究》第1期。

———　1980/1961　《说“的”》，载《现代汉语语法研究》，商务印书馆，1980年。

Christensen, Francis 1957 Restrictive and non-restrictive modifiers again. *College English* 1.27-28.

Dixon, R. M. W. 2004 Adjective class in typology perspectives. In R. M. W. Dixon & Alexandra Y. Aikhenvald (eds.) *Adjective Classes: A Cross-linguistic Typology*. Oxford: Oxford University Press. pp.1-49.

Genetti, C. & K. Hildebrandt 2004 The two adjective classes in Manange. In R. M. W. Dixon & A. Y. Aikhenvald (eds.) *Adjective Classes: A Cross-linguistic Typology*. Oxford: Oxford University Press. pp.74 -96.

Givón, T. 2001 *Syntax: An Introduction*, Vol. 2. Amsterdam: John Benjamins Publishing Company.

Lu, Bingfu 1998 *Left-right Asymmetries of Word Order Variation: A Functional. Explanation.* PhD. Thesis, University of Southern California.

Peterson, Philip L. 1997 *Fact Proposition Event*. Dordrecht: Kluwer Academic Publishers.

作者：陈玉洁

原载：《世界汉语教学》2009年第2期

第十二章　关中永寿话的关系从句类型

一　概说

永寿县位于陕西省关中地区西北部，渭河盆地北缘。永寿话属中原官话关中片。

本章以关系化标记为纲，讨论永寿话的关系从句类型。先举例说明一下和关系从句有关的几个概念。“爱念书的学生”是一个关系从句结构，也是个名词短语，其中，“爱念书”是关系从句，“学生”是核心名词，“的”是关系化标记，是通常所说的定语标记的一种。我们认为“爱念书的学生”是通过提取“（那个/些）学生爱念书”的主语“学生”而来，所以把这个提取过程叫作主语关系化；而把形成“学生爱念的书”的过程称为宾语关系化。此外，我们把“爱念书的学生不浪费时间”这样的句子看作主句。

汉语定语标记的多样性已多被注意（吕叔湘，1982；游汝杰，1982；张敏，1998；Matthews & Yip，2001等）。刘丹青（2005）从类型分析的角度讨论汉语多样性的关系从句标记以及相关理论问题。关中方言关系化标记系统也相当丰富；而且，不同标记往往对应不同的语义功能。本章拟穷尽性描写关中方言永寿话的关系从句类型，着重讨论关系化标记与关系从句和主句的谓语类型之间存在的关联模式，以及这种模式的类型学意义。

二　只用“的”做关系化标记与属性谓语的关联

2.1　“的”与主句谓语类型

只用“的”做关系化标记的意思是，关系从句和核心名词之间只有“的”，没有指示成分（这、那些等）、量化成分（每个、许多等）、量词（个、本等）等出现。根据我们的统计，永寿话对话性口语中，这种只用"的"做标记的情况不多见，而用指示成分做标记、或与"的"结合做标记的情况更多。那么，什么情况下只用"的"，什么情况下必须有指示成分等参与做关系化标记？我们通过问卷调查和语料统计发现，和普通话及其他方言一样，只用"的"的关系从句结构对于主句的谓语有语义上的限制：

（1）a. 爱学生的老师走到搭儿$_{哪儿}$都有人要呢。

b. * 爱学生的老师走到兀搭$_{那儿}$去咧$_{了}$。

（2）a. 爱学生的老师我一直就没见过。

b. * 爱学生的老师我夜来$_{昨天}$见过。

（3）a. 爱学生的老师天天都认真上课呢。

b. * 爱学生的老师正认真上课着呢。

分析这三个例子，有必要引进两个常用的语义概念：属性谓语（individual-level predicates）和事件谓语（stage-level predicates）。这两个概念由 Carlson（1977）提出，后来有很大的发展；比较统一的认识是，属性谓语和说话时间—空间没有参照关系（例如说"他会游泳"，并不指明在说话之前、之后或说话的时候"他会游泳"）；而事件谓语和说话时间—空间有参照关系[1]（"他正在游泳"是指在说出这句话的时候，"他正在游泳"）。Carlson 还发现，英语的复数光杆名词（bare plurals）在本质上表类指（generic），很需要属性谓语与其同现。Chierchia（1995）也认为："属性谓语内在地表类指……表达恒久或倾向于稳定的个体的属性"。回到（1）—（3）例：同样是"爱学生的老师"，在 a 句中可以说，在 b 中不能说；a、b 不同在于主句谓语的语义特征，画线部分即标示出这些不同。a 句的"搭儿、一直就没、天天都"强化了主句谓语的"恒久、常态"等语义特征，和说话时间—地点（time-place of utterance）没有直接的参照关系，标记属性谓语；b 句的"兀搭、夜来、正……着呢"显示"现时、动态"等语义特征，和说话时间—地点有参照关系，标记事件谓语。"爱学生的老师"表类指，所以可以出现在 a 句，不能出现在 b 句。

2.2　只用"的"与关系从句的谓语类型

汉语中，只用"的"做关系化标记的关系从句结构和光杆名词一样，都适合表类指（参看刘丹青，2002）。（1）—（3）显示，表类指的名词短语需要与主句

【1】时间和地点在语义表达上具有高度一致性，可参阅陈平（2004）。

的属性谓语和谐。永寿话不仅有此限制，而且还要求关系从句的谓语也是属性谓语，表达评论、惯常、属性的语义特征：

（4）a. 爱看古书的老师　　　b. * 看咧十几页古书的老师

（4）a、（4）b 都是关系从句结构，a 句的关系从句有属性谓语，可以说；b 的关系从句具有事件谓语，不能说，无论它出现在什么主句中。b 式结构不合永寿话语感，这是永寿话中具有一定“个性”的类型特点；普通话的光杆名词短语对于关系从句谓语类型的要求并不这样严格（参看唐正大，2005b：第六章）。

永寿话关系从句中的属性谓语类型还可以有表惯常、情态、喜恶、认识的情况：

（4）c. 看古书的老师　d. 应该看古书的老师　e. 能看懂古书的老师

f. 日眼讨厌古书的老师　　g. 一看古书就睡觉的老师

下面看看两个“貌似”的例外情况：

（5）a. 正讲课的老师不爱喜欢学生打搅他。

b. * 正讲课的老师唱起歌咧。

（6）a. 看过古书的老师全永寿县都没有几个。

b. * 看过古书的老师正在上课。

例（5）—（6）的从句都用了“正、过”等事件谓语标记词，但反而在 a 句（主句为属性谓语）中能说，b 句（主句为事件谓语）中不能说。从这儿可以发现，当两句的关系化标记都只有“的”时，即使关系从句用了“正、过”等时体标记，“正讲课”也是属性谓语，因为它不表示“在说话的时候正在讲课”，而表示“在讲任何一堂课的过程中”。根据 2.1，主句也要求是属性谓语。可这样小结：如果只用“的”做关系化标记，主句和从句都要求有属性谓语；这样，三者产生了关联。

从句法上讲，永寿话的“咧”在表“完成”时相当于普通话“了$_1$”，可用在动宾之间，例如“他看咧十几页古书”；但更多情况下，“咧”和普通话“了$_2$”对应，用在句子或从句之末；两种情况下，“咧”都表示谓语动词表示的动作和说话时间有参照关系。也就是说，从语义上讲，与“咧”对应的是普通话“了$_2$”。永寿话“咧”是事件谓语标记，指“说话时已实现或完成”。所以，只用“的”做关系化标记时，“咧”不能进入关系从句，也不能进入主句（“**”表示错了两次）：

（7）a. * 把二十本古书都看完咧的老师全永寿县都没几个。（主句为属性谓语）

b. ** 把二十本古书都看完咧的老师夜来到学校来咧。（主句为事件

谓语）

“把二十本古书都看完咧”与说话时间的参照关系可表述为，“说这句话时老师已经看完了特定的二十本古书”，这样就与光杆名词短语“……的老师”不和谐。但加上后续成分就可以说：

（8）把二十本古书都看完咧还认不得不认识繁体字的老师全永寿县都没几个。

例（8）中关系从句的谓语类型取决于“认不得”，是属性谓语；和“看完咧”有参照关系的是“认不得”，而不是说话时间。所以整个从句的谓语类型还是属性谓语，符合我们观察到的限制条件。

下面再举几个录音实例，观察只用“的”做关系化标记对于主句—从句谓语类型的限制：

（9）兀ȵiæ̃^{51}人家再如果有人的人ȵiæ̃^{51}可能就赔得多。（人家有门路的人就可能有获赔（保险金）更多。）

（10）也叫这……幸像所有外岸打工的这，幸信神的儿女……神都给赐福呢。（也让所有在外打工的和所有信神的儿女……神都会赐福给他们。）

（11）街道内部可能也坐出租出租车的人少。（县城里面乘坐出租车的人可能也比较少。）

（12）车再如果拉的人多个了[·liau]兀呼呼呼模拟发动机的声音不得上去。（如果车载的人多，它就上不去。）

综上所述，只用“的”做关系化标记时，关系从句和主句的谓语都需要是属性谓语。不妨借用沈家煊（1999）的“标记关联模式”概念，对上述关联现象进行小结（符号“—”和“|”表示关联）：

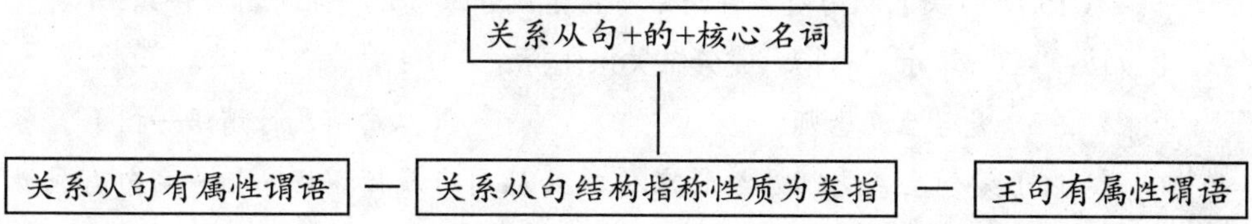

图12-1　只用“的”做关系化标记和谓语类型之间的关联模式

三　有指示成分参与关系化的情况

从上文看出，在永寿话中，只用“的”做关系化标记意味着：整个关系从句结构不能指称具体对象，即不能表实指（specific）。如果需要表实指，就要在关系从句和核心名词之间加“这、兀、那个”这样的指示成分。加了这些成分后，可以用“的”，也可以不需要“的”。语料显示，永寿话中以不出现“的”为多。这种情况下，指示成分实际上也起到了关系化标记的作用，例如：

（13）他给我 *（这 / 兀）书破咧。（他给我的这 / 那本书破了。）

之所以把“这 / 兀”等看作标记，还因为它们在句法上不可缺少。

那么，如果在整个关系从句结构之前加上指示成分（这爱学生的老师，兀木匠做下的桌子），是不是可以指称具体对象呢？不可以。在永寿话中，“这 / 兀爱学生的老师”仍然表类指，在主句中做话题；同时“这、兀”的指别功能已经消失，其功能相当于定冠词[1]，读音轻而短。况且，这里的“兀”虽然是基本指示成分“□ u”和量词“个”的合音（参看唐正大，2005a），却不能还原为基式“□ u 个”。例如（“了”读 [·liau]，话题标记）：

（14）兀爱学生的老师了，肯定不骂学生；不爱的了，说不定还打呢。

由于“兀”的冠词性以及这种形式的关系从句结构罕见于语料中，故不在本章讨论之列。

3.1　指示成分做关系化标记：与谓语类型没有关联

图 12-1 给出只用“的”时关系化标记、指称性质（类指）、谓语类型（属性谓语）三者的关联。在用指示词或与“的”联合做关系化标记的情况下，却并不要求有诸如下面的关联：

（15）*｛关系从句有事件谓语—指示成分做标记—主句有事件谓语｝

例如（“指”表示“有指示成分做关系化标记”）：

爱学生兀老师　　　　（从句有属性谓语—指）

（16）爱学生兀老师是个北京人。（从句有属性谓语—指—主句有属性谓语）

【1】关于指示成分语法化为定冠词、表类指的讨论，可参考方梅（2002）对于北京话“这”冠词化的研究。指示词的冠词化在北方官话中有比较广泛的分布，可参看陈玉洁（2007）。

（17）爱学生兀老师夜来到北京领奖去咧。（从句有属性谓语—指—主句有事件谓语）

（18）正打学生兀老师前年刚调到咱中学。（从句有事件谓语—指—主句有事件谓语）

（19）正打学生兀老师不是个好人。（从句有事件谓语—指—主句有属性谓语）

3.2 指示成分做关系化标记的优势

用“兀”等指示成分做关系化标记时，关系从句结构表实指。这种标记既与关系从句和主句的属性谓语和谐，也与二者的事件谓语和谐。然而，正如2.2所示，只用“的”做关系化标记时，关系从句结构表类指，关系从句和主句的谓语类型只能为属性谓语，显然更受限制。这样，指示成分做标记就成为无标记的格式。下面的四分表可以比较直观地看出用指示成分做标记的优势（“的”表示只用“的”做关系化标记，“指”表示有指示成分做关系化标记）：

表12-1 有指示成分做关系化标记的优势性

[指，事件谓语]	[指，属性谓语]
[的，属性谓语]	*[的，事件谓语]

综上所述，有指示成分做关系化标记时，无论关系从句和主句的谓语为属性谓语还是事件谓语，“关系从句＋指示成分＋核心名词”都合语法；只用“的”做关系化标记，只有当从句和主句具有属性谓语时才能说，这是有标记的情况。前者是占优势地位的结构。

有指示成分参与关系化标记的优势性不是永寿话所独有，《现代汉语方言语法语料库（电子版）》相关统计也已显示出这种倾向，具体可参考唐正大（2007），此不赘述。

四 核心名词不出现的关系从句

核心名词不出现的关系从句有两种情况，一种仍然是有核关系从句，就是说核心还在；另一种是无核（headless）关系从句[1]，核心不出现。

【1】关于无核关系从句的概念，请参考 Givón（1990）。

北京话“这个、这些、那个、那些”、吴方言中量词以及指量组合可以做关系化标记，与此相似，永寿话 [关系从句（—的）+ 指示成分 + 核心名词] 结构中的核心名词在话语交际中有时可以不出现，而余下的部分 [关系从句（—的）+ 指示成分] 也是一个关系从句结构，指称性质与省略核心以前相同，可以做论元，可以做主宾语。形象地说，指示成分有一种“二象性”：可以是连接关系从句和核心名词的联系性成分，也可以是关系从句结构的核心。下面是几个录音实例（下为单线的部分是关系从句，下为双线的部分是核心）：

（20）小林是搭个哪个？——就是到在树下面吃饭兀。

（21）李师傅（化名）开的兀是个桑塔纳。

（22）谁说你没新钢笔？你把你爸夜来昨天给你买下那放着搭儿哪儿去咧？

（23）你看你看你看你做下这……是个啥嘛？

在以上例句的语境下，听说双方都知道“这、那、兀”指的是谁或是什么。

严格的无核关系从句在北方官话中是“的”字结构。永寿话中的“的”字结构（下面画线部分）严格表类指，指称一类事物，不指称具体对象；从句和主句要求具有属性谓语：

（24）开车的没交过罚款兀不可能。

（25）这得是是不是你到外国回来呀买下的？……兀？——不是，兀是到中国买下的。

（26）不管啥（名字）都是亚当安下的。

（27）无论啥，人做不到的，神都能做到。

无核心关系从句结构也可以有相应的有定形式，就是在整个结构前面加上指示成分，这种形式较为罕见。我们的记录中只发现了 1 例：

（28）兀一伙打工的到西安一天可怜得松！（那些打工的在西安每天很可怜的！）

五　“数 + 量”组合 / 量词做关系化标记

永寿话直接用数量组合或量词做关系化标记似乎比普通话更自然（“老张”为化名，画线部分为关系化标记）：

（29）刚一上塬沟上平地，就看着 [tʂʰuo] 看见骑自行车儿三个人三个骑自行车的人，呼呼呼来咧。

（30）老张把我夜来给他个猪死咧。（老张死了一头我昨天送给他的猪。）

这两个例子换成普通话，如果不加“的”，似乎不太自然。

用数量组合做关系化标记在指称上有一个限制：关系从句结构需要指称具体对象，即表实指，说话者知道该对象，同时认为听话者不知道。需要说明的是，在录音语料中，数量组合与量词分别做关系化标记的关系从句结构只出现在宾语的位置，做动词或“把”的宾语。

如果在主语 / 话题位置上，即使听说双方都知道了所指的对象，更自然、更常见的表达方式还是加上指示成分：

（31）骑自行车儿？（那 / 兀）三个人一看情况不对，瓦杆子拼命跑咧。

（32）我夜来给老张？（那 / 兀）个猪今儿死咧。

这一方面和普通话相比，永寿话对指示成分的依赖更强一些。[1]

在数量组合或量词可以用作关系化标记的有限情况下，如（29）—（30）例，关系从句结构的指称性质为实指，关系从句和主句要求具有事件谓语。

六　带有体意义的趋向补语“下”做关系化标记

永寿话的趋向补语“下”在更多情况下已经弱化成为一种附缀（clitic，参看 Tang & Lamarre，2007），语音上，将邻接的前一音节的韵母延长，并使其读降调[2]，下面我们在文字表达上仍写出“下”（画线部分为关系从句）：

（33）我爷把孙木匠做下（兀）桌子给给人咧。

（34）人家木匠做下桌子就是结实。

（35）邻家翠翠端下（兀）米汤喝去 [·tɕʰi] 香得很喝起来很香，快赶紧喝。

（36）雪地里连个自行车轧下样样碾出的痕迹都没有。

从指称角度观察，“下”单独做关系化标记与“的”单独做标记时的情况一致：主语 / 话题位置只用“下”做关系化标记，在始发句或没有语境提示的情况下，这

【1】关于普通话“修饰语＋数量＋名词”表示实指的论述，可参考张宁（Zhang，2006）。

【2】张成材（1958）也谈到这一句法—音韵现象，但当时没有提到，所论及的变韵和变调现象其实是“下”在动词后位置的弱化，我们认为这种变韵来自于“下”，因为这个位置可以补出“下”。此外，“着、上、到”等动词后成分也产生了和“下”相同的变韵：这是一种句法—音系中和现象。

意味着核心名词和整个名词短语的指称属性为类指，与属性谓语和谐。由于“下”具有表“完成”的体意义，它表事件就更自然一些；这样，当话语交际中的说话者知道所指称的对象，也可以只用“下”做标记，不一定需要指示成分加入，整个名词短语也可以表实指。不过，在零语境情况下，若要表实指，还得在“下”的后面加上指示成分。

七　零标记

我们在对永寿话口语语料的统计中发现了两个不使用任何关系化标记的句子：

（37）做生意人挣钱不好挣。

（38）没念下书人可怜得松可怜得很！

这种情况在记录中就出现了这两次，都是对于主语的关系化，核心名词都是“人”，都做主句的主语/话题。这里，笔者即使以永寿话为母语，也不能真正确定这种“零标记”关系从句的能产性有多高，只能期待以后更大规模的口语实录。北京话中偶尔也有零标记现象：

（39）总算咱们去啦，比那些永不上衙门，竟等到日子去领薪水去好瞧一点儿。（《京语会话》[1]）

不过这个例句可以有两种分析：1）这是一个省略了核心名词的后置关系从句；2）这仍是一个前置关系从句，后面不但省略了核心名词（人），连关系化标记（的、的那些等）也省略了。若取后一种分析，这也是一种零标记无核关系从句结构。

使用零标记的关系从句结构其指称性质是类指的，关系从句和主语的谓语类型都要求具有属性谓语。这和只用“的”的情况相同。

八　各种标记的组合规则

上文以关系化标记为纲，简要描写了永寿话关系从句结构的各种类型。之所以称其为“标记”，有三个原因：一是因为这几个成分在无“的”的情况下可以出现；二是因为无“的”时这几个中必须出现至少一个，不可缺少；三是因为，在统

【1】鲜文大学校梁承敏、朴在渊编（整理），鲜文大学校中韩翻译文献研究所2004年出版。

计方面，无“的”的情况反而比有“的”的要多。下面介绍这几个标记在组合使用时的语序、层级关系和限制条件。

各标记中，只有“的”是专职关系化标记，语义上为空；“这 / 兀”等除了标记出关系从句的身份、关系从句结构的名词短语身份这一功能之外，它本来具有的指别功能、表有定的功能仍不同程度地存在；数量组合或量词也同时具有关系化标记、表量或者无定（indefinite）的功能；“下”已做了关系化标记，但仍然是单及物动宾句的完成体标记。这样，根据各自所承担的功能以及它们各自在句法上的归属，这几种标记都出现的、最完整的关系从句结构可示例如下（“‖”左边在句法上隶属于关系从句，右边隶属于核心名词）：

（40）张木匠　做　　下　的　‖　□u/ 滞　两个　　桌子

关系从句部分　　关系化标记部分　　核心名词

这是对于单及物动词宾语的关系化，也只有在这种情况下，才会出现五种标记同现的可能。若不全出现，有如下的组合可能：

（41）张木匠做下桌子

（42）张木匠做的桌子

两例虽都是名词短语，但指称性质不完全相同；都是无定形式，但有“下”的一般多指具体对象，为实指，例如“张木匠做下桌子我买了三个”；只有“的”的一般指不存在或不具体存在的对象，如“我想买几个张木匠做的桌子”。下面观察指示成分做标记的情况：

（43）* 张木匠做□ u/ 滞桌子

该例违反的限制之一是，“□ u/ 滞”为基本指示语，既不能独立称代（指而不代），也不能在没有量词的情况下直接限定名词。这一点与吴语（参阅谢自立，1982）和湘语（参阅陈晖，1999：276）等方言状况相似。加上“个”的情况如下：

（44）a. * 张木匠做□ u/ 滞个桌子　　b. 张木匠做下□ u/ 滞个桌子

（45）a. * 张木匠做两个桌子　　b. 张木匠做下两个桌子

加了“个”后，（44）a 和（45）a 还是不能说，并非在于它们会引起歧义（理解为“做桌子”这一动宾结构），而是在于在无“的”的情况下，兼作体标记的“下”是不可缺少的，这也证明了“下”作为关系化标记的身份。

双及物结构的情况略有不同。“下”因为必须紧跟动词，不能用在对双及物结构进行的关系化中。以“给”为例，提取直接宾语而形成的最完整关系从句结构如下：

（46）张木匠　给我　　的‖□u/滞　两个　　　桌子

关系从句部分　　关系化标记部分　　　核心名词

若标记不全出现，有下面的组合情况：

（47）张木匠给我的桌子　张木匠给我的两个桌子　张木匠给我的个桌子

张木匠给我 u/滞个桌子　　　　张木匠给我 u/滞两个桌子

张木匠给我两个桌子（有动宾句和关系从句结构两种理解）张木匠给我个桌子

以上为宾语关系化的情况，下面看看主语关系化时标记的组合限制：

（48）给 我 桌子　　的‖□u/滞　两个　　　人

关系从句部分　　关系化标记部分　　核心名词

主语关系化时，标记的使用情况跟双及物结构相同，此不复赘。

主要语料及其来源，参见本书第 145、146 页。

参考文献

陈　晖　1999　《涟源方言研究》，湖南教育出版社。

陈　平　2004　《汉语双项名词句与话题—陈述结构》，《中国语文》第 6 期。

陈玉洁　2007　《量名结构与量词的定语标记功能》，《中国语文》第 6 期。

方　梅　2002　《指示词“这”和“那”在北京话中的语法化》,《中国语文》第 4 期。

刘丹青　2002　《汉语类指成分的语义属性与句法属性》，《中国语文》第 5 期。

———　2005　《汉语关系从句标记类型初探》，《中国语文》第 1 期。

刘丹青主编　2006　《现代汉语方言语法语料库（电子版）》。

吕叔湘　1982　《中国文法要略》，商务印书馆。

沈家煊　1999　《不对称与标记论》，江西教育出版社。

唐正大　2005a　《关中方言第三人称指称形式的类型学研究》，《方言》第 2 期。

———　2005b　《汉语关系从句的类型学研究》，中国社会科学院研究生院博士学位论文。

———　2007　《关系化对象于关系从句的位置——基于真实语料和类型分析》，《当代语言学》第 2 期。

谢自立 1982 《苏州方言的代词》，《吴语论丛》，上海教育出版社。
游汝杰 1982 《论台语量词在汉语南方方言中的底层遗存》，《民族语文》第2期；又载《语文研究》1985年第4期。
张成材 1958 《商县方言动词完成体的内部屈折》，《中国语文》第6期。
张 敏 1998 《认知语言学与汉语名词短语》，中国社会科学出版社。
Carlson, G. N. 1977 A unified analysis of the English Bare Plural. *Linguistics and Philosophy*. Reidel Publishing Company, Dordrecht, Holland. pp.413-457.
Chierchia, G. 1995 Individual predicates as inherent generics. In Carlson, G. N. and Francis J. P. (eds.) *The Generic Book*. University of Chicago Press. pp.176-223.
Givón, T. 1990 *Syntax: A Functional-Typological Introduction*. John Benjamins B. V. pp.644-698.
Matthews, S. & V. Yip. 2001 The Structure and Stratification of Relative Clause in Contemporary Cantonese. In Chappell, H. (ed.) *Sinitic Grammar: Synchronic and Diachronic Perspectives*. Oxford University Press.
Tang, Zhengda & Christine Lamarre 2007 A contrastive study of the linguistic encoding of motion events in Standard Chinese and in the Guanzhong dialect of Mandarin (Shaanxi). *Bulletin of Chinese Linguistics* 1 (2): 135-168.
Zhang, N. 2006 Representing specificity by the internal order of indefinites. *Linguistics* 44 (1): 1-21.

作者：唐正大

原载：《方言》2008年第3期

第十三章　联系项居中原则与 N1VN2 (NP) 结构

现代汉语中存在着一些有特殊语序的名词短语。定语小句修饰核心名词组成名词短语，一般情况下需要“的”的连接，可是存在一种不需“的”字连接的名词短语“N1 + V + N2”结构（本章记作 N1VN2（NP）结构），刘云、李晋霞（2002）曾经探讨过这类结构的来源及限制条件，认为 V 的动作性强弱，N1 、N2 的绝对及相对生命度都会影响这类结构的产生，但他们提出的这些限制条件出现了太多的反例。我们认为，语义限制和联系项居中原则共同促使了这类结构的形成。联系项居中原则是汉语发展过程中一项不容忽视的原则，包括汉语中结构助词“的”的源头和发展动因，无不跟它的联系项作用有关。关于汉语中结构助词的发展和联系项的关系，我们将另文探讨。

一　指称属性对 N1VN2（NP）结构的限制

汉语中存在一类 N1VN2（NP）结构，其中一些可以认为是从带有定语小句的 NP 结构转化而来，比如可以认为“服装加工企业”和“加工服装的企业”存在转化关系。音节数目等对 N1VN2（NP）的形成有很大的影响，但本章只从句法和语义出发来研究这种结构的制约因素，暂不考虑韵律因素。

1.1　V 为双音节动词的 N1VN2（NP）结构（我们称之为 NP1）

刘云、李晋霞（2002）曾经论述过 N1VN2（NP）的限制条件，认为 N1 与 V 要能构成动宾关系，V 与 N2 能够构成偏正关系，要求 V 必须是动词性比较弱的动词，而单音节动词一般而言动词性都比较强，所以不能出现于这样的结构中。朱德熙（1985）、石定栩（2005）都认为“V + N”构成的 NP 结构要求 V 的动作性不能太强，石定栩（2005）同时指出，这条规定并非不可违反。下面我们也会说明，N1VN2（NP）结构中，V 也可以是单音节动词或动作性比较强的双音节动词，是这个结构的整体语义要求限制了一般情况下动词性强的动词不能进入这个结构，即便是进入这个结构的动作性强的动词，其动作性也会减弱。

刘、李（2002）同时指出，N1VN2（NP）结构中，N1、N2 都是生命度较低的名词，但马上又指出出现了一些例外。他们的观察是有道理的，表明了这个结构的一种倾向性，但实际上名词的生命度高低不会影响 N1VN2（NP）的形成：

N1 高 N2 低：总统选举方案　军马饲养方法　大熊猫保护计划

N1 高 N2 高：博士生指导教师　贵宾陪同人员

N1 低 N2 高：古籍整理专家　南极考察队员

N1 低 N2 低：污水处理系统　服装加工企业　科学研究能力

这类结构中 N1 一定得是 V 的论元，而 N2 可以是 V 的论元，比如“古籍整理专家”、“服装加工企业”，也可以不是 V 的论元，比如“军马饲养方法”、“科学研究能力”。

刘、李（2002）认为，N1VN2（NP）是由“VN1 的 N2”变来的，但是在 N1VN2（NP）结构中，如果 N2 不是 V 的论元，中间仍然可以加上“的”，我们可以说“总统选举的方案”、“军马饲养的方法”、“科学研究的能力”。如果 N2 是 V 的论元，N1V 和 N2 之间不能加“的”，比如不说“博士生指导的教师”、“南极考察的队员”、“服装加工的企业”。

从语义属性上来说，N1VN2（NP）结构中 N1 和 N2 都具有类指意义，N1VN2（NP）整体上是指一类（类指）的，而不是某一具体的事物/事件或个人，即不能表特指（specific）意义：

饲养军马的老王——* 军马饲养老王　饲养军马的方法——军马饲养方法

“饲养军马的老王”用“关系从句/限定成分+核心名词”的形式来表示某一特定的人，不能转换成 N1VN2（NP）结构。表面看来，N1VN2（NP）的形成与 N1、N2 的生命度有关，它排斥高生命度的名词，实际上是 N1VN2（NP）的指称意义（类指）决定了 N1、N2 的指称而非生命度限制。刘、李（2002）所谓的生命度高的名词不能出现，我们上文的例子已经证明只要指称意义符合（是类指名词），高生命度的名词同样可以出现于 N1VN2（NP）结构中，这也就是刘、李所谓的例外。

下面我们将会证明，N1VN2（NP）结构是一个表示类指的名词性结构，正是它的类指语义限制了 N1、N2 位置上名词形式的范围。

N1、N2 位置排斥带量化成分（quantifier）和限定词（determiner）的名词形式，

N1 、N2 位置上的名词形式不能带“一个”、“所有”等量化形式，也不能加“这”、“那”等限定词，除非这些量化形式和限定词修饰整个 N1VN2（NP）结构或有别的解释：

熊猫保护计划——* 所有熊猫保护计划——* 熊猫保护所有计划

博士生指导教师——* 一个博士生指导教师——* 博士生指导一个教师

黄河治理工程——* 这条河流治理工程——* 河流治理这项工程

N1 、N2 位置同样都排斥人称代词：

赖昌星遣返方案——* 他遣返方案

出现于 N1 、N2 位置上的名词形式，基本上都是光杆名词形式，光杆名词形式的典型语义是表示类指的（刘丹青，2002b）。而人称代词、带量化短语和限定词的名词形式都是属于语言中表特指（specific）的成分，其意义和 N1VN2（NP）结构的类指要求相矛盾，所以不能出现于 N1 、N2 位置。但从上文我们可以看出，N1 位置并不排斥专名（proper names）：

故宫修缮方案　　黄河治理工程

“神六”研制过程　　本·拉登抓捕计划

南极考察队员　　月球登陆计划

这些带有专名的 N1VN2（NP）结构仍然表示类指意义，它们可以加量化成分或/和限定成分限定范围来表示特指意义，与一般光杆名词表现相同。“一系列故宫修缮方案”、“这几项黄河治理工程”、“三个南极考察队员”中的 N1VN2（NP）结构与相应的一般光杆名词“方案、工程、队员”从指称意义上来说并没有什么差别，都是表示一个类。但如果带有专名后由于人类的认知等方面的原因，导致整个 N1VN2（NP）结构有了特指意义，表示某一特定的人或事物，这样的专名就不能出现于 N1 位置：

博士生指导教师——* 张明指导教师（张明是一名博士生）

专名和表类指的光杆名词短语语义上并不存在矛盾，Carlson（1977：413、442）就曾经指出，英语中主要表示类指意义的光杆复数名词形式（bare plural NPs）实际上就是一类事物的专名（proper names）。他指出，类指意义的光杆复数名词形式和专名有相似的语义表现，却和带限定成分和量化成分的名词性结构构成对立（Carlson，1977：442—455）。这一观察对汉语中指称问题的研究同样是有意义的。我们认为，具有类指意义的名词形式和专名具有一致性的另外一个表现是，它们都具有“整体 = 部分”（可以用整体来指称部分）的内在特征。指人、指物的专名可以看作由一系列处于不同时间阶段上的某一个体构成，地点专名则可以看作由处于不同空间位置的个体构成。“童年的张三”和“老年的张三”都是“张三”，可以指着黄河的任何一个部分说“这是黄河”。同样，类指概念下的任何一个个体都可以用类指形式来指称，可以指着任何一只羊说“这是羊”。但带量化和限定成分的名词形式部分不能用整体来指称，“这些人”中的某一人不能用“这些人”来指称，同样“两个苹果”不能用来指称“两个苹果中的一个苹果”。

N1VN2（NP）结构中 N2 位置上不能是一个专名，因为“限定成分 + 专名”只能表示特指意义，比如上文所举例子“军马饲养老王”之类。

我们可以得出这样的结论，N1VN2（NP）结构是一个表达类指意义的名词性结构，要求 N1 、N2 位置必须是表达类指意义的光杆名词形式或者和类指特征不矛盾的专名，但整个结构的意义必须是表示类指的。带量化成分和限定成分的名词性结构指称一个或一些人或事物，它们所具有的特指意义与结构的类指意义的语义要求是天然矛盾的，所以它们不能出现于 N1 、N2 位置。刘、李（2002）认为生命度因素对 N1 、N2 位置上名词的出现有影响，这一观察是有意义的，有特指意义的人称代词和能让整个结构失去类指意义的专名在生命度等级序列中都处于很高的层级上。但通过上文的分析我们可以看出，生命度不是控制 N1 、N2 位置上词语出现的决定因素，类指语义的要求才是真正的制约条件。

有时 N1VN2（NP）可以表示现场性较强的特指意义，即使这样，N1 、N2 也常以光杆形式出现，比如“证件遗失声明”、“车辆丢失现场”，只是现场指示作用使 N1VN2（NP）有了特指意义，这种特指意义只能说是由语境所赋予的。

刘、李（2002）也认为，出现于 N2 位置的大多是“人员、集体、方法、思想”等抽象名词。这是因为，抽象名词一般不存在特指情况，和类指特征是最契合的。正因此，当 N1VN2（NP）中的 N1 、N2 都是生命度低的抽象名词时，N1VN2（NP）的组合是最自由的。

1. 2　V 为单音节动词的 N1VN2（NP）结构

V 为单音节的 N1VN2（NP）结构在食品名称中大量出现，比如“肉夹馍、葱花炒鸡蛋、刀削面”等。

1. 2. 1“肉夹馍、鸡蛋灌饼”这类 V 为单音节动词的 N1VN2（NP）结构与 V 为双音节的 N1VN2（NP）结构类似，都可以转换成“VN1 的 N2”结构，N1 是 V 的受事论元，可以转换成动宾结构。然而这类结构中 VN2 无法组成偏正结构，说明 VN2

是偏正结构也不是此类N1VN2（NP）形成的必要条件。这类结构我们称为NP2。

“肉夹馍”类N1VN2（NP）结构是一种食品名称，相应的“VN1的N2”可以看作是对这种食品的解释：

肉夹馍——夹肉的馍　　鸡蛋灌饼——灌鸡蛋的饼

1.2.2 另有一种N1VN2（NP）结构，无法与“VN1的N2”相互转换，也无法用它加以解释。这类N1VN2（NP）结构，我们称之为NP3，N1和N2都是V的受事论元：

香菇焖鸡块——*焖香菇的鸡块——焖香菇和鸡块

冬瓜炖排骨——*炖冬瓜的排骨——炖冬瓜和排骨

西芹炒百合——*炒西芹的百合——炒西芹和百合

1.2.3 “刀削面、砂锅炖豆腐”这类V为单音节的结构不同于NP3，N1不是V的论元，N2是V的受事论元，它的转换和解释也不同于前面各项N1VN2（NP）结构，我们称之为NP4：

刀削面——*削刀的面——*削刀和面——（用）刀削的面

红酒炖排骨——*炖红酒的排骨——*炖红酒和排骨——（用）红酒炖的排骨

1.3 N1VN2（NP）结构的命名性与类指意义

上文所提到的四种N1VN2（NP）结构的形成，都与称谓性有直接联系。Chao（1956：218）观察到，领属结构“我的父亲”倾向于是一个“描写性短语”（descriptive phrase），而“我父亲”倾向于是一个“指称性称名”（designative term）。邢福义（1994）更明确指出，“军马饲养方法”这类结构的用途是“造名”，整个儿表示一个特定的名目，并将这类结构命名为“NVN造名结构”。张敏（1998：236—237）总结各家观点指出，在汉语的名词词组中，带“的”与不带存在很大差别，不带“的”的词组称谓性强，带“的”的词组称谓性弱，陆丙甫（2003）也指出，带“的”的名词性结构描写性强而区别性、指称性弱。张敏（1998：237）指出，称谓性是指能构成一个类名去称谓某个或某类事物的定中结构的属性，不带“的”的DN（定语＋名词）的称谓性其实可以称为一种“可命名性”，即用DN的语言形式给某一类事物赋予一个类名，其作用就像一个表类指的单个名词。这与上文我们提到的N1VN2（NP）结构的语义特征是相吻合的。因此，N1VN2（NP）结构的形成，正是由于语义上要求一个表达强称谓性和命名性的结构，这样的结构中“的”字是不能出现的。下文我们会指出，汉语中的“的”实际上起中介作用，语义的积淀造成了汉语中带"的"的名词短语具有了一定的格式意义，即称谓性很弱而描写性很强，如果语义上要求一个名词性结构表达强称谓性，"的"就不能出现，介接的作用（联系项作用）就无从表达，语言中会采用新的调控方式，寻找新的连接手段。语义上的要求促使句法上产生了新的调控手段，使得动词成为新的联系项，N1VN2（NP）结构是语义驱动的句法移位的结果。

上文所提到的四类 N1VN2（NP）结构，第 2、3、4 类都是菜名，都是称谓性、命名性很强的类名，后面是可以加"这种菜"来复指的，表明它们典型的类指特征。第 1 类是普通名词短语，这类名词短语也具有类指属性，排斥有特指意义的名词出现在 N1、N2 位置，只不过由于出现在核心 N2 位置上的大多是类指意义很强的抽象名词，一般没有上位词，所以不能用"这种 N"来复指，但 N2 有上位词的结构就可以：

（1）污水处理系统这种设备是工厂必需的。

从指称意义上说，NP1 代表一种全量，这也是类指意义的属性之一（刘丹青，2002b）。

N1 和 N2 位置上如果不是带限定性成分的名词性结构（（指）（数）（量）+名），"VN1 的 N2"也可以表示类指，而 N1VN2（NP）结构语义上要求表示类指，排斥限定性词语进入这个结构。只有表类指的"VN1 的 N2"结构才能转换成 N1VN2（NP）结构，这一点上文已经有所论述。同表类指，N1VN2（NP）结构命名性 / 称谓性强，更适于作为一个整体对一类事物进行命名，而 VN1 的 N2（NP）结构中"VN1"往往起描述、限制核心名词的作用，这种结构更强调和凸显修饰关系。

二　联系项居中原则与 N1VN2（NP）结构的形成

2. 1　我们认为，N1VN2（NP）结构的形成，来源于语义驱动的句法移位，受制于联系项居中原则的作用。

Dik（1983：274）指出，介词（adposition，包括前置词 [preposition] 和后置词 [postposition]）、名词后缀、从句标记（标句词）是句子或短语平面的联系项，联系项一般而言总是跟它所联系的其中一个成分关系更加密切一些，这个成分 Dik 称之为直接联系成分（immediate relatum），联系项的位置一般遵循两个原则：

A. 联系项总是位于被联系成分的外围，也就是说，联系项总是和其中一个被联系成分构成一个结构的两个直接成分，而一般不会进入被联系成分的内部。

B. 联系项总是位于两个被联系成分之间。

结构助词“的”、“地”、“得”正是属于比较典型的联系项，“的”的联系项作用，唐正大（2005）已有说明。我们认为，NP1—NP4 结构的形成也正是因为有联系项居中原则的推动。

在语序类型上，从动宾、介宾的角度来看，汉语是属于核心居前的语言，从名词和其修饰语的相对语序来说，又属于核心居后的语言。在“NP（VP）的 N”结构中，“的”作为联系项连接修饰语和核心名词，与前面的修饰性成分构成直接成分。传统的中国语法学界称“的”为介接性词语（张敏，1998：232），其实也就是着眼于它的联系项功能。“的”的一个最主要的功能就是表示领属关系，从语言共性的角度来看，Rijkhoff（2002：198—199）把在领属结构中起介引作用的功能词称为 possessive preposition，其名称和实质都和传统对“的”的分析是一致的。自朱德熙起，称汉语中的“的”为附缀性成分，这和把它看作介接性成分并不矛盾。联系项也有前置与后置之分，如日语中表并列关系的联系项就是后置的，而汉语中的“和”则是前置的（刘丹青，2002a），但是“的”是后置的，后置的成分容易缀化，所以把介接作用的“的”看作附缀性成分也是很自然的。

2. 2 在能与 N1VN2 互相转化的“VN1 的 N2”结构中，VN1 属于定语小句，“的”起连接小句和核心名词的联系项作用。当语义要求凸显短语的称谓性时，“的”字不能出现，这样小句和核心之间缺乏联系项的连接，受语义的驱动，就会在词语内部寻找新的联系项，而 V 是最适合充当联系项的，这样就形成了 N1VN2 结构。当 V 和 N2 不具有论元关系时，N1VN2 结构之间又可以插入“的”，构成联系项复叠的情况，插入“的”之后的 N1VN2 结构和普通的“的”字结构一样，仍然具有很强的类指性，但和相应的不带“的”结构相比，称谓性（或叫命名性）比较弱：

（2）语言研究的能力很重要。

（3）总统选举的方案已经提出很多了。

（4）歇后语使用的范围很广。

但当 V 和 N2 存在论元关系时，N1VN2 结构中不能加入“的”。这个问题我们尝试从定语性的小句修饰语是否为关系从句这个角度加以分析。刘丹青（2005b）指出，并非所有做定语的从句都是关系从句，假如被从句修饰的中心语在从句中没有同指的空位或代词，这个从句就不是关系从句，而是同一性定语，比如“我们旅游的计划”。N2 作为 V 的论元，也就是说，N2 在修饰性的小句中留有一个空位，修饰性的小句是关系从句：

古籍整理专家——[t_i] 整理古籍的专家$_i$

汽车修理工人——[t_i] 修理汽车的工人$_i$

此类的N1VN2（NP）结构由关系从句做修饰语的"VN1 的 N2（NP）"结构转换而来，所以 N1V 也可以看作一个关系从句，这类关系从句的作用就是限制核心的语义，与核心之间有较近的概念距离。当由于语义限制 V 代替"的"成为关系从句和核心之间的联系项时，便不允许其他联系项的插入。而当 N2 不是 V 的论元时，"VN1 的 N2（NP）"结构中 VN1 不是关系从句，相应的 N1VN2（NP）结构中 N1V 也不必看作是关系从句做修饰语，而可看作同一性定语。同一性定语和核心同指，起说明核心的作用，与关系从句相比，与核心之间存在较远的概念距离，所以在 V 充当联系项之后，仍有可能安插进新的联系项：

汽车修理技术——修理汽车的技术——汽车修理的技术

"句法距离反映概念距离"（Haiman，1983；转引自张敏，1998：222），句法上的不同表现显示了 N1V 与核心 N2 之间不同的紧密度，显示了区分同一性定语小句和关系从句的必要性。

动词的非论元也可以被关系化，只是采用介词结构在小句中留下了同指成分，比如英语中的 the way by which I solved that problem 之类的结构，被提取的核心成分以介词宾语的形式在关系从句中占据一定的位置，与核心形成同指关系，从而保证了关系从句的形成。从类型学的角度来看，小句中成分和核心没有同指关系的修饰性小句（同一性定语小句）至少不能称作严格意义的关系从句，"研究语言的方法"和"用 [t_i] 来研究语言的方法$_i$"是有区别的，并且这种同一性定语小句和一般关系从句的区别在语言的其他句法环境中得到了体现。

2. 3　NP3 和 NP4 类结构，因为不能与"VN1 的 N2"结构互换，所以不能用上面的原理进行解释。NP3 从意义上来看，只能说是来自"VN1 和 N2"。比如"冬瓜炖排骨"只能认为来自"炖冬瓜和排骨"、"霉干菜烧肉"只能认为是"烧霉干菜和肉"。汉语中"VN"序列的理解因素比较复杂，可以是定中关系，比如"遗失声明"；大多是动宾关系，比如"看书"；还可以是歧义，比如"参考文件"。但是如果 N 是一个复杂 NP，不管这个 NP 内部存在何种关系，VN 只能被理解为动宾结构，也就是说，当可以理解为偏正关系的 VN 中 V 与 N 存在动作——受事关系时，对 N 有严格限制，即 N 只能是一个基本层次范畴上的光杆类指名词形式，而不能是数量结构、限定结构或其他形式的复合词组：

歧义 —— 动宾 —— 动宾 —— 动宾 —— 动宾

烤红薯 烤一只红薯 烤红薯和白薯 烤大红薯 烤香甜的红薯

当"炖冬瓜和排骨"这样具有复杂关系的词组要显示出具有类指意义的指称特征，只好舍弃只能构成动宾关系的"VN1 和 N2"结构，而由 V 占据联系项"和"的位置。一方面可以说，V 充当了 N1 和 N2 的联系项；另一方面，从形成的 N1VN2 结构这个结果来看，VN2 可以组成偏正结构，而 N1 被排除出这个 NP 之外了，所以，N1 位置的成分，一般是在菜名中不太重要的，不被强调的成分。这个结果我们可以看作是 V 代替了"和"，移到了 N1 和 N2 的中间，也可以看作是 N1 移到了外围后，"和"消失，V 正好充当了联系项。

刘丹青先生（个人交流）指出，除受到联系项居中原则的作用外，"核心靠拢"的原则（The principle of head proximity）对 N1VN2（NP）结构的形成应该也起到了积极作用。核心靠拢原则是 Dik（1997：402）提出的一项重要的语序原则，后来他的学生 Rijkhoff 对此原则进行了阐发，把它表述为：一个下级范域（subordinate domain）中核心成分的优先位置是靠近上级范域（superordinate domain）的核心成分的位置（Rijkhoff，2002：264）。当"VN1 的 N2"结构由于语义需要，作为修饰语"VN1 的"结构核心的"的"隐去之后，剩余的"VN1N2"已不再能遵循核心靠拢的原则，动词 V 作为定语小句的核心（下级 / 从属范域中新的核心）倾向于和作为 NP 核心的核心名词靠拢。而"VN1N2"结构中 N1 与 N2 为并列关系，这样的语义表达要想形成一个具有类指意义的 NP 结构，即以 N1 和 / 或 N2 为核心，最恰当的表达方式就是 V 居于 N1 与 N2 之间，N1VN2（NP）结构最大限度地体现了核心靠拢原则。核心靠拢的原则和联系项居中原则起合力作用，共同促进了 N1VN2（NP）结构的形成。

陆丙甫先生（个人交流）指出，前紧后松（从属语在前与核心结合紧密，从属语在后与核心结合较松）的类型学原则（陆丙甫，2003）[1] 在 N1VN2（NP）结构的形成过程中也起了积极作用。在 OVN 中，OV 和（OV）N 都是紧结构。如果用 VON，那么 VO 是松结构，而整个（VO）N 是紧结构，紧套松的结构可能是

【1】唐正大（2005）也指出，和后置相比，关系从句前置具有和核心更加密切的关系，这可作为前紧后松原则的另外一个佐证。

语言中比较排斥的结构。

汉语中，动词前面的名词可以在介词的帮助下或者独立充当 VP 的修饰性成分，即充当状语，比如“电话联系”，古汉语中也有很多这样的结构，比如“人立”。在这种结构的类比作用下，NP3 中的 N1 就可以被理解为一个附着成分，其次要性更加突出，所以 N1 甚至可以被看作是省略了介词的状语成分，比如我们可以做这样的解释：

葱花炒鸡蛋——用葱花炒的鸡蛋

蛋炒饭——用鸡蛋炒的饭

NP3 中 N1 和 N2 的地位实际上是不平等的，例如在“黄瓜拌蜇皮”中，“黄瓜”为配菜，“蜇皮拌黄瓜”则“蜇皮”为配菜。有时未必以量的多少来作为衡量重要性的标准，在菜名中往往把想要突出的材料放在 N2 位置，比如“冬瓜炖排骨”。

NP4 中，N1 是表示工具等旁格意义的名词，可以看作前面省略了介词，N1 不是 V 的论元，N2 是 V 的论元：

刀削面——（用）刀削的面

油煎鸡蛋——（用）油煎的鸡蛋

红酒炖排骨——（用）红酒炖的排骨

这种结构中，V 和“的”都具备充当联系项的资格，所以当语义上的类指要求限制“的”的出现时，“炖”就可以直接充当联系项了，但当动词受介词词组（PP）修饰时，动词的动作性很强，所以“PP + V + N”容易被理解为“状 + 动 + 宾”结构，例如“用油煎鸡蛋”，就很难像“油煎鸡蛋”一样理解为一个名词性结构。而动词性强的动词不具备充当联系项的资格，下文我们将会指出，处于联系项位置的动词，实际上已经失去了作为动词的典型特征，所以 PP 中的前置词脱落。NP4 格式中的“水煮”、“刀削”等与“清蒸”、“红烧”、“滑炒”等典型的方式状语已经类似。

N1VN2（NP）格式中的 NP3 、NP4 都是称谓性很强的类指格式，要求 N1 和 N2 都是类指的光杆名词，V 居于两联系项之间，可与 N2 组成直接成分，而 N1 更倾向于被看作一个外围成分，起一种修饰的作用。

食品名称另有一种“主动宾”型构成方式，如“烧饼夹油条”、“烙饼卷大葱”之类，这种结构也是 N1VN2（NP）结构，自然不违背联系项居中的原则，不在本章讨论的范围之内。

三　动词的联系项作用

在N1VN2（NP）结构中，联系项是由动词充当的，刘丹青先生曾提出一例（个人交流），证明某些动词和“的”一样，可以代替“的”起联系项作用：

姓张的女孩～张姓女孩～＊姓张女孩

我们认为，语言中充当联系项的成分，都是属于词类特征不明显的成分，也就是属于一类词中不典型的成分（关于联系项的性质，我们将另文探讨）。动词的典型语义是表示动作，大部分单音节动词和很多双音节动词都是动作性很强的典型动词，所以这类动词不能出现在N1VN2（NP）结构中充当联系项，我们上文已有例子说明了这一点，下面的例子同样能证明动词动作性的强弱对它充当联系项的影响：

a. VN1N2		b. N1VN2		c. VN1N2
养马场	——	军马饲养基地	——	＊饲养军马基地
制衣厂	——	服装加工企业	——	＊加工服装企业
割草机	——	小麦收割机	——	＊收割小麦机
获奖者	——	五一劳动奖章获得者	——	获得五一劳动奖章者

如果我们假定双音节动词的动作性弱于同义的单音节动词，联系项的性质能更好地解释上述a与b的对立。“养”、“割”之类词语与同义的双音节词语“饲养”、“收割”等相比，由于动作性过强而无法充当联系项。上文指出，单音节动词“姓”可以代替“的”起联系项作用，而“姓”属于不典型的动词，一般把它和“是”划归一类，称为系动词或属性动词，这正好从另一个角度证明了作为联系项的动词具有非典型性。

a和c都同时违背了联系项居中和核心靠拢的双重原则，同为VN1N2结构，为什么a能成立而c不能？陆丙甫先生（个人交流）提出了一个可信的解释，他指出，在这个问题上，音节等韵律方面的限制是最主要的因素，其他因素是次要的。N1为单音节时VN1N2中的V和N2之间只隔一个音节（并且V与N1还在一个音步内），距离还不很远，这种无标记语序的VO直接做定语对核心靠拢原则的违背并不明显。

我们认为N1VN2（NP）结构中的V作为联系项是词类特征不典型的成分，并且认为单音节动词由于其动作性强而无法出现于这种结构，但这个限制可以被违背，一些动作性比较强的单音节动词（与“姓”等不表动作的动词不同）仍然可以出现于N1VN2（NP）结构，比如“肉夹馍”、“冬瓜炖排骨”等。如果我们说一旦典型动词作为联系项就削弱了典型性，势必有循环论证的嫌疑，而且引出另一问题：为什么其他动作性强的动词不可以削弱典型性用于联系项？考虑到动词性强的单音节动词用作联系项主要出现于食品名称，我们只能说，这些可以做联系项的单音节动词只是表明一种状态而不再强调动作：比如“肉夹馍”中的“夹”只是表明一种状态而忽略“夹”的动作，也就是说，“割草机”之类结构中修饰性成分“割草”隐含着施事者“人”，其实就是“人割草的机器”，有了施事者的参与，一般是强调动词的动作性的，而不考虑施事者因素，整个事件就有可能被认为是一种属性事件，动词的动作性有可能被抑制，如“肉夹馍”和“韭菜炒鸡蛋”中，动词的施事者被忽略，也可以认为动词的动作性被暂时抑制了。这里我们认为同一个动词在不同的环境中凸显了不同的语义特征，然而更确切的解释需要进一步探讨。

同时我们似乎觉得，N2 作为现代汉语中的不成词语素对 VN1N2 （NP）结构的构成有积极的影响。

动词充当联系项的另一表现是，从句前置的 SOV 语言在构造关系从句结构时，往往在关系从句和核心名词之间不采用任何具有形态句法特征的联系项（唐正大，2005），这种 verb-final 的语言在关系从句修饰核心名词时，小句动词自然而然充当了修饰语和核心名词之间的联系项。而 SVO 语言构造关系从句时，当修饰语居于核心之后，而提取的成分正好是主语时，动词就直接紧邻动词充当联系项了，如古汉语中“者”字结构居于名词之后时：

（5）未至发所，道闻民有在草不起子者，回车往治之。（《世说新语·政事》）

（6）佗小渠披山通道者，不可胜言。（其他披山通道的小渠不可胜言）（《史记·河渠书》）

这种“者”字结构被认为是复指前面的名词，构成复指短语（王力，1990），但王力同时认为，这种“者”字结构等于后置的修饰语。我们可以把它看作由动词充当联系项的后置关系从句，刘丹青（2003a、2005b）明确提出，可以把“使吏召诸民当偿者悉来合券”和“士卒堕指者什二三”之类结构中的“NVP 者”分析为后置关系从句结构。董秀芳（2003）指出法律语言中的一种后置关系从句：

（7）司法工作人员私放罪犯的，处五年以下有期徒刑或者拘役。（《中华人民共和国刑法》第一百九十条）

此类结构可以认为和“者”字结构一样，一般是提取主语，由动词兼任了修饰语和核心词之间的联系项，但如果认为这里的动词充当联系项，我们就必须面临另外一个问题，即这里的动词是否也是不具有典型动词特征的动词，这些动词可以加状语，比如介词短语或能愿动词，也可以自由带宾语，与核心被提取前的结构相比，动词的动作性并没有发生变化。我们在考察中发现，这样的句子中似乎核心之后动词或动词短语之前往往可以加动词“有”字，“有”属于不典型的动词，起的主要作用就是连接作用，也就是充当联系项，基本上符合我们认为的联系项属不典型成分的预期，但这个问题需要进一步论证。“者”、“的”这里可以认为是标记从属语的小句标记。

SOV这种动词居末的语言，如果关系从句又前置，由于动词永远位于句末，构造关系从句时形成这样的结构：N1、N2……NnVN，核心名词和动词不会被认为是同一个小句中的成分。但汉语“SVO者/的”结构在从句标记“者/的”出现之前，“SVO”很容易被视为主谓宾结构，因此需要重新理解，增加了理解的负担，所以这种结构的出现频率不高，古代汉语中这样的结构在一般文体中还存在，现代汉语中它的应用受到了更大的限制。

汉语中的“的”，传统语法就称之为介接词。古汉语中的结构助词“之”，也曾被称为“介词”（王力，1990）、“介字”（马建忠，1983/1898：246）。黎锦熙（1992/1924：159）认为“的”是一个后附介词，他称为“领摄介词”；钱乃荣（2001：182）沿袭传统语法的观点，称“的”为后置介词。唐正大（2005）从功能角度，认为“的”可以称为联系核心和修饰语的联系项。

汉语中的“的”最主要的功能，是作为结构助词，也就是用于修饰语和其核心词之间，起连接作用，也就是说，“的”的主要功能就是充当联系项。而“和”最主要的功能就是起连接作用，它被称为“连词”，连接两个并列的结构成分。作为典型的联系项的“的”或“和”由于语义的原因（上文已经做过解释）不能出现之后，结构中要求新的联系项，而动词恰好符合这个条件，所以联系项居中原则就起了作用，形成了较有特色的N1VN2（NP）结构。联系项原则在汉语中是“顺者昌”的一条原则，而并非是“逆者亡”[1]的，也就是说，在某些条件下它可以被违背。

动词的联系项作用不仅仅存在于汉语中，N1VN2（NP）结构是一种具有普遍性的结构。在英语这类有形态的语言中也存在N1VN2（NP）结构，但是V必须以分词形式出现，比如head-driven phrase，object-oriented system，place-denoting noun，这些N1VN2（NP）结构也都表达了类指意义，其中N1V结构可以看作是

【1】“顺者昌、逆者亡”的比喻引自唐正大（2005）。

关系从句的前置，标示分词的后缀 -ing 或 -ed 是必需的，我们可以认为它们的作用就是减弱了 V 的动词性以便使动词和联系项 that 一样成为新的联系项。同时由于客观上起了联系作用，这些减弱动词的动词性的后缀也可以被称为联系项（Dik，1983），那么也可以认为 N1V 是一种语序特殊的关系从句。[1]

关于联系项是词类特征不明显的成分，方梅（2004）提供了另一类型的一个证明，她指出了汉语口语中的一类后置关系从句：

（8）你站在大街上总能看见那种不管不顾的人，他看见红灯就跟不认得似的，照直往前骑，你当警察要爱生气得气死。

方梅认为，句中的“他”是一个关系化标记，不同于典型的三身代词。这个不典型的“他”就是一个起连接核心和关系从句作用的联系项。

四　余论

联系项居中原则是一项重要的语序原则，然而它在各种语言中的作用力并非是同样大的，即使在同一语言发展的不同历史时期，它的作用力也有差异。它不是一种语言的语序的决定因素，实际上，应该没有任何一项原则可以独立决定一种语言的语序。“语言成分的线性排列是多个语序原则互相作用的结果，它们的作用力可能相反，也可能一致”，Rijkhoff（2002：239）的这句话或许能为我们的语序研究提供一个借鉴。

N1VN2（NP）结构可以看作一个复合词，如“肉夹馍”等，但从它的内部结构上来说，与关系从句结构的关系更为密切。我们似乎可以把 N1VN2 （NP）结构看作一种构式，有典型的语义特征，N1、N2 为表类指的名词，V 为特征不明显的动词，整个结构表示一种类指意义，这可以用来解释很多不可说的结构：

学生书包丢失案件——* 小王书包丢失案件

但我们在语料的搜集过程中还发现了极少例外，比如“邓小平同志遗体火化仪式”，整个 N1VN2 （NP）结构有特指意义，这样的结构不太多，但是足以使我们思考例外的原因。陆丙甫先生指出（个人交流），这样的结构大概可以分析成“邓

【1】蒙刘丹青先生告知，Comrie 和 Smith （1977）将非限定式小句列为调查对象，分词短语等被看作非限定式小句下面的小类。关于非限定式小句，详见刘丹青（2005b）。

小平同志”修饰整个“遗体火化仪式”，因为这里“邓小平同志”是指别性很强的定语（领属语），领属语往往可省略“的”（陆丙甫，2005），我们认为这是目前来说对这类例外最好的解释，但是上例中，“小王”同样可以看作领属语，为什么整个结构不能成立？这个问题需要我们进一步的思考。

参考文献

董秀芳　2003　《“的”字短语做后置关系从句的用法——兼评法律文献中“的”字短语的用法》，《语言文字应用》第4期。

方　梅　2004　《汉语口语后置关系从句研究》，载《庆祝〈中国语文〉创刊50周年学术论文集》，商务印书馆。

黎锦熙　1992/1924　《新著国语文法》，商务印书馆，1992年。

刘丹青　2001　《粤语句法的类型特点》，香港《亚太语言教育学报》第2期。

———　2002a《汉语中的框式介词》，《当代语言学》第4期。

———　2002b《汉语类指成分的语义属性和句法属性》，《中国语文》第5期。

———　2003a《试谈汉语方言语法调查框架的现代化》，载戴昭铭主编《汉语方言语法研究和探索——首届国际汉语方言语法学术研讨会论文集》，黑龙江大学出版社。

———　2003b《语序类型学与介词理论》，商务印书馆。

———　2005a《汉语关系从句标记类型初探》，《中国语文》第1期。

———　2005b《语法调查与研究中的从属小句问题》，《当代语言学》第3期。

刘　云、李晋霞　2002　《“$V_{双}N_1$的N_2”格式转化为黏合式偏正结构的制约因素》，《世界汉语教学》第2期。

陆丙甫　2003　《“的”的基本功能和派生功能——从描写性到区别性再到指称性》，《世界汉语教学》第1期。

———　2005　《语序优势的认知解释（下）：论可别度对语序的普遍影响》，《当代语言学》第2期。

马建忠　1983/1898　《马氏文通》，商务印书馆，1983年。

钱乃荣　2001　《现代汉语》，江苏教育出版社。

石定栩　2005　《动名结构歧义的产生与消除》，《语言教学与研究》第3期。

唐正大　2005　《汉语关系从句的类型学研究》，中国社会科学院研究生院博士学位论文。

王　力　1990　《中国语法史》，载《王力文集》第十一卷，山东教育出版社。

邢福义　1994　《NVN 造名结构及其 NV｜VN 简省形式》，《语言研究》第 2 期。

张　敏　1998　《认知语言学与汉语名词短语》，中国社会科学出版社。

朱德熙　1985　《现代汉语书面语里的虚化动词和名动词》，《北京大学学报》第 5 期。

Carlson, Greg N. 1977 A unified analysis of the English bare plural. *Linguistics and Philosophy* 1: 413-457.

Chao, Yuen Ren 1956 Chinese terms of address. *Language* 32 (1): 217-241.

Comrie, Bernard & Smith, Norval 1977 *Lingua Descriptive Studies: Questionnaire*. Amsterdam: North-Holland Publishing Company.

Dik, Simon C. 1983 Two constraints on relators and what they can do for us. In Simon C. Dik (ed.) *Advances in Functional Grammar*. Dordrecht: Foris Publications. pp.267-298.

——— 1997 *The Theory of Functional Grammar* (Second, revised edition). Berlin: Mouton de Gruyter.

Haiman, John 1983 Iconic and economic motivation. *Language* 59 (4): 781-819.

Rijkhoff, J. 2002 *The Noun Phrase*. Oxford: Oxford University Press.

作者：陈玉洁

原载：《世界汉语教学》2006 年第 2 期

第十四章　关中方言第三人称指称形式的类型学研究

本章所讨论的语法现象普遍存在于陕西关中各地的方言中，但如需标音时，只标作者母语关中永寿话的读音。

下面先简略地对本章中用到的“第三人称”、“第三人称代词”和“第三人称指称形式”三个术语做一些说明。“第三人称”指的是对话双方在对话中提及的第三方。“第三人称指称形式”指的是可用来指称第三人称的语言表达形式（encoding），如人称代词、指人名词、指示代词或指示词短语、零形式等等。“第三人称代词”指的是专门用来指称第三人称的代词，是第三人称指称形式中的一种。这三个概念密切相关，但类型学价值并不完全相同。跨语言的类型比较证明，具有第三人称指称形式是人类语言的共性，但有的语言却没有专职的第三人称代词，如乔克托语（Campbell，2000：389）。

不计复数形式，关中方言有两个第三人称代词：“他 [$t^{h}a^{51}$]”和“兀 [$uə^{51}$]”。[1] 第三人称指称形式则还有羡称形式 [$ȵia^{51}$]（可能是“人家”的合音形式。下文径用“<u>人家</u>”来表示）、指人名词短语（如人、张三、刘村长、这几个人）、零形式等。

本章主要讨论两个相互关联的问题：一、“他”、“兀”和“<u>人家</u>”等三个第三人称指称形式的标记性等级。二、“兀”兼表远指代词的类型学意义。通过类型比较可知，关中方言第三人称指称形式中标记度最低的“兀”兼用作远指代词与其他大多数汉语方言不同，却与现代阿尔泰语系诸语言在类型特征上是一致的。这种现象很值得深入调查研究。

本章的主要语料来源是作者对关中方言的一些语音实录，有 8 组对话，约 10

【1】“兀 [$uə^{51}$]”在关中方言各点中的读音在韵腹上略有差异，作者认为“兀 [$uə^{51}$]”是由指示单语素“兀 [u^{55}]”与量词“个”合音而成的指示代词。

个小时，涉及永寿（关中西部）、西安（中南部）、耀县（北部）、渭南（东部）4个点。所调查的8个发音人里面学历最高的是初中二年级。文中最小差异对的例句，为作者根据录音设计的问卷。

一　“他”、“兀”、“人家”的基本用法与功用差别

1.1　关中方言“他”指称第三人称的局限性

北京话有专职第三人称代词“他”，“他”对于第三人称的指称是无标记的；而关中方言中“他”的使用很受限制：

	关中方言	北京话
（1）	（指远处以一人问）*他是谁？	（指远处以一人问）他是谁？
	*他是我老师。	他是我老师。
（2）	小龙做啥着呢？	小龙做什么呢？
	*他吃饭着呢。	他吃饭呢。
（3）	小龙今年考上大学了没？	小龙今年考上大学了没有？
	*他考上北大了。	他考上北大了。
（4）	你知道这是谁的书？	你知道这是谁的书？
	（指旁边一人答）*这是他的书。	（指旁边一人答）这是他的书。

以上北京话中可以用“他”的地方，关中方言都不能用“他”。我们发现，使用“他”来指称第三人称必须满足一定的语用条件。下面对决定关中方言第三人称指称形式的语用条件做一些分析。这里的语用条件表现为说话者对于第三人称的主观评价：

1.1.1 说话者否定第三人称所指有能力或曾经做成某件 / 些有积极意义的事（可用反问句表否定）：

	关中方言	北京话
（5）	我老师是李家村里的李平。	我老师是李家村里的李平。
	他能当个老师？	他能当老师？
或：	他当不了老师。	或：他当不了老师。
	他能当老师还怪咧！	他能当老师才怪！
但：	*他能当老师。	他能当老师。

	*他肯定能当老师。	他肯定能当老师。
	*我看他当老师还对着哩。	我觉得他当老师还不错。
（6）	小龙做啥着呢？	小龙做什么呢？
	*他吃饭着呢。	他在吃饭呢。
	快上得课咧，他怕不敢再吃咧。	快上课了，他恐怕不能再吃了。
或：	不给他吃！他作业还没做完呢。	或：不给他吃！他作业还没做完呢。
	他饭量不胜他姐。	他饭量没有他姐姐好。
	叫他吃，看我不打他了 [1iau]!	让他吃，看我不打他才怪！
但：	*叫他吃，时间还早着哩。	让他吃吧，时间还早着呢。
	*他饭量好得很。	他饭量很好。
（7）	你知道这是谁的书？	你知道这是谁的书？
	（指旁边一人答）*这是他的书。	（指旁边一人答）这是他的书。
	他买不起这么贵的书。	他买不起这么贵的书。
或：	我看这书不是他的。	或：我看这书不是他的。
	他就没看过这书。	他就没看过这本书。
	他说他看过这书，我不相信。	他说他看过这书，我不相信。
但：	*我看这书就是他的。	我看这书就是他的。
	*他说他看过这书，我相信呢。	他说他看过这书。
（8）	你看小龙这人咋个相？	你看小龙这人怎么样？
	我看他没这本事。	我看他没这本事。
或：	我就没见过他能成过一回儿。	或：我就没见过他有能力过一次。
	我看他教书不行。	我看他教书不好。
	他就没给邻家老汉担过水。	他就没给邻居老头挑过水。
但：	*我看他教书没麻哒。	我看他教书没问题。
	*他前儿给邻家老汉担水来。	他前天还给邻居老头挑过水。

1.1.2 第三人称所指处于或遭遇不幸事件、状态或结果，且说话者不对其表示同情。例如：

	关中方言	北京话
（9）	年始计划生育罚款名单上就有他的名字呢。	去年计划生育罚款名单上就有他的名字。

（10）	* 年始光荣榜上就有他的名字呢。	去年光荣榜上就有他的名字。
（11）	他叫警察抓到监狱里去咧。	他被警察抓到监狱里去了。
（12）	* 北京大学把他录取咧。	北京大学把他录取了。
（13）	他婆娘偷苹果去呀叫人捉住了。	他老婆偷苹果时让人抓住了。
（14）	* 他婆娘今年挣的钱多得很。	他老婆今年挣的钱很多。
（15）	他不年轻咧，都四十咧。	他不年轻了，都四十岁了。
（16）	* 他年轻得很，今年才二十。	他年轻得很，今年才二十。

1.1.3 “他”用于对比焦点句中，说话者强调“他”的所指遭遇不幸，且与自己无关；或即使未遭遇不幸或遇到幸事，说话者也极力强调与自己无关：

	关中方言	北京话
（3’）	a. * 他考上大学咧。	他考上大学了。
	他能考上大学了，村里人一满都考上咧。	他如果能考上大学，村里人全都考上了。
	* 他考上大学咧，我娃没考上。	他考上大学了，我孩子没考上。
	他考上大学咧，我娃考上研究生咧。	他考上大学了，我孩子考上研究生了。
	他考上大学咧，跟咱有啥关系呢？	他考上大学了，跟咱有什么关系呢？
（17）	老板给咧他一万，第二天就给咧我两万。	老板给了他一万，第二天就给了我两万。

通过以上用例，不难得出：

关中方言不能用“他”来无标记地指称第三人称，用“他”是有标记的，即受限于说话者对该第三人称所指的主观评价，这可表述为：

说话者宣告与第三人称所指相关的事件、状态、属性无关，即心理的疏离（alienation），具体说：

当与第三人称所指相关的事件、状态、属性是消极的（占多数），说话者至少不同情，或当与第三人称所指相关的事件、状态、属性是积极的（占少数），说话者至少不羡慕，在这种情况下，用“他”指称该第三人称。

1.2　第三人称指称的无标记形式“兀”

上文中的“*”号句都因为用“他”而不能说，将它们转换为能说的句子，就要将“他”替换为指示代词“兀”。如：

关中方言	北京话
（12’）a. 北京大学把兀录取咧。	北京大学把他录取了。
（11’）a. 叫警察把兀捉下去咧。	警察把他抓去了。
（18）兀到美国留学去咧。	他去美国留学了。
（19）兀到山上叫长虫咬咧。	他在山上被蛇咬了。
（14’）a. 兀家婆娘今年挣的钱多得很。	他老婆今年挣的钱很多。
兀家婆娘今年没挣下钱。	他老婆今年挣的钱不多。

关中方言“兀”和北京话的“那”都可以兼有指示和替代功能；区别是，在实现指示功能时，“兀”一般只能用于说者认为听者可及的指示范围之内，属于直指（deixis）的范畴。“那”则不受这个限制（参看方梅，2002）。由于“兀”仍承担着最重要的远指指示功能，所以我们还不应将其看作专职人称代词。在基本指代词功能上，“兀”和“那”有平行的分布：

关中方言	北京话
（20）兀是谁？	那是谁？
兀是我老师。	那是我老师。
（21）兀是啥？	那是什么？
兀是录音机。	那是录音机。
（22）兀人是谁？	那人是谁？
兀人是我老师。	那人是我老师。
（23）兀东西是啥？	那东西是什么？
兀东西是录音机。	那东西是录音机。

在亲属关系领属结构的领属格位置上，“兀”和北京话中的“那”对于该领属格名词的替代能力有所不同：

关中方言	北京话
张三□ [t^ha^{21}] 外爷→兀□ [t^ha^{21}] 外爷	张三他姥爷→*那/*那个他外爷
*张三的外爷→*兀的外爷	张三的外爷→*那/*那个的外爷
张三的外孙→兀的外孙	张三的外孙→*那/*那个的外孙
张三家外孙→兀家外孙	*张三家外孙→*那/*那个家外孙

可以看出，对于长辈的领属，关中方言不允许使用泛化定语标记“的”构成领属

结构，无论领属者是名词还是代词；然而对于任何被领属者，只要名词可以做领属者，关中方言“兀”就都可以替代该名词，而北京话则都不能用指示代词替代。

1.3　羡称形式“人家”

从上文分析可知，用“他”指称第三人称时其中一种情况是说话者在主观评价中，宣告不羡慕第三人称。和“他”的这种情况构成对立，并形成互补关系的是“人家”[1]，表示说话者羡慕第三人称并敬而远之或无法企及等意义。从语料统计可知“人家”多与第一人称指称形式“咱 [tsa55]”对举出现。从下面例句可以看出用“人家”和“他”构成对立互补的情况，并反观“兀”指称第三人称的无标记性。例如：

（3’）a. 人家考上大学咧，咱高中还没上完呢。

*人家考上大学咧，咱考上研究生咧。

*他考上大学咧，咱 / 我高中还没上完呢。

他考上大学咧，咱 / 我博士都毕业咧。

（24）人家能行，咱不行。

*□ [ȵiã51/21] 不行，咱能行。

*他能行，咱不行。

他不行，咱能行。

下面再用“兀”测试一下“咱”使用的语用条件：

（24’）兀能行，我 / 咱不行。

兀不行，我 / 咱能行。

（25）（指远处一人）

兀 / ? 人家 /* 他是局长的儿子。

兀 /* 人家 / 他是局长的手下败将。

用通俗的话小结一下上述“人家、咱、他、兀”使用的语用条件：（1）说话者不让“他”有“好事”；（2）说话者让“人家”有“好事”；（3）说话者让“人家”有了“好事”的同时，“咱自己”不能有“好事”，但“咱”不羡慕“人家”；（4）“咱”比“他”好，但比“人家”差，这是对举出现的条件；（5）“兀”有“好事”没有“好事”都可以，

【1】“□[ȵiã51/21]”在关中方言中没有指称第一和第二人称的功能。关中方言中与北京话对应、能够指称第一人称的形式是“□[ʐẽ13ə33]”，似乎为更接近“人家”的合音形式。

所以一般不用于对于焦点敏感的对举句中（参看刘丹青、唐正大，2001），但用了也没错。

同样，可以得出用“人家”的条件：

说话者宣告与第三人称所指相关的事件、状态、属性无关，具体说：

第三人称所指相关的事件、状态、属性是积极的，且说话者表示羡慕。在这种情况下，用“人家”指称第三人称。

此外，“人家”还可以占据指人名词之前同位和领属格的位置。例如：

（25'）a. 人家小龙是局长的儿子。

（26）这是人家（的）水，你要喝了。

“兀”和“人家”[ȵiã²¹] 可以连用，有两种连用形式：人家兀和兀人家。例如：

（25'）b. 人家兀是局长的儿子。

兀人家是局长的儿子。

*人家兀 / 兀人家是局长的手下败将。

二 “兀”、“他”和“人家”的标记性等级

2. 1 标记理论是关于某一个范畴内部存在的不对称现象的理论。传统的标记理论由布拉格学派的 N. Trubetzkoy 和 R. Jakobson 创立，最初用于音位学。新的标记理论拓展的研究范围，超越了传统二分对立做法，与类型学的蕴涵性共性、标记性等级等是相通的。沈家煊（1999）运用标记理论、标记关联模式对汉语的一些语法问题进行了深入的研究。

对于标记性，Croft（1990：92）确立了一系列判断标准，概括起来是：一、结构标准（structural），主要指音段方面的复杂程度；二、行为标准（behavioral），包括内部曲折能力、分布和跨语言广度；三、频率标准（frequency），包括语篇频率和跨语言出现频率。

2. 2 根据这些标准和汉语第三人称的指称要求，我们用下面几条标准来衡量某种指称形式的标记性：一、主观心理依赖性（subjectivity dependency）；二、语篇依赖性；三、重音依赖性和分布频率。这三条标准是相互关联、互为因果的。对于语用条件、语篇和重音规则的依赖越小，语法化程度就越高，能够出现的句法、语义和语用环境就越广泛，频率自然就越高。

2.2.1 主观心理依赖性

高度语法化的第三人称代词其职能就是在任何语用条件下指代第三人称，而不受主观化和社会规约意义的影响。上文 1.1 和 1.3 即分别是关中方言“他”和“人家”所依赖的语用条件；而“兀”不受制于这些条件，不受主观评价影响。下面以“小张”为第三人称，“积极”指积极评价，“消极”指消极评价，无主观评价为“中性”：

积极（李家村很好，不羡慕）：兀是李家村人。*他是李家村人。人家是李家村人。

消极（李家村不好，不同情）：兀是李家村人。他是李家村人。*人家是李家村人。

中性（李家村无所谓好坏）：兀是李家村人。*他是李家村人。*人家是李家村人。

可以看出，相对于“兀”，“他”和“人家”对于主观心理依赖性更强，因此更有标记。

2.2.2 语篇依赖性

对于主观心理的依赖性越强，也就越需要在中性语境（neutralized context）情况下补出缺失的语篇，否则为不合理句：

兀是李家村人。*他是李家村人。他是李家村人，还想高攀咱女子咱女儿！

人家是李家村人。人家是李家村人，咱女子不敢高攀。

在“中性”语境中，“兀”不需要语篇即可以独立成句；“他”和“人家”一定需要与主观心理一致的语篇共现，这在形态句法上表现为更复杂的结构。因此“兀”比“他”和“人家”都更无标记。

2.2.3 重音条件依赖性

“兀”既可以读重音，也可以读非重音；而“他”和“人家”必须读重音。可以说“兀”在语音模式的分布上，适用范围更广，也更无标记。

2.2.4 分布

从上面的分析已经可以看出，“兀”的分布范围由于其不受语篇和重音制约而广于“他”和“人家”。

那么，对于“他”和“人家”，哪个更无标记一些呢？

我们在调查统计中发现，西安地区的“他”（尤其是新派西安话）在分布上已逐步扩散到了可以出现在中性语境的程度，这使“他”较“人家”更无标记一些。而在关中西部地区（永寿、彬县、长武、旬邑、淳化等），“人家”和“他”在指称第三人称时还保留着严格的对立，频率统计上各有摇摆。但同时这些地区的“人家”的语法化程度要高一些：

人家张三——他张三　但人家我——*他我　人家你——*他你

人家明天有集$_{集市}$呢（“人家”虚指）*他明天没集$_{集市}$（“他”虚指）

也就是说，“人家”在“羡称”这一功能上前进了一步，语法化程度高一些，因而扩大了形态上的分布范围，这反过来又促进了“人家”的使用频率。这也许可以作为旁证，以证明至少这五个县的“人家”相对于“他”要稍微“无标记”一些。

2.3　据此，我们可将关中方言的三种第三人称指称形式排出一个标记性等级序列来（竖线左边为无标记形式，右边为有标记形式；“<”号右边的成分的标记度高于左边的成分）：

兀｜＜人家＜他

三　“兀”兼作远指代词的类型特点

3.1　上文1.2例（12）—（15）指出，关中方言在无标记地指称第三人称的同时，也兼作远指代词。不仅具有“指别”（修饰语性）和“替代”（名词性），而且还具有定冠词的功能（参看方梅，2002）：

（27）兀人再把心坏了，就没方子咧。（这人（啊）如果心肠坏了，就没办法了。）

这一点，吴语的“个”和粤语的“啲”和一些湘语（如湘乡）的量词都具有类似表现。远指代词偶尔用作第三人称指称并不是什么特别的事情，但兼作第三人称代词的情况在汉语方言似乎不多见。

表14-1 18个汉语方言的第三人称代词和远指代词

方言区	第三人称代词（单）	远指代词
关中	兀/他	兀

（续表）

兰州	他 / 那 / 那个[1]	那
太原	他	兀 / 那
北京	他	那
襄樊	他	那
长沙	他	那
成都	他	那
扬州	他	那
湘乡	他	糯只
都昌	渠侬	[$ṇ^{15}$]只 / [$tɕiṇ^{15}$]只
福州	伊	许
衡阳	其	那
绩溪	渠	面
南昌	渠	许
苏州	俚、俚倷、嗯倷	关/弯
温州	渠	许
厦门	伊	遐$_{复}$ / 许（其）$_{单}$
台山	佢	[nin^{11}]个

下面我们对比 18 种汉语方言中第三人称代词和远指代词的使用情况。

从上面列举的情况可以看出，只有西北地区的关中方言和兰州话中有这样的现象，但关于兰州话“他”和“那（个）”的使用情况的详细描写还没看到。总之，从汉语方言内部看，关中方言的第三人称与远指代词使用同一形态的词形是一个比较显著的类型特点。

3. 2　那么跨语言比较的情况如何呢？

Greenberg（1985）指出，第三人称代词、定冠词与指示词之间存在着重要的共时关系和历时关系。语言事实也证明了这个论断，我们从 Campbell（2000）的记录中发现，各大语系的语言中都零星分布着一些第三人称代词和远指代词同形或具有可识别的形态近似关系的语言，占少数。但根据我们统计，这种第三人称代词和远指代词同形的类型特点唯独在阿尔泰语系语言中的分布相当集中。

【1】根据王森等（2004），第三身“那 / 那个（们）/ 那们”多出现在非正式场合的口语里，表亲昵，音 [la^{53}]，是“人家”的合音。

表14-2 阿尔泰语的第三人称代词和远指代词

语言	第三人称代词		远指代词	
	单数	复数	单数	复数
现代满语	təl		təl	
保安语	tər		tər	
柯尔克孜语	al		al	
撒拉语	u		u	
达斡尔语	tər		tər	
鄂温克语	tar		tar	
朝鲜语	kɯ		kɯ	
锡伯语	ər,tər		ər,tər	
鄂伦春语	ə-,tə-		ə-,tə-	
赫哲语	ə-,ta-		ə-,ta-	
蒙古语	əd,təd		ər,tər	
维吾尔语	u	ular	u	ular
乌孜别克语	ɷ	ɷlær	ɷ	ɷlær
哈萨克语	ol	olar	ol	olar
塔塔尔语	ol	alar	ol	alar
土耳其语	o	onlar	o	onlar
东乡语	tərə,hə	tərəla,həla	hə	həla
西部裕固语	gol,ol,a	golar,olar,alar	gol,ol,a	golar,olar,alar
东部裕固语	ene,tere	enes,teres	ene,tere	enes,teres
阿尔泰伊语	ol	olor	ol	
阿塞拜疆语	o	onlar	o	
巴什克尔语	ul	ular	šul	
布尔亚特语	tere	tede/ner	tere	tede
卡尔米克语	ter		ter	

以上语言有两种情况，（1）没有专职第三人称代词，远指代词可以用来指称第三人称，属于“全职”指称；（2）存在一个专门指称第三人称的人称代词范畴，根据这些语言记录者的论述（如照那斯图，1981：26），用人称代词指称第三人称的是有标记的，频率低，不如指示代词用作第三人称代词更常用。

3. 3　关中方言在语音发展上显然是相当快的，塞音韵尾完全消失，入派三声很整齐，但在人称和指示范畴上却表现出了两个“存古”的现象：（1）保存了古代汉语指示代词用作指称第三人称（其、之、他）的特点；俞理明（1993）指出：“东晋以后，由旁指发展为旁称的‘他’，可以指称某一人称，特别是第三人称，是后来成为真正的第三人称代词的萌芽”；郭锡良（1980）也讨论了“他”成为第三人称代词的过程。问题是，关中方言没有留“他”做最主要的人称指称，而是选择了远指代词“兀”，也就是说，在“指代词用作人称指称”这个类型方面，关中方言至今存古。（2）“他”的本义还与关中方言的“他”的语用意义存在着有意思的相似。《玉篇》：“它，非也。”（又：“它，异也。”）《礼记·檀弓下》：“或敢有他志，以辱君义。”郑玄注：“他志，谓私心。”段玉裁注《说文》：“它……犹言‘彼’也。”《正字通》：“他，彼之称也。”《集韵·戈韵》：“佗，彼之称。”《吕览·贵生》注说：“他犹异也。”《国语·周语》：“且夫兄弟之怨，不征于它；征于它，利乃外矣。”也就是说，“他人，不是自己”这一词汇义仍然在关中方言中影响着说话人的主观情感和评价，因而要求在一定的语用条件下才可以用“他”指称第三人称。

3. 4　对于一个无论在历时还是共时层次上都比较重要的类型范畴，学术界对人称代词系统和指示词系统之间的这种渗透、同形关系的共时关注较少；或者即使有关注，对于都具有第三人称指称功能的二者的标记性和语用语义规则的研究也比较少。我们认为，关中方言的这种指示与第三人称指称同形的类型特点在北方官话区可能不是唯一的古汉语“活化石”。另一方面，民族语言的研究，尤其是这种现象较为集中的阿尔泰语言、与之密切接触地区的汉语的研究，如果能根据口语语料对这种现象进行更细致的调查研究，或许会带来更有价值的发现。

参考文献

埃·捷尼舍夫　1959　《土耳其语语法》，科学出版社。

安　俊　1986　《赫哲语简志》，民族出版社。

布　和、刘照雄　1982　《保安语简志》，民族出版社。

陈宗振、雷选春　1985　《西部裕固语简志》，民族出版社。

陈宗振、伊里千　1986　《塔塔尔语简志》，民族出版社。

程道良、阿不都热合曼　1987　《乌孜别克语简志》，民族出版社。

道　布　1983　《蒙古语简志》，民族出版社。
方　梅　2002　《指示词“这”和“那”在北京话中的语法化》，《中国语文》第4期。
耿世民、李增祥　1985　《哈萨克语简志》，民族出版社。
郭锡良　1980　《汉语第三人称代词的起源和发展》，《语言学论丛》第六辑，商务印书馆。
胡增益　1986　《鄂伦春语简志》，民族出版社。
胡增益、朝　克　1986　《鄂温克语简志》，民族出版社。
胡振华　1986　《柯尔克孜语简志》，民族出版社。
黄伯荣主编　1996　《汉语方言语法类编》，青岛出版社。
黄玉顺　2003　《中国传统的“他者”意识：古代汉语人称代词的分析》，《中国哲学史》第2期。
林莲云　1985　《撒拉语简志》，民族出版社。
刘丹青　2002　《汉语类指成分的语义属性与句法属性》，《中国语文》第5期。
刘照雄　1981　《东乡语简志》，民族出版社。
沈家煊　1999　《不对称和标记论》，江西教育出版社。
———　2002　《如何处置“处置式”?——论把字句的主观性》，《中国语文》第5期。
孙立新　1997　《关中方言略说》，《方言》第2期。
———　2002　《关中方言代词概要》，《方言》第3期。
宣德五、金祥元、赵　习　1985　《朝鲜语简志》，民族出版社。
俞理明　1988　《从汉魏六朝佛经看代词“他”的变化》，《中国语文》第6期。
———　1993　《佛经文献语言》，巴蜀书社。
赵　杰　1989　《现代满语研究》，民族出版社。
赵相如、朱志宁　1985　《维吾尔语简志》，民族出版社。
照那斯图　1981　《东部裕固语简志》，民族出版社。
仲素纯　1982　《达斡尔语简志》，民族出版社。
Campbell, George L. 2000 *Compendium of the World's Languages*. New York: Routledge.
Croft, William 2000 *Typology and Universals*. Beijing Foreign Language Teaching and Research Press; Cambridge University Press.
Enfield, Nick J. 2003 Demonstratives in space and interaction: Data from Lao speakers

and implications for semantic analysis. *Language* 79 (1): 432-506.

Greenberg, Joseph H. 1985 Some iconic relationships among place, time, and discourse deixis. In Keith Denning & Suzanne Kemmer (eds.) *On Language*: *Selected Writings of Joseph H.Greenberg*. Stanford University Press. pp.328-343.

Kuno, Susumu 1976 Subject, theme, and the speaker's empathy—A reexamination of relativization phenomena. In C. Li (ed.) *Subject and Topic*. New York: Academic Press. pp.419-444.

Lyons, J. 1977 *Semantics*. Cambridge University Press.

作者：唐正大

原载：《方言》2005 年第 2 期

第十五章　崇明方言的指示词
——繁复的系统及其背后的语言共性

上海市崇明县（即崇明岛）的方言属吴语太湖片苏沪嘉小片，与长江北岸江苏启东、海门方言和南岸江苏张家港市常阴沙话接近。县城所在的中西部方言与东部略有差别，本章以中西部方言为准。作者之一刘海燕以崇明中西部方言为母语，主要材料来源还有崇明中西部20至60岁之间当地人的口语现场录音，包括独白和对话。张惠英（1993）是本章的重要参考资料。

崇明方言指示词[1]系统非常繁复，似乎是至今所见汉语方言中最复杂的指示词系统，它有7个单音指示词、7个复合指示词、19个表处所的指示词、10个表时间的指示词，专表程度和专表方式的指示词各有一个，彼此不同，且与表示“这/那”义的基本指示词没有词形上的联系（其中表程度的是单音词“恁”，也计在下个单音词中）。描写研究如此繁复的一个指示词系统，对于汉语方言学、语法学、汉语史和语言类型学都富有价值。本章除描写之外，还讨论了崇明方言指示词系统对汉语指示词研究的理论价值和崇明话指示词特色背后的人类语言共性。

一　指示词的词形系统

分以下大类：基本指示词，基本词的复合式，程度、方式、处所、时间指示词。

1.1　单音基本指示词。只表示指示及距离，没有其他范畴义，共有6个，分为4组：

1）吉 [tɕiəʔ⁵]——近指：这　　葛 [kəʔ⁵]——兼指：这/那

[1] 指示词（demonstrative）在汉语学界习称“指示代词”。这对普通话来说还基本可行，因为“这、那”都兼有指示和代替的作用。而吴语及不少南方方言中的基本指示词往往只指不代，因此本章只称“指示词”。

2）讲 [tɕiɑ̃^{424}][1]——近指：这　　港 [kɑ̃^{424}]——远指：那

3）□ [ki^{43}]——兼指：这（个）/ 那（个）

4）埃 [ɛy^{43}]——远指：那

1）和 2）两组构成一个大致对称的系统，两组都以介音 [i] 的有无表示远近对立——有 [i] 近指，无 [i] 远指和兼指。崇明音系原则上 [k] 组软腭声母不拼齐齿撮口两呼，所以 [tɕ] 组前硬腭声母可以看作 [k] 组在齐撮两呼前的变体。这样，"吉～葛"之间、"讲～港"之间都是声母、韵基（= 韵母减去介音）、声调全同，仅为介音交替。1）组 2）组之间语音上是韵基交替 [əʔ] ～ [ɑ̃]，声母相同，介音按远近对应，使用上大体是自由替换关系，但近远对立优先发生在同组内部，如近指选择了"吉"，则在同一话语片段中远指也要选择同组的"葛"。

□ [ki^{43}]（下文写作 ki）自成一组，这是崇明方言中最高频的指示词，用法多样，其意义上表有定（definite）多于表直指（deictic），在很多情况下已可看作定冠词（另文讨论）。ki 大体上是个音系外的音节，中古见组细音字在崇明话中一律念 [tɕ] 组声母，ki 和"去"[k^{h}i] 是仅有的软腭声母拼 [i] 的音节[2]。据张惠英（1993），ki 可能是"葛一"的合音。如确属合音，当发生较晚，应在见组声母细音字腭化为 [tɕ] 组的音变完成之后，所以没有跟随见组细音字腭化。现在也有部分人将这个指示词读为腭化的 [tɕi^{43}]，这是新一轮的腭化，体现了例外音位的不稳定性。在意义上，ki 继承了"葛"的远近中和的特点。

"埃"也自成一组，它与上海话新派的远指指示词同形（上海老派是"伊"[i^{43}]），都读阴平，当出一源。[3] 语篇中，"埃"可以几个配合使用，并用拖长声音来表示更远指。

【1】没有同音字，故借用"讲"的文读音来写。

【2】[ki] 这种音节在北部吴语中不常见，而指示词 ki 在崇明话中极常用，因而 ki 被周围地区视为崇明方言的标记性特征，曲艺中常用大量带 ki 的句子来突出角色的崇明口音。

【3】张惠英教授的语感中没有"埃"这个指示词，所以"埃"似为来自上海市区方言的新词。但现在"埃"已是崇明话的有机组成部分，还能用来构成具有崇明特色的复合指示词，见表 15-1，而上海市区方言不存在这种复合指示词。

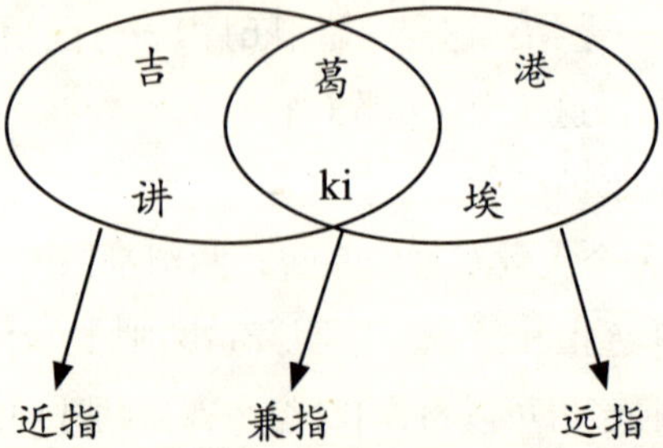

图15-1 6个基本指示词的距离意义

1. 2 复合指示词。崇明话的一大特点是基本指示词可以两相组合成双音复合指示词，作用与单音指示词基本一致，从而使指示词系统的词形种类大增。复合形式有下面7个：

表15-1

后字 前字	吉	葛	ki
讲	讲吉	讲葛	讲ki
港	——	港葛	港ki
埃	——	埃葛	埃ki

基本指示词在复合时遵循两条规则：

第一，2）、4）两组（“讲、港”和“埃”）只能做前字，不能做后字；1）、3）两组（“吉、葛”和ki）只能做后字，不能做前字。

第二，组合的两个指示词不能有远近冲突，但兼指远近的词（表中的“葛”和ki）与近指词和远指词都能组合。

按规则一，逻辑上可有9个词形，但规则二排除了“* 港吉”、“* 埃吉”，实际上出现的复合指示词有7个。加上6个单音基本指示词，崇明话表示“这/那”义的指示词共达13个！

1. 3 其他范畴的指示词。

1）表程度的指示词：恁[nən^{14}]——远近兼指：这么/那么

表程度的指示词也使用单音节词，使崇明话单音指示词达7个之多。

2）表方式的指示词：实ki[zəʔ^{2} ki^{43}]——远近兼指：这样/那样

程度指示词和方式指示词在汉语中经常合一，如普通话“这么/那么”就兼表程度和方式。崇明话两者词形判然有别。这里用的“实”是记音字，可能是“是”[zɿ]

的促化。指代词语前带上最初用来强调的“是”，近代汉语（如《祖堂集》）常见，上海城乡方言也颇常见，包括其促化形式“实”（参阅刘丹青，2001）。“实 ki”字面义可能就是“是这 / 那”。

3）表处所的指示词

表 15-2

普通话	崇明话			
这里	吉墩	吉担里	吉滩里	
	讲墩	讲担里	讲滩里	讲行（＝讲化、讲外）
那里	葛墩	葛担里	葛滩里	
	港墩	港担里	港滩里	港行（＝港化、港外）
	埃墩	埃担里	埃滩里	

表示处所的语素“墩 [tən]、担 [tᴇ]、滩 [t^{h}ᴇ]、行 [ɦã]、化 [xo]、外 [ŋa]”都是记音字[1]，“化、外”在崇明限于东部方言使用。这些语素在其他吴语中多有对应或音近的处所语素。值得注意的是，最常用的指示词却不能构成处所指示词。前面说过，ki 的作用是表定指多于表直指，而处所指示词是最需要直指的指示词，这可以解释 ki 为什么不用于构成处所指示词。

4）表时间的指示词

表 15-3

普通话	这 / 那阵子		这 / 那会儿
崇明话	吉枪	吉阵	吉歇
	葛枪	葛阵	葛歇
	讲枪	讲阵	
	港枪	港阵	

三个时间语素都是北部吴语通用的时间量词，如可以说“过一枪 / 阵 / 歇”。其中“阵、歇”是本字，“枪”[tɕ^{h}iã] 是记音字。由于复合指示词也能用于这三个时间语素前，如“讲吉阵”、“港葛歇”等，因此实际的词形还要多得多。

【1】其中“化”当来自表处所的“许”。北部吴语多以“场化”表地方。又，由于北部吴语的连读变调是前字主导型，因此只用于后字的语素难定本调。

二　指示词的句法作用

本节讨论单音基本指示词和方式程度指示词的句法作用。7个复合指示词的用法由其后字决定，不专门讨论，可参阅3.1.2。处所时间指示词虽然数量众多，但句法上与汉语方言中的时空词语无异，也不专门讨论。

2.1　基本指示词的句法作用和限制

在6个单音节基本指示词中，有5个实际上是黏着成分，不但不能单用，而且不能直接限制名词和数量名短语。这也是吴语区指示词的普遍情况（参阅刘丹青，1999：2.1），只有ki可以单用和直接限制名词，倒成了北部吴语中少见的例子，这与它的冠词化倾向有关。

2.1.1 指示词+名词

可以直接限制名词的只有ki，其他5个词都不可以。如：

（1）ki衣裳尔收进来咯[kəʔ]啊？（这衣服是你收进来的吗？）~ *吉/葛衣裳尔收进来咯啊？

（2）我喜欢ki老师。~ *我喜欢讲/港老师。

2.1.2 指示词+量词（+名词）

基本指示词最重要的功能是与量词组合成指量短语，如“吉只、葛张、港块、埃条”等。基本指示词限制名词的主要途径也就是加上量词后由整个指量短语限制名词。如：

（3）**吉**条裙子好看，**葛**条颜色忒老气特，**埃**条么样子弗好看。（这条裙子好看，那条颜色太老气了，那条么样子不好看。）

（4）**讲**件衬衫配**港**条裤子应该蛮好咯。（这件衬衫配那条裤子应该挺好的。）

这点上ki又独一无二。它通常不能和量词组合，而是与名词直接组合。如不能说“*ki只鸡、*ki棵松树、*ki支铅笔”等。只有在后面的名词或隐去的名词指人时，才可以在ki后用量词“个”，ki指示人以外的事或物时不能加量词。如：

（5）ki个学生子实在弗用功，考试只考18分。（那个学生实在不用功，考试只考了18分。）

（6）*ki件衬衫配ki条裤子应该蛮好咯。

（7）我勿欢喜ki个（人）~ *我勿欢喜ki只（小狗）。

如果说ki无须量词而直接限制名词只是同吴语及其他一些南方方言的指示词

不同的用法，那么 ki 通常不能同量词组合的特点，就已经同整个汉语指示词的句法功能大相径庭了。这是另文将专论的 ki 的冠词化的又一突出表现。不能加量词显然同 ki 来自“葛 + 一”无关，因为数词“一”后是可以加量词的。如“一件衬衫、一条裤子”等。

2.1.3 指示词 + 数词 + 量词 + 名词

ki 以外的指示词都不可与数词直接组合，不能有“* 吉三只猫、* 港五本书、* 埃十几个人”一类组合。只有 ki 可直接与数词组合。但 ki 后面排斥数词“一”，如“ki 三样～ *ki 一样”。这也可作为 ki 来自“葛一”合音的一个旁证。再比较：

（8）ki 三匹马全部是战马，屁股上侪有号码咯。（这三匹马全部是战马，屁股上都有号码的。）～ * 吉 / 葛三匹马全部是战马。

（9）伊准备拿 ki 十套房子全部买下来。（他准备把那十套房子全部买下来。）～ * 伊准备拿讲 / 港十套房子全部买下来。

假如需要用 ki 以外的指示词限制“数量（名）”短语，崇明话可改用处所指示词代替单音指示词，作为上述句法限制的补偿手段，例如：

（10）**葛墩 / 港墩 / 埃墩**两本书是哈人啊？（那边两本书是谁的？）

2.1.4 指示词单用

崇明话中的指示词大都不能像普通话里的“这”和“那”那样单用做主语、宾语等句法成分，除 ki 以外的指示词都必须加上量词才可以充当句子的成分。只有 ki 可以单独充当主语、话题、宾语等句法成分。下面是 ki 单用的一些例子：

（11）ki 是隔壁班咯数学老师。（那是隔壁班的数学老师。）

（12）ki 我晓得咯。（这我知道。）

（13）尔买 ki 做哇呀。（你买这个干吗呀？）

（14）尔葛个宝贝孙子花仔恁多钞票学 ki，学着点哈也，只晓得孛相。（你那个宝贝孙子花了那么多钱学这个，学到些什么呀，只知道玩。）

（15）ki 上头有纹路咯。

（11）中 ki 做“是”字判断句主语，这是 ki 做主语的主要用途。（12）中 ki 做受事话题。（13）至（14）中 ki 做宾语。（15）中 ki 带兼有后置词性的方位词“上头”做方所题元。这些 ki 不能换用其他基本指示词。

在基本指示词中，“港”有一种类似单用的特殊功能。看下例：

（16）a. 尔到拉**港**去呀？——我到娘**港**去。（你到哪里去了啊？——我到娘家去了。)

b. 讲两天尔特屋里一直无得人。——哦，我里侪勒勒张三港，伊特丫头结婚。(这两天你家一直没人。——哦，我们都在张三家里，他女儿结婚。)

“娘港”是“母亲家”、“张三港”是“张三家”。“港”所占的这种位置不是指示词，而具有后置词性质，在普通话中要用一个“家”，在其他北部吴语中可以用“屋里”，还可以直接用处所后置词，如无锡话“娘搭”、“张三里”。可见这些“港”不是指示词单用。而例(16)a中的“拉港”中的处所语素“港”还用来构成处所疑问代词，更显示其不是指示词。

2.1.5 指示词作为弱化谓词标记

北京话口语中“这”和“那”可以加在动词或形容词的前面，表示程度夸张的语气，同时弱化后面动词形容词的谓语性和整个小句的独立性，造成名词化倾向。方梅(2002)将这么用的指示词称为“弱化谓词标记”。崇明话指示词中只有语法化程度最高的ki有类似用法。主要有两种格式，一是“ki + 谓词”，一是“ki + 一 + 谓词”，如：

(17) 伊跑勒ki快啊，像一阵风。(他跑得那个快啊，就像一阵风。)

~ * 伊跑勒吉/葛快啊。

(18) 喉咙筋ki响啊，恨勿得喊来全世界侪晓得。(喉咙那个响啊，恨不得喊得全世界都知道。)

(19) 电影院门口头ki一乱末，伊特两家头就跑散脱咯特。(电影院门口这么一乱，他们两个人就走散了。)

2.2 程度、方式指示词的句法作用

不少方言由同一个指示词兼指程度和方式，而崇明方言两个范畴用不同的指示词。程度指示词“恁”用在形容词和能受程度副词修饰的动词小类之前，如：

(20) 葛个小囡人恁小，精明勒弗得了。(那个小孩人那么小，精明得不得了。)

(21) 尔恁喜欢吉条裤子，我就让拨尔。(你这么喜欢这条裤子，我就让给你。)

(22) ki小姑娘恁要面子，晓得拨人家骗咯特，问伊还死也弗承认。(那个小姑娘那么要面子，知道被人家骗了，问她却死也不承认。)

此外，像“这么/那么”一样，“恁”可以用在“像/有……”之后，表示平比：

（23）小华咯男朋友**像**猪八戒**恁**会吃。（小华的男朋友像猪八戒那么会吃。）

（24）公园里葛棵银杏树**有**碗口**恁**粗。（公园里那棵银杏树有碗口那么粗。）

“实 ki” 则用在动词前、“一 V” 式前或 “V 法子” 式前表示方式，例如：

（25）我也想**实** ki 做，不过我心里向总归有点吓咾咾。（我也想这么做，不过我心里总有些怕怕的。）

（26）葛只狐狸精朝伊**实** ki 一笑么，伊咯骨头一老酥脱特。（那个狐狸精朝他那么一笑，他的骨头就全都酥掉了。）

（27）**实** ki 会吵法子咯小囡是，卖勒别人家仔好特。（这么会吵闹的孩子，卖给别人算了。）（大人吓唬小孩的话）

（28）钞票像**实** ki 用法子是，金山银山侪要坐吃山空咯。（钱像这么个用法的话，金山银山也要坐吃山空的。）

“实ki”除了表方式外也能表情状，相应地，在句法上“实ki”也不是纯粹的副词，而具有谓词性，可以有条件地做谓语或情状补语标记“来”（相当于“得”）后的补语：

（29）尔话话看，吉只问题交拨哈人来处理好呢？——要么**实** ki，我里到外头招聘一个专业人才。（你说说看，这个问题交给谁来处理好呢？——要不这样，我们到外面招聘一个专业人才。）

（30）奥**实** ki，尔特爷转来看见仔要打嘎。（别这样，你爸爸回来看见要打的呀。）

（31）伊 ki 人坏来**实** ki，大家奥睬伊。（他这人坏成这样，大家别理他。）

“（像）实 kiV” 之后有时可以再加 “恁”，是以情状突现程度的强化表达，如：

（32）像伊**实** ki **恁**坏咯人，天底下少有咯。（像他那么坏的人，天底下少有的。）

（33）尔脱仔伊两**实** ki **恁**好么，尔做哇弗问伊借钞票勒，还来问我借呢。（你和他这么好，你干吗不向他借钱，还来向我借呢。）

三　指示词的语义系统

3.1　距离范畴

3.1.1 基本指示词的距离范畴及其用法从语义上看，可以分为近指、兼指、远指三组（见上文图 15-1）。

（一）近指组的“吉”、“讲”两词关系最近，词形上都带 [i] 介音，语法功能也一致，使用中可自由替换，不分优劣，基本上是同一词的两个语音变体，在指示词系统中具有冗余性。

（二）兼指组的“葛”和 ki 都是既可近指也可远指。但在语法和实际用法上这两词远非等同。“葛”在词形上是与“吉”相对的，靠介音 [i] 的有无表达是否近指。在与近指指示词对用时，“葛”总是表示远指，构成远近对立。由于“吉”、“讲”同义同用，所以“葛”与“讲”从语义上说也可形成远近对立。不过实际使用时，词形因素会起作用，词形上同组的词优先构成对立。所以“葛”主要跟“吉”对，而“港”才跟“讲”对，如：

（34）**吉**本书我咯，**葛**本书是我图书馆里借咯。（这本书是我的，那本书是我从图书馆里借的。）

（35）奥踏**讲**部脚踏车，**港**部踏出来省力。（别骑这辆自行车，那辆骑起来省力。）

但在单独使用时，“葛”可以指示远指对象、中指对象或无所谓远近的对象、甚至指示只能理解为近指的对象。如：

（36）哎，小张，坐勒主席台浪**葛**个哈人？（哎，小张，坐在主席台上的那个是谁呀？）

（37）**葛**个我里爸爸，**葛**个我里姆妈，**葛**个我里妹妹。（那是我爸爸，那是我妈妈，那是我妹妹。）

（38）**葛**瓶香水是我新买咯，送拨尔！（这瓶香水是我新买的，送给你！）

（39）我**葛**本字典呢？——弗勒我**葛墩**呀，我昨日还拨尔咯特。（我那本字典呢？——不在我这里呀，我昨天还给你了。）

例（34）至（36）当属远指。（37）可以是指着稍远处或近处（但不在谈话圈内）的三个人做介绍，是中指或无所谓远近的对象。（38）至（39）“葛”都与说话人“我”相关，宜理解为近指。对这种明显的近指，为什么说话人选用兼指词而不直接用近指词“吉”、“讲”？实际上近指和兼指还是有所差别。近指词“吉”、“讲”一般用于距听说双方都近的对象，而偏于说话人“我”一方的近对听话人来说却多少是一种远，因此用不分远近的“葛”来表示更能体现说话人照顾听话人视点的策略，这是体现友善的常见语用策略。

总之，“葛”实际上在距离范畴上是中性的、无标记的指示词，可以用于远近各种情况，而并不凸现距离义。其用例中的远近意义有的是现场实情本身具备的，不是靠“葛”来明示的，有的是靠组合关系的对立而实现的，如与近指词同现时的远指义。无论远指近指，它的语义特点都与真正的远指词、近指词不同。

ki 作为可能来自“葛一”合音的指示词，在兼指或距离中性化方面与“葛”是相同的。上面用“葛”的例子也可以换用 ki，但同时要做句法上的调整，因为 ki 与其他指示词有句法功能上的一系列差别（参看 2.1），如在用于非指人对象时要去掉 ki 后的量词，等等。ki 和“葛”不能像“吉”和“讲”那样完全自由替换。

（三）远指组的“港”和“埃”也有分工，不是可以替换的等义词。“港”是真正的远指词，不像“葛”远近兼指。“港”与“讲”是真正的远近配对，句法功能则完全相同，两者也常一起使用构成远近对比。如：

（40）**讲**本书我咯，**港**本书是我里弟弟咯。（这本书是我的，那本书是我弟弟的。）

“埃”也是远指词，其语义可根据用法分三种情况：一、与近指、远指词对着用，表示更远指，如例（41）。二、可以不与近指词对着用，单独表示远指，如（42）。这是单纯的远指用法。从语感上说，选择单用“埃”而不是“港”来表示远指，意味着说话人心目中觉得这是个相对更远的对象。有时看起来是单用，实际上在语境中可能仍存在其他两个较近的对象，“埃”指的是更远的第三者，如（43）。三、可以两个（偶或更多个）“埃”连用，第一个“埃”照常读，表远指，后面的则明显重读（本章记作“ˆ埃”），表示更远处，如（44）。用重读的“ˆ埃”表更远指是语音象似性的一种体现，以更大的音强和音长模拟更远的距离。可见“埃”的用法与远指词“港”有诸多不同。

（41）**吉/讲**只位子我咯，**葛/港**只位子尔咯，**埃**只位子伊咯。（这个座位是我的，那个座位是你的，那个座位是他的。）

（42）我要买**埃**张写字台，伊弗肯。（我要买那张写字台，他不肯。）

（43）（屋子外面有三把椅子，姐弟俩一人一把搬进屋，母亲指着最远的那把椅子朝父亲喊）**埃**张矮凳搬仔进来！（那张椅子搬进来！）

（44）尔话**埃担里**有得小菜场咯，我寻煞寻四寻勿着么。——我望着尔咥 [gɛ]（=咯+唉），跑到路口头寻仔一圈就转来特。埃墩路口头尔看有得小菜场啊，还要往前头走总归 50 米样子，ˆ**埃担里**一只小区门口进去就是特。（你说那里有菜场的，我怎么找都没找着？——我看见你的呀，走到路口找了一圈就回来了。那里是路口怎么会有菜场啊，还要往前走大概 50 米，那里一个小区门口进去就是了。）

此外，“埃”像 ki 一样不能与时间量词组成时间指示词，而其他基本指示词都可以。比较：

（45）吉阵～葛阵～讲阵～港阵～ *ki 阵～ * 埃阵

ki 作为“葛一”的合音，距离方面遵从“葛”的兼指义，但 ki 的距离义更弱，像定冠词，一般单用表定指，不太进入远近对立的体系中。见图 15-2：

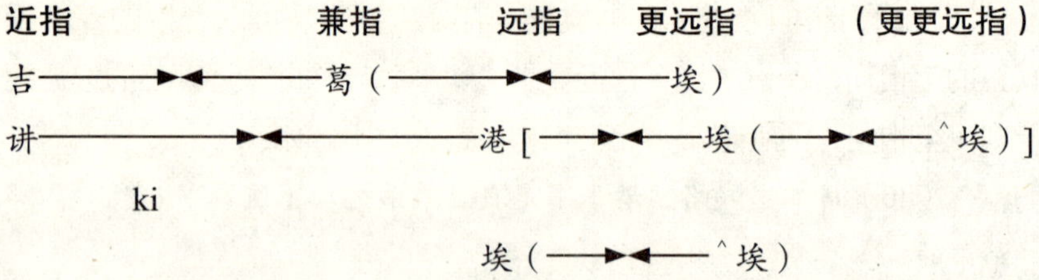

图15-2　6个基本指示词的距离义关系

图 15-2 包含了这几层意思：

一、从具体词义看，崇明话有近指、兼指和远指三种指示词。也可以说崇明话的指示词系统总体上是三分的。从图中可见，在词义系统中并没有固定的更远指，因为更远指是远指词“埃”在与其他词相对时表示的，并非其固定词义，“埃”单独使用时可以只是单纯的远指。

二、箭头体现了相对使用、语义对立的关系。从中可以看出，兼指不是一种独立的距离概念，只是距离上无标记，所以可近可远。在与左边的近指相对时，它起的是远指的作用，所以其右边相对的词项就不再是远指而是更远指。即使根据有些用法把兼指勉强理解为中指，它也无法插在近指组的“吉 / 讲”和远指的“港”相对的系列中，它所在的系列仍最多是三分。因此在词项系统上，崇明话也基本上是个三分的系统，无法成“近—中—远—更远”的四分格局。不过在应用中，由于可以用重读的“ˆ埃”指示比“埃”更远的对象，因此理论上可以出现四分甚至更多分的表达法，如“讲—港—埃—ˆ埃”，不过在实际语料中很难找到。

三、崇明话以三分为主体的指示词系统是由若干个二分的子系统分层扩展构成的。通常情况下距离的对立只靠一个子系统完成，而这些子系统都是二分对立的，即表中括号外的情况。括号是表示在特殊需要时子系统的扩展部分，括号内的括号是进一步扩展的部分。在实际语料中超过三分的用例很罕见。因此可以说，崇明话指示词的基本元素是二分，在扩展的情况下可以三分。

崇明话的例子说明，研究指示词系统的所谓几分，要注意其层次性和层面性。有些距离特征可能处在不同的层次，不能构成对立，有的距离特征处在不同的语言层面——词项层面、词义层面、语用层面。这不是一个机械的数量问题。

由单音指示词与处所语素组合而成的处所、时间指示词在距离范畴方面也遵从指示语素的意义，我们上面举的例子中实际上也已经有处所指示词的例子，所以不必细说。需要强调的是，如前所述，ki 不能构成处所时间指示词，但是 ki 的兼指义可由“葛”表示。而方式、程度指示词各只有一个词项，不分远近，因此也就不存在系统几分的问题了。

3.1.2 复合指示词的距离范畴

复合指示词遵循一条很特别的语义和句法分离的规则——“语义从前字，句法从后字”。在语义上，“讲”、“吉”都是近指，组合成“讲吉”仍表近指，“葛”和“ki”则都是兼指，但由它们做后字的复合指示词却不是兼指，而是遵从前一个指示词，如“讲 ki”是近指，义同“讲”，“港 ki”是远指，义同“港”。由于兼指词“葛”和“ki”在复合指示词中只做后字而没有机会做前字，所以复合指示词都有明确的远近义而不能兼指。句法上，“讲”、“吉”两字功能相同，整个复合词“讲吉”跟两个字都等同，看不出从前从后。而“埃 ki”使用时就只能遵从后字 ki 的用法，如可以直接带名词，一般不带量词，而不遵从“埃”的用法，“埃”不能直接带名词，而要求在名词前插入量词。下面是复合指示词的一些用例：

（46）**讲吉**阵生意弗拉好做，还是少进点货哇。（这阵子生意不太好做，还是少进点货吧。）

（47）**讲 ki** 里共总 50 本书，尔签收一下。（这里面总共 50 本书，你签收一下。）

（48）**讲葛**只班级老早是王老师带咯。（这个班级以前是王老师带的。）

（49）伊咯大儿子一眼弗识字咯，**港 ki** 个小儿子倒大学考上特。（他的大儿子学习一点也不好，那个小儿子倒是考上了大学了。）

（50）**港葛**只电视机清爽兴勒，尔做硬劲要买**吉**只勒。（那台电视清楚多了，是你硬要买这台的。）

（51）尔咯书我从来弗碰咯，尔**埃葛**堆书里寻寻看。（你的书我从来不碰的，你在那堆书里找找。）

（52）校长室里一个校长，**埃 ki** 哈人？（校长室里一个是校长，那个是谁呀？）

“讲ki”、“讲葛”都是“近指+兼指”，整个词语语义上只能从前字“讲”表近指。句法上，“讲ki”从ki，可以离开量词单用，如例（47）可以直接用在方位后置词“里”之前，在（49）中则因为后面是指人名词而可以用量词“个”（也可删去“个”，如非指人名词则必须删去量词）。“港葛”、“埃葛”虽然也以“葛”为后字，但因为前字是远指的“港”、“埃”，所以语义上必须从前字表远指。句法上，“港葛、埃葛”表现相同，在例（48）、（51）中都使用了量词“只”或“堆”，而这种位置换了同样表远指的“埃ki”就不能加量词，因为句法上要从后字，而ki在非指人的名词前不能加量词，只能直接限制名词。而像（52）“埃ki”那样单独充当主语，也是ki才具有的用法，不能换用后字为“葛”的复合指示词。复合指示词与相应的单音词相比看不出作用上的差别，都可以自由替换，单双音词的选用主要是语势、节律方面的差异。因此，在距离范畴方面，复合指示词没有超出上述单音指示词系统。

3.2 距离义的引申

指示词系统距离义不仅用于实际空间意义的远近，而且有种种引申的用法。从中也可加深对指示词的距离范畴的认识。下面讨论两种引申情况。

3.2.1 心理距离

普通话一般用近指的“这”指示关心、关切、喜爱的对象，用远指的“那”指示不关心、冷淡、讨厌、鄙视、仇视的对象（丁启阵，2003）。崇明话则是用近指“吉/讲”和兼指词“葛/ki”的对立来表示。这种从空间远近到心理远近的引申有时可以突破实际的距离，如：

（53）（一个学生指着远处的老师对身边的同学说）**讲**个老师我蛮喜欢咯。

（54）早晨头有人爬窗进教室，无得人肯承认是哦，好，**吉**桩事体我一定会得弄清爽咯。（早上有人爬窗进教室，没人肯承认是吧，好，这件事情我一定会搞清楚的。）

（55）**葛**种人弗讲道理，奥睬伊。（这种人不讲道理，别睬他。）

（56）小张ki人死脱弗关我事体。（小张这人死了也与我无关。）

例（53）是指稍远处的对象，却因为“蛮喜欢”而用了近指的“讲”。例（54）说的是过去发生的事，通常要用“葛桩事体”，但这里用了“吉”，表达了说话者的关切重视。例（55）、（56）都用兼指词“葛”和ki表示自己的冷淡态度。

3.2.2 已然（实指）/ 未然（虚指）

普通话中“这”系列所限定的事件或对象倾向于是已然或已存在的（实指），“那”系列所指的成分则倾向于是未然的，或虚指的（参看丁启阵，2003）。崇明方言的情况与之相近而稍复杂，因为存在近指、远指和兼指三套指示词。近指词“吉/讲”系列后边的成分通常是已然的，且具有较强的现实相关性，或发生时间不长，或发生已久但仍对现在造成了某种麻烦或影响，或者是早已存在的实体。如：

（57）前两天有人反映车间温度忒高，工人蹲勒里向吃勿消，**吉只问题**我会得尽快想办法解决咯。（前两天有人反映车间温度太高，工人在里面吃不消，这个问题我会尽快想办法解决的。）

（58）上趟里是我偷偷叫拿零件卖脱咯，但是**讲桩事体**真咯脱我弗搭介咯，早晨头我脱仔小王一老搓好麻将来上班咯，我真咯覅偷零件。（上次是我偷偷把零件卖掉的，但是这件事情真的跟我没关系，早上我和小王一起搓完麻将来上班的，我真的没偷零件。）

（59）“害人之心不可有，防人之心不可无”**吉句说话**一定要记牢。（“害人之心不可有，防人之心不可无”这句话一定要记牢。）

远指词“港/埃”系列后边的成分则主要是未然的，尚不存在的或虚指的；假如是已然的，则是发生得较久远、现实相关性较弱的，而且通常是与近指词相对用的，如：

（60）**港只项目**马上要招标特，尔特两个人计划书要抓紧点。（那个项目马上要招标了，你们两个人计划书要抓紧点。）（未然，单用）

（61）讲两篇论文写得弗错，勒ki基础浪，可以构思**埃篇论文**咯大致框架。（这两篇论文写得不错，在这基础上，可以构思那篇论文的大致框架。）（未然，对用）

（62）一千子到仔大学里好好叫读书，**埃哇种弗读书专门闯祸咯人**么奥脱伊特搭淘。（一个人到了大学里要好好读书，那种不读书专门闯祸的人不要跟他们交朋友。）（虚指）

（63）吉场演出总算比较顺利，勿像**港场演出**恁多地方出问题。（这场演出总算比较顺利，不像那场演出那么多地方出问题。）（已然，对用）

（64）讲两只问题就实ki处理哇，**埃只问题**上只礼拜也解决特。（这两个问题就这样处理吧，那个问题上星期也解决了。）（已然，对用）

兼指词“葛 / ki”既可指示已然事件或其他实指对象，也可指示未然事件或虚指对象，而且常常单用而非对用：

（65）**葛桩事体**过去么好特，大家侪奥提特，晓得哇？（那件事情过去就算了，大家都别提了，知道吗？）（已然，单用）

（66）真对勿起，ki **弄坏脱咯书**我会得赔拨尔咯。（真对不起，这弄坏的书我会赔给你的。）（已然，单用）

（67）世界各地咯游客侪跑到 **ki 个只有 20 万人口咯小城市**里参加伊特咯狂欢节。（世界各地的游客都到这个只有 20 万人口的小城市参加他们的狂欢节。）（实指，单用）

（68）ki **房子**哈辰光么造好特？一眼进展也没的咯。（这房子什么时候造好啊？一点进展都没有。）（未然，单用）

我们看到上面两种引申情况的词项对立表现并不相同，这种不同还是可以追溯到这些引申义各自与基本的距离义的关系。

指示词的远近指用于心理距离，是客观性的空间域向主观性的态度域的隐喻投射。可能因为心理的好恶亲疏的物理基础不明显，只要有所区别而不在于距离长度，所以崇明话主要选择近指词和兼指词的对立来表达。在用于真正的空间远近时，兼指词与近指词的远近对立也重在区别而不重在距离长度。假如要突出距离之远，说话人会选择远指词而非兼指词。

指示词的远近指用于已然未然，主要是空间域向时间域的投射。这种投射有更加实在的认知基础——都有可以客观衡量的“距离长度”，这种物理量使得两者的关系要直接得多，因此人类语言时间观念和度量的表达常常是借助空间词语来实现的，如“前、后”、“长、短、远、近”。所以在用于已然未然时，与近指对立的是更有空间义的远指词“港、埃”而不是兼指词“葛、ki”。崇明话的特点之一是，说话人可以淡化指示时的远近距离义，因为崇明话具有普通话所无的不分远近的兼指指示词。

此外，空间以三维形式存在，时间以一维形式存在，两者的这点差异也造成了时空隐喻的一些复杂之处。时间的远近是围绕说话时刻朝两头伸展的。已然的而且有现实相关性的，是跟说话时关系最近的，所以用近指。但已然而久远，现实相关性弱，就要归入远指。而未然的或虚指的，由于尚无实体，是听说者尚不能把握的对象，容易产生远的感觉，所以也用远指，就与已然而久远的事件、对象同用一种指示词了。

四 余论

4.1 从汉语研究的角度看，崇明方言的指示词系统也许可以提供下面这些启示：

（一）在一个单一系统内部，指示词数量可以相当之大。由此推测，汉语史中某些指示词异常繁复的现象（如先秦有“是、此、之、斯、兹、时、伊、若、其、厥、尔、彼、夫、匪”等），既可能有方言混杂和历史层次叠加的因素，也不能完全排斥共时系统本身就复杂的背景。

（二）一个特别繁复的指示词系统，自然会存在一些人无我有的细密分工，但也可以有一定程度的聚合冗余现象，即完全同义的现象，如崇明话的“吉”和“讲”。

（三）特定方言的指示词系统假如存在超过二分的复杂现象，其各词间的语义语用分工和整个系统的格局存在着很多可能性，需要根据具体方言的实际情况进行分析，目前还很难简化为有限几种多分类型来覆盖所有方言的情况。如吕叔湘（1990）提出的三分法分析思路、陈敏燕等（2003）列出的江西赣语指示词多分的多种格局类型，都富于启发性，但还难以充分覆盖崇明话的格局。

（四）超过二分的指示词系统可能内部还存在着层级性，大系统内可能有子系统。远近之类意义对立首先也发生在构成紧密聚合关系的子系统内部。如崇明话“吉”和“葛”是一个近远对立的子系统（远义由兼指词表示），“讲”和“港”是一个近远对立的子系统，而“吉”和“港”虽然一近一远，却无法构成一个子系统。

（五）研究指示词要特别注重语音关系，语音关系可能是语义对立和聚合关系的关键因素。就崇明话来说，有无 [i] 介音是远近义的语音载体，有 [i] 是近指（“吉”和“讲”），无 [i] 是兼指或远指（“葛”和“港”）。叠韵关系是构成近远对立子系统的关键因素，如“吉～葛”、“讲～港”。“埃”与其他词没有明显的语音联系，意义用法上也游离在各个子系统之外。

4.2 从普通语言学的角度看，崇明方言的指示词系统虽然与很多方言、语言的指示词相比够得上特别，尤其是其繁复的程度，但对照指示词方面初步获得的语言共性或倾向，我们发现崇明方言指示词在一些重要方面仍表现出人类语言的共同倾向。

（一）语音象似性

Haase（2001）指出大量语言显示处所指示词有声音象似性，尤其表现为元音的象似性。大体上是“高 / 前”表近，“低 / 后”表远。在崇明话中，带前、高元音 [i]

做介音的“吉、讲”表近指，相应的不带介音的“葛、港”表兼指或远指。完全符合语音象似性的共同倾向。顺便说一下，从元音看，我们熟悉的普通话“这”[ə]表近，“那”[A]表远，英语here[iə]表近，there[ɛə]表远，日语近指kore之[o]和远指are之[a]，全都符合这一点。此外，崇明方言远指词“埃”用重读来表示更远指，也是一种象似性，而且是一种更加直接的象似性（Haase未提到重读问题）。

（二）处所指示取代普通指示

Haase（2001）指出，单纯的指示词在使用上往往会再带上指示处所的词[1]，如法语：

cetti maison-ci　　　　cetti maison-là

这　房子　这儿（这所房子）　　这　房子　那儿（那所房子）

本来cetti就是近指指示词，但现代法语常在名词后再加处所指示词（i）ci和là，加là的组合表远指，前面的近指词cetti已不起近指作用，指示作用基本上被指示处所的词取代。这类现象在很多语言中都存在。崇明方言像很多吴语一样，指示词不能直接修饰数量成分，这时的表达策略之一就是用处所指示词取代单纯指示词，如例（10）。这也是很多吴方言共有的手段，如上海话“𫠣面两间房间（这两间房间）”、“埃面四本书（那四本书）”。

上面所举的法语例子，被Haase当作处所指示词取代单纯指示词的例子。其实，其起点首先是一种强化冗余表达，即在已出现指示词的情况下再用其他指示词（特别是处所指示词）来强化指示表达，形成冗余表达。从这个角度看，崇明话复合指示词也是这样一种由强化而造成的指示词冗余表达。

（三）不同范畴指示词语义细度的等级序列

跨语言和跨方言考察表明，假如不同范畴的指示词在语义细度方面存在差异，那么总是遵循“处所＞个体＞时间＞程度、方式”的等级序列，即越在左边的分得越细或至少不会比右边的更粗[2]。在崇明方言中，虽然处所指示词和个体指示词词项繁多，距离种类分得颇细，但时间指示词就略为简单，因为ki和远指兼更

【1】等于我们的“处所指示词”，在西方语言学中因主要做状语而归入“处所副词”。

【2】参阅储泽祥、邓云华（2003）。此文的表达式是“性状程度、动作方式＞时间＞人或物＞方所”，其中“>”指蕴涵关系，即左边的如分，右边的必分，右边的分则左边的未必分，右边的是优先分得更细的。我们根据优先序列将顺序倒排，因为大于号“>”在语言学特别是类型学中习惯表示优先性而不表示蕴涵性。如要沿用储、邓文的排列，则“>”宜改为蕴涵号“⊃”。此外我们简化了某些范畴的名称，如将“人或物”改称“个体”。

远指的“埃”不能用于时间指示，就少了更远指这一项。程度和方式更是极其简单，都没有近指和远指的词项区分，各只用一个指示词，不像普通话有“这么 / 那么”的近远对立。于是出现这样的等级序列“处所、个体 > 时间 > 程度、方式”，完全符合语言共性的等级序列。

（四）从指示词到定冠词的语法化

这是语法化中的一条常见路径。本章描写的 ki 的一些不同于其他指示词的用法特点已部分体现了这一路径，有关详情我们还将另文讨论。

由此可见，在发掘有方言特色的现象时，假如借助类型学的研究成果、联系人类语言的共性来看，往往会发现在特色的背后是深层次的人类语言共性。这是在方言语法研究中值得时时注意的。

参考文献

陈敏燕、孙宜志、陈昌仪　2003　《江西境内赣方言指示代词的近指和远指》，《中国语文》第 6 期。

储泽祥、邓云华　2003　《指示代词的类型和分类》，《当代语言学》第 4 期。

丁启阵　2003　《现代汉语“这”、“那”的语法分布》，《世界汉语教学》第 2 期。

方　梅　2002　《指示词“这”和“那”在北京话中的语法化》，《中国语文》第 4 期。

刘丹青　1999　《吴江方言的代词系统及内部差异》，《代词》，暨南大学出版社。

———　2001　《语法化中的更新、强化与叠加》，《语言研究》第 2 期。

吕叔湘　1990　《指示代词的二分法和三分法》，《中国语文》第 6 期。

张惠英　1993　《崇明方言词典》，载李荣主编《现代汉语方言大词典》分卷本，江苏教育出版社。

Haase, Martin 2001 Local Deixis. In M. Haspelmath, E. König, W. Oesterreicher & W. Raible (eds.) *Language Typology and Language Universals: An International Handbook*. Berlin: Walter de Gruyter. pp.760-766.

作者：刘丹青、刘海燕

原载：《方言》2005 年第 2 期

第十六章　量名结构与量词的定语标记功能

一　引言

量词做定语标记和量名结构的独立使用有一定的联系。量名结构的独立使用，是指“量＋名”结构可以作为一个合格的句法单位出现在其他名词性成分可以出现的句法位置上。对于这种现象，前人已多有探讨。表有定意义的量名结构的来源，主要有省略说、底层说和结构说三种（王健、顾劲松，2006）。

在一些语言 / 方言中，量名结构可以独立使用并表示有定意义，其中，量词兼有定指和定语标记功能（石汝杰、刘丹青，1985；刘丹青，1986、2005；施其生，1996；周小兵，1997）：

（1）苏州：我件衣裳（我的那件衣服）　　洪先生写好副对联（洪先生写好的那副对联）（刘丹青，2005）

（2）广州：着红裙个女人（穿红裙子的这（那）个女人）　　你啲学生（你的那些学生）（施其生，1996）

本章主要探讨量名结构的独立使用与量词的定语标记功能之间的关系，认为量名结构独立使用、量词发展出表示有定或无定的类冠词功能，是量词发展为定语标记的前提。

二　量名结构的语义特征

2.1　中性指示及其句法环境

指示有时不需要区别远近。当所指对象存在于言谈现场，可以靠指示词（或辅以手势）来直接辨别，不需要靠指示词的远近距离意义区别于其他对象，这种指示我们称之为中性指示。中性指示可以借用近指或远指词来表示，如普通话通常用“这”来实现中性指示：

（3）这是小王，这是小李，这是小张的妈妈。（伴以手势）

但也可以用“那”：

（4）那是我们的教学楼。（伴以手势）

中性指示和远近意义并非水火不容，上述例句，指示较近的对象一般用“这”，指示较远的对象一般用“那”，远近意义是由“这”、“那”本身的语义带来的。实际上，由于实现的是直指（deictic）功能，所指已可清楚辨别，远近信息对于辨别所指来说已经不太重要。

语言中可以用一个词来表示无须区别远近的指示概念，我们把这个词叫作中性指示词。[1]使用中性指示词，说话者不关注所指的距离远近，因此人们描述此类词“既可以指近，也可以指远”（石汝杰，1999；刘丹青，1995、2005），用于直指时往往指现场存在的唯一同类对象。中性指示词广泛存在于汉语方言和其他语言中，如苏州方言中的“搿”就是一个典型的中性指示词。[2]

名词的其他修饰语，如领有成分、关系从句和形容词性修饰语等，其功能与指示词类似，都可以增强名词可辨度（identifiability），当指示词出现于这些修饰语与核心之间，一般用于中性指示，即除非特别强调，一般没有距离区别意义。因此我们推测，在有中性指示词的语言/方言中，中性指示词出现在“修饰语+核心”结构中的频率要高于其他指示词。苏州方言即是如此。据刘丹青先生（个人交流）告知，苏州话中“修饰语+指量名”结构中一般用中性指示词“搿”。

2.2　量名结构独立使用

浙江义乌方言中量名结构可表定指，也可表无定和单纯的数量意义（陈兴伟，1992）：

（5）床被八年了。（这床被子八年了。）

【1】中性指示词有别于中指指示词，中指指示词是距离指示系统中的指示词，有固定的语义特征，关于中性指示词和中指指示词，我们将另文详细介绍。

【2】综合小川环树（1981）、刘丹青（1995）、钱乃荣（1997）等各家描写，苏州话中的“搿”有如下用法：

1）与近指词对立使用指远；

2）与远指词对立使用指近；

3）单独使用，一般用于当前指，没有距离区别意义；

4）与远近指词一起出现，表示中指。

（6）阿住间屋。（我住这间房。）

（7）幅画贴乜儿板壁。（一幅画贴在墙壁上。）

（8）个侬本书。（一个人一本书。）

广州话中的量名结构（周小兵，1997）可表无定，同时，在主宾语位置都可表有定：

（9）上个礼拜先买咗本书，琴日发现本书唔见。（上个星期才买了一本书，昨天发现那本书不见了。）

（10）好声啲呀，条石梯好企，你揼实条铁链呀。（小心点儿啊，这个石阶很陡，你抓紧这条铁链。）

新化方言（罗昕如，2004）量名结构可独立使用表有定、无定和周遍意义：

（11）只鸡有好重唧？（这／那只鸡有多重？）

（12）帮我抬下只桌子。（帮我抬一下这／那张桌子。）

（13）我个票包逗只贼牯子偷咖去哩。（我的钱包被一个小偷偷走了。）

（14）只包子唧达唔帮我留，饿死我哩。（一个包子都不为我留，饿死我了。）

类似的方言再如，广东澄海（闽语）（陈凡凡、林伦伦，2003）：

（15）伊叫个同学去买水。（他叫一个同学去买水。）

（16）碗面五个银。（一碗面五块钱。）

（17）杯水还食未了就着行。（一杯水还没喝完就走了。）

（18）只船沉去。（那条船沉了。）

涟水南禄（王健、顾劲松，2006）：

（19）个人没来。（一个人也没来／这／那个人没来／有一个人没来。）

（20）块钱本书。（一块钱一本书。）

金华汤溪（曹志耘，2001）：

（21）个帽挂得钉儿上。（那个帽子挂在钉子上。）

（22）个碗摆得桌上。（一只碗放在桌子上。）

鄂东（汪化云，2004）：

（23）个人落到河里去了。（那个人掉到河里去了。）

（24）三角钱个油饼。（三角钱一个油饼。）

（25）缸里口水冒得，还不去挑！（缸里一口水也没有，还不去挑！）

（26）个跛脚儿么样跑 ue？（跛子怎么样跑呢？）

（27）个蚊虫在帐子顶上。（一只蚊子在蚊帐顶上。）

以上诸方言中独立使用的量名结构表现出相似的语义特征，归纳如下：

1）相当于“指量名”结构，是一个有定NP；

2）相当于“一量名”结构，是一个无定NP；

3）相当于“一量名”结构，是一个数目短语；

4）相当于表周遍意义的“一量名”结构。

鄂东方言中，量名结构还可以是一个类指NP，如下文例（56）。

石汝杰、刘丹青（1985）以及王健、顾劲松（2006）分别指出，苏州话和涟水南禄方言中语音上的证据表明，量名结构表示有定和无定以及数目意义，是省略指示词或数词“一”的结果。

汉语中指示词和量词一般蕴涵单数意义，“这”和“这些”构成单复数对立，“个”、“根”等典型量词是可数名词个体的类别标记，因此“指+一+量+名”结构中“一”往往能省略。刘丹青（2002）指出，指示词和量词是两个互为联系的参项。他根据两者在不同语言/方言中此消彼长的关系，把语言/方言分为指示词发达型和量词发达型两种。指示词发达的语言中，“指一量名”结构中可以省略数词“一”和量词，“一量名”结构中“一”的省略限于宾语位置。

浙江义乌话、广州话等属于量词发达型语言，“一量名”结构中数词“一”可以省略，以“量名”表示原来的无定、数量或周遍意义，用于主语宾语等各种句法位置。[1]而由“指一量名”省略“一”而来的“指量名”结构在中性指示的语境中，由于不需要标示距离远近，可以省略指示词，这样，就仅余量名结构表示有定意义。量名结构是不同语境下不同成分（指示词或“一”）的省略，既可以表示有定，又可以表示无定，这是不同成分省略的结果。量名结构中的量词有演化为定冠词和不定冠词两条发展路径。一些藏缅语中量词的发展可以说明这一点（李云兵，2005）。彝语量词用作不定冠词：

（28）dz̩u^{21} dzi^{21}　（一双筷子）　　ɬa^{55} gu^{33}　（一条裤子）

筷子 双　　裤子 条

毕苏语和桑孔语中，量词却发展为定指标记（李云兵，2005：53）：

【1】“一量名”结构中“一”脱落的语义限制，各方言间可能存在差异。

（29）毕苏语：$pe^{33}le^{31}ma\eta^{55}$ （（这/那）只羊）

羊 只

桑孔语：$ti^{31}la^{31}ti^{31}$ （（这/那）条绳子）

绳子 条

2.3 量名结构的显著意义

独立使用的量名结构是省略“一”还是省略指示词，或者兼而有之，各方言间存在差异，即使“一”和指示词都可以省略，量名结构的显著意义是有定还是无定，各方言也呈现出不同。比如涟水话中量名结构相当于有定的“指量名”或无定的“一量名”，但南通话的量名结构基本上都是表示定指的。王健（2005）考察了部分汉语方言中量名结构的独用情况：

1）有无相当于“一+量”的量名结构独用现象

有：涟水、阜宁、泰州、兴化、东台（江淮方言）

无：苏州、常州、湾址（以上吴语）、绩溪、歙县、祁门（以上徽语）、合肥、南通、灌南、扬州、枞阳、六安（以上江淮方言）

2）有无定指型量名结构独用现象

有：苏州（吴语）、绩溪、歙县（徽语）、阜宁、东台、涟水、南通、兴化、泰州（江淮方言）

无：常州、湾址（吴语）、祁门（徽语）、灌南、合肥、枞阳、六安、扬州（江淮方言）

涟水、阜宁、泰州、兴化、东台等江淮方言量名结构独立使用既可以相当于“一量名”，也可以表示定指，但是更加靠近南部的苏州（吴语）、绩溪、歙县（徽语）、南通，独用的量名结构只表达有定意义。

看来，越靠近北方，指示词越发达，量词功能则受到较多限制，独立使用的量名结构只能出现在宾语位置，且只能被认为是省略了数词“一”，主语位置上，这种省略就不可接受。基本上可以认为，北方官话中量名结构不单用，到了中部的江淮官话区，独用的量名结构既可以表示有定意义，也可以表示无定意义，而更南部的吴语、徽语，结构的形式与意义之间的对应更加严整，量名结构基本只表示有定意义。

王健（2005）也认为，南方方言中指示词“个”来源于量词“个”，是指示词省略的结果。“指示词+个”省略“指示词”，指示的功能就会临时转移到“个”

上。长时间和高频率使用的结果就使“个”成为指示词。对此观点，下文 2.4.2 有讨论。

2.4　量名结构的定指意义

2.4.1 我们认为，量名结构表示有定是省略中性指示词或有中性用法的指示词的结果。

陈兴伟（1992）指出，浙江义乌方言中指示词的省略，“起决定作用的是在语境中彼此明了的此情此境”，即语境能够提供有定意义，而不需指明距离远近。

广州话中有定指意义的量名结构，据我们对周小兵（1997）例句进行的考察，全部用于当前指（指示存在于言谈现场的对象）、回指、靠语境和共享知识提供有定的定指等，都是不需区分距离远近的场合，普通话的对应成分可以是“这”，也可以是“那”。

湖南新化方言，量名结构表有定用于“双方都明白所指对象是什么，远近视语境而定”（罗昕如，2004），其实是不区分远近距离的场合。

石汝杰、刘丹青（1985）指出，苏州话量词的定指用法起源于指量结构（指示词可能是“搿”），量名结构的意义基本与“搿＋一＋量＋名”格式相同，不强调数量，指示意义很弱，“搿”是一个典型的中性指示词（陈玉洁，2007：第3章）。

由于经济原则的要求，语言中不大容许两个结构表达完全相同的意义或功能，所以即使由指量名结构脱落指示词而来，量名结构的功能也可能会有别于“母体”。指量名结构由于有显性的指示词，往往表示直指，同时往往有距离意义，而量名结构容易发展出回指、由语境和共享知识等提供有定信息的定指功能，量词在功能上与定冠词类似。同样的用法见于白语（王锋，2002），白语中的“名＋量”结构表示前文已经提到或谈话双方都知道的确知的事物，这是一种定指功能：

（30）tsɯ³¹ tsɯ³¹ nɯ³³ xɔ⁵⁵ lɔ³²　（树倒了。）
　　　树　棵　倒　掉　了

还可以表示类指：

（31）pa³² tɯ²¹ meɽ⁴⁴ tsɯ³¹ meɽ⁴⁴ tɕhio⁵⁵ tɔ³³ lɯ⁴⁴　（豹子会爬树。）
　　　豹　只　爬　树　爬　好　得（助）

2.4.2 独立使用的量名结构中量词不能被称为指示词，原因如下：

1）量名结构一部分是中性指示语境中指示词省略的结果，表示有定意义，但还有一部分是数词“一”省略的结果，表示无定、数目或周遍意义；

2）即使是省略指示词，表示有定意义的量词也不能称为指示词。虽然它可以独立使用（苏州、义乌方言）[1]，并在特定条件下有直指功能，却不能与系统中的指示词对立使用，不能表示距离区别意义，而指示词，即使是一般不表距离区别意义的中性指示词，如苏州话中的“搿”，也可以进入距离指示系统，与其他表示远近的指示词构成距离远近上的对立。

石汝杰、刘丹青（1985）分析了苏州话中量名结构和“搿+量名结构”的区别：

（32）a. 张纸头啥场化来葛？（这/那张纸哪里来的？）

b. 搿张纸头啥场化来葛？（这/那张纸哪里来的？）

石、刘指出，“a句表示听说双方都知道的一张纸，或环境已经指明是哪一张（比方桌子上只有这么一张纸）”，说明量名结构主要用于共享信息和语境提供的有定，往往是语境中存在的唯一对象，这是定冠词的典型功能。而b句，“指示意义更加明显，所指对象是不见于上文的新信息……含有比较明显的对比意义”，说明“搿+量名结构”往往用于直指，并可以和其他对象构成距离对立，这是指示词的典型功能。

3）表有定意义的量词可以附加在名词之上，甚至出现在“量+形+名”结构中：

（33）新化：件乖太衣衫哪个咯？（那件漂亮衣服是谁的？）（周纯梅，2006）

（34）涟水南禄：瓶贵酒好喝。（那瓶贵的酒好喝。）（王健、顾劲松，2006）

但即使这种用法的量词也不能认为是指示词，因为在有量词的语言中，“指+量”是比“指+名”更为基本和常见的句法组合，量词发达型语言/方言中，指名结构甚至是不合格的句法结构（苏州方言），但是表有定意义的量词只能跟名词，而无法与其他量词组合。

4）量名结构表有定是一个系统现象，凡该方言/语言中的量词，包括不典型的不定量词“些、点儿”，度量衡单位“斤、米”，甚至动量词“次、趟”等，都可以进入量名结构，而指示系统却是高度封闭的。

2.4.3 量名结构独立使用，量词一般紧靠名词出现，或出现于“修饰语+名词”

【1】独立使用显示了量词比指示词更为发达的类型特点，这些方言中，指示词反倒不能作为独立的句法成分出现。

之前，表示无定时相当于一个不定冠词，表示有定时多用于回指、语境与共享知识提供的有定，具备定冠词的典型功能，但是它也仍然不能被称为冠词，这是因为：

1）量名结构是中性意义的指示词的省略，中性指示词多用于直指，因此量名结构也可以表示直指，如浙江义乌方言中“便是个侬”，可以辅以手势等肢体语言，定冠词即使用于情景指，也不能伴随指向性肢体动作，所指往往是言谈现场唯一的同类对象。

2）量词发达型语言中，有了一定的语境支持，指量名结构可以仅余量词表示有定意义，量词可以作为独立的句法成分出现，而冠词不能脱离名词独立使用：

（35）甲：买双鞋。
乙：哪双？
甲：双！（义乌）

（36）甲：倷哪只脚痛？
乙：只痛。（苏州）

3）冠词是语言中高度封闭的词类，但这些语言中的量词几乎都可以组合成量名结构，表示有定或无定意义，是一个系统性现象。

基于上述理由，此类量词不宜被称作冠词，但鉴于它和冠词的句法语义功能相似，我们称之为类冠词。冠词的出现，标志着语言中有定或无定范畴的形成，除要求句法强制性外，还有一系列限制条件，详见 Chen（2004）。

量名结构可表有定的语言中，如果 NP 的有定理解仍可依赖语用因素，量词并非在有定 NP 中强制性出现，说明它并没有语法化为有定或无定范畴，但量词可以逐步发展出句法强制性。瑶族勉语（毛宗武，2004）中，除专名外，有定 NP 都需要加量词进入句法结构，如果指示意义突出，就使用指量名结构。表现为：

1）主语位置上除专名和表类指的名词之外，名词前面一般都要加上量词。量名结构有定指意义，但是相应的普通话要用光杆名词对译，说明是双方已有默契的或共享知识所提供的有定对象。

（37）tiu^{31} $\mathrm{ɬaŋ}^{33}$ $\mathrm{taŋ}^{24}$ $\mathrm{kwən}^{53}$　（绳子断了。）
条　绳子　断　了

2）和主语有领属关系的宾语必须带量词，而且一般是有定成分。

（38）nin^{31} pun^{53} bu^{24} $\mathrm{ɻɔ}^{42}$ $\underline{\mathrm{tau}^{31}}$ $\mathrm{ȵa}^{31}$　（他去告诉他妈妈。）
他　去　告诉 起 $\underline{\text{个}}$ 娘

3）以名词做领有成分的领属结构，领有成分和核心都必须带量词，毛书同时指出，领属结构表多数或泛指时，可以不带量词，但必须带结构助词 nin^{31}。这说明领属结构表有定时，核心名词必须加量词，但表类指或无定意义时，量词不能出现，量词在领属结构中起标明定指兼定语标记作用。必须带量词的例子如：

（39）tau^{31} klu^{35} tau^{31} kɒ^{42} dwai^{35} taŋ^{24} kwən^{53}（那/这条狗的尾巴断了。）
个 狗 个 尾巴 断 了

4）人称代词做领有成分，领属结构如果表示有定，则用量词做定语标记，如果表示无定或类指，就用结构助词 nin^{31}。用量词表有定的用法如：

（40）nin^{31} nɔ^{33} m̩in^{33} hɔŋ^{31} kwən^{53} （他的脸红了。）
他 个 脸 红 了

瑶族勉语领属结构中量词的表现与希腊语[1]中的定冠词类似，领属结构中有定的领有成分和最大 NP 都需要加上定指成分。这种句法强制性是朝冠词的进一步发展，泛用量词"个"有可能语法化为语言中真正的有定范畴标记，即冠词。

三 量词的定语标记作用：脱落说与蕴涵说

3.1 脱落说

在量名结构可以表有定的方言中，量词可以做定语标记，兼表有定意义，如上文所列苏州、广州方言，再如新化方言（周纯梅，2006）：

（41）我台电脑。（我的（这/那）台电脑。）

（42）我刚买到只花瓶。（我刚买的那只花瓶。）

【1】Lyons（1999：22—25）指出，英语中的领有成分，包括代词性的领有成分（my, their 等）和名词的领格形式（the woman's, Fred's 等）占据的是定冠词和其他有定限定词（definite determiner）的位置，是因此领属结构表达有定意义，并且不能与定冠词同现，他称为 determiner-genitive language（简称 DG 语言）。但是意大利语、古希腊语中，领有成分占据的是形容词或其他位置，领属结构本身不附带任何有定或无定信息，有定或无定表达需要加定冠词和不定冠词，他称为 adjective-genitive language（简称 AG 语言）：

意大利语：

（Ⅰ）il mio libro（我的那本书）
the my book（my book）

（Ⅱ）un mio libro（我的一本书）
a my book（a book of mine）

古希腊语：

（Ⅲ）ho ton andros hippos（那个人的那匹马）
the + NOM the + GEN man + GEN horse + NOM（the man's horse）

Chen（2004：1176）认为，汉语中领属结构的表现与意大利语、古希腊语相似，而有别于英语和爱尔兰语这些领属结构表示有定的语言。但普通话并没有形成系统的有定和无定范畴，因而与意大利语、古希腊语也有区别，以泛用定语标记"的"标记甚至无标记的领属结构可以直接表达有定或无定，更多的是依靠语用知识，但汉语方言可能存在不同的情况。

量词发达型语言中，在中性指示情况下，指示词既可能在“指＋量＋名”结构中脱落，形成有定量名结构，量词发展为类冠词，也可能在“修饰语＋指＋量＋核心名词”结构中脱落，量词做定指标记兼定语标记：

指量名→量（类冠词，定指作用）名

修＋指量名→修＋量（定指作用兼定语标记）名

可以认为，在不同的句法环境中，指示词同步脱落，量词发展出了句法强制性，成为有定NP中强制性的标记，是一个真正的定冠词，语言中的有定范畴得以形成。

唐正大（个人交流）告知，关中方言中泛用量词“个”可以做定语标记，标示名词的无定（indefinite）意义，和标记类指的“的”、标记定指的□uo[51]是互补的：

（43）我给你个书（我给你的一本书）　　（44）我个书（我的一本书）

“个”做定语标记，含单数和无定意义：

（45）一个黑得很个人——*两个黑得很个人——*那个黑得很个人

“个”是关中方言口语中最基本的量词，居于修饰语和核心之间的位置时，兼有表示无定和定语标记的功能，可能是“个”前直接省略“一”的结果，因为关中方言中“领有成分/关系从句＋一个＋核心”可以是一个NP：

（46）张三给老师一个书——张三给老师个书（张三给老师的一本书）

（47）张三一个书——张三个书（张三的一本书）

这样看来，关中方言中“修饰语＋量词（个）＋名”是一个无定NP，是省略“一”的结果。

施其生（1996）指出，粤语中“修饰语＋量词＋名”总是一个有定NP，如采用省略说，“修饰语＋量＋名”结构是指示词而非“一”的脱落。同样是可以表示中性指示的环境，为什么关中方言省略的是“一”而粤语中省略的是指示词？

我们认为，“修饰语＋量词＋名词”结构是指示词还是“一”的省略跟方言中量名结构的显著意义是有定还是无定有关。关中方言中“个＋名”可以做“把”的宾语和一般动词的宾语，应用频率高，表无定，由于“个”作为量词的高频性和泛用性，它比量词发达型语言中成系统表示定指/不定指意义的多个量词更像冠词。

在南方量词发达型方言中，“指量名”结构和“一量名”结构中指示词和“一”都可以省略，仅余量名结构表示无定或有定意义（汉语方言中部和南部表现出不同，详见2.3），但表示有定是独立使用的量名结构更加显著和无标记的意义。[1]表现为：

1）有定量名结构做主语/话题

（48）间屋分佢。（这间屋子分给他。）（浙江义乌）

（49）只狗死咗。（这/那只狗死了。）（广州）

2）有定量名结构做介词宾语

（50）拿张报纸翻来翻去看。（把（那）报纸翻来翻去地看。）（苏州）

3）有定量名结构做定语

（51）条鱼葛鳞爿刮刮脱。（把这条鱼的鳞刮了。）（苏州）

4）有定量名结构做不能以数量名结构做宾语的VP的宾语

（52）我去叫阿三来修一修扇窗。（我去叫阿三来修修这窗子。）（苏州）

5）有定量名结构做动词宾语

（53）再落厨房磨利把菜刀。（再下厨房磨快那把菜刀。）（广州）

（54）阿住间屋。（我住这间房。）（义乌）

量名结构不但出现在主语、领属定语、“把”的宾语等强烈要求有定的位置，而且可以出现在动词宾语的位置；或许正是因为在这些强烈要求有定的句法位置上高频使用量名结构，其有定意义才成为显著意义，量词因而成为一个表示定指的类冠词。

在一些方言中，量名结构的有定意义和无定意义同样显著的领属结构和关系从句结构中既可以省略指示词，也可以省略“一”，“修饰语+量+名”既可以表示有定意义，也可以表示无定意义甚至类指义，如鄂东方言：

（55）塔里棵树把得人家驮起走了。（他家的一棵树被人家扛走了。）

（56）卖水货的些人心狠得很，莫信他们糊。（卖水货的那些人心非常狠毒，别听信他们诓骗。）

（57）王师傅买的斤肉是我把的钱。（王师傅买的一斤肉是我付的钱。）

量词能否做定语标记、做定语标记时显示出何种语义属性，与该方言中量名结构的独立使用以及独立使用时的显著意义都有关系。

3.2 修饰语的复杂度与量词做定语标记

刘丹青（2005）指出，苏州方言中形容词的生动形式和反复貌重叠式修饰名

【1】这只是一个笼统的说法，各方言量名结构的有定或无定意义的显著程度应存在差异。

词时可以以量词作为标记，简单形式却不能：

（58）*漂亮只面孔——漂漂亮亮只面孔

单个谓词（及物动词、不及物动词等）修饰名词时也不能以量词作为定指标记，加上主语、事件发生的时间之后就可以：

（59）*买本书穷好看（买的那本书很好看）

（60）俚买本书穷好看（他买的那本书很好看）

（61）昨日买本书穷好看（昨天买的那本书很好看）

简单形容词或简单关系从句无法以量词作为定语标记，但加上指示词之后，NP合法（与刘丹青先生个人交流）：

（62）*买本书穷好看。|买搿本书穷好看，借搿本书勿好看。（买的那本书很好看，借的那本书不好看。）

（63）*漂亮只面孔|漂亮搿只面孔（蛮熟悉）。（漂亮的那张脸挺熟悉。）

中性指示词无法省略的现象说明，以量词做定语标记的NP对修饰语有复杂度等方面的要求。苏州话中修饰语的复杂度影响量词做定语标记，我们认为，这与修饰语所能提供的可辨度有关，若可辨度高，可以保证NP的有定性，则可以用量词做定语标记，而如果修饰语不能保证NP有定性，则不能以量词作为定语标记。形容词的生动形式可以增加NP定指度，沈家煊（1995）曾经指出，性质形容词和状态形容词有“无界”和“有界”的区别，受有界成分修饰的事物，定指度相对会更高一些，如“漂亮衣服”和“漂漂亮亮一件衣服”，后者的有定程度明显高于前者。

形容词的生动形式和反复貌重叠式做关系从句也可增强NP的可辨度，单个谓词加上主语、宾语或其他限定修饰成分之后也提高了核心名词的定指度。

然而，修饰语提供的信息只是提供了NP被理解为有定的一种可能性，普通话中关系从句结构仍可表示无定意义，比如“我昨天刚买的一本书烂了一个角”，而苏州话用量词做的定语标记只能表有定，如：

（64）俚买本书：意思是“他买的那本书”，“书”只有一本。

（65）俚买葛书：意思是“他买的书”，“书”可能不止一本。

可见，量词做定语标记，已经在苏州方言中形成了一个新的标记范畴。

量词做定语标记时同时是一个有定标记，并且对修饰语有特殊要求，只有在修饰语提供较多信息的NP中才能出现。而带简单修饰语的NP要想保证它的有定身份，必须加指示词，如例（62）、（63）。加指示词可以保证一个可辨度不高的

NP成为有定对象，此时对修饰语的有无和复杂度没有要求，说明指示词标记有定的功能大于量词。打个比方来说，以量词做定语标记是“只有警察才可以穿警服”（只有可辨度较高的NP才能以量词做定语标记），“警服”（量词）在此只起一个标记固有属性的作用，而以指示词做定语标记是“任何人都可以穿警服，穿上警服的都是警察”（任何NP都可以指示词做定语标记，带指示词做定语标记的都是有定NP），“警服”（指示词）在此起保证身份的作用。指示词和量词同为有定兼定语标记，对语义的作用力大小不等，这说明了它们功能虚化程度的差异。如英语中，定冠词作用于光杆名词可以改变它的指称属性，使其表有定，例如“the dog”，可是如果语言中的定冠词可以加在专有名词之上，它就不再对名词的语义属性产生影响，这是定冠词功能进一步虚化的表现。苏州方言中做定语标记的量词对修饰语的复杂度有要求，说明它还不是能为任何NP都提供有定身份的强有定标记，但其冠词化程度已相当深，跟可有直指功能的量名结构中的量词已是不同的用法。

形容词的重叠形式做修饰语，能以量词做定语标记，NP表示有定，但无法补进指示词：

（66）漂漂亮亮只面孔——* 漂漂亮亮搿只面孔

（67）厚纳纳块布——* 厚纳纳搿块布

同是“修饰语+核心”结构，当修饰语为简单关系从句或简单形容词的结构时，“搿”不能省略，无法直接以量词做定语标记；而当修饰语为复杂形容词的结构时，要以量词为定语标记，不能加指示词“搿”。这说明量词做定语标记并非是中性指示词直接省略的结果，复杂形容词修饰名词以量词做定语标记，不可能来源于指示词的省略。

采用脱落说还会面对的另一个问题是，都是加“搿”的中性指示语境，典型关系从句做修饰语的NP中“搿”可以省略，而简单形容词或单个谓词做修饰语时，“搿”不能省略。这并非由于简式修饰语不能为NP提供较高的可辨度，因为不带此类修饰语的指量名结构在中性指示的语境下其指示词同样可以省略。看来，表有定意义的量名结构和以量词做定语标记的“修饰语+量+核心”结构，不是中性指示词同步脱落的结果。

开平方言中（余蔼芹，1995），名词短语的修饰语如果是动词词组、生动形式或者形容词重叠形式，定语标记要由指示词来充当，构成有定NP，这与苏州话量词表现相似：苏州话中有复杂修饰语的NP往往以量词做定语标记。

关中方言中，只要NP表示有定，就要以指量组合或其合音形式来做定语标记。这显示了NP的语义属性对定语标记的限制，有定NP需要有定标记来标示，这一点与普通话不同，普通话有定和无定NP都可以用泛用定语标记"的"来标记。NP的有定解读仍可依赖语用因素（共享知识、语境等），而不是必须要依靠特定的有定形式标记。

开平、苏州等方言中选用指示词或有定指意义的量词等做定语标记，是以NP中修饰语足够复杂为前提的，可辨度较高的NP加了这些标记之后被确认为有定对象。复杂修饰语与有定标记之间是"双向选择"的关系，有定标记选择修饰语能够提供足量信息的NP，而带有复杂修饰语的NP要确保它的有定身份，就需要选择有定指功能的量词或指示词作为形式标记。

3.3　蕴涵说

上文指出，量名结构可以独立使用，是"一"的省略或中性指示下指示词省略的结果。有些方言中量词可以同时用作定语标记，但还有一些方言中核心和修饰语之间也可用其他定语标记来标示，如鄂东方言（见例56、57）。

一种方言中的量词，如果能够（或大都能够）做定语标记，它们应该首先发展出类冠词的功能。除了上文列举的方言之外，我们观察了汉语方言语法语料库（刘丹青主编，2006）中的21种方言，没有发现例外，量词做定语标记和量词做类冠词之间存在着某种关联：

广州、苏州、新化：+类冠词，+定语标记

鄂东方言：+类冠词，–定语标记

北京话：–类冠词，–定语标记

但不存在这样一种方言，其量词可以做定语标记但是没有类冠词用法，这样就得到一个四分表：

表16-1

冠词，定语标记	冠词，–定语标记
*–冠词，定语标记	–冠词，–定语标记

这个四分表可以表述为这样一条蕴涵共性：

定语标记⊃类冠词功能

也就是说，一种语言或方言中，如果量词发展出了定语标记的功能，那么它应该首先发展出了类冠词功能。

蕴涵说假设量词做定语标记以它的类冠词化为前提。苏州方言中量名结构的显著意义为定指意义，量词首先成为一个可以标示有定的类冠词。做定语标记必须出现在有较高可辨度的NP中，而带简单修饰语的NP不能保证其有定性，就无法以量词作为定语标记。如采用脱落说，则难以解释同为“修饰语+指量名”结构，为什么有的可以脱落，有的无法脱落。中性指示条件下指示词应能系统脱落，不应出现这样参差的情况，因此说量词的定语标记作用来源于指示词的脱落并不可靠。

苏州话中，量词可以用于领属结构中表示有定，如“我件衣服（我的这/那件衣服）”。这进一步说明，量词做定语标记只能出现于强烈倾向于被理解为有定的NP，无法像指示词那样，独自给NP赋予有定意义，它仅是一个标明有定的冠词性成分，这也说明量词做定语标记不是指示词直接脱落的结果，从另一方面支持了蕴涵说。

蕴涵说同样可以解释关中方言中“个”做无定标记的原因，关中方言中省“一”留“个”，“个+名”可以出现于介词宾语、动词宾语的位置，只表示无定意义，类似一个不定冠词，因此发展为标明无定的定语标记。

我们认为，量词的定语标记作用经历了以下两个阶段：

1）中性指示用法的指示词或数词“一”在指/数量名结构中脱落，使量词分别发展为标示有定或无定的类冠词；

2）量名结构的显著意义为有定，则量词发展为有定NP中的定语标记，如吴、粤及部分闽方言；量名结构的显著意义为无定，则量词发展为无定NP中的定语标记，如关中方言。

开平、苏州、关中方言更符合Lyons（1999）所说的AG语言的特点，领属结构的有定身份强制性要求有定标记额外加以标示。我们进一步扩展到关系从句结构和所有的“修饰语+核心”结构，这些方言中凡是有定的“修饰语+核心”结构都需要用表示有定的定语标记来标示。“修饰语+核心”结构有定、无定或类指采用不同的标记形式，NP的语义性质依赖定语标记的标示，而不再依赖语境等语用因素，可以说有定或无定意义在这些方言中已经初步形成语法范畴。如果不带任何修饰语的光杆NP其语义解释也不再依赖语用因素的参与，也需要同样标记的标示，我们就可以说该语言/方言中已经形成一个有定或无定范畴，如果有定或无定标记固定于某一特定形式，这一形式就可以是定冠词/不定冠词。

四 量词的冠词化、定语标记功能及其向指示词的发展

4.1　量词的冠词化与定语标记功能

量词在量名结构中发展出类冠词用法，而后可以用于“修饰语＋核心”结构中做定语标记，并标明NP的语义特征，进而发展出句法强制性，导致指称系统中有定、无定、类指等不同语义的NP采用不同的标记形式，形成新的标记系统，如关中方言、苏州方言等。量词既可以发展为有定标记，也可以发展为无定标记，这由量名结构的显著意义决定。

作为类冠词的量词，如果与做定语标记兼有定/无定标记的量词发生合力作用，形式上再统一于一个泛用量词，可能造成语言中有定/无定范畴的真正建立，如瑶族勉语标敏方言中（毛宗武，2004：211—214），量词作为定指标记出现了句法强制性，在有定NP中强制性出现，比起汉语方言中的情况，是进一步冠词化的结果。量词朝冠词发展的路径为：

功能上：量词——类冠词——定语标记兼表有定/无定 ↘
形式上：统一为一个泛用量词 ↗ 定/不定冠词

但我们并不排除，量词系统性地做定语标记时，其中一个泛用量词发生功能泛化，成为一个泛用定语标记，如果这个推断成立，则得到如下一个语法化链条：

一般量词→类冠词→类冠词兼定语标记→泛用定语标记

石汝杰、刘丹青（1985）指出，苏州话中量词“个”与泛用定语标记“葛”同音，都读“kəʔ55”，“个”用法同于其他量词，出现于量名结构中表有定，做定语标记时有定指意义。据刘丹青（2005），同为定语标记，“个”与“葛”有很大区别，用“个”时表有定，核心名词要能用“个”分类，而且不能与其他量词连用，但用“葛”时没有有定意义，并且可以与其他量词连用：

（68）a. 生下来kəʔ55蛋，因为“蛋”可带量词“个”，因此这是一个歧义结构，kəʔ55可能是量词“个”，表有定意义兼定语标记作用，意思是“生下来的这/那个蛋”，也可能是泛用定语标记“葛”，意思是“生下来的蛋”；

b. 长出来kəʔ55草（长出来的草），没有歧义，因为“草”不能用“个”分类，因此这个kəʔ55只能是“葛”；

c. 长出来（kəʔ55）棵草（长出来的那棵草），kəʔ55只能是“葛”，因为量词“个”不能与量词“棵”连用。

从c句可以看出，“葛”可以出现在“修饰语+量名结构”中，但“葛”与“个”不能同现，如不说“刚刚考取大学葛个儿子”（石汝杰、刘丹青，1985）。我们可以尝试把“个”与“葛”合并，认为量词“个”在保留着与其他量词平行的功能的同时，又经历了意义泛化，在做定语标记时，失去了定指意义，变成了一个泛用定语标记。阶段a是泛化的中间环节，在条件适合的情况下（核心名词可以用“个”分类时），它保留有量词的定指意义，但也可以被理解为已经失去了定指意义。阶段b、c显示了它的特定指称意义的消失和应用范围的扩大：有定意义消失，用于不能用“个”分类的名词，可以与其他量词同现。这只是我们根据句法表现所做的一个推测，苏州方言中量词“个”与泛用定语标记“葛”是否同源，需要更多的证据来证明。

赵日新（2001）认为，我国东南部许多汉语方言都用量词“个”做泛用定语标记，不标示特定的指称意义。但是东南方言指示词很多是k-系词，有些也写作“个”，定语标记来源于指示词还是量词需要仔细辨别。

4.2　量词向指示词的发展

游汝杰（1982）指出，台语和中古汉语、汉语南部方言中，量名结构可以独立使用，量词有指示作用，同时量词可以在名词短语的修饰语和核心之间起联系作用，即有定语标记作用。他认为，汉语中量词的这些句法特征应是台语量词的底层遗存。这里存在的疑惑是，若说是遗存，为什么上古汉语中没有这些痕迹。

李如龙（2001）提出，东南诸方言中，“个”先做量词，然后发展出指代词与结构助词用法。

我们认为，首先，汉语量名结构的独立使用与量词的定语标记作用不一定要归结于台语底层遗存的结果，而完全可能是量词比较发达促成的后来的发展。游汝杰（1982）指出，汉语量词“个”与台语中泛指或称人量词具有相近的语音形式，因而有可能同源，但实际上在汉语部分南部方言中，几乎所有的量词（非唯“个”）都有加名词可以独立使用和做定语标记的功能，这是一个类现象而非个体现象。

其次，即使指示词可以来源于量词，但至少是在向定语标记演变的路途中，量词不必先发展为指示词，然后沿着“指示词—结构助词”的语法化路径演变为定语标记，而是有自己发展为定语标记的路线。

汉语史中有定指意义的“个”，经我们初步观察，可以加在名词之前，也可以独立使用，多用于回指或语境能提供的有定，没有发现表示远近区别的距离意义，更没有发现与指示词相对立而使用的情况，“个”类似于量词发达型语言/方言中量词的用法。

如果量词足够发达，量名结构可以独立使用，甚至在一定的语境条件下，仅一个量词就可成为有定NP，拥有直指或定指功能，这仍可以看作中性指示语境中指量名结构的省略。经过进一步发展，如果一个泛用量词不但可以常用于量名结构中表达有定意义，还经常用作句子的主语或宾语，并具有直指或定指功能，这样的量词可以说已经发展成了一个表示中性指示的指示词，例如：

（69）个是一场春梦，长江不住东流。（朱敦儒《朝中措》）

（70）白发三千丈，缘愁似个长。（李白《秋浦歌》）

这个中性指示词还可以与其他语言成分组成处所指示词、程度指示词等，如“个般”、“个里”等。没有距离区别意义的中性指示词一旦可以与其他有距离意义的指示词对立使用，就拥有了距离意义，加入到距离指示系统中去，甚至可以排挤掉原来距离指示系统中的近指或远指指示词，如果南方方言中的指示词“个”来源于量词，这或许是它更恰当的发展路线。量词发展为指示词，与量词发展为定语标记，并不存在前提与结果的关系，但是它们都由共同的动因促发：中性指示语境中指示词可以省略。这是两条不同的线路。

路线1：量词朝定语标记的发展

量名结构表示有定/无定意义→标记有定或无定NP的定语标记

路线2：量词朝指示词的发展

量名结构表示有定→中性指示词→距离指示词

有语境支持，NP中仅余一个独立量词表有定NP↗

路线2的发展实际上是对指示词的一个替换过程，因此我们认为，指示词虽然是语言中较早出现的原生型的词类，却并非不可改变，它同样可以有多种来源，我们不认同Diessel（1999）关于指示词是很多语法成分的源头，却不可能来源于其他语法成分的观点。

五　结语

量词发展为定语标记，有几个限制条件：

1）量名结构必须独立存在，即量词已经发展出类冠词的功能，不管是有定还是无定；

2）量词必须处于修饰语与核心之间，如果位于两端，即使量名结构独立使用且量词发展出类冠词甚至冠词功能，也不能发展为定语标记，如彝语、桑孔语。

居中位置非常独特，一个成分一旦居于修饰语和核心之间，而且当该修饰语不能直接与该核心邻接，这个成分就有可能（并不一定）兼有联系项（Relator、Dik，1983）作用，同时保持其原有的典型功能，如指示词“这”在“我这本书”中仍然保持它的直指功能。定语标记也是联系项的一种，一方面起连接作用，另一方面起分割线作用，使人能够明确辨别出修饰语和核心。

3）“一”在量词语言中最容易脱落，或许因为典型量词蕴涵个体意义。量词语言中指量名结构都可以成立。

指量名结构在指示词比较发达的语言中，量词可以脱落，如北京话中的“这书”，这种脱落的“缺点”是，如果不依赖语境仅靠NP本身，单复数意义不再明了。而量词发达型语言，中性指示语境中指示词可以脱落，如苏州话中的“本书”，这种脱落造成的后果是，所指一般不再是存于言谈现场的对象（有别于“指量名”指示现场对象），造成量词的（类）冠词化。图示如下：

量词发达型语言：“一”的脱落 > 指示词的脱落

指示词发达型语言：“一”的脱落 > 量词脱落

4）量名结构以有定或无定为显著意义，如果符合居中条件，它发展为标示有定或无定NP的定语标记，更进一步可能发展为泛用定语标记。

Hawkins（2004：87）指出，定冠词及其他限定词是只属于NP的成分，是辨识NP的无歧义的标志。我们提出一个假设，当可以标记NP的成分处于居中位置，就有可能演变为定语标记，一方面可以标记NP，另一方面，起分界线作用，使人更加准确地辨识出修饰语和核心，汉语中的“的”、做定语标记的指示词和量词（类冠词）作用莫不如此。这个假设的验证需要更多的语言事实。

冠词是标记名词的有定或无定特征的形式标记，它可以加在单个名词之上，也可以加在名词短语之上，表示对象的有定或无定性质，有些时候，它还可以加在修饰语和核心之间，起标明定指的作用，同时起定语标记（联系项或连接性成分）的作用。阿尔巴尼亚语中的连接性冠词就是其中的一个例子（见刘丹青，2006）。因此汉语中居于其他修饰语和核心之间的指示成分，没有了直指等指示功能，可以起连接作用，并且是标明有定的成分，基本上靠近连接性冠词的功能，但是在普通话中带其他定语的有定 NP 并非一定要加上指示成分：

（71）我昨天借你的书刚才还给你弟弟了。

普通话中的指示词在有定 NP 中由于还没有句法强制性，还不能称为连接性冠词。但在广东信宜（唐志东，1986）、广东开平（余霭芹，1995）方言中，带复杂修饰语的有定 NP 要加指示词做定语标记，这说明它们已经带上了句法强制性，进一步朝连接性冠词的方向发展。

施其生（1996）指出，粤语中“修饰语 + 量 + 名”总是一个有定 NP。刘丹青（1986、2005）在描写苏州方言的量词用法时，也只指出以量词作为定语标记时一定表示有定，只有形式复杂、足以保证 NP 有定性的修饰语，才能以量词作为定语标记。这些方言中的指示词（或者指量结构）应该同样可以起定语标记兼有定标记作用，量词可能并非是带修饰语的有定 NP 的专用标记。粤语、吴语中量词的作用同于普通话中朝连接性冠词方向发展的指示词。如果经过进一步发展，这些方言中有定的“修饰语 + 名词”类 NP 甚至所有的有定 NP 都要强制性加上量词作为有定标记，可以说量词已经彻底发展成了一个定冠词。瑶族勉语中，量词的用法已经发展到这一个阶段，可以称为定冠词了。

参考文献

曹志耘　2001　《金华汤溪方言中的“得”》，《语言研究》第 2 期。

陈凡凡、林伦伦　2003　《广东澄海闽方言量词的语法特点》，《汕头大学学报》（人文社会科学版）增刊。

陈兴伟　1992　《义乌方言量词前指示词与数词的省略》，《中国语文》第 3 期。

陈玉洁　2007　《指示词的类型学考察》，中国社会科学院研究生院博士学位论文。

金有景　1962　《苏州方言的方位指示词》，《中国语文》第 4 期。

李如龙　2001　《闽南方言的结构助词》，《语言研究》第 2 期。

李云兵　2005　《中国南方民族语言名词性短语句法结构语序类型研究》，中国社会科学院博士后出站报告。

刘丹青　1986　《苏州方言定中关系的表示方式》，《苏州大学学报》（哲社版）第 2 期。

——　1995　《吴江方言的指示范畴》，全国汉语方言学会 1995 年会（武汉）论文。

——　2001　《粤语句法的类型特点》，香港《亚太语言教育学报》第 2 期。

刘丹青　2002　《汉语类指成分的语义属性和句法属性》，《中国语文》第 5 期。
———　2005　《汉语关系从句标记类型初探》，《中国语文》第 1 期。
———　2006　《名词短语句法结构的调查研究框架》，《汉语学习》第 1 期。
刘丹青主编　2006　《现代汉语方言语法电子语料库》，中国社会科学院语言研究所、香港城市大学合作项目。
刘丹青、刘海燕　2005　《崇明方言的指示词》，《方言》第 2 期。
吕叔湘　1990　《指示代词的二分法和三分法》，《中国语文》第 6 期。
罗昕如　2004　《湘语的通用量词“只”》，第二届国际汉语方言语法学术研讨会论文。
毛宗武　2004　《瑶族勉语方言研究》，民族出版社。
钱乃荣　1997　《上海话语法》，上海人民出版社。
沈家煊　1995　《“有界”与“无界”》，《中国语文》第 5 期。
施其生　1996　《广州方言的“量＋名”组合》，《方言》第 2 期。
石汝杰　1999　《苏州方言的代词系统》，载李如龙、张双庆主编《代词》，暨南大学出版社。
石汝杰、刘丹青　1985　《苏州方言量词的定指用法及其变调》，《语言研究》第 1 期。
唐正大　2005　《汉语关系从句的类型学研究》，中国社会科学院研究生院博士学位论文。
———　2007　《关系化对象与关系从句位置——基于真实语料与类型分析》，《当代语言学》第 2 期。
唐志东　1986　《信宜方言的指示词》，《语言研究》第 2 期。
汪化云　2004　《鄂东方言研究》，巴蜀书社。
王　锋　2002　《白语名量词及其体词结构》，《民族语文》第 4 期。
王　健　2005　《苏皖区域方言语法共同特征研究》，北京大学博士学位论文。
王　健、顾劲松　2006　《涟水（南禄）话量词的特殊用法》，《中国语文》第 3 期。
小川环树　1981　《苏州方言的指示代词》，《方言》第 4 期。
游汝杰　1982　《论台语量词在汉语南方方言中的遗存》，《民族语文》第 2 期。
余霭芹　1995　《广东开平方言的“的”字结构——从“之”、“者”分工谈到语法类型分布》，《中国语文》第 4 期。
赵日新　2001　《绩溪方言的结构助词》，《语言研究》第 2 期。

周纯梅　2006　《湖南新化方言量词的代、助用法》，《文教资料》1月号中旬刊。

周小兵　1997　《广州话量词的定指功能》，《方言》第1期。

Chen, Ping 2004 Identifiability and definitenese in Chinese. *Linguistics* 42(6): 1129-1184.

Diessel, Holger 1999 *Demonstratives: Form, Function, and Grammaticalization*. Amsterdam and Philadelphia: John Benjamins.

Dik, Simon C. 1983 Two constraints on relators and what they can do for us. In Simon C. Dik (ed.) *Advances in Functional Grammar*. Dordrecht: Foris Publications. pp.267-298.

Hawkins, John A. 2004 *Eifficiency and Complexity in Grammar*. Oxford:Oxford University Press.

Lyons, John 1999 *Definiteness*. Cambridge: Cambridge University Press.

Rijkhoff, J. 2002 *The Noun Phrase*. Oxford: Oxford University Press.

作者：陈玉洁

原载：《中国语文》2007年第6期

第十七章　苗瑶语量词的类型学特征

苗瑶语族语言（简称苗瑶语）是量词较为发达的语言。苗瑶语的个体量词具有类别词的功能，属名词分类系统（system of nominal classification）。本章对苗瑶语量词的类别词功能、量词的形态、量词短语的语序类型和量词的句法类型特征进行探讨。

一　苗瑶语量词的类别词功能

苗瑶语的量词，根据语义特征和句法功能可以分为名量词和动量词两大类。根据名量词的语义和语用功能可以分为类别词（sortal classifiers）和度量词（measure words）。类别词对名词起分类作用，体现为个体量词。度量词对名词起量化作用，体现为度量量词、集合量词和不定量词。根据动量词的句法功能可以分为静态动量词和动态动量词。静态量词在组合关系中具有名量词的功能，属度量词范畴。动态量词在句法结构中只充当动词的可选论元，做句子结构的补语，与数词结合并置于动词之后表动作行为的量，也属度量词范畴。

苗瑶语大部分语言或方言的名词前都带有个体量词，这种个体量词具有类别词的功能，属类别词范畴，不过由于语言的影响，个体量词的分类功能一般分布在苗瑶语族苗语支语言里，瑶语支语言很少用类别词或者不用类别词。例如贵州紫云团坡苗语：

无生命的或身体部位的、具体的或抽象的、形状不规则的名词的类别词 ntəɯ^{44} “个”

ntəɯ^{44} ɬi^{33} 月亮	ntəɯ^{44} qəɯ^{44} 星星	ntəɯ^{44} ntɦəɯ^{21} 天空
ntəɯ^{44} tɕa^{21} 身体	ntəɯ^{44} tl̥o^{21} 腰	ntəɯ^{44} tsɿ^{44} 苦胆
ntəɯ^{44} ʑi^{33} 头旋儿	ntəɯ^{33} ȵtɕu^{55} 嘴	ntəɯ^{44} ȵtɕoŋ^{44} 胸膛

ntəɯ^{44} pa^{21} 房子　　ntəɯ^{44} nthoŋ^{44} 楼　　ntəɯ^{44} ntsoŋ^{33} 坟墓

ntəɯ^{33} qhoŋ^{21} 洞　　ntəɯ^{44} ʑau^{55} 窑　　ntəɯ^{44} ɬo^{44} 桥

ntəɯ^{44} ʑɦei^{21} 锅　　ntəɯ^{44} fa^{21} lai^{55} 铧　　ntəɯ^{44} ku^{33} 斗笠

ntəɯ^{33} kau^{55} 鸟笼　　ntəɯ^{44} so^{44} 纺车　　ntəɯ^{44} su^{21} 锁

nəɯ^{44} pji^{21} 果子　　ntəɯ^{44} mplɦa^{21} 谷粒　　ntəɯ^{44} tu^{44} 葫芦

ntəɯ^{44} fo^{44} 声音　　ntəɯ^{44} mpa^{33} 名字　　ntəɯ^{44} qa^{33} pləɯ^{21} 命运

有生命的动物名词的类别词 tɦəɯ^{33} “头、只、条、个”

tɦəɯ^{33} tsau^{13} 老虎　　tɦəɯ^{33} mplɦo^{33} 蚂蚁　　tɦəɯ^{33} mpo^{33} 猪

tɦəɯ^{33} mu^{44} 跳蚤　　tɦəɯ^{33} nei^{21} 鸟　　tɦəɯ^{33} ntshu^{21} 头虱

tɦəɯ^{33} pɦo^{21} 老鼠　　tɦəɯ^{33} plɦe^{21} 灵魂　　tɦəɯ^{33} plei^{33} 野猫

tɦəɯ^{33} tl̥a^{13} 狗　　tɦəɯ^{33} tl̥ai^{13} 黄蜂　　tɦəɯ^{33} tl̥oŋ^{44} 鬼

tɦəɯ^{33} mpjei^{55} 疯子　　tɦəɯ^{33} tɕha^{21} 跛子　　tɦəɯ^{33} lu^{13} tl̥oŋ^{13} ntau^{13} 风筝

无生命的、条形名词的类别词 tɦəɯ^{33} “只、根、个、把”

tɦəɯ^{33} la^{21} 蜡烛　　tɦəɯ^{33} pji^{21} 笔　　tɦəɯ^{33} su^{13} 筋

tɦəɯ^{33} tɕa^{33} tɕhen^{55} 钳子　　tɦəɯ^{33} tɕau^{55} 箭　　tɦəɯ^{33} tl̥oŋ^{13} sau^{13} 梭子

无生命的、条形柄状的工具名词的类别词 tɕoŋ^{44} “把”

tɕoŋ^{44} ɴqaŋ^{44} 扁担　　tɕoŋ^{44} ɴqa^{55} məɯ^{21} 长矛　　tɕoŋ^{44} ɦau^{13} kau^{33} 锉子

tɕoŋ^{44} ɬu^{33} 锄头　　tɕoŋ^{44} n̥aŋ^{44} tɕo^{44} 扫帚　　tɕoŋ^{44} kau^{33} 锯子

tɕoŋ^{44} kei^{44} 针　　tɕoŋ^{44} khaŋ^{31} 耙子　　tɕoŋ^{44} lɦai^{21} 犁

tɕoŋ^{44} ləɯ^{55} vu^{21} 镰刀　　tɕoŋ^{44} ntɦo^{21} 长刀　　tɕoŋ^{44} tɕei^{21} 刀子

tɕoŋ^{44} tei^{21} 剪刀　　tɕoŋ^{44} thuei^{44} pau^{33} 推刨　　tɕoŋ^{44} tl̥ei^{21} 调羹

tɕoŋ^{44} tsɦu^{21} 凿子　　tɕoŋ^{44} tso^{33} 柴刀　　tɕoŋ^{44} tu^{33} 斧头

有偶数复量的名词的奇数单量类别词 tɕhai^{33} “只”

tɕhai^{33} n̥tchaŋ^{44} 撮箕　　tɕhai^{33} kəɯ^{44} 角　　tɕhai^{33} kəɯ^{44} ŋɦu^{21} 牛角

tɕhai^{33} khu^{33} mpa^{55} 耳环　　tɕhai^{33} pɦu^{21} 镯子　　tɕhai^{33} sɿ^{44} au^{21} 袖子

tɕhai^{33} lɦu^{33} po^{44} 喇叭　　tɕhai^{33} no^{44} 麻袋　　tɕhai^{33} tau^{33} mjɦi^{33} 马掌

tɕhai^{33} lɦu^{21} 右（手）边　　tɕhai^{33} noŋ^{33} 左（手）边　　tɕhai^{33} tɕɦa^{33} po^{44} 腿

tɕhai^{33} tl̥əɯ^{55} 拳　　tɕhai^{33} tsɦa^{33} 手　　tɕhai^{44} tau^{33} 脚

无生命、长条形事物名词的类别词 tsəɯ^{55} “条、根”

tsəɯ^{55} ɬoŋ^{44} ntau^{33} 脐带　　tsəɯ^{55} ɬo^{33} 绳子　　tsəɯ^{55} ɬo^{33} ɬu^{33} 铁链

tsəɯ^{55} qhəɯ^{21} lei^{55} 田埂　　tsəɯ^{55} kaŋ^{44} 河　　tsəɯ^{55} qhəɯ^{21} kaŋ^{44} 河岸

tsəɯ^{55} kaŋ^{44} so^{33} 沟　　tsəɯ^{55} ka^{21} 手纹　　tsəɯ^{55} ka^{21} 路

苗语支语言的类别词分布很不均衡，而且经常存在既做类别词，也做通用类别词（generic classifiers）的现象，从而使类别词语义和语用功能泛化，逐渐成为通用类别词，使量词的类别词功能散失。从苗语支语言的名词使用类别词，到瑶语支语言很少或不用类别词的过程，大体上就是苗瑶语类别词语义和语用功能泛化和散失的过程。在这个过程中，为了补偿类别词语义和语用功能的消失，苗瑶语通常用类名词（noun class）的手段使名词范畴化，类名词范畴化的手段是附加前缀，这种前缀属词汇性分类成分，即表类别的派生词缀。例如贵州贵阳青岩苗语：

类别词	类名词
ʈɔŋ^{55} lɦeŋ^{54} 弯刀	qɑ^{43} lɦeŋ^{54} 弯刀
ʈɔŋ^{55} lɦeŋ^{54} 镰刀	qɑ^{43} lɦeŋ^{54} 镰刀
ʈɔŋ^{55} tso^{43} 柴刀	qɑ^{43} tso^{43} 柴刀
ʈɔŋ^{55} tu^{43} 斧头	qɑ^{43} tu^{43} 斧头

无生命的、条形柄状的工具名词的类别词语义和语用功能泛化，由前缀补偿类别词语义和语用功能的可能消失，使名词成为类名词并范畴化，这样在贵州贵阳青岩苗语中，同时存在类别词和类名词的现象。又如贵州安顺汪家山苗语：

类别词	类名词
ta^{33} lai^{33} 镰刀	qa^{22} lai^{33} 镰刀
ta^{33} ntsua^{21} 扇子	qa^{22} ntsua^{21} 扇子
ta^{33} tsua^{33} 扫帚	qa^{22} tsua^{33} 扫帚
la^{33} tɕa^{24} 身体	qa^{22} tɕa^{24} 身体
tau^{21} tɕi^{24} 尾巴	qa^{22} tɕi^{24} 尾巴

如果类名词的语义和语用功能再泛化，则前缀脱落，使苗瑶语的名词既不带类别词，也不带前缀，即苗瑶语的名词概念化，使名词成为泛化名词，除了做语义场的分类外，名词没有范畴的区分，这一过程是苗瑶语名词范畴化消失的过程。例如贵州平坝凯掌苗语：

类别词	类名词
ʈaŋ^{55} tsɦu^{13} 锉子	qei^{44} tsɦu^{13} 锉子
toŋ^{21} pjo^{21} 老鼠	qei^{44} pjo^{21} 老鼠

类别词	泛化名词
ʈaŋ⁵⁵ n̥ei²⁴ 弩	n̥ei⁴⁴ 弩
ʈaŋ⁵⁵ ntɤɤ¹³ 纸	ntɤɤ¹³ 纸
noŋ⁵⁵ ʔlo²⁴ 腰	ʔlo²⁴ 腰
noŋ⁵⁵ zɦo¹³ 梳子	zɦo¹³ 梳子
lɦu¹³ mɑ²¹ 婆婆	mɑ²¹ 婆婆
lɦu¹³ po¹³ 公公	po¹³ 公公

贵州平坝凯掌苗语的名词正在经历由类别词到类名词，再到泛化名词的过程，即由类别词对名词的分类、区分作用，到由前缀标记分类、区分名词，再到既不用类别词，也不用前缀标记，使名词泛化，不做具体的分类、区分，使名词概念化。

如上所述，苗瑶语的量词，特别是个体量词具有类别词的功能，根据个体量词的语义特征和语用功能，与名词组合时，使名词范畴化。但是个体量词的类别词功能在苗瑶语种的分布不平衡。苗语支语言的名词基本上都有类别词，瑶语支语言的名词很少用或不用类别词。主要的原因是类别词的语义和语用功能在名词范畴化过程中逐渐泛化，向通用类别词发展，使个体量词的类别词功能散失或消失，为补偿类别词功能的消失而又要保持名词的范畴化，名词通常采用附加前缀做标记的手段来补偿，这种补偿虽然使名词成为类名词，使名词范畴化，但是这种范畴化的类名词，也有明显的泛化倾向，类名词的泛化，使类名词的标记前缀脱落，使名词更加泛化。这样的过程使苗瑶语不同语支间的语言在词法上存在较大的差别。具体是，苗语支语言既具有类别词、类名词，也具有泛化名词，而瑶语支语言只具有极少量的类别名词、类名词，大部分的名词都是泛化名词。

二　苗瑶语量词的形态类型

苗瑶语的量词，特别是个体量词和度量词，大多数有形态变化，在语法手段上分为重叠、语音屈折变化和附加前缀三种。

苗瑶语的量词普遍存在重叠式形态变化，即通过量词的重叠，表示量词的全量或通量（universal quantifier），属词汇语法意义范畴。苗瑶语量词的重叠形态，在语义上通常表示量词的全量或通量，即一般所说的“每X”、“每一X”。例如：

苗语川黔滇方言

to^{21}to^{21} 个个（人）　tɕhaŋ^{55}tɕhaŋ^{55} 间间（屋）　nti^{24}nti^{24} 碗碗（肉）

plua^{21}plua^{21} 顿顿（饭）　ʐa^{21}ʐa^{21} 回回　ɳʈi^{13}ɳʈi^{13} 拳拳

苗语黔东方言

tɛ^{11}tɛ^{11} 只只　mɛ^{11}mɛ^{11} 群群　n̥hɛ^{33}n̥hɛ^{33} 天天

ȶa^{13}ȶa^{13} 次次　kaŋ^{55}kaŋ^{55} 阵阵　tei^{44}tei^{44} 脚脚

苗语湘西方言

te^{33}te^{33} 根根（棍）　kɑ^{33}kɑ^{33} 块块（瓦）　pʐɯ^{44}pʐɯ^{44} 家家

tɔ^{35}tɔ^{35} 次次　tɕoŋ^{35}tɕoŋ^{35} 遍遍　ntei^{44}ntei^{44} 刀刀

布努语

tuŋ^{232}tuŋ^{232} 只只　n̥ɔŋ^{33}n̥ɔŋ^{33} 天天　kuŋ^{41}kuŋ^{41} 棵棵

luŋ^{33}luŋ^{33} 个个（果）　tɔŋ^{54}tɔŋ^{54} 桶桶　tɕa^{35}tɕa^{35} 条条（道路）

巴哼语

tɦɤ^{33}tɦɤ^{33} 条条（绳）　tɕõ^{31}tɕõ^{31} 朵朵（花）　lɦɛ̃^{33}lɦɛ̃^{33} 个个（人）

nɦĩ^{31}nɦĩ^{31} 头头（猪）　tɔ^{55}tɔ^{55} 趟趟　vɦɤ^{44}vɦɤ^{44} 次次

炯奈语

laŋ^{44}laŋ^{44} 个个　ðaŋ^{31}ðaŋ^{31} 只只　ðei^{33}ðei^{33} 根根

θe^{43}θe^{43} 次次　xoŋ^{44}xoŋ^{44} 碗碗　ka^{44}ka^{44} 棵棵

优诺语

tiu^{13}tiu^{13} 条条　nu^{33}nu^{33} 个个　tuŋ^{22}tuŋ^{22} 只只

nɔ^{33}nɔ^{33} 天天　tən^{53}tən^{53} 顿顿　tɕhi^{22}tɕhi^{22} 块块

畲语

naŋ^{22}naŋ^{22} 个个　ka^{22}ka^{22} 棵棵　ʧuŋ^{33}ʧuŋ^{33} 张张

ɲin^{53}ɲin^{53} 根根　thaŋ^{42}thaŋ^{42} 头头（牛）　pai^{31}pai^{31} 次次

勉语勉方言

laːn^{21}laːn^{21} 个个（人）　tau^{21}tau^{21} 只只　noːm^{33}noːm^{33} 个个（蛋）

tɕaːn^{33}tɕaːn^{33} 斤斤　taŋ^{21}taŋ^{21} 下下　thoːŋ^{24}thoːŋ^{24} 趟趟

勉语标敏方言

tau^{31}tau^{31} 个个（人）　nɔ^{33}nɔ^{33} 个个（果）　ȶa^{53}ȶa^{53} 只只（鸡）

tɕi^{33}tɕi^{33} 根根（棍）　n̥wai^{33}n̥wai^{33} 天天　pən^{33}pən^{33} 次次

但是在苗瑶语的一些方言土语中，量词重叠形态的语义不是表全量或通量，而只是表其中的一部分，即表“间或”或“一部分”，也可以认为是表部分全量或通量。例如苗语滇东北次方言：

gɦau^{35}gɦau^{35}dʑi^{11}ȵɦi^{11}dɦa^{35}, gɦau^{35}gɦau^{35}dʑi^{11} hi^{33}dɦa^{35}.
次　次　　语助 他　来　次　　次　语助 不　来
（他有时候来，有时候不来。）

tai^{55}pi^{31}ȵi^{55}, tu^{33}tu^{33}zaɯ^{33}saɯ^{33}, tu^{33}tu^{33}hi^{33}zaɯ^{33}saɯ^{33}.
些 笔 这　根 根　好　写　根 根 不　好　写
（这些笔，有的好写，有的不好写。）

苗语湘西方言也有这种语法特征，但要在量词重叠式前加数词“一”。例如：

ȵɯ^{42}ɑ^{44}ŋoŋ^{22}ŋoŋ^{22}.
买　一　个　个
（买一个半个。）

ɕo^{55}ɑ^{44}n̥he^{35}n̥he^{35}.
休息一 天　天
（休息一天半天。）

与此相反，苗语黔东方言在量词重叠式前加数词“一”，不表“间或”或“一部分”，而是表示量的程度。例如：

moŋ^{55}faŋ^{53}i^{33}qaŋ^{44}qaŋ^{44}moŋ^{55}a^{55}!
你　搞 一 挑　挑　那　呀
（你挑那么大挑呀！）

hei^{55}i^{33}ti^{44}ti^{44}noŋ^{35}noŋ^{55}tɕu^{11}hɛ^{55}?
舀 一 碗 碗 这　吃　完 吗
（舀这么大碗能吃完吗？）

关于量词重叠形态表示量的程度的语法现象，在勉语标敏方言中反映得比较清楚，不仅有非屈折型重叠式，而且还有屈折型重叠式，屈折型重叠式分为两个级别，“加深等级”两个量词的声调都屈折为54，“十足等级”前一量词的声调屈折为35，后一量词的声调屈折为54。这种重叠形态，在语义特征上有较强的涵盖性，是表示全量或通量的典型代表。例如：

基式	普遍式
tau^{21} 个	tau^{21}tau^{21} 每个
m̥oŋ^{13} 夜	m̥oŋ^{13}m̥oŋ^{13} 每夜
加深式	十足式
tau^{54}tau^{54} 不外乎个个	tau^{35}tau^{54} 决不排除任何一个
m̥oŋ^{54}m̥oŋ^{54} 不外乎夜夜	m̥oŋ^{35}m̥oŋ^{54} 决不排除任何一夜

苗瑶语量词的语音屈折形态变化，通过语音屈折变化，主要是通过韵母和声

调的屈折变化，表量词的分类功能和量词的名词化功能。

苗瑶语量词语音屈折形态变化表量词的分类功能，具有类别词的语义特征和语用功能，量词的这种形态分类的功能，属名词形态分类范畴。这种形态分类的语义具有一定的主观性，对名词语义的感知不同，会采用不同的量词形态分类，而对性别也会采用量词的“性别”形态分类。这方面苗语滇东北次方言的量词的形态分类比较典型。根据王辅世先生的研究，苗语滇东北次方言的量词分为清声母高平调（甲、乙）、浊声母高平调、清声母中平调、浊声母中平调、浊声母高升调、浊声母高降调六组，其形态变化多的有五种，少的只有三种，但是一般情况下是四种。形态变化的规则为：原形为CVT，C＝任何声母，V＝任何韵母，T＝任何声调。本调变形为CAET和CAT，高升调变形为CAE^{35}和CA^{35}。若V＝i/ie时，AE＝iae，A＝ia；若V＝y时，AE＝yae，A＝ya；除此而外，皆AE＝ae，A＝a。例如:

不定复量词ti^{55}“些”有五种形态变化：

	形式	语义语法范畴
原形	ti^{55}	壮美指称，指称范畴
本调变形	tea^{55}	普通指称，指称范畴
	ta^{55}	小巧指称，指称范畴
高升调变形	dea^{35}	普通指称，指称范畴
	da^{35}	小巧指称，指称范畴
低降调变形	di^{31}	壮美指称，指称范畴

不定复量词原形及其形态变形在句法结构上有相同之处，也有不同之处。不定复量词原形和本调变形的前面不能出现数词，但是后面可以出现指示词；高升调变形和低降调变形的前面可以出现数词“一”，也可以不出现，但是后面绝对不能出现指示词。在句法功能上主要做名词的修饰语，量词具有名词的功能，指代名词。不定复量词修饰名词所代表的事物，有的是有定的，有的是无定的。不定复量词原形和本调变形修饰的名词所代表的事物及量词所指示的事物是确定的、有定的；不定复量词的高升调和低降调变形修饰的名词所代表的事物及量词所指示的事物是不确定的、无定的。

苗语滇东北次方言表性别的量词有两个：

tsi^{55}个，男性，有三种形态变化：

	语法形式	语义语法范畴
原形	tsi^{55}	壮美指称，指称范畴
本调变形	$tsae^{55}$	普通指称，指称范畴
	tsa^{55}	小巧指称，指称范畴

这个量词有两种语用功能。一种是做具体的量词，修饰表示男性人物的名词或量词本身做指示词用，表男性人物，可称之为“阳性量词”。与之相对的是“阴性量词”：

$lɯ^{55}$ 个，女性，也有三种形态变化：

	语法形式	语义语法范畴
原形	$lɯ^{55}$	壮美指称，指称范畴
本调变形	lae^{55}	普通指称，指称范畴
	la^{55}	小巧指称，指称范畴

另一种是做量词的助词，可称之为“次量词”，它既可以与量词的原形组合修饰名词或用作指示词，指称有定的事物，也可以与量词原形结合指称有定事物的壮美、普通和小巧可爱。“阴性量词”没有这种用法。

苗语滇东北次方言的量词，特别是个体量词普遍有四种形态变化。下面举两个例子。

$faɯ^{55}$ 棵，指称直立的、活的植物：

	语法形式	语义语法范畴
原形	$faɯ^{55}$	壮美指称，指称范畴
本调变形	fae^{55}	普通指称，指称范畴
	fa^{55}	小巧指称，指称范畴
高升调变形	fae^{35}	普通指称，指称范畴
	fa^{35}	小巧指称，指称范畴

lu^{55} 个，指称圆形或中空的无生命物：

	语法形式	语义语法范畴
原形	lu^{55}	壮美指称，指称范畴
本调变形	lae^{55}	普通指称，指称范畴
	la^{55}	小巧指称，指称范畴
高升调变形	$lɦae^{35}$	普通指称，指称范畴
	$lɦa^{35}$	小巧指称，指称范畴

所有具有四种形态变化的量词，原形和高升调变形量词的前面可以出现数词，也可以不出现。本调变形量词前面不能出现数词。在句法功能上，主要做名词的修饰语，在一些句法结构中，量词具有冠词的功能。量词修饰名词所代表的事物，有的是有定的，有的是无定的。量词原形的前面不出现数词，本调变形和高升调变形量词的前面出现“二”以上数词时，后面须带有指示词，修饰的名词所代表的事物及量词指代事物是确定的、有定的。量词原形前面出现数词，量词高升调变形前面出现数词“一”或不出现数词，其后面不带指示词，修饰的名词所代表的事物及量词指代的事物是不确定的、无定的。

苗语滇东北次方言个体量词形态变化的指示词功能和冠词功能，在勉语标敏方言中也有所反映，个体量词通过声调的屈折变化，语气加强，有较强的限制性，定指功能较强，不用指示词词汇语法意义表示“有且只有”、“仅只”，具有排他性，量词的数由数词决定。例如：

i^{33}tau^{31}min^{31}（一个人）	i^{33}tau^{53}min^{53}（有且只有/仅只一个人）
一个　人	一个　人
i^{33}ȶɔu^{24}ȶaŋ^{42}（一句话）	i^{33}ȶɔu^{24}ȶaŋ^{42}（有且只有/仅只一句话）
一句　话	一句　话
wəi^{33}lɔ^{33}pla^{35}（一座房子）	wəi^{33}lɔ^{53}pla^{35}（有且只有/仅只两座房子）
二　座房子	二　座房子
pau^{33}tɕi^{33}djaŋ^{24}（一棵树）	pau^{33}tɕi^{53}djaŋ^{24}（有且只有/仅只三棵树）
三　棵　树	三　棵　树

由于苗瑶语的量词具有形态分类的特征，使得苗瑶语的量词可以通过构词形态的语法形式使量词名词化，其语法手段是声调屈折，属名词性范畴。能够通过语音屈折形态变化，使量词名词化的量词，通常是表量量词，这种量词是名词词汇化的结果，也是量词形态分类的结果，所以可以名词化，因此，量词语音屈折变化名词化，是苗瑶语量词产生后的逆推。例如布努语布努方言：

量词	名词	量词	名词
phju^{33} 口袋	phju^{55} 口袋	ven^{33} 簸箕	ven^{55} 簸箕
ʈɔŋ^{23} 筒	ʈɔŋ^{35} 筒	ven^{23} 园	ven^{35} 园子
pe^{43} 碗	pe^{54} 碗	tɔŋ^{43} 桶	tɔŋ^{54} 桶
ɣe^{232} 窝	ɣe^{454} 窝	tɕɔ^{232} 臼	tɕɔ^{454} 臼

苗瑶语可以通过语音屈折形态变化，使量词名词化，这是一种语法手段。苗瑶语也可以通过附加前缀使量词名词化。附加前缀也是量词的一种形态变化，这种形态变化名词化的量词是量词认知的基础，是量词的原型。即有原型特征，才有认知特征，也才有量词及其类别词功能。例如：

量词	名词	量词	名词
黔东方言			
tɕo^{55} 条	qa^{33}tɕo^{55} 条儿	ɬu^{11} 张	qa^{33}ɬu^{11} 张儿
lɛ^{33} 个	qa^{33}lɛ^{33} 个儿	ɬaŋ^{33} 根	qa^{33}ɬaŋ^{33} 根儿
惠水次方言			
tə̃^{31} 只	qə̃^{31}tə̃^{31} 只儿	nə̃^{24} 个	qə̃^{31}nə̃^{24} 个儿
tɕɛ^{24} 斤	qɛ^{31}tɕɛ^{24} 斤儿	ho^{13} 棵	qo^{31}ho^{13} 棵儿
滇东北次方言			
lu^{35} 个	a^{55}lu^{35} 个儿，一个一个的	bœy^{53} 堆	a^{55}bœy^{53} 堆儿，一堆一堆的
dli^{35} 颗	a^{33}dli^{35} 颗粒，一颗一颗的	ʈə^{55} 朵	a^{33}ʈə^{55} 朵儿，一朵一朵的

三　苗瑶语量词短语的语序类型

苗瑶语的量词，在组合关系中对名词、指示词的选择有强制性，有的语言或方言对数词的选择也具有强制性。

苗瑶语量词（CL，classifier）与数词（Num，numeral）的组合都是 Num + CL。量词与名词（N，noun）的组合都是 CL + N。但是量词与指示词（Dem，demonstrative）的组合有两种语序类型，苗语、布努语、优诺语、炯奈语的语序类型是 CL + Dem，勉语、巴哼语、畲语的语序类型是 Dem + CL。Num + CL，CL + N，CL + Dem（Dem + CL）这三种结构构成苗瑶语量词性名词短语的基本形式，基本形式扩展后，苗瑶语量词性名词短语句法结构的语序类型也有两种，苗语、布努语、优诺语、炯奈语的语序类型是 CL + Dem，Num + CL + Dem，Num + CL + N + Dem，勉语、巴哼语、畲语的语序类型是 Dem + CL，Dem + Num + CL，Dem + Num + CL + N。例如：

	这个	这件衣服	那三个碗
苗语川黔滇方言	lo^{43}na^{55}	lo^{43}tʂhau^{44}na^{55}	pei^{43}lo^{43}nti^{24}i^{55}
	个 这	件 衣 这	三 个 碗 那

苗语黔东方言	i^{33}lɛ^{33}noŋ^{35}	i^{33}paŋ^{33}u^{35}noŋ^{35}	pi^{33}lɛ^{33}ti^{44}ɛ^{33}
	一个 这	一件 衣 这	三 个碗那
苗语湘西方言	ɑ^{33}le^{35}nen^{44}	ɑ^{33}nthɛ^{35}ɤ^{44}nen^{44}	pu^{35}le^{35}ʈe^{53}a^{44}
	一 个 这	一 件 衣这	三 个碗那
布努语	luŋ^{33}nɔŋ^{43}	ȵtɕo^{21}shi^{41}nɔŋ^{43}	pe^{33}luŋ^{33}pe^{54}uŋ^{33}
	个 这	件 衣 这	三 个 碗 那
优诺语	lai^{33}no^{22}	lən^{35}o^{22}no^{22}	pje^{33}nu^{33}faŋ^{33}ni^{22}
	个这	件 衣这	三 个 碗 那
炯奈语	laŋ^{44}ne^{53}	ðaŋ^{31}au^{53}ne^{53}	pa^{44}laŋ^{44}xoŋ^{44}mi^{44}
	个 这	件 衣 这	三 个 碗 那
巴哼语	ŋ^{31}lã^{24}	ŋ^{31}qɛ^{53}ɤ^{31}	ŋ^{55}pɤ^{35}lã^{35}a^{44}tɛ^{31}
	这个	这件 衣	那 三 个 碗
畲语	ne^{33}naŋ^{22}	ne^{33}tha^{53}ɔ^{33}	ɤ^{33}pa^{33}naŋ^{22}fuŋ^{22}
	这 个	这 件 衣	那三 个 碗
勉语	na^{35}leːn^{44}	na^{35}phin^{35}lwəi^{33}	wə^{35}pau^{33}ȶa^{53}wan^{35}
	这 个	这 件 衣	那 三 个 碗

苗瑶语量词性名词短语的双重语序类型，只能从语言接触和语言影响的角度解释。苗瑶语是SVO语言，按照类型学的共性原则，苗瑶语应该是名词中心语在前，量词结构在后的语序类型，但在语言接触中，受汉语影响，名词中心语后置，量词结构前移，完全颠倒过来，无一例外地形成了CL + Num + N的语序类型，违背了苗瑶语作为SVO语言的语序共性。名词中心语在前，指称定语指示词在后的语序类型，在语言接触中，受汉语影响，苗语支语言除巴哼语、畲语的语序类型转换外，大体保持了NP + Dem的语序类型，瑶语支勉语的语序类型已经转换为Dem + NP，也违背了瑶语作为SVO语言的语序共性。

苗瑶语的量词除与名词、数词、指示词组合外，还可以与动词（V，verb）、形容词（Adj，adjective）组合，但在苗瑶语中，只有一部分苗语支语言的量词能与动词、形容词组合，构成CL + Adj，CL + V，这两种结构也是属于量词性名词短语（NP，noun phrase），而且这种短语，如果不加指示词，它就是一个名词化了的动词或形容词，量词语序前置。例如：

CL + Adj　　　　　　　　　　　　　CL + V

苗语黔东方言

tɛ¹¹l̥hu³³ 大的_{那个}　lɛ³³ɕho⁵³ 红的_{那个}　tɛ¹¹ta¹³ 死的_{那个}　tɛ¹¹ɣə¹³ 活的_{那个}
个 大　　个 红　　个 死　　个 活

tɕo⁵⁵ta³⁵ 长的_{那条}　ʈaŋ³³tei⁵⁵ 直的_{那根}　lɛ³³mɛ¹¹ 卖的_{那个}　lɛ³³əu³⁵ 要用的_{那个}
条 长　　根 直　　个 卖　　个 要

布努语布努方言

tuŋ²³²tɔ²²¹ 死的_{那只}　luŋ³³ntɔŋ⁴³ 掉的_{那个}　po⁴³hiŋ³³ 高的_{那个}　ȵtɕo²¹shiŋ³³ 新的_{那件}
只 死　　个 掉　　个 高　　件 新

如果名词化了的动词或形容词量词性名词短语，再与指示词组合，量词性名词短语的语序前置于指示词，即使是形容词重叠或形容词作为名词的修饰语，量词性名词短语的语序也前置于指示词。例如苗语黔东方言：

lɛ³³ɕo⁵³noŋ³⁵（这个红的）　　tɕo⁵⁵ta³⁵moŋ⁵⁵（那条长的）
个 红 这　　条 长 那

lɯ³³tsɛ³⁵khi³³xhi³³ɛ³³（那座高高的房子）　lɛ³³li⁵⁵l̥hə³³l̥hə³³moŋ⁵⁵（那丘大大的田）
个 房 高 高 那　　个 田 大 大 那

苗瑶语表领属关系的名词性短语，一般是领属定语（G，genitive）前置，中心语在后，构成 G + NP 格式。苗瑶语带量词性名词短语表领属关系时，也是领属定语前置，有的语言或方言的领属定语要带结构助词，量词性名词短语做中心语后置，量词性名词短语可以带数词或指示词，不带数词或指示词时构成 G + CL + N，带数词或指示词时，苗语、布努语、优诺语、炯奈语的 G + CL + N 扩展构成 G + CL + N + Dem 或 G + Num + CL + N + Dem，巴哼语、畲语、勉语的 G + CL + N 扩展构成 G + CL + N + Dem 或 G + Num + CL + N + Dem。例如：

苗语黔东方言

moŋ⁵⁵paŋ³¹ʈaŋ³³qa³³ljen⁵⁵（你的镰刀）　vi¹¹paŋ³¹phaŋ³³u³⁵noŋ³⁵（我的这件衣服）
你 的 把 镰刀　　我 的 件 衣 这

苗语川黔滇方言

ni²¹to²¹to⁴³to²¹ȵo³¹i⁵⁵（他儿子的那头牛）　o⁵⁵tɕo⁴³la³¹i³¹（我那三块田）
他 个 儿 个 牛 那　　我 块 田 那

苗语湘西方言

wu^{44}nɑŋ^{44}ɯ^{35}le^{35}te^{35}（他的两个儿子） we^{33}nɑŋ^{33}ɑ^{44}ntshɛ^{35}ə^{44}nen^{44}（我的这件衣服）

他 的 二个儿子 我 的 件 衣这

畲语

vaŋ^{42}ne^{33}thaŋ^{42}kjaŋ^{22}pui^{31}（我这头黑猪） muŋ^{53}ɤ^{33}hjaŋ^{22}hiu^{31}（你那双鞋）

我 这 只 黑 猪 你 那 双 鞋

勉语标敏方言

nin^{31}tau^{31}pla^{53}twan^{33}（他的小儿子） kəu^{35}nəi^{24}pli^{35}dzɔŋ^{33}（我的头发）

他 个 幺 儿 我 些 头发

苗瑶语的量词短语或量词性名词短语，在句法结构中，可以作为关系从句（Rel，relative clause）的中心语，苗瑶语作为SVO型语言，关系从句的共性是N + Rel，但是语言影响的结果，使得苗瑶语存在N + Rel和Rel + N的双重语序类型。例如：

川黔滇苗语

to^{21}ȵo^{31}kə^{33}qhau^{55}mua^{21}lo^{21}i^{44}（刚买来的那头牛）

头 牛 助词 刚 买 来那

au^{43}to^{21}tl̥ei^{55}kə^{33}tsɛ^{31}ʑo^{13}tʂhi^{33}i^{44}（会牧羊的那两条狗）

二 条 狗 助词会 牧 羊 那

滇东北苗语

dzou^{53}ku^{11}ʑu^{31}dʐɦie^{35}（放牲口的那群人）

群 助词 放牧 牲口

tai^{55}tsi^{55}qɯ^{55}ku^{11}a^{33}tʂhaɯ^{55}n̥u^{55}pi^{55}dʑo^{31}i^{55}（前几天我们种的那些包谷）

些 包谷 助词 前天 我们种 那

黔东苗语

lɛ^{33}suei^{55}khu^{35}ho^{35}tɕhen^{35}qha^{33}tɕaŋ^{55}ɛ^{33}（新修的那个水库）

个 水 库 刚刚 开 成 那

ɕaŋ^{55}ten^{55}ma^{31}paŋ^{31}to^{11}tu^{11}təu^{44}qha^{33}ȵu^{11}i^{35}（前次砍的那些湿的青杠柴）

场 前 砍 的 些 柴 青杠树 生 那

炯奈语

ŋ^{53}naŋ^{33}ntu^{35}ðaŋ^{31}θei^{35}mi^{44}（不吃草的那只山羊）

不 吃 草 只 山羊 那

maŋ^{33}tʃaŋ^{22}ðjɔŋ^{22}tjaŋ^{44}θe^{35}mi^{44}（你讲的那句话）

你　讲　的　句　话　那

巴哼语

n̥e^{31}ɤ^{31}tɦɤ^{44}ti^{44}lɦɛ̃^{33}ta^{35}qa^{31}（穿红衣服的那个小孩）

穿　衣　红　那　个　小孩

ŋɦ^{33}ŋkɦe^{31}ŋɦ^{33}hĩ^{35}ŋ^{31}ŋ^{55}lɦɛ̃ qo^{31}phe^{53}（不高不矮的那个姑娘）

不　矮　不　高　的　那个　姑娘

畲语

nuŋ^{52}tshɔ^{31}ɤ^{33}thaŋ^{42}（吃草的那头）

吃　草　那只

pɔ^{31}tji^{22}ɤ^{33}thaŋ^{42}（躺着的那只）

睡　的　那　只

勉语标敏话

wə^{35}tau^{31}sa^{53}ȶu^{53}nin^{31}wə^{35}phin^{35}lwəi^{33}（那个姑娘穿的那件衣服）

那　个　姑娘　穿　的　那　件　衣服

ka^{24}kwən^{53}nin^{31}na^{35}nəi^{24}sa^{53}（这些出嫁了的姑娘）

嫁　了　的　这　些　姑娘

如上所述，苗瑶语量词短语或量词性名词短语在关系从句中，有 N + Rel 和 Rel + N 的双重语序类型，这主要是语言影响的结果，特别是在长期与汉语接触的过程中，受汉语的影响较深，大部分语言的关系从句已经前置，只有少数语言或方言保持关系从句后置的语序类型，但同时也有关系从句前置的现象，这种现象有明显的汉语的痕迹，特别是关系从句的标记，即结构助词，是明显的汉语借词。

四　苗瑶语量词的句法类型特征

苗瑶语的量词，在句法结构中不能单独构成论元，必须与名词、数词、指示词、形容词构成相关的结构，才能做句法结构的必有论元和可选论元。作为苗瑶语量词的句法类型，可以从量词的强制性功能、量词的单用功能、量词做话题的类指名词和专有名词前的冠词功能、量词做定语标记、量词做被饰代词和形量结构等方面分析。

苗瑶语的个体量词，尽管具有类别词的功能，但是在句法结构中，名词对量词的选择不一定是强制性的。也就是说，句法结构中的名词不一定都要带量词，而且不同的语言或方言间也有一定的差别，有的语言或方言句法结构中的名词，对量词的选择是强制性的，即句法结构中的名词普遍要带量词，这就牵涉到量词的单用功能及量词做话题的类指名词和专有名词前的冠词功能。从现有的语言材料和篇章材料来看，苗瑶语的量词基本上都具有量词的单用功能及量词做话题的类指名词和专有名词前的冠词功能。例如：

苗语黔东方言

ȶaŋ^{33}qei^{53}tu^{11}ȵaŋ^{33}noŋ^{35}.（火钳在这儿。）

把 夹 火 在 这

pi^{33}ɣaŋ^{11}to^{11}m̥hu^{33}to^{11}ȶə^{11}sei^{35}ȵaŋ^{33}.（我们寨子苗族汉族都有。）

我们 寨 些 苗族 些 汉 都 有

苗语川黔滇次方言

tei^{31}l̥ua^{33}ȵa^{24}ua^{44}ʂi^{44}.（年轻人爱玩耍。）

些 青年 爱 玩

ni^{21}mau^{43}ni^{21}lo^{43}ʂa^{43}.（他感到痛心。）

他 痛 他 个 心

苗语滇东北次方言

tae^{33}a^{33}dy^{33}bɦo^{21}tshae^{33}ɴɢɦae^{35}ku^{11}ȵo^{55}vɦae^{21}ta^{33}li^{55}a^{55}la^{55}a^{33}ȵdʑɦau^{25}i^{55}.

只 狐狸 看见 块 肉 的 在 地方 只 乌鸦 个 嘴 那

（狐狸看见在乌鸦嘴里的那块肉。）

ȵɦi^{13}khœy^{11}ȵɦi^{13}lu^{55}kau^{11}lɦa^{35}tl̥ha^{55}saɯ^{33}pi^{55}ti^{55}ha^{11}.

他 拿 他 个 帽子 扔 滚貌 掉 下面 一边

（他把他的帽子扔到地上。）

布努语

tuŋ^{232}nəŋ^{232}ntsha^{33}tuŋ^{232}mjɔ^{21}.（老鼠怕猫。）

只 鼠 怕 只 猫

tɕuŋ^{43}pau^{41}luŋ^{33}men^{41}ʑɯ^{221}shiŋ^{33}ʑɯ^{221}ɣaŋ^{41}.（我睡的床又新又好。）

我 睡 个 床 又 新 又 好

巴哼语

nõ^{55}tɦɤ^{33}tɕɦõ ȵɦɪ^{33}fɛ̃^{31}a^{44}ɤ^{53}phɔ^{55}pɔ^{35}.（（儿媳妇）到床上去翻婆婆的被子。）

到　条　床　去　翻　婆　床　被子

mɦʉ^{33}tɦɔ^{33}phɔ̃^{31}qa^{31}ȵɔ^{35}tɕɦʉ^{44}vɦɔ̃^{31}tɦɤ^{33}tɤ^{31}.（你捆稻草在我尾巴上。）

你　捆　捆　草　给　我　条　尾

炯奈语

waŋ^{33}te^{35}pe^{22}pjen^{35}ðaŋ^{31}nuaŋ^{22}kwa^{35}kle^{43}pja^{53}ŋkau^{44}.

皇　帝就变　只　鸟　过　后房　叫

（皇帝就变成了鸟在房背后叫。）

naŋ^{31}kjɔ^{53}lɔu^{31}tʃe^{35}laŋ^{44}vi^{33}ntʃe^{35}ŋkau^{53}.（他拿来做梳子梳头。）

他　拿　来　做　个　梳　梳　头

畲语

pa^{22}zaŋ^{42}thɔ^{42}fuŋ^{33}tu^{35}mɔ^{42}naŋ^{22}zaŋ^{42}taŋ^{22}ɔ^{31}i^{35}ŋin^{53}pui^{33}kɔ^{33}.

我们村和　河　对面　个　村　做一条陂　头

（我们村和河对面那个村修了一个水坝。）

勉语标敏方言

kəu^{35}nɔŋ^{42}kwən^{53}pəu^{42}səu^{33}.（我买了本书。）

我　买　了　本　书

ka^{42}m̥ja^{35}ka^{42}na^{31}ma^{31}tiu^{31}naŋ^{33}.（草里有条蛇。）

在草　里　有条　蛇

苗瑶语量词单用及量词做话题的类指名词和专有名词前的冠词功能，所构成的 CL + N，在语义上通常是定指的，也是实指的。从上面这些例子可以看出，勉语标敏方言的实指 NP 比较松散，尽管具有量词的单用功能，但是不具备量词做话题的类指名词和专有名词前的冠词功能，不过，在作为领属定语标记（包括分裂式领属定语）时，可以凸显量词做话题的类指名词和专有名词前的冠词功能。例如：

nin^{31}pun^{53}bu^{24}ȶɔ^{42}tau^{31}ȵa^{31}.（他去告诉他母亲。）

他　去　告诉起　个　娘

wə^{35}tau^{31}hjwəi^{53}tuŋ^{42}kan^{42}dza^{35}nɔ^{33}m̥in^{33}.（那个小孩自己洗脸。）

那　个　小孩　自己　洗　个　脸

lɔ^{31}pla^{35}tau^{31}klɛ^{31}hu^{35}kwən^{53}.（房子的门破了。）

个　房　个　门　破　了

tau^{31}ȵa^{31}swə^{33}blau^{31}kau^{42}tsaŋ^{35}dwə^{33}kwən^{53}.（母亲的耳朵聋了。）

个　娘　双　　耳朵　　　聋　　了

苗瑶语的量词普遍可以做定语的标记，但是由于语言的影响，一些语言或方言的量词做定语标记的功能在逐渐消退，并采用结构助词来作为定语的标记，少数方言土语的关系从句还保留着关系从句标记。具体例子可参见上一节的相关内容。

由于苗瑶语量词的类别词功能在语义特征上比较清楚，又由于苗瑶语量词的单用功能，所以在句法结构中，只要出现量词，就基本能判定名词的类别和语义。量词的这种功能，实际上是代替名词的功能，也就是量词做代名词用。由于在句法结构中，量词处于修饰语的地位，而名词处于被修饰语的地位，但名词又不出现，所以量词在句法结构中代替名词的功能，做代名词用，实际它并不是代替名词，而只是作为名词语义和句法结构特征的一个标记，即做被饰代词标记。例如：

苗语川黔滇次方言

ʈaŋ^{43}qhau^{55}mua^{21}lo^{21}i^{44}tʂ̥i^{44}z̥oŋ^{44}l̥ai^{33}.（刚买来的那把（代镰刀）不好割。）

把　刚　　买　来　那　不　好　割

pei^{43}tʂ̥o^{13}tl̥ei^{44}au^{43}lo^{43}nau^{31}.（我们只摘两个（代瓜果）吃。）

我们　只　摘　两　个　吃

苗语滇东北次方言

gi^{21}mɦa^{35}tsi^{35}tu^{33}ȵɦu^{35}，ku^{55}tu^{33}ka^{55}tu^{33}hi^{33}mɦa^{35}.

你　有　　三　只　牛　　　我　只$_{助词}$都　不　有

（你有三头牛，我一头（代牛）都没有。）

xu^{33}ti^{55}lɯ^{55}ku^{11}hi^{33}bɦo^{21}nɦau^{35}va^{53}dɦa^{35}nɦau^{35}.

叫　些　位$_{助词}$　不　见　　吃　　饭　来　吃

（叫没吃饭的那些个（代人）来吃。）

由于苗瑶语量词在句法结构中做被饰代词的标记，用作代名词的功能，所以在一些句法结构中，量词可以名词化，成为名词化的标记。这种名词化标记是通过量词附加前缀形态变化来实现的。这一点在苗语和布努语中体现得比较清楚。例如苗语滇东北次方言：

tae⁵⁵ȶə⁵⁵bɦaɯ³⁵ȵi⁵⁵a³³ȶə⁵⁵lo⁵⁵ta⁵⁵die²¹.（这些花的花朵儿真大。）

些　朵　花　这　朵儿　大　真

ku⁵⁵tae⁵⁵dzɦo³⁵la³³vɦae³⁵a³³dzɦo³⁵lu⁵⁵la⁵⁵tu⁵⁵gi²¹bie⁵³.

我　些　条　绳　那　条儿　短　比　你　指代词

（我那些绳子的条儿比你的短。）

tae⁵⁵faɯ⁵⁵zau⁵⁵ȵi⁵⁵lɯ²¹a³³faɯ⁵⁵dae²¹.（这些菜论棵儿卖。）

些　棵　菜　这　论　棵儿　卖

苗瑶语的量词通常可以与形容词组合，组合后形容词还可以重叠，这两种组合都构成形量结构，只是语言不同构成的形量结构的量词与形容词的语序不同，但量词在句法结构中的功能相同，即可以做被饰代词的标记，也可以做名词化的标记。例如：

苗语滇东北次方言

tsi⁵⁵tso³³so⁵⁵ȵi⁵⁵，tso³³ku¹¹tlu⁵⁵ku¹¹ku⁵⁵bie⁵³，a⁵⁵tso³³ku¹¹vɦaɯ³⁵ku¹¹ȵɦi¹³bie⁵³.

三　根　线　这　根　助词　黑　是　我　指代词　二　根　助词　黄　是　他　指代词

（这三根线，黑的是我的，两根黄的是他的。）

tlau⁵⁵tu³³mɯ³³ȵi⁵⁵，tsi⁵⁵tu³³tsi⁵⁵ku¹¹tlœy⁵⁵ȵi⁵⁵ku¹¹ku⁵⁵bie⁵³，tsi⁵⁵tu³³tsi⁵⁵ku¹¹lie⁵⁵ku¹¹

六　只　马　这　三　只　次量词　助词　白　这　是　我　指代词　三　只　次量词　助词　红　是

ȵɦi¹³bie⁵³.

他　指代词

（这六匹马，这三匹白的是我的，那三匹红的是他的。）

勉语标敏方言

klin⁴²klin⁴²ka²⁴a⁵³ma³¹khla⁵³.（那头肥肥的（牛）很有力气。）

肥　肥　架　很　有　力

ɬaŋ³³ɬaŋ³³lɔ³¹tɕi⁴²a³³tau³¹nin³¹.（那栋高高的（房子）是他们的。）

高　高　栋　是　他们　的

ɔ⁵³ɔ⁵³nɔ³³kəu³⁵ȵin⁴².（那个大大的（瓜果）我吃。）

大大　个　我　吃

这些例句中的量词用作代名词，做被饰代词的标记，量词做代名词用使形容词名词化，量词是名词化的标记。

五　结语

本章对苗瑶语量词的类型学特征进行了分析，现做扼要的总结。

苗瑶语的量词，特别是个体量词具有分类词的功能，可以对苗瑶语的名词进行分类，但是量词的这种类别词功能，在苗瑶语中分布不均衡：苗语支语言的炯奈语、优诺语、畲语和瑶语支语言的量词尽管也具有分类词的功能，但量词与名词的关系比较松散，不直接体现在词汇上，而是体现在句法结构中；苗语支语言的苗语、布努语、巴哼语的量词的类别词功能，量词与名词结合得比较紧密，既直接体现在词汇中，也体现在句法结构里，是比较典型的类别词。

苗瑶语的量词有重叠、语音屈折和附加前缀三种形态变化。量词重叠式形态变化主要表达词汇语法意义，在语义上，尽管个别方言的量词重叠隐含“级”的特征，但主要表达“量”的范畴。量词的语音屈折变化，在语义范畴上主要涉及“指称”，个别语言的方言量词的语音屈折变化使量词名词化。量词附加前缀形态变化，主要是使量词名词化。

苗瑶语长期以来受汉语的影响比较大，所以，量词短语（包括数量结构和形量结构）、领属定语、关系从句的语序类型具有双重的语序特征。

在句法结构中，苗瑶语名词对量词的选择不一定具有强制性，但是由于量词的类别词功能，苗瑶语的量词具有单用、做话题的类指名词和专有名词前的冠词、定语标记、做被饰代词标记和名词化标记的功能，并与量词的形态变化有关。

参考文献

刘丹青　1988　《汉语量词的宏观分析》，《汉语学习》第 4 期。

———　2002　《汉语类指成分的语义属性和句法属性》，《中国语文》第 5 期。

———　2002　《汉藏语言的若干语序类型学课题》，《民族语文》第 5 期。

———　2003　《语序类型学与介词理论》，商务印书馆。

毛宗武　2004　《瑶族勉方言研究》，民族出版社。

毛宗武、李云兵　1997　《巴哼语研究》，上海远东出版社。

———　2002　《炯奈语研究》，中央民族大学出版社。

毛宗武、蒙朝吉　1986　《畲语简志》，民族出版社。

毛宗武、蒙朝吉、郑宗泽　1982《瑶族语言简志》，民族出版社。

蒙朝吉　2001　《瑶族布努语方言研究》，民族出版社。

王辅世　1957　《贵州威宁苗语量词》，《语言研究》第2号。

王辅世主编　1985　《苗语简志》，民族出版社。

向日征　1999　《吉卫苗语研究》，民族出版社。

Bisang, Walter 1999 Classifiers in East and Southeast Asian Languages: Counting and Beyond. In Gvozdanovic, Jadranka(ed.) *Numeral Types and Changes Worldwide*. Berlin: Mouton de Gruyter.

作者：李云兵

原载：李锦芳主编《汉藏语系量词研究》，中央民族大学出版社，2005年

第十八章　人称代词复数形式单数化的类型意义

一　引言

复数相对于单数而言是更加有标记的形式（Croft，2003），汉语中人称代词的复数形式也是以单数形式为基础，加上词尾（如“们”）或一些名词形式（如“家”）等构成。同时在语言运用中有一股相反的潮流，即复数形式发展为单数形式，我们称之为复数形式的单数化。人称代词的单数化现象前人已做过不少描写，如吕叔湘（1985）、甘于恩（1997）、施其生（1999）等，但很少有人探讨此种现象背后的动因。本章从河南商水方言（中原官话）入手，主要探讨复数人称代词单数化的句法环境及语义动因，寻找与单数化有关的等级序列。本章主要涉及两种类型的单数化：1）始于领属语位置的单数化；2）由敬称带来的单数化。

二　以复数人称代词为领属语的领属结构

“复数领属语＋核心名词”有两种解读，一种解读为组成复数的每个个体所拥有的对象之和，复数领属可分解为个体领属；另一种解读为多人共有某一（些）对象，这一（些）对象一般不专属某一个人，而为集体共有，因而复数领属无法分解为个体领属。

一个有复数领属语的领属结构可以用公式表示为：

（1）$N=(a+b+c+...+n)H$

N 为领属结构所指的数目，$(a+b+c+...+n)$ 表示复数意义的领属语，a、b...n 等为组成复数意义的个体，H 为核心名词。

复数领属结构的两种解读分别可以用公式表示为：

（2）复数意义 1：$N1 = aH + bH + ... + nH$，如“我们的脑袋”；

（3）复数意义 2：$N2 = (a + b + c + ... + n)H$，$a + b + c + ... + n$ 是一个整体，无法分解。如“我们学校”是“我们所属的学校”，不等于“我的学校 + 你的学校 + …… + X 的学校”。

比较而言，可分解的复数意义 1 是典型的复数意义。

私有化程度非常高的名词和复数形式结合一般只能理解为复数意义 1，如“我们的书包”是“我的书包 + 他的书包 + 你的书包 + …… + X 的书包”，公有化程度非常高的名词一般只能理解为复数意义 2，如“我们公司”只能等于“（我 + 你 + 他 + …… + X）的公司”。领属结构中加“的”会增强理解为复数意义 1 的可能性。如“我们学校”一般只能理解为多人共有的某一所特定的学校（复数意义 2），但是“我们的学校”既可以理解为复数意义 2，也可以理解为“我们各自的学校”（复数意义 1）。那些只能理解为复数意义 1 的领属结构必须要加“的”，而只能理解为复数意义 2 的领属结构一般不加“的”，如“我们浙江省、我们商水县、我们中国”，这一句法表现显示了“的”与领属结构的复数意义之间的关联。

只有可以理解为复数意义 2 的结构才有可能产生单数化：领属结构的所指是既定的，这一既定对象可以理解为集体所拥有，也可以在某些特殊语境下理解为某一个人所拥有，复数意义 2 是复数形式单数化的语义基础。只能理解为复数意义 1 的结构表示每个人所拥有的对象之和，因而无法产生单数化。

三　商水方言中人称代词复数形式的单数化表现

商水方言第一人称代词为“我”（单数）和“俺”、“咱”（复数）。第二人称代词为“你”（单数）、“恁”（复数）。第三人称代词只有一个单数形式“他”，可以指男性、女性和动物，复数意义只能通过组合形式 “他 +（这 / 那）+ 数词 + 个”表现。“俺”、“恁”可以用作单数，用作单数意义时与“我”、“你”在领属结构中呈互补分布：

表18-1 商水方言领属语为单数意义的领属结构

序号 \ 领属结构	我、你	俺、恁	结构助词	核心名词
1	+	–	li	手、胳膊、头、腿、脚

（续表）

2	+	–	li	文具盒、大衣、书包、桌子、笔、帽子
3	–	+	*	爹（爸）、娘（妈）、爷、哥、弟、姐
4	–	+	（那）	老师、同学、班长、张经理、校长
5	–	+	（li）	家、地、大门、堂屋、房子
6	–	+	那	河南省、县、庄儿（村儿）、局里、国家

私有化程度高的名词（第1、2栏）加上复数领属语只能表示复数意义1，复数领属语通常使用强化形式“俺/恁+数词+个”，如“俺几个li书包”、“恁几个li胳膊”，一般不用“俺/恁”。

亲属称谓、一般称谓（第3、4栏）为领属结构的核心时，领属语一定只能用复数形式的“俺”、“恁”。“俺/恁”可表示复数意义2，也可表示单数意义：

（4）叫恁家长来一趟吧。（叫你/你们家长来一趟吧。）

（5）——谁给你打li电话ɛ？（谁给你打的电话？）

——俺（那）同学。（我同学。）

集体、社会单位（第5、6栏）为核心名词时，因为它们不可能属于个人，领属语位置只能出现复数形式，可理解为复数意义2，但受典型对话场景的影响，也可理解为单数意义：

（6）恁那局＝你所在的局（单数意义）/你和其他所有职工的局（复数意义2）

（7）俺那县＝我所在的县（单数意义）/我和其他所有群众的县（复数意义2）

“俺/恁”为领属语，以第3、4、5、6栏名词为核心的领属结构既可以理解为复数意义2，也可以理解为单数意义，“俺/恁”的复数功能已经弱化，要表示典型的复数意义——复数意义1，必须使用强化形式“俺/恁+数词+个”，如“俺妈、恁家”只能表示单数领属或复数意义2，如要表示复数意义1，只能说“俺几个li妈、恁几个li家”。

上述例句说明，商水方言的领属结构要表现复数意义1，领属代词都需要使用强化形式，说明“俺/恁”在表达典型复数意义时已有些“力不从心”，其复数功能已经弱化。

"俺/恁"复数意义弱化还表现在它们表示复数意义时做主语、宾语的能力已经比较弱，只可用在直指（deixis）场合，即单复数意义非常分明的情况下：

（8）——恁弄啥去 ε？（你们几个干什么去？）

——俺上集买衣裳去 li。（我们去街上买衣服。）

如果直指条件不具备，即"俺/恁"所指示的多人不是全部处于现场，"俺/恁"不能出现于主宾语位置：

（9）他仗着他自己有劲儿，光打俺 *（几个/俩）。（他仗着自己力气大，总是打我们几个。）

上述种种表现显示了商水方言中"俺"、"恁"复数功能的弱化。但"俺/恁"表示单数意义只出现在领属结构中，在主宾语位置上还不能表示单数意义。

四　单数化的范围及其他类型的单数化

4.1　单数化在汉语方言中的表现

唐正大（见刘丹青主编，2006）指出，西安话中，领属结构的核心为亲属名词、集体名词时，领属语位置上只能出现复数形式，可以兼表单复数意义。但是当核心名词为一般名词时，单数意义的领属需使用单数形式，复数意义的领属需使用复数形式：

（10）	第一人称	第二人称	第三人称
	[ŋai]^{21} 妈	[ȵi]^{21} 妈	[t^{h}a] ^{21} 妈
	[ŋai]^{21}（的）园子	[ȵi]^{21}（的）园子	[t^{h}a] ^{21}（的）园子
单数：	[ŋɣ]^{51} 的胳膊	[ȵi] ^{51} 的胳膊	[t^{h}a] ^{21} 的胳膊
复数：	[ŋai] ^{21} 的胳膊	[ȵi]^{21} 的胳膊	[t^{h}a] ^{21} 的胳膊

汕头方言中（施其生，1999）一般称谓（表职务、职称的名词）和亲属称谓做核心名词时，第一、二人称领属语只能采用复数形式表示单数意义：

（11）阮阿徒弟请我去食酒。（我徒弟请我去喝酒。）

（12）恁阿老分骹车撞着了。（你爱人被自行车撞了。）

刘丹青（1999）指出，吴江方言中，用在指家人、亲戚、集体、单位等的名词前面做领属定语时，人称代词一般只用复数形式，即使定语明明只可能是一人，也用复数：

（13）吾堆/嗯那堆/夷拉爷（我/你/他爹）

吾堆班级/嗯那公司/夷拉学堂（我班级/你公司/他学堂）

李如龙（1999）指出，闽南方言中只有人称代词的复数形式才能做亲属称谓和集体名词的领属语，但单数形式不行。如果核心名词是方位词或单位名称，复数形式可以兼指单复数；如果核心名词是亲属称谓，则只表示单数。

厦门话（钱奠香，见刘丹青主编，2006）在亲属领属和单位领属中，复数“阮[gun]^{53}”、“恁[lin]^{53}”、“因[in]^{55}”在领属语位置上既可以表示单数意义，也可以表示复数意义。

湘乡方言（陈晖，见刘丹青主编，2006）亲属领属中的领属语不能是单数形式，用复数形式来兼表单复数意义。

甘于恩（1997）指出，粤语吴川话只有“我、你、佢”一套人称代词，兼指单复数，如果要强调人数多只需在后面加“几只”，即采用人称代词加数量词组来构成复数。我们推测，吴川白话中旧有的人称代词单数形式已经全面消失，造成了单复数同形，同时为了避免交际中的误解，新的复数形式“人称代词＋数量词”正在形成。

太原话“俺”、“尔”表示单数意义可以出现于领属语、主语、宾语位置，可以作为复数形式的组成语素形成新的复数形式“俺们”、“尔们”（沈明，见刘丹青主编，2006），描写者已经把它们和“我”、“你”一起划归到第一、二人称单数中去了，以至于太原话第一、二人称分别有两套单复数形式：我/俺（单）和我们/俺们（复）；你/尔（单）、你们/尔们（复）。同时作者又指出：“太原话第一人称和第二人称复数形式兼表领属关系的，可以用于实义为单数的领属语，如：俺妈/尔妈。‘俺[ŋœ̃]^{53}或[ŋa]^{53}’可能是‘我们’的合音，‘尔[nie]^{11}’可能是‘你每’的合音。”这说明“俺、尔”原为复数形式，只是经历的单数化较为彻底。

山东潍坊话（冯荣昌，1996：441）中，“俺”、“恁”可做单复数，单数意义不但可以用于亲属领属、集体领属，也可以用于核心为一般名词的领属结构，并且“俺/恁”可以在主宾语位置上表示单数意义：

（14）这是俺的猪。（这是我/我们的猪。）

（15）他骂俺。（他骂我/我们。）

（16）我把这些给恁。（我把这些给你/你们。）

上述方言中的现象显示，以亲属称谓为核心名词的领属结构中单数化最为彻底。亲属是大家共有的亲属，要表现多子女、多亲属的家族中的某一人往往采用复数领属语，但话语往往由一人针对一人说出，复数形式容易做单数理解。集体、处所名词为集体所共同拥有，只能使用复数形式的领属语，受话语功能的影响同样会产生单数化。这是由领属关系引起的单数化。

4.2 由敬称引起的单数化

语言中还有一类由敬称发展而来的单数化，这种单数化一般见于第二人称复数，其发展过程如下：

第一阶段：第二人称复数；

第二阶段：第二人称单数尊称，与原有的第二人称单数形成对立，造成语言系统中的礼貌区分（Politeness Distinction），同时保留第二人称复数意义；

第三阶段：普通第二人称单数，和原有的第二人称单数并存但应用范围更广，表现在它仍保留第二人称复数意义；

第四阶段：取代原有的单数形式，语言中第二人称单复数同形，系统中的礼貌区分消失。

用第二人称代词复数形式来表示第二人称单数尊称，在世界语言中是一个普遍现象，如法语中的 vous、德语的 Sie。Helmbrecht（2003）指出，第二人称单数尊称可以来源于第一、二、三人称复数，第三人称单数，指示词，反身代词，甚至亲属称谓词、表示地位的称谓词。但在他选取的 100 个语言样本中，25 个存在第二人称的礼貌区分，16 个由第二人称复数发展而来，占绝对优势。Helmbrecht（2003）使用面子威胁行为（face-threatening acts，即 FTAS）理论来解释这种现象。在对话中命令和要求可能威胁到听话人的面子，因为话语要求他做出行动。由于社会地位、个人关系等因素，说话人 X 无权或不允许对听话人 Y 实施 FTAS，这时他可以用第二人称复数形式指称 Y，假借有一群听话者来消解和减弱要求 Y 去实施的义务和责任，同时复数形式指向单一个体 Y 的意义在语境中能很容易被辨识，因此很多语言采用这种策略来进行言语交际。这种用法如果达到一定使用频率，就可能成为语言中的一种常规用法造成复数形式的单数化。最典型例子如英语，you 在当代英语的早期阶段，作为第二人称复数形式同时可用来表示第二人称单数尊称，后来单数功能进一步泛化，使得原有的第二人称单数形式 thou 成了一个废弃词，从而导致了英语中熟悉 / 礼貌区分的消失，也导致了英语中第二人称单复数同形。

汉语方言中也存在由第二人称敬称发展而来的单数化[1]，蒋希文（1957）指出，在赣榆话中，第二人称 ꜀ȵ 可表敬称，表复数，表领有：

（17）表示单数第二人称敬称，例：꜀ȵ 多大年纪啦？

（18）表示普通第二人称复数，例：꜀ȵ 都是来做什么的？

（19）表领有，꜀ȵ 既可以指单数，也可以指复数，例：꜀ȵ 嫂子说的。

赣榆话中的情况反映了由敬称和领有发展而来的两种单数化途径的融合。

五　单数化的功能动因

5.1　交际模式

人类在交际过程中，典型的对话模式是两人对话（一说一听），但复数代词表示复数概念，这种“一”与“多”的不平衡性是复数形式语法化为单数表达的内在语义基础。当复数代词用于直指或回指，复数意义比较鲜明，但若所指只有一人（听话人或说话人）在现场，就会导致复数形式向单数意义的转化。

5.2　私有化等级

与领有关系有关的单数化与核心名词的私有化程度密切相关，表 18-1 中各类名词的私有化等级如下：

1（器官、身体部位）> 2（一般名词）> 3（亲属称谓）> 4（一般称谓）> 5、6（家庭、单位等集体名词）

上文已经指出，拥有复数意义 2 是单数化的意义基础：本来是表达多人共有某一特定对象，但典型对话模式（一对一）促使人理解为该特定对象为一人（听话人或说话人）所拥有。

私有化程度最低的两级（第 5、6 类，集体名词或处所名词）为集体所共有，单数领属语与它语义不兼容，领属语位置上只能出现复数形式，并且只能被理解为复数意义 2，不能理解为复数意义 1，因而有可能因在语境中针对一人而被理解为单数意义。但同时核心名词的语义属性决定了它们复数领有形式的单数化不可能非常彻底。如北京话中，核心为社会单位时，复数形式的领属“我们学校”、“（我

【1】汉语中的“您”历史上曾表复数，但吕叔湘（1985）认为表示复数的“您”和表示单数敬称的“您”只是写法一样，没有继承关系，对此看法我们暂且存疑。

老公）**他们**厂子”可以认为表单数意义（方梅，课堂讲义），但也可以理解为表示复数意义，单复数意义并不分明或者说无须分明。

第3、4类名词的领属语为复数形式时，可以理解为复数意义1或复数意义2，因为这两类名词可以为一人拥有，也可以为多人共同拥有，因而复数形式能够得到彻底的单数化。

在叙述与别人共同拥有的对象时，使用单数形式违反了质真准则（Quality Principle，Grice，1967）：明明为多人共有的东西只说为一人所有，造成了虚假事实。但使用复数形式，一定程度违反了适量原则（Quantity Principle，Grice，1967）中的不过量准则：听话人只需要得知与说话人有关的领有对象，不需要同时得知该对象的其他拥有者。质真原则和适量原则之间的矛盾是促使复数形式单数化的重要动因。

第1类名词私有化程度最高，只能属于某一特定个体，与复数意义2相矛盾，如果领属语位置出现复数形式，只能理解为复数意义1，因而该复数形式只能理解为复数意义，无法产生单数化。如果某些复数形式在此类结构中可以被理解为单数意义，一定是该复数形式已经变成了单数形式，是复数形式单数化之后的正常用法，不是在此位置上发生的单数化。因此，如果复数形式能够加于1、2类一般名词表示单数，说明该复数形式已经实现了真正的单数化。

表18-2 领属结构中核心词类型与单数化之间的关系

语言现象	复数形式在领属结构中的表现	方言例证
只有以5、6类为核心的领属语的复数形式发生单数化	两解，单复数意义并存，甚至复数意义更常见	北京话
除5、6类核心名词外，3、4类名词的复数领属语也发生了单数化	两解，单复数意义并存	西安话、湘乡方言
	以单数意义为主，也可表复数意义	商水方言
	兼表单复数，但亲属名词中只表单数	闽南方言
除3、4、5、6为核心的复数领属语外，以1、2为核心的复数领属语也完成了单数化	兼表单复数意义	潍坊话

单数化是否扩展到所有类型的核心名词与复数形式是否已经丧失复数意义（只余单数意义）是判断单数化程度高低的两个不同参项，二者都可以说明单数化的程度。从表18-2来看，这两个参项的发展并非完全同步、共进共退，如就核心词类

型而言，潍坊话的单数化程度高于闽南方言，但是就复数意义是否丧失而言，闽南方言可以说又高于潍坊话。

六 与单数化有关的等级序列

6.1 单数化程度及其相关的等级序列

本章主要探讨复数人称代词始于领有成分位置的单数化。复数人称代词在领有成分位置获得单数意义之后，会逐渐向主语、宾语等句法位置扩散，扩散程度反映了单数化程度。

领属语位置 ——→ 主宾语位置

例证：北京话、商水方言　　　　潍坊方言

北京话复数人称代词只在领属语位置体现出一定的单数化倾向，要理解为单数意义受到严格的条件控制（受核心词类型的影响），而潍坊方言中单数化已经比较彻底，复数人称代词可出现在领属语、主宾语等各个句法位置表示单数意义。商水方言单数化程度居于北京话和潍坊话之间，复数形式"俺/恁"用于领属语位置表示复数意义已经不自由，用于主宾语复数功能也已弱化，新的复数形式"俺/恁几个"正在形成过程中，但"俺/恁"用作领有成分还可以表示复数意义2，还不能用于主宾语位置表示单数意义，这说明它们单数化程度尚不彻底。

参考表18-1和表18-2，我们得到与核心词（head）相关的等级序列1[1]：

集体和社会单位、一般称谓　>　亲属称谓　>　一般名词

北京话　　　　商水方言、闽南话等　　　　潍坊话

这个等级序列解释为：如果一个人称代词在以右边任意一项为核心词的领属结构中实现了单数化，那么在以左边任意一项为核心词的领属结构中一定也实现了单数化，反之则不然。如太原话中，人称代词复数形式在以一般名词为核心的领属结构中实现了单数化，也必定在亲属称谓、一般称谓、集体单位名词为核心的结构中实现了单数化。这个等级序列实际上代表了单数化的不同阶段，北京话处于最初阶段，而潍坊话处于最后阶段。

【1】等级序列中的">"表示"优先于"，下同。等级序列也可以用蕴涵式表示，不过序列成员的顺序刚好相反，如序列1写成蕴涵式形式为：一般名词 ⊃ 亲属称谓 ⊃ 集体和社会单位、一般称谓。

复数单数化的程度和作为领属语的代词性质有关，因此有等级序列 2：

第一、二人称　>　第三人称

第一、二人称比第三人称更容易实现复数的单数化。第一、二人称复数形式实现了单数化不一定会涉及第三人称，如闽南话和太原话。但如果第三人称复数实现了单数化，第一、二人称必定经历了单数化，如厦门话、吴江方言等。原因可能在于第三人称所指称的对象一般不在谈话现场，不参与谈话，所以歧义机会不是太多，因而不容易发生单数化。

6. 2　近代汉语中人称代词复数形式的单数化

单数化在近代汉语中已经出现，吕叔湘（1985）指出，复数“俺”、“恁”可以用于单数，都不含礼貌意味，领格多于非领格（例句20—23全部来源于吕叔湘，1985）：

（20）对我曾说道，“俺娘乖。”（刘知远 15）

（21）你须身姓刘，恁妻须姓吕。（太平广记 9.22）

同时近代汉语中“俺”、“恁”用于非领格单数的情况也非常多，但多见于词曲：

（22）俺是个没鉴愚迷汉，枉为人怎不羞惭。（刘知远 25）

（23）相国夫人恁但去，把莺莺留下胜如汤药。（董西厢 180）

上述例句说明历史上“俺”、“恁”的单数化已经到了一个相当彻底的程度，它们的语义表现进一步证实了我们的预测。

人类语言中存在着各种各样的单数化，比如俄语并列结构的前一肢也存在复数的单数化问题，Alanblak 语中（Rijkhoff，2002）可以用第三人称复数表示第三人称单数，目的是为了避免说明这个第三人称单数的指称对象的性别（因为性别无法确定），这样复数标记就发展成了不定性别标记。语言中复数人称代词的单数化能在多大的范围内存在是值得我们进一步研究的问题。

参考文献

冯荣昌　1996　《山东潍坊话的人称代词》，载黄伯荣主编《汉语方言语法类编》，青岛出版社。

甘于恩　1997　《广东粤方言人称代词的单复数形式》，《中国语文》第 5 期。

蒋希文　1957　《赣榆方言的人称代词》，《中国语文》第 8 期。

李如龙　1999　《闽南方言的代词》，载李如龙、张双庆主编《代词》，暨南大学出版社。

刘丹青　1999　《吴江方言的代词系统及内部差异》，载李如龙、张双庆主编《代词》，暨南大学出版社。

刘丹青主编　2006　《现代汉语方言语法电子语料库》，中国社会科学院语言研究所、香港城市大学合作项目。

吕叔湘（著）、江蓝生（补）　1985　《近代汉语指代词》，学林出版社。

施其生　1999　《汕头方言的代词》，载李如龙、张双庆主编《代词》，暨南大学出版社。

Croft, William 2003 *Typology and Universals* (second edition). Cambridge: Cambridge University Press.

Grice, H. P. 1967 *Logic and Conversation: The William James Lectures*. Harvard University, MS.

Helmbrecht, Johannes 2003 Politeness distinctions in second person pronouns. In Friedrich Lenz.(ed.) *Deictic Conceptualization of Space, Time, and Person*. Philadelphia: John Benjamins Publishing Company. pp.137-168.

Rijkhoff, J. 2002 *The Noun Phrase*. New York: Oxford University Press.

作者：陈玉洁

原载：《语言教学与研究》2008 年第 5 期

第十九章　花苗苗语方位结构的语义、句法及语序类型特征

一　引言

花苗苗语的方位结构指方位词附着在名词、量词、方位词、指示词或处所方位结构、方位指示结构、量指结构和量词结构上构成的结构，这些结构可以从其构成形式及其语义特征、句法结构特征和语序类型学特征等方面，用描写语言学的方法和当代语言学理论进行考察、描写、分析，以揭示在不同语法框架上的语言规律，以期作为跨语言对比研究的基础。本章本着这一宗旨对花苗苗语方位结构的语义、句法和语序类型特征进行描写和分析。

二　花苗苗语的方位词及其组合关系

2.1　方位词

2.1.1 方位词与名词的关系

方位词经常作为名词的一个附类，附着在名词之下与名词共同构成一类实词。花苗苗语的方位词与名词既有相同的语法特征，也有不同之处。方位词与名词相同的语法特征，是能与名词构成修饰式名词短语，不能与副词组合构成修饰结构。方位词与名词在句法结构中可以充当主、客体论元及话题与焦点。方位词与名词都可以与量词或量词结构构成修饰式短语。方位词与名词不同的语法特征，是方位词不能与代词、形容词构成领属结构、修饰结构，可以与指示词构成修饰结构；名词能与代词、形容词构成领属结构、修饰结构，不能与指示词构成修饰结构。

2.1.2 方位词的分类

根据方位词的词汇语法意义，花苗苗语的方位词可以分成位置方位词、处所方位词和距离指示方位词三个次类，统称方位词。

位置方位词，是表示事物存在的方位位置的名词性词语。如：

hou^{55} 里　ɳʈaŋ^{43} 中　ɳʈou^{44} 外　ʂou^{44} 上　tɕei^{31} 下　pei^{21} 坡上

ɳʈaŋ^{21} 坡下　ntei^{31} 前　qaŋ^{43} 后　tau^{24} 侧面　tau^{13} 侧后　ti^{13} 对面

花苗苗语没有表示“东”、“南”、“西”、“北”的位置方位词。这些方位都是用处所方位词 ʂaŋ^{43} “侧”与主谓或动宾结构组合成方位结构表示。如：

ʂaŋ^{43}n̥oŋ^{43}tua^{31}（东）　　ʂaŋ^{43}n̥oŋ^{43}poŋ（西）

侧　日　出　　侧　日　落

ʂaŋ^{43}tʂhua^{43}tɕua^{44}tʂhaŋ^{55}（南）　　ʂaŋ^{43}tʂhua^{43}tɕua^{44}ntsoŋ^{55}（北）

侧　吹　风　晴　　侧　吹　风　阴

处所方位词，是表示事物存在的处所位置的名词性词语。如：

ɳʈau^{13} 内中　qaŋ^{43} 底　hou^{55} 顶　nta^{31} 上　nto^{13} 边

ɳʈua^{43} 中间　qou^{24} 背后　mpoŋ^{44} 边缘　lou^{21} 左　si^{43} 右

ʂaŋ^{43} 侧　phaŋ^{43} 侧　tou^{13} 坡下侧　qou^{33} 角落　nta^{43} 跟前

距离指示方位词，是指示事物存在的方位位置距离的名词性词语。如：

ntai^{33} 近处　qhei^{55} 近远处　phua^{55} 远处

距离指示方位词与距离指示词不同，在句法结构中，距离指示方位词在名词性短语结构中都是前置语序，距离指示词在名词性短语结构中都是后置语序。

花苗苗语的位置方位词、处所方位词和距离指示方位词具有“黏着”的性质，不能单独使用，在一些对举的句法或用引申意义的句子中，才能单独出现并充当句法结构的必有论元，但方位词的词汇意义具有名词属性。如：

（1）to^{21}ȵua^{13}naŋ^{44}ʑou^{44}hi^{55}lɛ^{24}, tʂi^{44}pou^{43}ntei^{31}la^{21}tʂi^{44}pou^{31}qaŋ^{43}.

个 小孩 这 小 很 了 不 知 前 也 不 知 后

（这小孩太小，对前因后果一概不知。）

（2）to^{21}nen^{43}naŋ^{44}tʂi^{44}mua^{31}la^{13}tʂa^{44}qaŋ^{43}hou^{55}.

个 人 这 不 有 什么 底 顶

（这个人没有什么意思。）

（3）ni^{21}hai^{33}lo^{21}tʂi^{44}mua^{31}qaŋ^{43}tʂi^{44}mua^{31}hou^{55}.

他 说　话 不 有　 底　不 有　顶

（他说话没头没尾。）

这种字面上的方位词，在语义上隐含着一种名词性的事件题元，即方位词转喻相关名词的引申用法。又如方位词转喻相关量词的引申用法：

（4）tɕo^{43}tei^{43}naŋ^{44}tua^{31}hou^{55}ɳʈaŋ^{43}fai^{43}i^{43}ʑi^{13}i^{43}ɳʈaŋ^{43}.

块　地　这　从　里　中间　分 一 家 一 半

（这块地从中间分一家一半。）

（5）lo^{43}tsi^{55}tl̥ua^{31}naŋ^{44}i^{43}to^{21}nau^{31}i^{43}ʂaŋ^{43}.

个 果　桃　这 一 个　吃　一 半

（这个桃子一人吃一半。）

（6）phaŋ^{43}tau^{24}ha^{31}ʑa^{44}tua^{55}i^{43}phaŋ^{43}tshaŋ^{31}tha^{43}.

侧　侧面 还　要　舂　一 堵　墙　和

（那侧面还要再舂一堵墙。）

位置方位词 ɳʈaŋ^{43} “中间” 和处所方位词 ʂaŋ^{43} “侧” 、phaŋ^{43} “侧” 分别转喻相关量词。

2.2　方位词的组合关系

花苗苗语方位词的组合关系包括方位词与名词、指示词、量词、方位词的组合，方位词与处所方位结构、方位指示结构、量指结构、量词结构的组合及处所方位结构与量词的组合。

2.2.1 方位词与名词、指示词、量词、方位词的组合

花苗苗语的方位词可以与名词、指示词、量词和方位词组合。但在具体的组合关系上，位置方位词、处所方位词和距离指示方位词有所不同。

距离指示方位词，特别是表示远距离的指示方位词，不能与他类词组合，只能与位置方位词组合构成方位结构，表示事物存在的方位位置距离较远。如：

phua^{55}hou^{55}（较远的里面）　　phua^{55}ʂou^{44}（较远的上面）

远处　里　　　　　　　　　　远处　上

phua^{55}pei^{21}（较远的坡上）　　phua^{55}ɳʈaŋ^{21}（较远的坡下）

远处　坡上　　　　　　　　　远处　坡下

表示近、近远的距离指示方位词可以与指示词组合。如：

qhei^{55}i^{44}（那远处）　　ntai^{33}naŋ^{44}（这附近）

侧面 远那　　近处 这

表示远距离的指示方位词不能与距离指示词组合。

处所方位词，与名词组合构成至少两组方位结构，这种结构是表示处所的方所结构。如：

ɳʈau^{13}tɕi^{55}（体内）　　tau^{13}vaŋ^{31}（园侧后）　　nta^{31}tei^{43}（世上）

内　身体　　侧后园子　　上　地

hou^{55}ʐau^{21}（村头）　　qaŋ^{43}tʂai^{13}（下巴颏）　　nto^{13}la^{31}（田边）

顶　村寨　　底　下巴　　边　田

位置方位词，既可以与名词、方位词组合，也可以与指示词、量词组合。位置方位词与名词组合构成的方位结构。如：

hou^{55}tʂei^{55}（屋里）　　ɳʈou^{44}ʐoŋ^{55}（野外）　　ʂou^{44}nthaŋ^{43}（楼上）

里　屋　　外　林　　上　楼

tɕei^{31}qaŋ^{43}tsaŋ^{31}（床底下）　　pei^{21}tau^{31}（山上）　　ɳʈaŋ^{21}haŋ^{55}（山谷下）

下　底　床　　上　坡　　下　山谷

位置方位词与位置方位词组合构成的方位结构。如：

pei^{21}ʂou^{44}（上面的坡上）　　tɕei^{31}qaŋ^{43}（底下）　　tau^{24}pei^{21}（上侧）

坡上 上　　下　底　　侧面坡上

ɳʈaŋ^{21}tou^{21}（下面的坡下）　　tau^{24}ntei^{31}（前侧）　　tau^{24}qaŋ^{43}（后侧）

坡下 下面　　侧面 前　　侧面 后

位置方位词与处所方位词组合构成的方位结构。如：

hou^{55}qaŋ^{43}（底上）　　hou^{55}ki^{33}ɳʈaŋ^{43}（中间里头）　　tau^{24}ʂaŋ^{43}（侧面那边）

里　底　　里　中间　　侧面侧

位置方位词与指示词组合构成的方位结构。如：

hou^{55}naŋ^{44}（这里面）　　ɳʈou^{44}naŋ^{44}（这外面）　　ʂou^{44}naŋ^{44}（这上面）

里　这　　外　这　　上　这

pei^{21}i^{44}（那坡上）　　ɳʈaŋ^{21}i^{44}（那坡下）　　ti^{13}o^{44}（那对面）

坡上 那　　坡下 那　　对面较远那

位置方位词与量词组合可以构成两种不同性质的方位结构，即量词在前和量词在后，量词在方位结构中做中心语，位置方位词做修饰语。如：

lo⁴³hou⁵⁵（里面那个） to²¹ɳʈou⁴⁴（外面那只） ʈei⁵⁵ʂou⁴⁴（上面那朵）

个 里 只 外 朵 上

hou⁵⁵lo⁴³（里面的那个）ɳʈou⁴⁴to²¹（外面的那只）ʂou⁴⁴ʈei⁵⁵（上面的那朵）

里 个 外 只 上 朵

这两种方位结构有差别。量词在前做中心语、位置方位词在后做修饰语的，语义上位置方位词与量词是属性定语的关系，可以在位置方位词前插入领属定语标记助词 kə³³，构成领属定语关系，在句法结构关系中，做修饰语的位置方位词可以焦点化，充当句法的焦点题元，在类型特征上，位置方位词前可以插入前置词 ȵau⁴³"在"构成介引方所结构，也可以同时插入领属定语标记和前置词，构成领属性介引方位结构。量词在后做中心语、位置方位词在前做修饰语的，语义上位置方位领有量词，是领属定语关系，在句法结构关系中，做修饰语的位置方位词能话题化，充当句法的话题题元，在类型特征上，位置方位词前不能添加标记和前置词。

2.2.2 方位词与处所方位结构、方位指示结构、量指结构、量词结构的组合

花苗苗语的方位词可以与表示处所并由方位词与名词组合而成的处所方位结构、由方位词与指示词组合而成的方位指示结构、由指示词与量词组合而成的量指结构和由数词、量词与指示词组合而成的量词结构组合，构成四种不同的方位结构。

位置方位词与处所方位结构组合构成的方位结构。如：

hou⁵⁵ɳʈau¹³tɕi⁵⁵（体内）pei²¹qou²⁴tʂei⁵⁵（房背后上）tau²⁴ʂaŋ⁴³taŋ⁵⁵（肋侧）

里 内 身体 坡上背后房屋 侧面侧 肋骨

距离指示方位词中，表示远距离的指示方位词可以与方位指示结构组合构成方位结构。如：

phua⁵⁵ʂou⁴⁴naŋ⁴⁴ （较远的这上面） phua⁵⁵tɕei³¹kau⁴⁴（较远的那下面）

远处 上 这 远处 下 近那

但是不能与量指结构、量词结构、指示词组合，而表示近、近远距离的指示方位词则可以组合。如：

表示近、近远距离的指示方位词与量指结构组合构成的方位结构：

qhei⁵⁵lo⁴³tʂei⁵⁵i⁴⁴（远点的那座房）

近远处个房屋 远那

ntai³³lo⁴³ŋkua³¹ȵo³¹i⁴⁴（近的那个牛圈）

近处 个 圈 牛 远那

表示近、近远距离的指示方位词与量词结构、指示词组合构成的方位结构：

au^{43}tʂau^{43}ntai^{33}naŋ^{44}（近处这两棵） to^{21}nen^{43}qhei^{55}i^{55}（远处那个人）

二 棵 近处 这 个 人 近远 处那

位置方位词与量指结构组合构成的方位结构：

hou^{55}lo^{43}naŋ^{43}（里面的这个） tɕei^{31}tɕo^{43}i^{44}（下面的那块）

里 个 这 下 块 远那

位置方位词与量词结构、指示词组合构成的方位结构：

to^{21}ti^{13}i^{44}（对面那只） plou^{43}lo^{43}ʂou^{44}naŋ^{44}（上面这四个）

只对面远那 四 个 上 这

2.2.3 处所方位结构与量词、指示词的组合

由处所方位词与名词构成的处所方位结构，可以与量词、指示词组合构成方位结构。如：

lo^{43}qaŋ^{43}cɛ^{24}i^{44}（那个背篓底） tɕo^{43}nto^{13}tei^{43}i^{44}（那块地边）

个 底 背篓那 块 边 地 那

这种结构还可以与距离指示方位词、位置方位词、量词结构组合，构成扩展形式，距离指示方位词、位置方位词、量词结构前置于处所方位结构。如：

ntai^{33}lo^{43}qaŋ^{43}cɛ^{24}i^{44}（近的那个背篓底）

近处 个 底 背篓那

pei^{21}lo^{43}qou^{24}tʂei^{55}naŋ^{44}（坡上的这座房背后）

坡上个 背后 房屋 这

au^{43}tʂau^{43}qau^{33}to^{43}tɕei^{31}to^{21}qaŋ^{43}tʂaŋ^{13}i^{44}（那个埂子下面那两棵山药）

二 棵 山药 下 个 底 埂 那

三 花苗苗语方位结构的结构特征和语义特征

根据方位词的组合关系，花苗苗语方位结构分为基本形式和扩展形式两种。在结构上，基本形式中方位词的语义特征既可以是修饰语，也可以是中心语，扩展形式中的方位词的语义结构遵循基本形式的规律。

3.1 方位结构的基本形式

花苗苗语方位结构的基本形式是指方位词与词构成的方位结构。

3.1.1 方位词做中心语的方位结构

方位词做中心语的方位结构包括处所方位词与名词，位置方位词与名词、位置方位词、处所方位词、指示词构成的方位结构。

处所方位词与名词构成方位结构，处所方位词在前做中心语，表明名词所处的处所，名词在后做修饰语，确定方位的处所，语义指向处所方位词（“→”、“←”表示语义指向，下同）。

ɳʈau^{13} ←—— vaŋ^{31}（园内）　qou^{24} ←—— tei^{21}（手背）
内　园子　背后　手
| 中心语 | 修饰语 |　| 中心语 | 修饰语 |

位置方位词与名词构成的方位结构，位置方位词在前做中心语，名词在后做修饰语，表明名词所处的方位，语义指向位置方位词。

pei^{21} ←—— tau^{31}（山坡上）　ɳʈaŋ^{21} ←—— haŋ^{55}（山谷下）
坡上　山坡　坡下　山谷
| 中心语 | 修饰语 |　| 中心语 | 修饰语 |

距离指示方位词与指示词构成方位结构，位置方位词在前做中心语，指示词在后做修饰语，表明方位的距离，语义指向距离指示方位词。

ntai^{33} ←—— naŋ^{44}（这附近）　qhei^{55} ←—— i^{44}（那远处）
近处　这　近远处　那
| 中心语 | 修饰语 |　| 中心语 | 修饰语 |

位置方位词与处所方位词构成方位结构，位置方位词在前做中心语，处所方位词在后做修饰语，表明处所的方位位置，语义指向位置方位词。

hou^{55} ←—— ki^{33}ɳʈaŋ^{43}（中间里面）　ʂou^{44} ←—— nto^{13}（边上）
里　中间　上面　边缘
| 中心语 | 修饰语 |　| 中心语 | 修饰语 |

位置方位词与位置方位词构成的方位结构，前后都是位置方位词，前者做中心语，后者做修饰语，前者的语义指向后者。

pei^{21} ←—— ʂou^{44}（上面的坡上）　tau^{24} ←—— ɳʈou^{44}（外面的那侧）
坡上　上面　侧面　外面
| 中心语 | 修饰语 |　| 中心语 | 修饰语 |

3.1.2 方位词做修饰语的方位结构

方位词做修饰语的方位结构，包括距离指示方位词与位置方位词、位置方位词与量词或量词结构构成的方位结构。距离指示方位词中，表示远距离的只能与位置方位词构成方位结构，位置方位词在后做中心语，确定位置的方位，远距离方位词在前做修饰语，表明位置方位的距离，语义指向位置方位词。

phua^{55} ——→ pei^{21}（远处的坡上）　phua^{55} ——→ ɳʈaŋ^{21}（远处的坡下）

远处　坡上　　远处　坡下

| 修饰语 | 中心语 |　| 修饰语 | 中心语 |

这种分析的依据是其句法结构。在句法结构中，距离指示方位词是论元的参照对象，位置方位词是论元的目标对象，可以通过测试的方法得到印证。

（7）a. phua^{55}pei^{21}mua^{31}to^{21}tʂhi^{33}.（较远的坡上有只山羊。）

远处　坡上　有　只　山羊

b. pei^{21}mua^{31}to^{21}tʂhi^{33}.（坡上有只山羊。）

坡上　有　只　山羊

c. *phua^{55}mua^{31}to^{21}tʂhi^{33}.（远处有只山羊。）

远处　有　只　山羊

例（7）c 在花苗苗语中不能成句，可知这种结构的中心语后置。而表示近、近远距离的指示方位词，可以与量词或量词结构构成方位结构，指示方位词有前、后两种位置，但都做修饰语，不过其语义属性不同。

位置方位词与量词或量词结构构成的方位结构也是如此。距离指示方位词、位置方位词在前，量词或量词结构在后，距离指示方位词、位置方位词与量词或量词结构是领属关系，量词或量词结构做中心语，距离指示方位词、位置方位词做修饰语，构成领属定语，距离指示方位词、位置方位词的语义指向量词或量词结构，说明距离位置、位置方位上存在并领有量或数量。如：

ʂou^{44} ——→ lo^{43}（上面的那个）　ɳʈaŋ^{21} ——→ to^{21}（坡下的那只）

上面　个　　坡下　个

| 修饰语 | 中心语 |　| 修饰语 | 中心语 |

ntai^{33}　au^{43} ——→ pai^{13}（附近的那两堆）

近处　二　堆

| 修饰语 | 中心语 |

| 修饰语 | 中心语 |

这种结构，位置方位词是参照对象，量词或量词结构是目标对象，在句法结构上也可以得到印证。

（8）a. qhei^{55}/ʂ̥ou^{44}lo^{43}lu^{31}lɛ^{24}.（上面的那个烂了。）

近远处上面个 腐烂了

b. *qhei^{55}/ʂ̥ou^{44}lu^{31}lɛ^{24}.（上面烂了。）

近远处上面 腐烂了

c. lo^{43}lu^{31}lɛ^{24}.（那个烂了。）

个 腐烂了

（8）b 在句法上可以成立，但是整个句子已经偏离了距离指示方位词、位置方位词与量词或量词结构在句法上的语义。

距离指示方位词、位置方位词在后，量词或量词结构在前，量词或量词结构做中心语，距离指示方位词、位置方位词做修饰语，构成属性定语，距离指示方位词、位置方位词的语义指向量词或量词结构，确定量或数量存在的距离、方位位置。如：

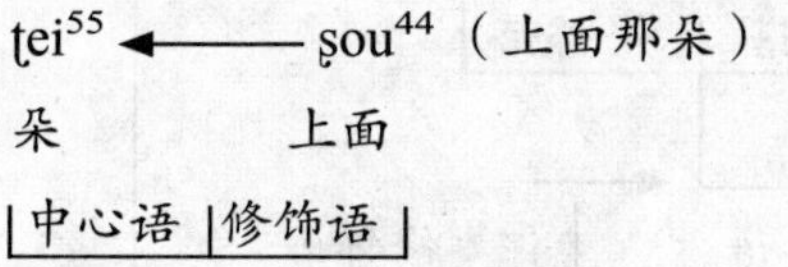

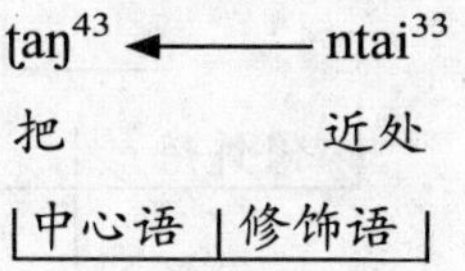

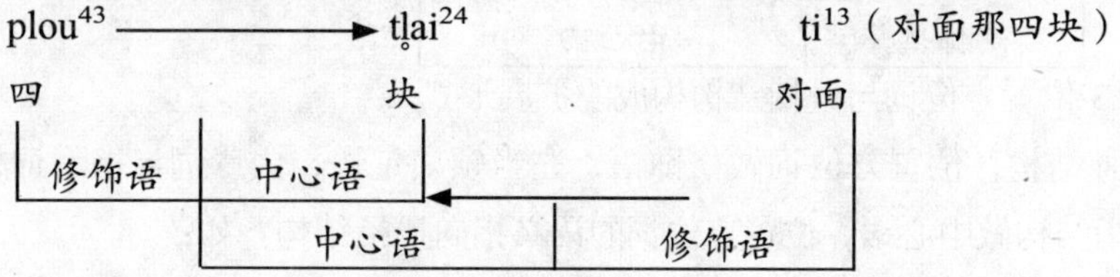

3.2　方位结构的扩展形式

3.2.1 位置方位词与处所方位结构构成的扩展形式

这种结构，位置方位词做中心语，由处所方位词与名词构成的修饰式处所方位结构做修饰语，处所方位结构的语义指向位置方位词。如：

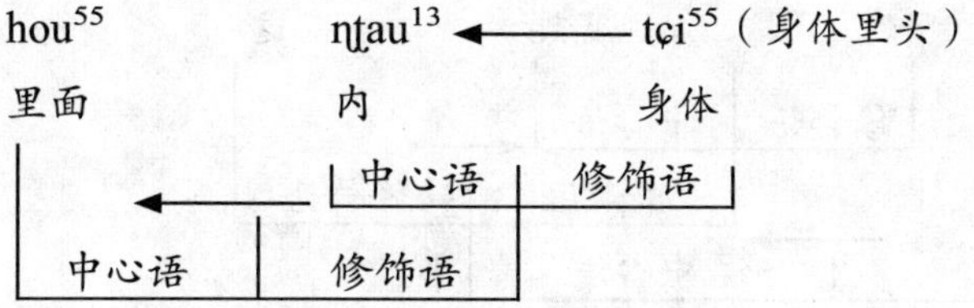

pei^{21}　　qou^{24} ← tʂei^{55}（房背后上）

坡上　　背后　　房屋

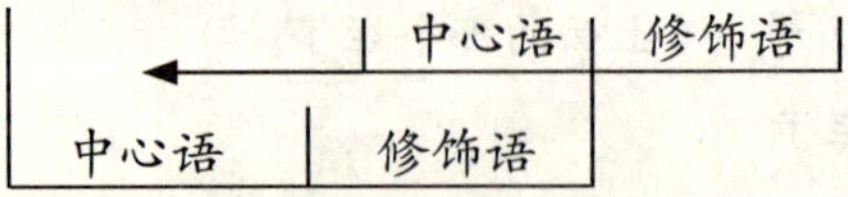

3.2.2 距离指示方位词与方位指示结构、量指结构构成的扩展形式

这种结构，距离指示方位词做修饰语，充当领属定语，由位置方位词与指示词构成的修饰式方位指示结构做中心语，距离指示方位词的语义指向方位指示结构。如：

phua^{55}　　ɳʈaŋ^{21} ← naŋ^{44}（较远的这下面）

远处　　坡下　　这

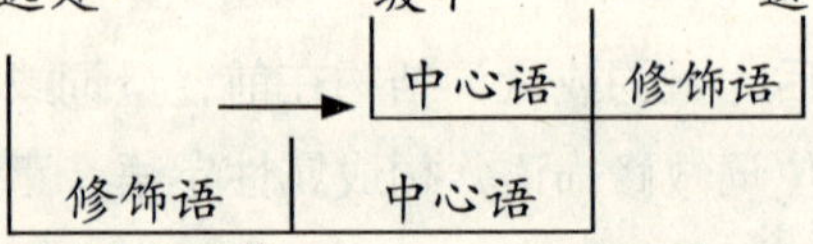

ntai^{33}　lo^{43}　ŋgua^{31} ← mpua^{44}　i^{44}（近处的那个猪圈）

近处　个　圈　猪　远那

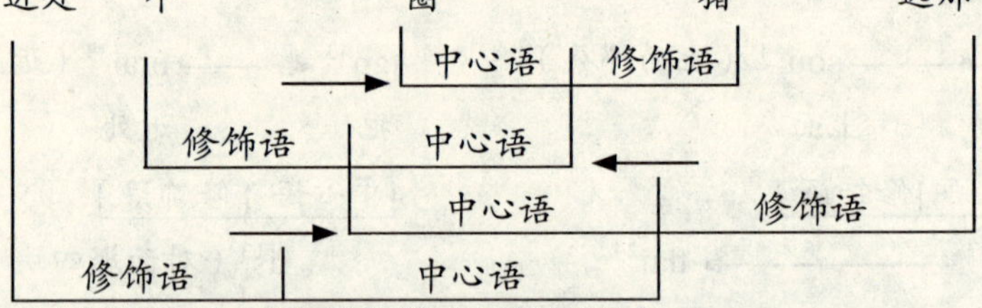

3.2.3 位置方位词与量指结构构成的扩展形式

这种结构，位置方位词做修饰语，充当领属定语，由量词与指示词构成的修饰式量指结构做中心语，位置方位词的语义指向量指结构。如：

hou^{55}　　lo^{43} ← naŋ^{44}（里面的这个）

里面　　个　　这

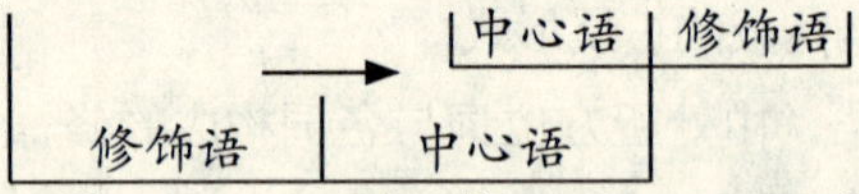

pei^{21}　　tʂau^{43} → ŋkaŋ^{31}　　naŋ^{44}（上面的这棵蓝靛）

坡上　　棵　　蓝靛　　这

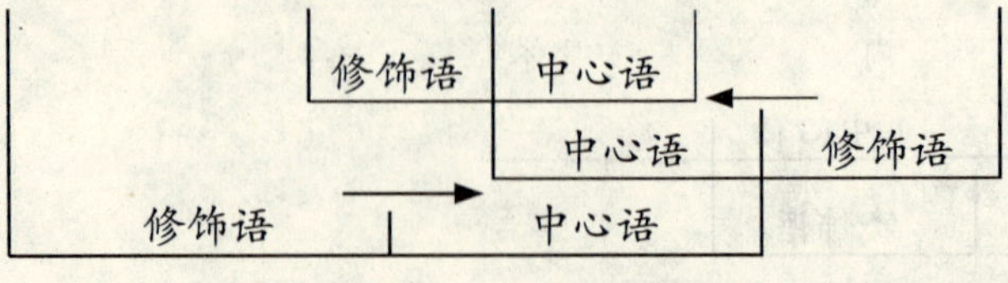

3.2.4 位置方位词与量词结构、指示词构成的扩展形式

这种结构，先是位置方位词与量词结构构成修饰式方位数量结构，位置方位词做修饰语，充当属性定语，量词结构做中心语，这个结构再与指示词构成方位数量指示结构，方位数量结构做中心语，指示词再做修饰语，充当属性定语，语义指向方位量词结构。

表示近、近远距离的指示方位词，也可以与量词结构、指示词构成这种扩展形式。如：

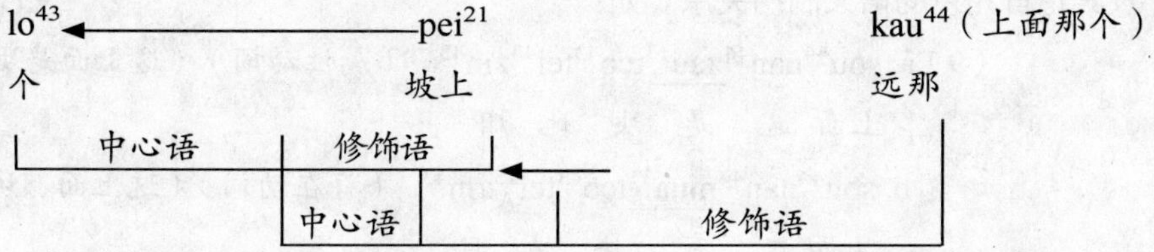

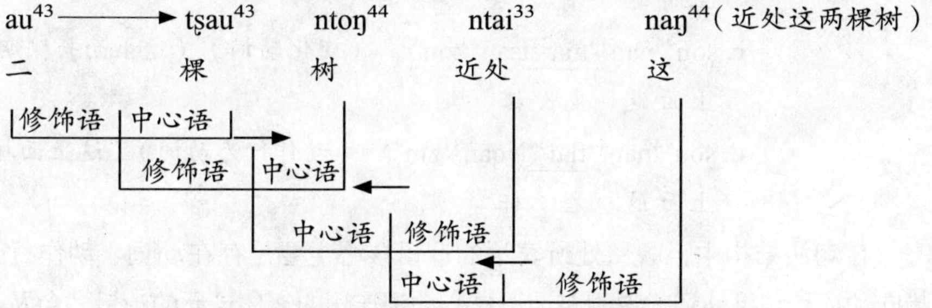

3.2.5 处所方位结构与位置方位词、量词、指示词构成的扩展形式

这种结构，位置方位词、量词在前，处所方位结构紧随其后，指示词位于整个结构的末尾。位置方位词做整个结构的中心语。量词做处所方位结构的中心语并与之构成数量处所方位结构，指示词做这个结构的修饰语构成量指结构的扩展形式，作为整个结构的修饰语，充当属性定语，语义指向位置方位词。如：

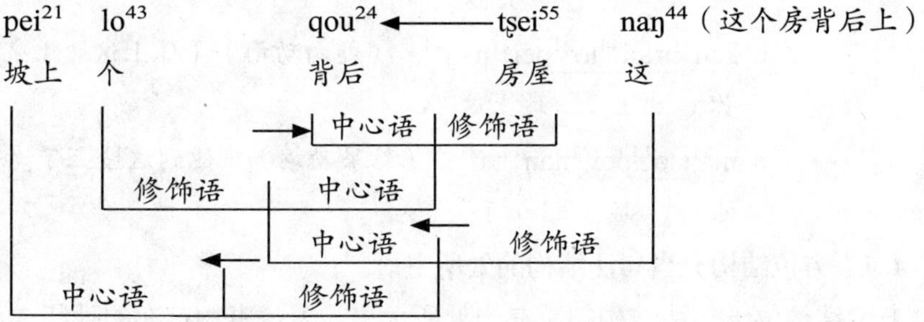

四　花苗苗语方位结构的句法关系及语义特征

花苗苗语的方位结构在句法结构中，具有名词或名词性结构的功能，可以充当以谓语为核心的必有论元和可选论元。方位结构作为谓语核心的必有论元，主要是充当句子结构的处所主语和处所宾语，而作为谓语核心的可选论元是充当句法结构的话题和焦点。在句法结构中，联系处所主语的谓语核心主要是属性动词、存在动词、变化动词和动作行为动词，说明与谓语核心动词连用的主体论元的论旨角色及其论旨角色的语义制约关系。如：

（9）a. ʂou^{44}naŋ^{44}ʑau^{13}tɕo^{43}tei^{43}ʑin^{43}.（属性动词）（这上面是块烟地。）

上面 这　是　块　地　烟

b. ʂou^{44}naŋ^{44}mua^{31}tɕo^{43}tei^{43}ʑin^{43}.（存在动词）（这上面有块烟地。）

上面 这　有　块　地　烟

c. ʂou^{44}naŋ^{44}tua^{31}tʂau^{43}ʑin^{43}.（变化动词）（这上面长棵烟。）

上面 这　生长 棵　烟

d. ʂou^{44}naŋ^{44}tl̥ai^{44}Nqaŋ^{31}ʑin^{43}.（动作行为动词）（这上面挂杆烟。）

上面 这　挂　杆　烟

在句法结构中，联系处所宾语的谓语核心主要是存在动词、动作行为动词、趋向动词和结果动词，说明与谓语核心动词连用的客体论元的论旨角色及其论旨角色的语义制约关系。如：

（10）a. ȵo^{31}ȵau^{43}pei^{21}naŋ^{44}.（存在动词）（牛在这坡上。）

牛　在　坡上 这

b. ni^{21}tʂo^{13}ȵtɕɛ^{33}pei^{13}naŋ^{44}.（动作行为动词）（他只挖这坡上。）

他　只　挖　坡上 这

c. kau^{31}ȵtɕi^{44}lo^{21}pei^{21}naŋ^{44}.（趋向动词）（你上这坡上来。）

你　爬上 来　坡上 这

d. ni^{21}tso^{13}pei^{21}naŋ^{44}ta^{21}.（结果动词）（他到这坡上了。）

他　到　坡上 这　了

4.1　方位结构充当句法结构的处所主语

方位结构位于句法结构句首充当处所主语，表示事物存在的处所或动作行为的终点，这种主语经常由方位结构的基本形式充当。如：

（11）pei^{21}i^{44}mua^{31}to^{21}ȵo^{31}.　（那坡上有头牛。）

坡上那 有　头 牛

（12）tau^{24}naŋ^{44}mua^{31}i^{43}tʂau^{43}kua^{43}tua^{44}pau^{33}.

侧面这　有　一 棵　药　射　豹子

（侧面这儿有一棵剧毒草乌。）

（13）ntai^{33}qhau^{55}ʈoŋ^{31}i^{44}pu^{44}ʈo^{21}to^{21}ȵua^{13}tl̥ei^{55}tl̥o^{43}.

近处 洞　门 那 睡　安稳貌只小 狗　黑

（近门口处躺着一只小黑狗。）

4.2　方位结构充当句法结构的处所宾语

方位结构位于句法结构末尾充当处所宾语，表示动作行为趋向的位置或事物变化、存现的处所。方位结构的基本形式和扩展形式都可以充当处所宾语。

4.2.1 方位结构的基本形式充当处所宾语

方位结构的基本形式位于句法结构末尾充当处所宾语，表示事物存在的处所或者动作行为趋向的终点或空间位置。如：

（14）ni^{21}ʑi^{13}ȵau^{43}phua^{55}tau^{24}i^{44}.　（他家在较远的那侧。）

他 家 在　远处 侧面那

（15）ni^{21}mo^{21}hou^{55}tau^{31}lɛ^{24}.　（他去山上了。）

他 去　顶　坡 了

4.2.2 方位结构的扩展形式充当处所宾语

方位结构的扩展形式位于句法结构末尾充当处所宾语，表示动作行为趋向或到达的终点位置。如：

（16）mua^{43}fu^{43}tʂau^{44}ʂou^{44}mpoŋ^{44}ʑa^{13}i^{44}.　（把瓢放在锅缘上。）

把　瓢 放　上　边缘　锅 那

（17）ni^{21}mo^{21}phua^{55}ɳʈaŋ^{21}i^{44}ua^{44}la^{13}tʂa^{44}?（他去那下面干什么？）

他　去　远处 坡下 那 做　什么

（18）ni^{21}ɕi^{33}pei^{43}tua^{31}phua^{55}tau^{24}lo^{43}ku^{31}haŋ^{55}ntou^{33}tʂɛ^{44}.

他 领 我们 来　远处　侧面 个　沟　山谷 打　野鸡

（他带我们来那边山沟里打野鸡。）

4.3　方位结构充当句法结构的话题

花苗苗语方位结构充当句法结构的话题时，通常位于主语之前，这种话题由方位结构的扩展形式充当。如：

（19）ti^{13}lo^{43}paŋ^{21}tl̥ei^{31}i^{44}pei^{43}tʂi^{44}ʑo^{13}ɳʈʂei^{21}.

对面个塘　水　那我们不　养　鱼

（对面那个水塘我们不养鱼。）

（20）phua^{55}ɳʈaŋ^{21}naŋ^{44}tei^{31}ʈoŋ^{43}i^{44}ʑo^{13}tl̥au^{44}taŋ^{21}lɛ^{24}ta^{21}.

远处 坡下 这　些　山 那放牧光秃完　了了

（较远的这下面那些山放牧过度而光秃了。）

（21）pei^{21}qou^{24}tʂei^{55}na^{31}m̥au^{44}mua^{31}tʂhu^{33}to^{24}tʂua^{13}.

坡上 背后 房屋 每　晚　有　猫　咬 老鼠

（房背后每天晚上都有猫逮老鼠。）

（22）ʂou^{44}lo^{43}tʂei^{55}ɳaŋ^{43}kau^{44}to^{21}po^{31}qai^{43}tl̥o^{43}i^{44}tei^{13}tou^{44}i^{43}ʐei^{21}qei^{44}.

上　个 房屋 草　近 那 只 母　鸡　黑 那 下 得　一 窝　蛋

（那个茅草房上那只黑母鸡下了一窝蛋。）

4.4　方位结构充当句法结构的焦点

花苗苗语方位结构充当句法结构的焦点，有主语和宾语两种焦点位置，都是表示事物存在的焦点。

4.4.1 方位结构充当句法主语的焦点

方位结构的基本形式和扩展形式都可以位于主语之后充当句法主语的焦点。方位结构的基本形式位于句法主语之后，作为句法结构语义特征的焦点，表示事物存在的位置。如：

（23）lo^{43}tʂho^{44}ɳʈaŋ^{21}naŋ^{44}qhau^{55}mpo^{13}tou^{44}au^{43}pei^{43}n̥oŋ^{43}.

个 窝棚 下面 这　才　盖　得　二 三　天

（下面这个茅屋才盖了两三天。）

（24）tɕo^{43}la^{31}phua^{55}pei^{21}i^{44}qhua^{55}lɛ^{24}ta^{21}.

丘　田　远处　坡上那 干　了 了

（较远坡上的那丘田干了。）

（25）to^{21}qai^{43}ntai^{33}kau^{44}ɳʈʂhai^{44}ʑau^{13}ʈou^{13}mau^{43}ta^{21}.

只　鸡　近处 近那 怕　是　着　病　了

（近处那只鸡恐怕是病了。）

方位结构的扩展形式位于句法主语之后，也作为句法结构语义特征的焦点，表示事物存在的位置。如：

（26）pai^{21}tɛ^{21}tau^{24}qou^{24}tʂei^{55}i^{44}pau^{43}lɛ^{24}ta^{21}.

堆　柴　侧面背后房屋那塌　了　了

（房背后的那堆柴垮掉了。）

（27）tɕo^{43}tei^{43}phua^{55}tau^{24}lo^{43}qaŋ^{43}haŋ^{55}i^{44}ɕoŋ^{44}naŋ^{44}tʂi^{44}tou^{44}ua^{44}.

块 地　远处　侧面个　底　山谷那年　这　不　得　做

（那边山谷的那块地今年没有耕耘。）

（28）taŋ^{55}o^{33}ntai^{33}lo^{43}nto^{13}paŋ^{21}tl̥ei^{31}naŋ^{44}ʑau^{13}to^{21}tu^{13}ʑi^{13}ni^{44}?

群　鸭　近处 个　边　塘　水　这　是　个 哪 家　的

（水塘边的这群鸭子是谁家的？）

4.4.2 方位结构充当句法宾语的焦点

方位结构的基本形式和扩展形式都可以位于宾语之后充当句法宾语的焦点。方位结构的基本形式位于句法宾语之后，作为句法结构语义特征的焦点，表示事物存在的位置。如：

（29）ni^{21}ŋkaŋ^{13}tl̥ua^{44}lo^{43}qhau^{55}ʈoŋ^{31}tau^{24}i^{44}lɛ^{24}.

他　进　　过　个　洞　　门　侧　那了

（他进了侧面那个门了。）

（30）o^{55}mo^{21}nua^{24}so^{43}mo^{55}pei^{21}kau^{44}ta^{21}.

我　去　看　窝　蜜蜂　坡上 近那了

（我去看上面那窝蜜蜂了。）

（31）la^{43}lo^{55}pau^{43}mi^{21}ti^{13}i^{44}ta^{21}.

猴　掰　包　米　对面那了

（猴子在那对面掰包谷了。）

方位结构的扩展形式位于句法宾语之后，也作为句法结构语义特征的焦点，表示事物存在的位置。如：

（32）ni^{21}ʑi^{13}ʐo^{13}mpua^{44}phua^{55}ɳʈaŋ^{21}lo^{43}qaŋ^{43}haŋ^{55}i^{44}.

他　家　养　猪　　远处　坡下　个　底　山谷那

（他家在下面那个山谷里养猪。）

（33）pei^{43}n̥oŋ^{43}naŋ^{44}mo^{21}nthua^{44}tɕo^{43}tei^{43}ʂou^{44}tso^{31}qou^{24}ki^{55}i^{44}.

我们日　这　去　薅　　块　地　上面条　背后路那

（我们今天去锄路上面的那块地。）

五　花苗苗语方位结构的语序类型特征

语序类型学理论认为基本语序为 SVO 型的语言，更多的修饰附加成分位于核心之后，在句法类型上，介词短语状语以后置为主。现代苗语及花苗苗语属于 SVO 型语言，方位结构在语序类型学特征上，基本符合 SVO 型语言的共性。

5.1　方位结构中方位词的语序类型

根据花苗苗语方位词的组合关系、方位结构的结构特征和语义特征，方位结构中做中心语和修饰语的方位词都有前置和后置两种语序类型。

5.1.1 方位结构中心语的语序位置

花苗苗语方位结构中，充当中心语的方位词，有前后两种语序。方位词充当中心语，语序前置的，有如下一些结构。

处所方位词与名词构成“处所方位词 + 名词”结构，处所方位词语序前置，做中心语，名词做修饰语，充当属性定语。如：

（34）to^{21}ʑɛ^{24}naŋ^{44}na^{31}n̥oŋ^{43}ti^{13}mo^{21}n̥tɕi^{13}nto^{13}la^{31}nto^{13}tei^{43}.

个 翁 这　每日　都去　转　边 田 边　地

（这老人每天都去田边地角转悠。）

（35）to^{21}n̥ua^{13}naŋ^{44}ɳʈau^{13}tɕi^{55}mua^{31}ɳʈʂi^{33}l̥ɛ^{55}.

个 小孩 这　内　体 有　点　烧

（这个小孩体内有点火气。）

位置方位词、距离指示方位词与名词构成“位置方位词 / 距离指示方位词 + 名词”结构，位置方位词语序前置，做中心语，名词做修饰语，充当属性定语。如：

（36）hou^{55}tʂei^{55}nen^{43}ntou^{44}lou^{43}ni^{33}.

里　屋　人　多　不得了

（屋里人多极了。）

（37）qhei^{55}qhau^{55}ʈoŋ^{31}mua^{31}to^{21}tl̥ei^{55}tl̥aŋ^{31}.

近远处洞　门 有　只 狗 黄

（近门处有一只黄狗。）

位置方位词与位置方位词构成“位置方位词 + 位置方位词”结构，前置的位置方位词做中心语，后置的位置方位词做修饰语，充当属性定语。如：

（38）kau³¹ȵau⁴³tau²⁴ntei³¹，o⁵⁵ȵau⁴³tau²⁴qaŋ⁴³.

你　在　侧　前　　我 在　侧　后

（你在前面，我在后面。）

处所方位词与处所方位词构成“处所方位词 + 处所方位词”结构，前置的处所方位词做中心语，后置的处所方位词做修饰语，充当属性定语。如：

（39）kau³¹pu⁴⁴ʂaŋ⁴³lou²¹，o⁵⁵pu⁴⁴ʂaŋ⁴³si⁴³.

你　睡　侧　左　　我 睡　侧　右

（你睡左边，我睡右边。）

位置方位词与处所方位词构成“位置方位词 + 处所方位词”结构；位置方位词语序前置，做中心语，处所方位词做修饰语，充当属性定语。如：

（40）hou⁵⁵ki³³ɳʈaŋ⁴³ʂo⁵⁵hen⁵⁵，pei⁴³tɛ²⁴mo²¹ɳʈou⁴⁴phaŋ⁴³ʐou²⁴.

里　中间　　热 很　　我们出 去　外　侧　　坐

（中间太热，我们到外头坐。）

位置方位词与指示词构成“位置方位词 + 指示词”结构，位置方位词语序前置，做中心语，指示词做修饰语，充当属性定语。如：

（41）ɳʈaŋ²¹i⁴⁴mua³¹lo⁴³tʂei⁵⁵tl̥aŋ⁴³.

下面 那 有　个 房　鬼

（那下面有座庙。）

（42）pei²¹naŋ⁴⁴mua³¹so⁴³mau²¹ɳʈʂen⁴³.

坡上这　有　窝　马蜂

（这上面有窝马蜂。）

位置方位词与处所方位结构构成“位置方位词 +（处所方位词 + 名词）”结构，位置方位词做中心语，语序前置，处所方位结构做修饰语，充当位置方位词的属性定语。如：

（43）pei²¹qou²⁴la³¹mua³¹pai¹³ȵaŋ⁴³mplei³¹.

坡上背后田 有　堆　草　稻

（田头上有堆稻草。）

（44）tɕi³¹qaŋ⁴³tsaŋ³¹mua³¹to²¹tʂua¹³tua¹³.

下面底　床　有　只 老鼠 死

（床底下有只死老鼠。）

距离指示方位词、位置方位词与量指结构构成“距离指示方位词 / 位置方位词 +（量词 + 位置方位词 + 名 + 指示词）”结构，其中前一个位置方位词做量指结构的中心语，语义指向量指结构，后一个位置方位词做量词结构的中心语，两者语序都前置。如：

（45）ntai^{33}lo^{43}qaŋ^{43}cɛ^{24}i^{44}mua^{31}to^{21}cɛ^{33}pua^{55}.

近处 个 底　背篓那有　只　蛤蟆

（那个背篓底那里有只蛤蟆。）

（46）ʂou^{44}lo^{43}mpoŋ^{44}ʐa^{21}i^{44}taŋ^{43}to^{21}tɕu^{31}ɕoŋ^{43}.

上　个　边缘　锅 那 搭　根 棍　竹

（那个锅缘上搭着根竹棍。）

（47）ni^{21}ʑi^{13}ɳau^{43}pei^{21}lo^{43}hou^{55}ʐau^{21}naŋ^{44}.

他 家　住　坡上个 顶　村寨 这

（他家住在这个寨子上头。）

方位词充当中心语，语序后置的，只有距离指示方位词与位置方位词和距离指示方位词与位置方位词、指示词构成的“距离指示方位词 + 位置方位词”和“距离指示方位词 + 位置方位词 + 指示词”两种结构，做中心语的位置方位词，语序后置。

（48）phua^{55}pei^{21}mua^{31}so^{43}tl̥ɛ^{55}.

远处　坡上有　窝 土甲蜂

（较远的坡上有一窝土甲蜂。）

（49）n̥o^{31}mo^{21}phua^{55}tau^{24}lɛ^{24}ta^{21}.

牛　去　远处　侧面了 了

（牛去较远的那侧面那边去了。）

（50）phua^{55}ɳʈaŋ^{21}kau^{44}tɕau^{13}la^{13}tʂa^{44}?

远处　坡下 近那 栽　什么

（较远的那坡下面栽什么？）

5.1.2 方位结构修饰语的语序位置

方位结构中的方位词做修饰语，有前后两种语序位置，前置语序修饰语做领属定语，后置语序修饰语做属性定语。方位词做修饰语，语序前置，充当领属定语的，有如下一些结构。

距离指示方位词与位置方位词和距离指示方位词与位置方位词、指示词构成的“距离指示方位词＋位置方位词”和“距离指示方位词＋位置方位词＋指示词”结构，距离指示方位词做修饰语，语序前置，充当领属定语。如：

（51）phua^{55}ti^{13}mua^{31}taŋ^{55}tʂhi^{33}.

远处对面有　群　羊

（较远的对面有一群羊。）

（52）phua^{55}ʂou^{44}ha^{31}mua^{31}i^{43}lo^{43}tha^{43}.

远处 上面 还 有　一 个 和

（较远的那上面还有一个。）

（53）phua^{55}hou^{55}i^{44}mua^{31}i^{43}lo^{43}paŋ^{21}tl̥ei^{31}ɳtʂa^{43}tʂi^{13}.

远处　里　那有　一个　塘　水　清　清澈貌

（较远的那里面有一个清幽幽的水塘。）

距离指示方位词、位置方位词与量词结构构成“距离指示方位词 / 位置方位词＋量词结构”结构，位置方位词做修饰语，语序前置，充当领属定语。如：

（54）ntai^{33}ʈaŋ^{43}tʂi^{44}kau^{24}ho^{55}.

近处 把　不　曾　磨

（近处的那把还没有磨。）

（55）tɕi^{31}au^{43}tʂau^{43}l̥aŋ^{55}mploŋ^{31}ta^{21}.

下面二 棵　发　叶　了

（下面的那两棵发芽了。）

（56）ɳʈaŋ^{21}to^{21}nto^{13}tl̥ei^{31}khi^{44}to^{21}nen^{21}la^{43}.

坡下 个 边　河　拴　匹 马　红

（下面的那条河边拴一匹枣红马。）

位置方位词与量词结构、指示词构成“位置方位词＋量词结构＋指示词”结构，位置方位词做修饰语，语序前置，充当领属定语。如：

（57）pei^{21}tɕo^{43}i^{44}tʂi^{44}kau^{24}nthua^{44}.

坡上块　那不　曾　薅

（上面的那块还没有锄。）

（58）hou^{55}au^{43}lo^{43}ʐau^{21}kau^{44}ʐau^{13}ʐau^{21}ʐi^{55}.

里面二　个 村　那　是　村 壮族

（里面的那两个村是壮族村。）

（59）tau^{24}lo^{43}ɳʈau^{13}vaŋ^{31}naŋ^{44}tɕau^{13}tou^{44}tɕau^{55}ʐou^{43}tl̥ɛ^{43}.

侧面个 内 园 这 栽 得 些 菜 白

（侧面的这个园子里栽了些白菜。）

方位词做修饰语，语序后置，充当属性定语的，有距离指示方位词、位置方位词与位置方位词、处所方位词、量词结构构成的结构，做修饰语的位置方位词、处所方位词，语序后置，充当属性定语。如：

（60）ni^{21}tua^{44}tau^{24}pei^{21}lɛ^{24}i^{43}ɳʈʂi^{33}tʂi^{44}tou^{44}ʈou^{13}.

他 射 侧面坡上了 一点 不 得 中

（他打上面一点了没中。）

（61）ni^{21}tsi^{55}hou^{55}ɳʈua^{43}ɳʈaŋ^{43}lɛ^{24}ta^{21}.

他 挤 里 中间 了 了

（他挤中间里头去了。）

（62）lo^{43}tsi^{55}ʂou^{44}tʂi^{33}kau^{24}ʂa^{55}.

个 果 上面 不 曾 熟

（上面那个果子还没有熟。）

（63）au^{43}tʂau^{43}ntoŋ^{44}ntai^{33}ʑau^{13}ntoŋ^{43}tsi^{55}so^{55}.

二 棵 树 近处是 树 果 樟

（近处那两棵树是香樟树。）

5.2 方位结构的句法基本语序类型

在花苗苗语基本语序SVO类型上，方位结构具有名词性结构的功能，以谓语为核心，既可以充当S，也可以充当O。

5.2.1 方位结构的S位置语序

花苗苗语方位结构充当主语时，处于S的基本语序位置，这种位置只能是方位结构的基本形式。如：

（64）ɳʈaŋ^{21}kau^{44}mua^{31}lo^{43}paŋ^{21}ɳʈʂei^{21}.

坡下 近那有 个 塘 鱼

（那下面有个鱼塘。）

（65）hou^{55}ʑa^{21}i^{44}i^{43}ʑaŋ^{24}tʂi^{44}mua^{31}.

里 锅 那一样 不 有

（那锅里什么都没有。）

（66）tau^{24}pei^{21}tɕau^{13}qau^{33}，tau^{24}tou^{13}tɕau^{13}mi^{21}.

上边　栽　芋头　下边　栽　玉米

（上边种芋头，下边种玉米。）

5.2.2 方位结构的 O 位置语序

花苗苗语方位结构充当处所宾语时，处于 O 的基本语序位置，这种位置上的方位结构既可以是基本形式，也可以是扩展形式。能处于 O 的基本语序位置的方位结构基本形式，限于距离指示方位词与位置方位词构成的结构，处所方位词与名词构成的方位结构，位置方位词与名词、位置方位词、处所方位词、指示词和量词构成的方位结构。如：

（67）taŋ^{55}tʂhi^{33}i^{44}ȵtɕi^{44}pei^{21}ʂou^{44}lɛ^{24}ta^{21}.

群　羊　那爬　坡上上　了　了

（那群羊爬上面去了。）

（68）kau^{31}pu^{44}ʂaŋ^{43}lou^{21}i^{44}，o^{55}pu^{44}ʂaŋ^{43}si^{43}naŋ^{44}.

你　睡　侧　左　那　我睡　侧　右　这

（你睡左边，我睡右边。）

（69）kau^{31}ȵtɕɛ^{33}tɕo^{43}tɕei^{31}kau^{44}，o^{55}mo^{21}ʂou^{44}tɕo^{44}ȵtɕɛ^{33}.

你　挖　块　下　近那　我去　上　块　挖

（你挖下面那块，我去上面那块挖。）

能处于 O 的基本语序位置的方位结构扩展形式，限于方位词与处所方位结构、方位指示结构、量指结构和量词结构构成的方位结构。

（70）ni^{21}ʐou^{24}tɕei^{31}qaŋ^{43}ko^{44}ntoŋ^{44}ɲcou^{24}ntsoŋ^{44}.

他 坐　下面　底　树　躲　荫

（他坐树底下乘凉。）

（71）ȵo^{31}Nqai^{21}ɳʈaŋ^{21}hou^{55}haŋ^{55}i^{44}lɛ^{24}ta^{21}.

牛　下　坡下 里　山谷那了 了

（牛到山沟下面去了。）

（72）o^{55}mo^{21}pei^{21}tʂau^{43}i^{44}tl̥ei^{44}.

我去　坡上棵　那摘

（我去上面那棵摘。）

5.3　标记性方位结构的语序类型

花苗苗语的关系从句通常用关系化助词 kə^{33} 标记。如：

（73）to^{21}ȵo^{31}kə^{33}pu^{44}ʈo^{21}i^{44}ʑau^{13}to^{21}na^{24}ȵo^{31}.
头 牛 助词 躺安稳貌那是 头 母 牛
（躺着的那头牛是头母牛。）

关系从句的标记助词 kə^{33}，也可以使方位结构关系化，成为关系名词结构，但必须是量词结构与方位结构构成的扩展形式，或者量词结构与方位结构扩展形式构成的扩展形式。这两种结构在语义属性上都是有定指性质的，没有定指属性的方位结构不能关系化，关系化后的方位结构语序后置，做修饰语，充当带标记的领属定语，即带标记的领属定语后置。不带标记的修饰语，充当属性定语。如：

（74）a. to^{21}hou^{55}ki^{33}ɳʈaŋ^{43}i^{44}ʑau^{13}to^{21}noŋ^{24}.
个 里 中间 那是 个 官
（中间那个是个官儿。）

b. to^{21}kə^{33}hou^{55}ki^{33}ɳʈaŋ^{43}i^{44}ʑau^{13}to^{21}noŋ^{24}.
个 助词 里 中间 那是 个 官
（中间的那个是个官儿。）

（75）a. to^{21}ȵo^{31}ntai^{33}tɕo^{43}tei^{43}ʑau^{13}ni^{21}ni^{44}.
头 牛 近处 块 地 是 他 的
（那块地里那头牛是他的。）

b. to^{21}ȵo^{31}kə^{33}ntai^{33}tɕo^{43}tei^{43}ʑau^{13}ni^{21}ni^{44}.
头 牛 助词 近处 块 地 是 他 的
（那块地里的那头牛是他的。）

（76）a. ni^{21}lo^{55}ʈei^{55}paŋ^{31}ntai^{33}lo^{43}na^{24}nto^{13}qhau^{55}nto^{31}i^{44}.
他 摘 朵 花 近处 个 大 边 洞 天 那
（他摘大落洞边上那朵花。）

b. ni^{21}lo^{55}ʈei^{55}paŋ^{31}kə^{33}ntai^{33}lo^{43}na^{24}nto^{13}qhau^{55}nto^{31}i^{44}.
他 摘 朵 花 助词 近处 个 大 边 洞 天 那
（他摘大落洞边上的那朵花。）

a 类方位结构做修饰语，不带标记，充当属性定语，b 类方位结构做修饰语，带标记，充当领属定语。

5.4 介引方位结构的句法语序类型

介引方位结构的语序是指方位结构在句法中通过介词引导与动词谓语关系的前置或后置语序。根据方位结构在句法结构中所表示的源点、场所、终点，花苗苗语介引方位结构分为从属语标注和核心标注两种，其句法语序都后置。

5.4.1 从属语标注介引方位结构的后置语序

从属语标注就是在非谓语核心的主语、宾语、定语、状语上加标注。花苗苗语表示源点的从属语标注，通常用由动词 tua^{31}“来”、tsi^{31} “齐”虚化来的 tua^{31}“从……”、tsi^{31}“自……”介引方位结构，方位结构位于介词之后，方位结构语序后置。如：

（77）ni^{21}tua^{31}ɳʈaŋ^{21}qaŋ^{43}haŋ^{55}i^{44}ȵtɕi^{44}lo^{21}.
他 从 坡下 底 山谷那 爬 来
（他从那山谷下面爬上来。）

（78）o^{55}tua^{31}hou^{55}tʂei^{55}tua^{31}.
我 从 里 家 来
（我从家里来。）

（79）paŋ^{55}la^{31}naŋ^{44}tsi^{31}pei^{21}to^{21}tʂaŋ^{13}i^{44}ʑau^{13}ni^{21}ʑi^{13}ni^{44}.
坂 田 这 自 坡上 个 埂 那 是 他 家 的
（这坂梯田自上面那埂子是他家的。）

（80）pei^{43}tʂo^{13}lai^{31}tsi^{31}ntai^{33}to^{21}nto^{13}tei^{43}i^{44}.
我们 只 犁 自 近处 个 边缘 地 那
（我们只犁自那地边。）

另外，表示从源点到终点的从属语标注，通常用由动词虚化的框式介词 tua^{31}……tso^{13}“从……到”、tsi^{31}……tso^{13}“自……到”介引方位结构，表源点的方位结构位于框式介词之间，表终点的方位结构位于框式介词之后，二者仍然属于后置语序。如：

（81）tua^{31}qhei^{55}naŋ^{44}tso^{21}pei^{21}ɳʈʂi^{33}ʈoŋ^{43}i^{44}mua^{31}tʂɛ^{21}tl̥ei^{43}?
从 近远处这 到 坡上 尖 山 那 有 少 远
（从这里到那坡顶有多远？）

（82）tɕo^{43}qau^{33}naŋ^{44}tua^{31}ti^{13}i^{44}tso^{13}hou^{55}naŋ^{44}ti^{13}tua^{13}taŋ^{21}lɛ^{24}.
块 芋头 这 从 对面 那 到 里面 这 都 死 完 了
（这块芋头从那对面到这里面全死了。）

（83）tsi^{31}ntai^{33}kau^{44}tso^{21}ʂ̥ou^{44}plaŋ^{21}moŋ^{13}i^{44}ɕoŋ^{44}ɕoŋ^{44}ti^{13}tua^{31}ȵtɕi^{43}sa^{55}.
自　近处 近远那到上面片　青杠树那年　年　都 出　菌　青
（从那里到上面那片青杠树年年都生长草菇。）

（84）ni^{21}ni^{44}ʈoŋ^{43}ntoŋ^{44}ʑau^{13}tsi^{31}ɳʈaŋ^{21}to^{21}ku^{31}tɭ̥ei^{31}tso^{13}ti^{13}ntaŋ^{55}tau^{31}i^{44}.
他 的 山　树　　是　自 坡下个沟　水　到　对面半　坡那
（他的山林是从下面山沟到对面半坡那儿。）

花苗苗语的后置方位结构和主体、客体焦点位置的方位结构及其带标记 kə^{33} 的关系名词结构领属定语，可以用由动词虚化来的介词 ȵau^{43}“在”引导表示主体、客体存在的场所，这种语序类型只表达焦点方位的空间语义。如：

（85）a. to^{21}ti^{13}tʂ̥i^{44}su^{33}to^{21}nen^{43}.
个对面不　像　个　人
（对面那个不像是个人。）

b. to^{21}ȵau^{43}ti^{13}tʂ̥i^{44}su^{33}to^{21}nen^{43}.
个　在　对面不像　个　人
（在对面的那个不像是个人。）

（86）a. to^{21}ȵo^{31}pei^{21}i^{44}ʑau^{13}ni^{21}ni^{44}.
头　牛　坡上那是　他　的
（上面那头牛是他的。）

b. to^{21}ȵo^{31}ȵau^{43}pei^{21}i^{44}ʑau^{13}ni^{21}ni^{44}.
头　牛　在　坡上那是　他 的
（在上面的那头牛是他的。）

（87）a. ʈaŋ^{43}ɭ̥ou^{44}ntai^{33}qhau^{55}ʈoŋ^{31}i^{44}tʂ̥o^{24}la^{13}ȵa^{21}lɛ^{24}ta^{21}.
把　锄头近远处洞　门　那 被　别人偷 了　了
（门口处那把锄头被人偷了。）

b. ʈaŋ^{43}ɭ̥ou^{44}ȵau^{43}ntai^{33}qhau^{55}ʈoŋ^{31}i^{44}tʂ̥o^{24}la^{13}ȵa^{21}lɛ^{24}ta^{21}.
把　锄头 在　近处 洞　　门　那 被　别人偷 了 了
（在门口处那把锄头被人偷了。）

c. ʈaŋ^{43}ɭ̥ou^{44}kə^{33}ȵau^{43}ntai^{33}qhau^{55}ʈoŋ^{31}i^{44}tʂ̥o^{24}la^{13}ȵa^{21}lɛ^{24}ta^{21}.
把　锄头$_{\text{助词}}$　在　近处 洞　　门　那被　别人偷 了 了
（在门口处的那把锄头被人偷了。）

5.4.2 核心标注介引方位结构的后置语序

核心标注是加在谓语核心上的具有介词性质的方位结构标记，介引方位结构，在句法结构中处于补语的位置。花苗苗语核心标注介引方位结构，有附着于动词的虚化方位结构标记、兼有动词体标记的方位结构标记和用趋向动词标注方位结构三种。

附着于动词的虚化方位结构标记，花苗苗语用意义较虚的 tou^{44}“在……”、“到……”和意义相对较实的具有趋向性质的 tso^{13}“到……”作为方位结构的标记介引方位结构，说明动词后的成分是方位结构，两者的语义关系指向方位结构，表达谓语动作行为到达的场所。如：

（88）mua^{43}n̥aŋ^{43}mplei^{31}naŋ^{44}tʂhei^{55}mo^{21}tʂau^{44}tou^{44}ʂou^{44}thaŋ^{43}i^{44}.
把 袋 稻谷 这 拿 去 放 在 上 楼 那
（把这袋谷子拿去放在楼上。）

（89）tua^{31}ti^{13}ni^{13}ʑi^{13}lo^{21}tou^{44}qhei^{55}naŋ^{44}ʑa^{44}ʑua^{55}i^{43}tai^{33}ki^{21}.
从 对面他家 回来 到 近远处这 要 要 一早 上
（从他家来到这里需要一上午。）

（90）ni^{21}tua^{31}tso^{13}pei^{21}tɕo^{43}tei^{43}ta^{21}.
他 来 到 坡上块 地 了
（他来到上面那块地了。）

兼体标记的方位结构标记，花苗苗语用动词完成体标记 tl̥ua^{44}“过……”作为方位结构的标记介引方位结构，语义关系指向后面的方位结构，表示动作行为的方所关系。如：

（91）ni^{21}ȵtɕi^{44}tl̥ua^{44}pei^{21}hou^{55}tei^{43}i^{44}lɛ^{24}ta^{21}.
他 爬 过 坡上顶 地 那 了 了
（他到地头上面去了。）

用趋向动词标注方位结构，花苗苗语用趋向动词 lɛ^{24}“到……去”作为方位结构的标记，介引方位结构表示动作行为趋向的方所。如：

（92）ni^{21}ʑa^{44}mo^{21}lɛ^{24}tau^{24}qhau^{55}haŋ^{55}tl̥ei^{44}ʐou^{43}mpua^{44}.
他 要 去 到…去侧面洞 山谷 摘 草 猪
（他要到侧面山谷里去割猪草。）

（93）mei^{31}tua^{31}lɛ^{24}pei^{21}naŋ^{44}ua^{44}la^{13}tʂa^{44}?

你们 来 到…去坡上这 做　什么

（你们到这上面来干什么？）

六　结语

花苗苗语的方位词可以分成位置方位词、处所方位词和距离指示方位词三个类别。距离指示方位词既可以与位置方位词组合，也可以与方位指示结构构成方位结构。处所方位词只能与名词组合构成方位结构。位置方位词既可以与名词、处所方位词、位置方位词、指示词和量词组合，也可以与处所方位结构、量指结构和量词结构组合构成方位结构。

根据方位词的组合关系，花苗苗语的方位结构有基本形式和扩展形式两种结构特征。这两种结构中的方位词有中心语和修饰语两种语义特征。

根据方位结构的结构特征及其语义特征，花苗苗语方位结构的句法关系及其语义特征表现为充当谓语核心的处所主语和处所宾语及句法结构的话题和焦点。

在词序类型特征上，花苗苗语方位结构中方位词有前置和后置两种语序。前置语序方位词主要充当中心语，但做修饰语，充当领属定语的方位词，语序也前置；后置语序方位词主要做修饰语，充当属性定语，但做中心语的方位词领有做修饰语的方位词时，其语序也后置。即语序前、后置的方位词有中心语和修饰语两种语义属性。在句法语序类型上，方位结构有S位置语序和O位置语序；在关系名词结构中，方位结构可以用关系从句助词标记，关系化的方位结构始终处于中心语之后，充当句法结构带标记的领属定语，即关系名词结构后置，与词序类型特征上的领属定语语序相反，可以得出结论认为，带标记的领属定语后置，不带标记的领属定语前置。在前置词关系上，花苗苗语介引方位结构分为从属语标注和核心标注两种，这两种标注上不尽相同，但方式上都是使用前置词，方位结构的语序后置。

参考文献

格林伯格　1984　《某些主要跟语序有关的语法普遍现象》，陆丙甫、陆致极译，《国外语言学》第2期。

科姆里　1989　《语言共性和语言类型》，沈家煊译，华夏出版社。

刘丹青　2001　《方所题元的若干类型学参项》，《中国语文研究》第1期。
———　2002a《汉语里的框式介词》，《当代语言学》第4期。
———　2002b《汉藏语言的若干语序类型学课题》，《民族语文》第5期。
———　2003　《语序类型学与介词理论》，商务印书馆。
王辅世、王德光　1982　《威宁苗语的方位词》，《民族语文》第3期。
王辅世主编　1985　《苗语简志》，民族出版社。
张济民　1962　《苗语语法纲要（川黔滇方言）》，贵州民族出版社。
Croft, William　2000 *Typology and Universals*. Cambridge University Press，外语教学与研究出版社。

作者：李云兵

原载：《语言科学》2004年第4期

第二十章　联系项原则与“里”的定语标记作用

一　引言

Dik（1983：274）指出，介词、名词后缀、从句标记（标句词）等成分是句子或短语平面的联系项，联系项的位置一般遵循两个原则：（1）总是位于被联系成分的外围，即联系项一般不会进入被联系成分的内部；（2）联系项总是位于两个被联系成分之间。刘丹青（2002、2003、2005）指出这条原则不但是汉语介词类型的发展动因之一，也影响着汉语介宾短语的语序，他指出，由于居于关系从句和核心名词之间的中介位置，汉语普通话和方言中的指示词、指量短语、具有定冠词作用的量词等都有可能发展为关系从句标记。

现代汉语中的泛用定语标记“的”来源不甚清晰，有以为来源于“者”（吕叔湘，1990；袁毓林，1997），有以为来源于“之”（王力，1980；梅祖麟，1988），江蓝生（1999）认为“的”的前身“底”，其结构助词的用法是由方位词用法发展而来，并认为“底”的结构助词用法是继承了同为方位词的“所”、“许”的结构助词用法的结果。储泽祥（2002）证明安徽岳西方言中的结构助词“底”来源于方位词“底”，是在“N1 + 方位词 + N2”的句法环境中语法化为结构助词的，其语法化的语义基础是，表示空间位置的“N1 + 方位词”既可以被理解为空间属性，作为一种分类的依据，如“河底鱼”，也可以被理解为空间领属，如“学校底课桌”（这时方位词的意义已经比较空泛，只用来表示一个抽象的而非具体的处所），这种两解的可能性促发了方位词向结构助词的转化。

本章主要从汉语史和汉语方言的角度探讨“里”的定语标记作用，想说明，居于联系项位置（居于（潜在）修饰语与（潜在）核心之间）的各类成分都有可能发展为定语标记，汉语中所谓的方位词附于名词之后，因此容易居于两个名词之间，是定语标记的一个源头。

二 从方位词到定语标记

刘丹青（2006）指出，方位词有普遍的语义基础，每种语言都能表达“里”、“外”等方位概念，但方位词是一个有语种特色而非普遍性的词类名，它实际上是处于“名词 > 方位名词 / 关系名词 > 方位后置词 > 体标记”这个语法化链条上的一个环节，在语法化链条中的位置可偏前，可偏后，因此形成了方位词句法表现上的非同质性。Hopper and Traugott（1993：107）曾经指出一个语法化链条：关系名词——次要介词——主要介词——黏合型附缀——融合型附缀。并且指出，这几个发展阶段并不是互相分离的范畴，处于这个语法化链条上的大多数方位词并不能归入某一确定的范畴，只能说是处于从左至右语法化的过程中。方梅（2003）指出，当代北京话的“里”，拥有这个语法化链条上全部阶段的用法，所谓的方位词“里”表现出了内部极大的不一致性。

2.1 “里”的语法化过程及其定语标记用法

江蓝生（1999）指出，“里”、“上”等方位词也有可能发展为结构助词，只不过在现代汉语普通话的形成过程中，方位词“底”占了优势。在汉语史的材料中，我们发现了“里”作为定语标记（结构助词）的线索，“里”首先在“NP 里 NP”的句法环境中得到了语法化：

（1）水里芙蓉光照灼，见者无不心惊愕。（敦煌变文 35）

（2）衔茅花，拾柳絮，窠里金针谁解取。（敦煌变文 84）

（3）可惜未殃（央）宫里女，嫁来胡地碎红妆。（敦煌变文 6）

（4）师便喝云：你也眠去摩？每日在长连床上，恰似漆村里土地相似！他时后日，魔魅人家男女去在！（《祖堂集》卷七）

（5）雪峰曰：“汝见苏州城里人家男女否？”（《景德传灯录》卷七）

（6）岩头云：“什么处去也。”师曰：“布袋里老鸦虽活如死。”（《景德传灯录》卷十七）

“NP 里”表示它后面的名词的指称对象存在的处所。

存在和拥有具有高度的相关性，“它们都表示抽象的处所概念”（Lyons，1977：722）。世界很多语言中，表示存在的动词和表示拥有的动词往往采用同一种形式，例如汉语中的“有”。Freeze（1992）考察多种语言后认为，处所谓语句、存在句和带有“拥有”意义动词的句子实际上来源于同一个抽象的句法结构。存在于某处即为某处所拥有，这是人们一种普遍的认知心理。Heine（1991）指出，非洲很多语言，常用“X 存在于 Y 处”这种结构来表达“Y 拥有 X”的领属概念。刘丹青告知，吴语中有“有”用如“在”的用例（钱乃荣，1992：1027）：

湖州双林：王先生有辣哇 / 弗？其有辣。（王先生在吗？他在这儿。）

吴江芦墟：王先生屋里阿有辣？伊屋里有辣。（王先生在家吗？他在家。）

上文例（1）、（2）中的“NP 里”可以理解为纯粹表示处所，例句（3）中“NP 里”就可以有双重的理解了：可以理解为表示处所，同时可以理解为表示领属意义，翻译成现代汉语就是“未央宫的女孩儿”。

“里”在“N1 + 里 + N2”结构中发展出标记领属关系的功能，但是此时它的方位意义并未完全消退。有时“里”的方位意义显著，处所有显著的“里—外”对立，如例（3）“宫里”可有“宫外”对立，但有时候，只凸显 N2 存在的处所，“里”的方位意义被抑制或者说不显著，如上文第（4）例“漆村里土地”主要是说明“土地是存在于漆村的”，并不凸显“里”的方位意义，这就是储泽祥（2002）所谓的“空间领属”，在这样的环境中，“里”逐渐退掉方位指示意义而朝功能词方向发展。

有些地点名词没有里 / 外的区别与对立，一个东西如果存于这个地点，一般是存在于这个地点里面的，也就是说“里”与地点名词的意义天然契合，是暗含于其中的，这样的情况下，“里”的意义是羡余的，所以很容易弱化至无，如下例中的“钱塘江里”：

（7）僧曰：“恁么即丧身失命去也。”师曰：“钱塘江里潮。”（《景德传灯录》卷二一）

这里“里”逐渐不再指示方位，而可以被理解为专门表示领属关系，就是在这样的结构中，它的领属标记功能进一步突出，然后进一步扩展为泛化的领属语标记，出现在人称代词、指人名词、一般名词之后表示领属关系，方位意义完全失去，发展为一个单纯的语法项，像一个纯粹的领属标记：

（8）问：“如何是道。”师曰：“枯木龙吟。”僧曰：“学人不会。”师曰：“骷髅里眼睛。”玄沙别云：“龙藏枯木。”（《景德传灯录》卷十一）

（9）我国里军人厮杀八九年，受了苦辛不少，方得西京。（《三朝北盟会编》）

（10）是前世里债，宿世的怨，被你担阁了人也张解元。（《西厢记诸宫

调》）

（11）这四句分明是说了我里姓名。（《大宋宣和遗事》）

“里”首先在“处所名词+里+名词”的环境中语法化为领属标记，后来又可以在“人称代词/指人名词+里+名词”结构中充当领属标记，“存在=拥有”的认知机制在此又起了作用，某人拥有某物，实际上就是某物存在于某人那里，人其实就是存在的地点，所以“里”才能附加于人称代词和一般指人名词之后。

最初用“里”表示领属关系的结构中，核心名词是具体、有形的事物，只有有形物体才能存在于某处，受到它原始语义的制约，我们上文例句的搜集也能够说明这一点，比如“老鸦”、“金针”等。后来随着语义泛化，原始语义的制约不复存在，核心名词逐渐可以是抽象名词，比如“债”和“姓名”。

这种虚化似乎跟是否为焦点信息也有关系，一般而言，地点名词加方位词是事物的存在地点，是对后面事物的说明，提供的是一个背景信息，所以容易虚化为修饰性成分。

“上”、“底”等词完全有可能以同样的认知机制，沿相同的方向虚化为结构助词，刘丹青（2003：222—223）曾经指出过苏州话中语法化程度最高的后置词浪上、里等兼作定语标记的情况：

（12）耐你看我马褂浪烂泥马褂上的泥巴，要俚赔个啘！（《海上花列传》）

（13）一只嘴张开仔了了/着，面孔浪皮才牵仔拢去脸上的皮都抽拢了。（《海上花列传》）

（14）有个米行里朋友米行里的朋友，叫张小村。（《海上花列传》）

至此我们没有发现“里”虚化为关系从句标记的例句。但写于18世纪的著名白话小说《歧路灯》，是以当时的河南话为基础的，其中的结构助词“哩”，被认为来源于方位词“里”（傅书灵、邓小红，1999），“哩”有标记领有成分和关系从句的功能：

（15）姓谭的也像一个人家，为甚拦住我的箱，扭我的锁，偷我哩衣服？

（16）第三张是在星藜堂书坊借哩《永乐大典》十六套。

河南话（指河南境内的中原官话，下不一一注明）至今仍以“里”做结构助词，不但连接名词词组内部的成分，还连接动词词组的修饰成分（例句为自造）：

（17）你拿里书是谁里嗳？（你拿的书是谁的？）

（18）她里衣裳比你里好看。（她的衣服比你的好看。）

（19）树上里（柿子）你摘完吧。（树上的（柿子）你全摘了吧。）

（20）你要贵里还是要便宜里？（你要贵的还是要便宜的？）

（21）她走路快里很。（她走路很快。）

（22）我今儿个看见她慌慌张张里走了。（我今天看见她慌慌张张地走了。）

所谓结构助词其实就是一个连接修饰语和核心的联系项，汉语普通话中的领属语标记和关系从句标记着眼于联系项功能统一于"的"，而河南方言中，定中、状中、动补等"修饰语+核心"类结构中的联系项功能统一于"里"[1]。郭熙（2005）指出，"哩/里"在河南话中至少有四种功能：结构助词、时态助词、语气助词、构词成素，兼有普通话"的"、"地"、"得"、"呢"、"吧"、"啊"等各项功能。

Foong Ha Yap等（2004：161）曾描写了日语no和马来语(em) punya的语法化路径：

领属语标记——关系从句标记——标句词（马来语缺少标句词这个环节）——句末肯定语气词

同一个成分兼有定语标记功能、标句词功能和句末语气词功能，至少在语言中不是一种孤立的现象，汉语中的"的"也兼有定语标记和句末语气词的功能，并不同源的"里"发展出了同样的功能，并且"里"还具有"的"所不具备的功能（郭熙，2005）：

（23）俺妈说哩她晌午不回来吃饭了。（我妈说的是她中午不回来吃饭。）

（24）他先前计划哩每人出10块钱。（他以前计划的是每人出10块钱。）

（25）老师教俺哩谁也不能说瞎话。（老师教我们的是谁也不能说谎。）

这里的"哩"普通话中没有相应的词语对应，可以去掉但基本不改变句子原意：

（23'）俺妈说她晌午不回来吃饭了。（我妈说她中午不回来吃饭了。）

（24'）他先前计划每人出10块钱。（他以前计划每人出10块钱。）

（25'）老师教俺谁也不能说瞎话。（老师教我们谁也不能说谎。）

郭熙（2005）也认为这里的"哩"不等于普通话中的"的"，也不同于普通话中的"了"，一是河南话中有"了"存在，二是换了"了"之后句子结构改变了。我们认为，"哩"与"说道"中的"道"一样，作用在于句法功能（刘丹青，

【1】景颇语中表示"里、处"意义的teʔ^{31}、ko̠ʔ^{55}等也发展出了状语标记的功能（戴庆厦，1998）。

2004），“VP哩”要求后面一定有一个补足语小句作为V的内容宾语：

（26）他跟我说了今个儿哩事儿。（他跟我说了今天的事情。）

（26’）他跟我说哩今个儿哩事儿*（不怨他）。（他跟我说今天的事情不怪他。）

（27）信上写了他哩难处。（信上写了他的难处。）

（27’）信上写哩他哩难处*（多哩很）。（信上写的是他的难处很多。）

不加“哩”时，动词V带不带小句宾语是自由的，而加了“哩”则V必须带小句宾语。并且，“V哩”最合适的普通话的对译是“V的是”这种要求带小句宾语的分裂式结构，我们认为，“哩”在此应该是一个宾语小句标句词，“哩”的发展与日语中的定语标记的发展非常一致。

宋代语料中，“里”已经发展出标句词功能：

（28）怕里早莺啼醒（此犹云怕的是被莺啼醒也，括号中为张相的解释，下同），问杏钿谁点愁红。（周密《露华》）

（29）还怕里，帘外笼莺，笑人醉语（此犹云怕的是被人笑人也）。（周密《一枝春》）

（30）琴上曲，休弹秋思。怕里，又悲来老却兰台公子（此犹云怕的是身老兴悲也）。（马庄父《月华清》）

张相（1955）认为，这几句中的“里”可以解释为“底”或“的”。但我们可以看出，“怕里”之后带的是小句宾语，张相采用必须带小句宾语的分裂式结构来解释“怕里”句，相对于“怕里”的是“怕的是”而不是“怕的”，因此我们认为，这里的“里”可以认为是一个附着于核心的标句词，它可以与上文河南话中的材料互证，河南话中的“里”也是一个核心标注的标句词。

“里”作为语气助词的用法最早出现于唐代[1]（太田辰夫，2004：345）。

（31）幸有光严童子里。（维摩变文）

宋词中也有“里”的语气助词用法（原词中写作“裹”）：

【1】通过类型比较，我们推测，“里”的发展路径应该为定语标记—标句词—语气词，然而这里出现了时间上的不对应，本应为最末阶段的语气词用法在语料中出现时间却较早，这可能是由于历史语料不够完备的原因，并不影响本章的主要观点。这种语料与发展过程不对应的另外一种可能就是，唐时期今河南境内方言不是当时的通语，因此语言情况极少反映在文学作品中，“里”的语气词用法在唐代文献中只发现了几例，未见定语标记、标句词等用法。宋代的都城是开封，开封及其附近的方言就成为当时通语的基础方言，因此“里”的各种虚化之后的用法得以大量用于各类文学创作中。

（32）这浅情薄幸，千山万水，亦须来里。（张先《八宝妆》）

（33）春意，春意，只怕杜鹃催里。（吴潜《如梦令》）

对后两句中的“里”，张相（1995：96）解释为“里，语助词，犹哩也，呢也”[1]。

介词是介引动词的题元还是介引名词的修饰成分，在别的语言中似乎没有像在汉语中那么分明，很多介引名词的修饰性成分的词，在别的语言中同样被称为介词，如英语中的 in、within 以及典型的领属语标记 of，同一个介词既可以介引方所题元，也可以介引名词的修饰成分：

（34）The table in the house is very beautiful.

（35）He is playing the violin in the house.

“里”在发展过程中具有同样的功能：

（36）水里芙蓉光照灼，见者莫不心惊愕。（敦煌变文 35）

（37）也因圭宝泥中没，好似明珠水里沉。（敦煌变文 47）

例（36）中“名＋里”描写事物存在的位置，例（37）中“名＋里”描写事件发生的位置，标明核心的存在处所的“里”与介引动词的方所题元的“里”，可能是沿着两条不同的线路同步向介词和附缀性成分虚化的，“里”的方位指示意义彻底或部分丧失之后，前者“里”发展为只具有连接功能的定语标记，并可以进一步虚化，而后者发展为起介引题元作用的后置词。

在河南话中，定语标记“里”的语法化程度已经非常高，它可以加在其他方位后置词短语之后起定语标记作用，如：

桌子上 *（里）书（桌子上的书）　　树上 *（里）鸟窝（树上的鸟窝）

甚至这个方位后置词可以是“里”，如：

河里（里）水（河里的水）　　锅里（里）饭（锅里的饭）　　盆里（里）鱼（盆里的鱼）

当方位后置词是“里”时，定语标记“里”可用可不用，但其他情况下不能省略。

【1】“里”发展为标句词和语气词的一个旁证是同为处所名词的“处”的发展（例引自江蓝生，1999）：

Ⅰ. 虽得身荣，一事不全处，兄嫂堪恨如狼虎，把青丝剪了尽皆污（兀）。（金刊本《刘知远诸宫调》卷 12，虽然得到荣华，但有一样不圆满的，就是头发被凶狠的兄嫂剪去）

Ⅱ. 交人难忘处，把俺夫妻薄贱。（同上卷 12，让人难忘的是，兄嫂把我们夫妻侮辱）

Ⅲ. “主人家哥，休怪，小人们这里定害。”“有什么定害处？吃了些淡饭，又没什么好茶饭。”（老乞大谚解 77，有什么打扰的）

“处”在Ⅰ、Ⅱ句中应该可以看作一个带小句宾语的标句词，在Ⅲ中是一个语气词。

郭熙（2005）指出了一些河南话中不知如何归类的“哩”：

（38）本该一处的钱却用到两下哩。（本该一处的钱却两处用。）

（39）俺一直两下哩住。（我一直两处住。）

（40）一碗饭分三下哩，谁吃饱了嗳？（一碗饭分三处，谁能吃饱啊？）

从普通话对译中可以看出，“哩”在此就是“处”的意思，还保留着明显的名词特征，写成“里”或许更合适一些，这是“里”语法化之前的名词用法。

2.2 其他方言中的证据

贵阳话中，“里头、里边、里面”中有方位处所意义的“里”，读音为 $[li^{53}]$，而结构助词读作 $[lə^{55}]$，可以用在定中、状中结构中，也用于疑问句、肯定句后做语气词（汪平，1994）：

买酱油 $lə^{55}$ 钱（买酱油的钱） 红 $lə^{55}$（红的） 一个一个 $lə^{55}$ 写（一个一个地写）

（41）家头乱七八糟 $lə^{55}$。（家里乱七八糟的。）

（42）你说买哪件 $lə^{55}$？（你说买哪件呢？）

成都方言中，“里面、里头、里屋”中表示方位处所的“里”读 $[ni^{53}]$，结构助词读 $[ni^{55}]$（李荣，2002）：

死鱼 ni^{55} 眼睛（死鱼的眼睛） 姜是老 ni^{55} 辣（姜是老的辣）

成都方言中有一个表示疑问的语气词 $nə^{55}$：

（43）你咋走了 $nə^{55}$？

（44）他 $nə^{55}$？

处所词“里”		结构助词	语气词
成都	ni^{53}	ni^{55}	$nə^{55}$
贵阳	li^{53}	$lə^{55}$	$lə^{55}$

成都和贵阳方言都不辨 n、l。而结构助词是语法化程度和使用频率都非常高的虚词，在方言中有读为轻声或平声的倾向性，出现元音央化现象很正常。语气词是结构助词进一步语法化的结果。因此我们提出一个假设，即成都话和贵阳话中，结构助词有可能来源于方位词“里”，进而发展出语气词的用法。

最近北大中文论坛也有网友指出，成都话中结构助词 ləʔ[1] 可能与普通话中的

【1】这里也可以看出，同是成都话中的结构助词，有人把元音记为 i，有人记为央元音 ə，显见两者之间的继承关系。

“的”无关，因为成都音系中未见其他舌头归舌上现象，并且这个 nəʔ /ləʔ 可以构成方位词。

李宇凤（重庆市人）告知，重庆方言中，定语标记读作 li44，并且有和河南话中“哩”相类似的用法：

（45）我哩书着别个拿起走老。（我的书被人收走了。）

（46）朋友托哩事，只有恁个办老。（朋友托的事儿，只好这样办了。）

（47）他慢腾腾哩走过来老。（他慢腾腾地走了过来。）

（48）他还是 10 年前来南京哩，现在啥子都不晓得老。（他还是 10 年前来南京的，现在什么都不记得了。）

（49）我妈在外头等倒起我哩。（我妈在外面等着我呢。）

她还指出，“哩”也可以加在“说、计划”等动词之后，加“哩”之后的动词必须带小句宾语，而不再能带一般的名词性成分。据此，我们推测，四川话中的“哩”很有可能与河南话同出一源，都来自方位名词“里”[1]。

在汉语研究中，“的”也有人称为“介词”，如果它仅仅起定语标记的功能，这种叫法是非常合理的，但是它往往发展出更加繁杂的功能，比如名词化功能、语气功能等，难以用介词来涵盖。河南话中的“里”与“的”功能相当且使用范围更加广泛，在共时平面上它有从名词到附缀这个语法化过程中的各种用法，功能的繁杂性使得难以对它进行明确的词类划分。

Aimmu 语，后置词可以置于领有成分表示存在地点和来源的领属结构中起连接项的作用（Campbell，1991：24）：

（50）Kim　　un　　kamny

那座山　后置词　神仙　（那座山上的神仙）

只不过这个后置词的虚化没有汉语中的“里”和“的”走得那么远，书中没有介绍 un 的来源，但后置词的语义对领有成分的语义还是有限制作用的，领有成分只能表示核心名词所处的位置和来源，可以推知，un 是一个介引处所名词的介词。

【1】仡央语群仡佬语中，关系从句修饰名词核心时，使用借用自西南官话贵州土语的结构助词做定语标记，这个标记读音为“li33”（李云兵，2005：138）。这个现象似可作为西南官话中结构助词来源于“里”的一个旁证。已经借到外民族语言中的结构助词，历史应该比较久远，虽然西南官话大多不辨 n、l，但是借出的结构助词却是 li，显示了它原始的痕迹，很有可能这种结构助词的借出在西南官话 n、l 不辨之前。

三　结语

3.1　定语标记的来源

冯春田（2004）认为，《歧路灯》中的“哩”是集“的”、“地”、“得”于一身的形式，是历史上的“的”、“地”、“得”在方言里因音变而导致的同音的结果，不是方位词“里”的发展，语气词“哩”另有来源。我们论证了方位词“里”是汉语定语标记的一个源头，并可以进一步发展出标句词、语气词等各类功能。

我们考察了方位名词“里”发展为定语标记的语法化历程。至少在北宋时期，“里”已经发展出不含方位意义的定语标记功能，在以名词或人称代词为领属语的领属结构中起连接作用。由“里”发展而来的定语标记，完整地保留在河南话里。据我们初步观察，四川话中的结构助词和“里”应该也有联系，因此我们推测，由“里”发展而来的方位词应该不限于中原官话。

定语标记的来源实际上非常复杂，它的主要功能——连接功能，是促使一个恰好处于连接位置上的词语不断语法化的主要动因。

居中位置是一个非常独特的位置，一个成分一旦居于修饰语和核心之间，而且当该修饰语不能直接与该核心邻接，这个成分就有可能（并不一定）兼有联系项作用，同时保持该成分原有的典型功能，如指示词“这”在“我这本书”中仍然保持它的直指（deictic）功能。居中位置而兼有联系项 / 标记功能的成分，韵律上会有一些特征，如形式比较短小等，同时功能上有别于其他修饰语，这是可以解释的，因为标记一方面起连接作用，最主要的功能还是起分割线的作用，使人能够明确辨别出修饰语和核心。

3.2　定语标记与处所主义（Localism）

语言学家假设，从语义和语法上来说，空间表达都比其他非空间表达更为基本，因为人类认知中，空间组织是最重要的，这就是所谓的“处所主义（localism）”（Lyons，1977：30）。Heine（1991：118）从语法化的角度认为，处所范畴是人类语言中最基本的关系范畴，是其他很多范畴语法化的源头。刘丹青（2003：82）指出，处所主义对介词、连词等联系项来说尤具解释力。

定语标记是汉语中连接修饰语及其核心名词的联系项。江蓝生（1999）从历时角度论证了北方官话中的泛用定语标记“的”来源于方位词“底”，储泽祥（2002）

从方言角度进一步证明了这种看法。综合我们对河南话“里”的考察，可以说在官话很大一部分方言中，定语标记的来源都与方位处所意义相关。汉语中定语标记的来源与发展支持了处所主义的假设。

参考文献

储泽祥　2002　《“底”由方位词向结构助词的转化》,《语言教学与研究》第1期。

戴庆厦　1998　《景颇语方位词“里、处”的虚实两重性——兼论景颇语语法分析中的“跨性”原则》,《民族语文》第6期。

方　梅　2003　《从空间范畴到时间范畴——说北京话中的“动词—里”》，载吴福祥、洪波主编《语法化与语法研究（一）》，商务印书馆。

冯春田　2004　《〈歧路灯〉结构助词“哩”的用法及其形成》,《语言科学》第4期。

傅书灵、邓小红　1999　《〈歧路灯〉句中助词“哩”及其来源》，《殷都学刊》第2期。

郭　熙　2005　《河南境内中原官话中的“哩”》，《语言研究》第3期。

江蓝生　1992　《处所词的领格用法与结构助词“底”的由来》,《中国语文》第2期。

李　荣主编　2002　《现代汉语方言大词典》，江苏教育出版社。

李云兵　2005　《中国南方民族语言名词性短语句法结构语序类型研究》，中国社会科学院语言研究所博士后出站报告。

刘丹青　2002　《汉语中的框式介词》，《当代语言学》第4期。

———　2003　《语序类型学与介词理论》，商务印书馆。

———　2004　《汉语里的一个内容宾语标句词——从“说道”的“道”说起》，载《庆祝〈中国语文〉创刊50周年学术论文集》，商务印书馆。

———　2005　《汉语关系从句标记类型初探》，《中国语文》第1期。

———　2006　《汉语词类问题的类型学盘点》，北京师范大学演讲稿。

吕叔湘　1990　《论底、地之辨及底字的由来》,载《汉语语法论文集》,商务印书馆。

梅祖麟　1988　《词尾“底”、“的”的来源》，《史语所集刊》。

钱乃荣　1992　《当代吴语研究》，上海教育出版社。

太田辰夫　2004　《中国语历史文法》，蒋绍愚、徐昌华译，北京大学出版社。

汪　平　1994　《贵阳方言词典》，江苏教育出版社。

王　力　1980　《汉语史稿》，中华书局。

袁毓林　1997　《“者”的语法功能及其历史演变》，《中国社会科学》第3期。

张　相　1955　《诗词曲语词汇释》，中华书局。

Anderson, J. M. 1971 *The Grammar of Case: Towards a Localistic Theory*. London: Cambridge University Press.

Campbell, George L. 1991 *Compendium of the World's Language*. London and New York: Routledge.

Dik, Simon C. 1983 Two constraints on relators and what they can do for us. In Simon C. Dik (ed.) *Advances in Functional Grammar*. Foris Publications.

Freeze, Ray 1992 Existentials and other locatives. *Language* 3.

Heine, Bernd, Ulrike Claudi & Friederike Hünnemeyer 1991 *Grammaticalization: A Conceptual Framework*. Chicago: University of Chicago Press.

Hopper, Paul J. & Elizabeth Closs Traugott 1993 *Grammaticalization*. Cambridge: Cambridge University Press.

Lyons, John 1977 *Semantics*. Cambridge: Cambridge University Press.

Yap, Foong Ha & Matthews Stephen & Horie Kaoru 2004 From pronominalizer to pragmatic marker-implications for unidirectionality from a crosslinguistic perspective. In Olga Fischer (ed.) *Up and Down the Cline: The Nature of Grammaticalization*. Philadelphia: John Benjamins Publishing Company.

作者：陈玉洁

原载：《语言研究》2007年第3期

第二十一章　论语言接触对苗瑶语语序类型的影响

一　关于语言接触与语言变异

语言接触导致的语言影响，既有单向性，也有互向性，这是由语言的强弱势、语言习得的目的和目的语的应用频率、熟练程度以及语言环境、文化背景决定的。有的是母语影响目的语，有的是目的语影响母语，而有的是母语和目的语相互影响。母语和目的语的相互影响，大多发生在多民族杂居地区。如果其中一种语言处于相对的强势，具有特定的社会功能，并且成为区域共同语，那么，这种共同语就会影响其他语言，而其他语言对共同语的影响不大。

语言接触导致的语言影响带来的语言渗透，需要经历一个长期的过程，而且总会有一个阶段变异状态，可称之为“中介状态”。母语对目的语的影响，结果不够稳定，会随着习得的深入和熟练程度的提高，向目的语接近并逐渐趋于一致，语言接触导致的影响或渗透趋于消失；也会有相反的结果，目的语受母语影响产生的中介状态凝固化，成为目的语的一种变异形式。目的语影响母语，影响或渗透形成的中介状态，相对稳定，随着影响的深入和加强，受影响的母语不能回归，中介状态也不会消失，发生变异的母语会成为一种方言或土语，甚至成为混合语，在语法上通常表现为语序类型的变化和语序类型的重新分析。

语言接触和语言影响，会出现语言成分或语法手段的借用或渗透、规则的改变、系统和结构的变化，甚至语言混合。长期而深入的语言接触和语言影响，最后可能有两种结果：一是语言使用者完全转用目的语，母语消失；二是两种语言在类型上单向或互向同化，形成一个语言区域，虽母语保留下来，但变成了另一类型的语言，语法上表现为两种以上的语言共用一个语法体系或有两个以上的语法系统，但其中一个系统夹杂着另一个系统的类型。

语法、语义范畴和语用规则是母语使用者已有认知范畴的再现，习得目的语，主要是习得语言形式的用法。母语与目的语长期接触，语法、语义范畴和语用规则会出现融合现象。在语言接触过程中，母语的语言结构、语言心理和语言态度对目的语的影响，可能存在一种普遍性，但会随着习得程度和深度的加强而消失。反之，不一定有普遍性，但可能会在少数习得者中出现，并成为语言扩散的发端，扩散到另外的习得者中去，从一个人扩散到另一个人，从一个人扩散到一个社会，并得到社会的承认，这样就在母语中保留下来并成为母语的一部分。即语言接触产生于个体或部分语言习得者，语言接触的结果由个体或部分语言习得者向整个社会习得者扩散。

二　苗瑶语与汉语接触的历史背景

苗瑶民族共同源于秦汉时期的“五溪蛮”。汉王朝对“五溪蛮”不断进行征剿。一方面“招集流亡”，一方面“移民实边”，这样在“五溪蛮”地区就有大量中原移民。魏晋南北朝时期，北方民族武力南下，中原大批汉族被迫南退，进入“五溪蛮”地区，这大概是操汉语客家方言的第一批南迁移民。中原移民南下，汉语与苗瑶语在中南地区有了不断接触。宋元明清为了强制统治和强制同化，不断镇压苗瑶民族的反抗斗争。从宋朝到明朝，瑶族的反抗斗争遭镇压后，强制瑶民不准穿民族服装和说民族语，现在湘南、桂北的“平地瑶”改操汉语的方言，就是明朝强制统治的结果。明朝政府为了加强对地方土司的控制，强制瑶族的土官学习汉语言文化，瑶族的上层社会及其家庭基本掌握了汉语文和汉族文化，有了一批汉文化水平较高的人，并在平民中扩展，使许多人成为双语者，这些双语者逐渐放弃了民族语和民族文化，成为汉语方言、土语单一语言者，有的放弃本民族语言改操拉珈语。清朝政府对苗族采取强制同化政策，使川（渝东南）东、鄂西、湘西、湘西南、桂西北广大地区的苗民完成了从苗语单一语言过渡到双语，再到单一语言，完全放弃母语，改操不同的汉语方言、土语或侗语。

东晋时期，大批汉族被迫离开中原南迁，与畲族一起向东南沿海发展，隋唐时到达粤北，两个民族长期共处、相互融合；南宋时期，许多中原汉族南下进入闽浙赣交界并逐渐南移至粤北，与畲族杂居相处。畲族长期与客家人接触，除畲语外，还兼通客家话，现在绝大多数畲族已经放弃母语，改操客、赣、粤等汉语方言，只有不到3000人的畲族还在说畲语。

现在苗瑶民族的分布格局基本上是隋唐时期奠定的。唐宋元明的流动也只是在这些范围内往返迁徙，清朝“改土归流”后，苗瑶民族才有部分流徙到云南及至东南亚北部。苗瑶民族经过长途迁徙和与汉语的不断接触，有相当一部分人完成了由苗瑶语向汉语不同方言、土语或壮侗语的转用。

苗瑶语在语言接触中所受到的影响可以分为两类：一类是亲属关系较近的语言之间的相互影响，如苗语、布努语、巴哼语、畲语、炯奈语等之间的影响，由于这些语言同质特征较多，一般不会导致母语的消失和语言转用，不会影响语言的类型。另一类是亲属关系较远或没有亲属关系的语言之间的影响，如汉语或侗台语对苗瑶语的影响，由于这些语言之间异质特征多一些，因而很可能导致母语的消失或语言类型的转换。在语言接触过程中，瑶语支语言由于受有浊音声母、保持辅音韵尾的湘方言、粤方言的影响，所以才保留较为完整的辅音韵尾和以全浊音声母来代替原始苗瑶语鼻冠闭塞音声母；苗语支语言由于受自中古汉语以后浊音声母、辅音韵尾逐渐消失的西南官话的影响，所以仍保留原始苗瑶语鼻冠闭塞音声母的形式，辅音韵尾逐渐消失。在语音上，形成了瑶语支语言保留韵母，苗语支语言保留声母的互补格局。

三　语言接触对苗瑶语语序类型的影响

传统的语法演变的研究大都是在假定的同质演变的状态下进行的，这种研究很大程度上是建立在语言演变的一元发生模式的假设上。事实上，这种研究模式忽略了大量的由语言接触引发的语法演变现象。近十几年来，不少学者开始将目光投向发生在语言接触状态下的语法演变。这方面的研究主要是探讨特定的语言由语言接触等外部因素导致的语法演变过程和演变结果。语言接触常会导致形态、句法的借用和影响。语言接触及由此导致的句法借用和句法影响是句法演变的一个重要外因。语言接触不仅会通过句法借用和影响促成具体的语法演变过程的发生，而且还可以导致语法演变机制的跨语言扩散。语言联盟或语言区域的出现，常是由语法变化机制跨语言扩散造成的，特别是在语言接触中，母语可将其业已存在的语法形式转移到目的语中去，或目的语将业已存在的语法形式移入到母语中来。

苗瑶语的基本语序类型是SVO，根据语序类型学的隐含共性原则，苗瑶语名词性短语句法结构和特定句法结构的语序类型为：名词中心语在前，领属定语在后，记作 N + G；名词中心语在前，属性名词定语在后，记作 $N_{(head)}$ + N。名词中心语在前，属性定语形容词在后，记作 N + A；名词中心语在前，量词结构在后，记作 N + Mum + CL；名词中心语在前，指称性定语指示词在后，记作 N + Dem，苗瑶语通常为 CL + N + Dem 或 CL + Num + N + Dem；比差句，形容词在前，比较基准在后，记作 A + m + St；关系从句，名词中心语前置，关系从句在后，记作 N + Rel 或 NP + Rel。

但是由于苗瑶语历史上的语言接触，苗瑶语句法结构的语序类型已经不完全遵循上述共性原则，有的语言基本上没有了上述的共性原则。

3.1　N + G 向 G + N 的转换

苗瑶语名词中心语在前，领属定语在后的语序共性的语序类型，在语言接触中，受汉语影响的结果是，名词中心语在后，领属定语在前，完全颠倒过来，形成了 G + N 的语序类型，违背苗瑶语作为 SVO 语言的语序共性。例如：

苗语	n̥o^{31}ko^{43}	（牛的角）	ni^{21}to^{21}n̥ua^{13}	（他的小孩）
	牛 角		他 个 小孩	
	ko^{55}ni^{44}khou^{44}	（我的鞋子）	la^{13}ni^{44}tsa^{31}	（别人的钱）
	我 的 鞋		别人的 钱	
布努语	tu^{13}tuŋ^{44}	（哥哥的孩子）	tɕuŋ^{43}mɔ^{232}	（我的马）
	兄 孩子		我 马	
巴哼语	nɦʉ^{31}a^{44}mɦʉ^{31}	（他的脸）	phɛ̃^{44}pjo^{31}tɕe^{55}tho^{35}	（大房子的房间）
	他 脸		大 房 房间	
炯奈语	va^{31}nu^{22}	（我弟弟）	naŋ^{31}θei^{44}ðwa^{43}	（他的胳膊肘）
	我 弟		他 胳膊肘	
	n̥ɔ^{33}ðjɔŋ^{44}kjaŋ^{44}	（牛的角）	te^{44}ðjɔŋ^{44}au^{53}	（姐姐的衣服）
	牛 的 角		姐 的 衣服	
畲语	pa^{22}zaŋ^{42}	（我们村）	ka^{35}tshe^{53}ne^{53}ɔ^{33}	（别人的衣服）
	我们村		别人 衣服	
勉语	je^{33}pjau^{52}	（我家）	mwei^{21}jou^{231}	（你弟弟）
	我 家		你 弟弟	

tuŋ^{231}ȵei^{33}o^{52} （猪的肉） ŋoŋ^{21}ȵei^{33}tɕoːŋ^{33} （牛的角）

猪 的 肉 牛 的 角

由 N + G 向 G + N 语序类型的转换，苗瑶语中，已经找不到中介状态或临界状态的例子。

3.2 $N_{(head)}$ + N 向 N + $N_{(head)}$ 的转换

苗瑶语名词中心语在前，属性名词定语在后的语序类型，在语言接触中，受汉语影响的结果是，苗语支语言大体保持 $N_{(head)}$ + N 的语序类型，有的方言则同时具有 $N_{(head)}$ + N 和 N + $N_{(head)}$ 两种语序类型，个别语言的语序类型转换为 N + $N_{(head)}$，而瑶语支勉语的语序类型已经完成由 $N_{(head)}$ + N 向 N + $N_{(head)}$ 转换，违背苗瑶语作为 SVO 语言的语序共性 $N_{(head)}$ + N。例如：

	猪肉	牛角
苗语	ɴqai^{31}mpua^{44}	ko^{43}ȵo^{31}
	肉 猪	角 牛
布努语	ŋka^{13}mpai^{41}	kjuŋ^{33}ȵuŋ^{13}
	肉 猪	角 牛
巴哼语	ɴqɦɛ^{33}mpe^{55}	tɦɤ^{33}qɔ̃^{35}ŋɦ^{33}
	肉 猪	只 角 牛
优诺语	mai^{35}pe^{33}	ŋu^{13}kə^{33}kuŋ^{33}
	猪 肉	牛 角
炯奈语	mpe^{35}ŋkai^{33}	ȵɔ^{33}kjaŋ^{44}
	猪 肉	牛 角
畲语	pui^{31}kwei^{53}	ŋjɔ^{53}kaŋ^{22}
	猪 肉	牛 角
勉语	tuŋ^{231}ɔ^{52}	ŋoŋ^{31}tɕoːŋ^{33}
	猪 肉	牛 角

苗瑶语中，苗语支的优诺语、炯奈语、畲语和瑶语支勉语已经基本完成由 $N_{(head)}$ + N 向 N + $N_{(head)}$ 的转换，但是在名词组合表达动物性别语义的名词性短语结构中，仍然保留有 $N_{(head)}$ + N 的语序类型，而苗语支的苗语、布努语、巴哼语在名词组合表达动物性别语义的名词性短语结构中，其语序类型已经完成

由N$_{(\text{head})}$+N向N+N$_{(\text{head})}$转换。例如：

	公牛	母猪	公鸡	母狗
苗语	tsi^{55}n̥o^{31}	na^{24}mpua^{44}	lou^{44}qai^{43}	na^{24}tl̥ei^{55}
	父 牛	母 猪	公 鸡	母 狗
布努语	po^{43}n̥oŋ^{13}	mi^{21}mpai^{41}	po^{43}ka^{33}	mi^{21}tɬe^{43}
	公 牛	母 猪	公 鸡	母 狗
巴哼语	qa^{35}ŋɦ^{13}	mɛ̃^{43}mpe^{55}	ŋ^{31}pa^{53}qɛ^{35}	mɛ̃^{43}ljɔ̃^{53}
	牯 牛	母 猪	只 公 鸡	母 狗
优诺语	pa^{31}ŋu^{13}	ma^{53}mai^{35}	pa^{31}ke^{33}	ma^{53}kou^{22}
	公 牛	母 猪	公 鸡	母 狗
畲语	pe^{33}ŋjɔ^{53}	me^{35}pui^{21}	kwei^{22}kɔ^{33}	me^{35}kja^{33}
	公 牛	母 猪	鸡 公	母 狗
炯奈语	n̥ɔ^{33}kei^{33}	mpei^{35}mai^{43}	kai^{44}kɔuŋ^{35}	kla^{53}mai^{43}
	牛 公	猪 母	鸡 公	狗 母
勉语	n̥uŋ^{31}kɔŋ^{33}	twə^{42}kau^{35}	tɕi^{33}kɔŋ^{33}	klu^{35}kau^{35}
	牛 公	猪 母	鸡 公	狗 母

这种由N$_{(\text{head})}$+N向N+N$_{(\text{head})}$的转换，在苗瑶语的一些方言或土语中，存在明显的中介状态或临界状态，即N$_{(\text{head})}$+N与N+N$_{(\text{head})}$并存。例如苗语贵阳次方言贵州平坝凯掌话：

N$_{(\text{head})}$+N	N+N$_{(\text{head})}$	
ʔɯ^{55}kaŋ^{55}	kaŋ^{55}ʔɯ^{55}	河水
水 河	河 水	
sei^{44}ɳʈaŋ^{55}pɦɑ^{13}	pɦɑ^{13}sei^{44}ɳʈaŋ^{55}	山腰
腰 半 山	山 腰 半	
phɑu^{43}ʔɯ^{55}	ʔɯ^{55}phɑu^{43}	水泡儿
泡 水	水 泡	
kaŋ^{44}l̥o^{55}	l̥o^{55}kaŋ^{44}	桥墩
墩 桥	桥 墩	

这种N$_{(\text{head})}$+N与N+N$_{(\text{head})}$并存的语序类型，在湘西、黔东苗语区与汉语接触频繁的边缘地带也比较普遍。畲语也有这种语序类型。例如畲语：

N（head）+ N	N + N（head）	
pɔ²²mi⁵⁴	mi⁵⁴pɔ²²	棉絮
被 棉	棉 被	
tɔŋ³¹thu⁵³zu⁵³	thu⁵³zu⁵³tɔŋ³¹	油桐树
树 桐 油	桐 油 树	
tɔŋ³¹mi⁵⁴	mi⁵⁴tɔŋ³¹	木棉树
树 棉	棉 树	

3.3 N + A 向 A + N 的转换

苗瑶语名词中心语在前，属性定语形容词在后的语序类型，在语言接触中，受汉语影响的结果是，苗语支语言大体保持 N + A 的语序类型，但畲语已逐渐向 A + N 的语序类型过渡，优诺语已经完成 A + N 语序类型的转换，瑶语支的勉语基本保持 N + A 的语序类型。例如：

	热水	红布
苗语	tl̥ei³¹ko⁴³	ntou⁴³la⁴³
	水 热	布 红
布努语	aŋ³³khuŋ⁴⁴	nta³³ləŋ³³
	水 热	布 红
巴哼语	ɔ̃³⁵qaŋ³⁵	ntɪ³⁵tɦɤ⁴⁴
	水 热	布 红
优诺语	khuŋ³³ŋ³³	tshun³⁵nɔ³³
	热 水	红 布
炯奈语	uaŋ⁴⁴khjaŋ⁴⁴	nte⁴⁴θi³⁵
	水 热	布 红
畲语	ɔŋ⁵³khaŋ²²	te²²sji³¹
	水 热	布 红
勉语	wam³³tɕoːm³³	dje³³si⁵⁵
	水 热	布 红

N + A 作为语序类型学的参项，有一定的可变性，尽管苗语支的苗语、布努语、巴哼语、炯奈语和瑶语支勉语的基本语序类型为 N + A，但是也有 A + N 的语序类型。例如：

苗语　khou^{43}tṣhau^{44}（旧衣服）　qo^{43}tɕua^{13}（冷饭）

旧　衣服　旧　饭

ẓoŋ^{44}ŋkou^{31}（漂亮的姑娘）　tsa^{21}ṣa^{43}（寒心）

好　少女　凉　肝

勉语　hɔŋ^{31}pjaŋ^{31}（红花）　lu^{42}təi^{42}（旧地）

红　花　老　地

pjaŋ^{31}lwəi^{33}（花衣服）　phɛ^{42}taŋ^{31}（白糖）

花　衣服　白　糖

畲语　kjaŋ^{22}pui^{31}（黑猪）　tɤ^{35}hin^{22}ɔ^{33}（新衣服）

黑　猪　新　衣服

naŋ^{33}kɔŋ^{22}（短工）　ka^{22}ta^{33}taŋ^{35}（长凳）

短　工　长　凳

由于 N + A 作为语序类型学参项的可变性，所以，在苗瑶语中，有少数语言存在明显的中介状态或临界状态，即 N + A 与 A + N 并存。例如畲语：

tsu^{31}kjɔ^{22}	kjɔ^{22}tsu^{31}	白米
米　白	白　米	
ne^{54}kɤ^{21}	kɤ^{21}ne^{42}	老人
人　老	老　人	
tsu^{31}tshɔ^{53}	tshu^{53}tsu^{31}	糙米
米　糙	糙　米	
thu^{54}kjɔ^{22}	kjɔ^{22}thu^{54}	白糖
糖　白	白　糖	
kje^{35}khji^{53}	khji^{53}kje^{35}	悬崖
崖　悬	悬　崖	
ni^{54}ŋa^{42}pjɔ^{35}	ŋa^{42}pjɔ^{35}ni^{54}	尖刀
刀　锋利头	锋利　头　刀	

3.4　N + Num + CL + Dem 向 Num + CL + N + Dem 的转换

苗瑶语名词中心语在前，量词结构在后的语序类型，在语言接触中，受汉语影响的结果是，名词中心语在后，量词结构在前，完全颠倒过来，无一例外地形成了 CL + Num + N 的语序类型，违背苗瑶语作为 SVO 语言的语序共性。名词中心语在前，指称定语指示词在后的语序类型，在语言接触中，受汉语影响的结果是，苗语支语言除巴哼语、畲语的语序类型转换外，大体保持了 NP + Dem 的语序类型，瑶语支勉语的语序类型已经转换为 Dem + NP。苗瑶语这两种语序类型的转换已经完成，没有中介状态。例如：

	这个	这件衣服	那三个碗
苗语	lo^{43}na^{55}	lo^{43}tʂhau^{44}na^{55}	pei^{43}lo^{43}nti^{24}i^{55}
	个 这	件 衣 这	三 个 碗 那
苗语	i^{33}lɛ^{33}noŋ^{35}	i^{33}paŋ^{33}u^{35}noŋ^{35}	pi^{33}lɛ^{33}ti^{44}ɛ^{33}
	一个 这	一件 衣 这	三 个 碗 那
苗语	ɑ^{33}le^{35}nen^{44}	ɑ^{33}nthɛ^{35}ɤ^{44}nen^{44}	pu^{35}le^{35}ʈe^{53}a^{44}
	一个 这	一件 衣 这	三 个 碗 那
布努语	luŋ^{33}nɔŋ^{43}	ȵtɕo^{21}shi^{41}nɔŋ^{43}	pe^{33}luŋ^{33}pe^{54}uŋ^{33}
	个 这	件 衣 这	三 个 碗 那
优诺语	lai^{33}no^{22}	lən^{35}o^{22}no^{22}	pje^{33}nu^{33}faŋ^{33}ni^{22}
	个 这	件 衣 这	三 个 碗 那
炯奈语	laŋ^{44}ne^{53}	ðaŋ^{31}au^{53}ne^{53}	pa^{44}laŋ^{44}xoŋ^{44}mi^{44}
	个 这	件 衣 这	三 个 碗 那
巴哼语	ŋ^{31}lã^{24}	ŋ^{31}qɛ^{53}ɤ^{31}	ŋ^{55}pɤ^{35}lã^{35}a^{44}tɛ^{31}
	这个	这件衣	那 三 个 碗
畲语	ne^{33}naŋ^{22}	ne^{33}tha^{53}ɔ^{33}	ɤ^{33}pa^{33}naŋ^{22}fuŋ^{22}
	这 个	这 件 衣	那 三 个 碗
勉语	na^{35}leːn^{44}	na^{35}phin^{35}lwəi^{33}	wə^{35}pau^{33}ȶa^{53}wan^{35}
	这 个	这 件 衣	那 三 个 碗

3.5 A + m + St 向 m + St + A 的转换

SVO 语言的比差句一般是，形容词在前，比较基准在后，苗瑶语虽然是 SVO，由于数千年来与汉语不断接触，受汉语的影响比较大，多数语言的语序类型已经发生了根本性的变化，由原来的 A + m + St 转换为 m + St + A，只有少数语言或方言保留有 A + m + St 的语序类型，但是也同时存在 m + St + A 的语序类型。例如：

黔东苗语 nen^{55}xhi^{33}ɕhaŋ^{44}vi^{11}.（他比我高。）

他　高　过　我

tsɛ^{35}ŋi^{11}ɣu^{44}ɕhaŋ^{44}tsɛ^{35}qɛ^{33}.（瓦房比草房好。）

房 瓦 好 过　房 草

nen^{55}pi^{55}vi^{11}xhi^{33}.（他比我高。）

他　比 我 高

tɕo^{55}ə^{33}noŋ^{35}pi^{55}tɕo^{55}ə^{33}ɛ^{33}l̥hə^{33}.（这条河比那条河大。）

条　河 这　比 条　河 那 大

布努语 ntaŋ^{41}pi^{43}pje^{43}hiŋ^{33}.（树比房高。）

树　比 房　高

炯奈语 laŋ^{44}ne^{44}ne^{53}pi^{53}laŋ^{44}phai^{43}mi^{44}l̥jeu^{44}.（这个男孩比那个女孩大。）

个　男　这　比 个　女　那 大

laŋ^{44}pen^{33}ne^{53}pi^{53}laŋ^{44}pen^{33}mi^{44}ŋaŋ^{35}leŋ^{35}.（这朵花比那朵花好看。）

个　花　这 比 个　花　那　好　看

畲语　ɤ^{33}ka^{22}tɔŋ^{31}pji^{31}ne^{33}ka^{22}tɔŋ^{31}hin^{22}.（那棵树比这棵树高。）

那 棵　树　比　这　棵　树　高

vaŋ^{42}pji^{31}muŋ^{53}vɔŋ^{53}pa^{22}sji^{33}.（我比你大三岁。）

我　比　你　　大　三　岁

标敏勉语 na^{35}ɬwai^{35}pjaŋ^{31}pəi^{35}wə^{35}ɬwai^{35}pjaŋ^{31}ka^{42}mɔ^{42}.

这 朵　　花　　比　那　朵　　花　好　看

（这朵花比那朵花好看。）

kla^{42}kla^{31}pɛ^{35}ka^{42}ɬaŋ^{35}kan^{33}.

桃子　　比 李子　　甜

（桃子比李子甜。）

苗瑶语由 A + m + St 转换为 m + St + A 的例子显示，A + m + St 的差比标记一般为苗瑶语固有词汇，而 m + St + A 的差比标记则为汉语借词，这显然是在语言接触中受汉语影响的结果。

3.6　N + Rel 向 Rel + N 的转换

SVO 语言的关系从句，一般是关系从句后置，记作 N + Rel 或 NP + Rel，作为 SVO 语言的苗瑶语，在长期与汉语接触的过程中，受汉语的影响较深，大部分语言的关系从句已经前置，只有少数语言或方言保持关系从句后置的语序类型，但同时也有关系从句前置的现象，这种现象有明显的汉语的痕迹，特别是关系从句的标记，是明显的汉语借词。例如：

川黔滇苗语

to^{21}ȵo^{31}kə^{33}qhau^{55}mua^{21}lo^{21}i^{44}tʂi^{44}kau^{24}lai^{31}ȵau^{13}.

头 牛 助词 刚 买 来 那 不 曾 犁 得

（刚买来的那头牛未能犁。）

au^{43}to^{21}tl̥ei^{55}kə^{33}tsɛ^{31}ʑo^{13}tʂhi^{33}i^{44}ti^{13}dua^{13}lɛ^{24}ta^{21}.

二 条 狗 助词 会 牧 羊 那 都 死 了 了

（会牧羊的那两条狗都死了。）

滇东北苗语

dzou^{53}ku^{11}ʑu^{31}dzɦie^{35}lɦo^{13}daɯ^{31}.

群 的 放牧牲口 回来 了

（放牲口的回来了。）

tʂaɯ^{55}ku^{11}a^{31}naɯ^{31}ma^{55}lɦo^{13}dʑo^{31}dɦaɯ^{13}xu^{55}bɯ^{53}daɯ^{11}.

种子 的 昨天 拿 回来 种 完 全 了

（昨天领来的种子全种完了。）

黔东苗语

pi^{33}n̥hɛ^{33}noŋ^{11}tsa^{33}paŋ^{31}o^{33}pi^{33}qaŋ^{44}na^{55}tɛ^{11}a^{55}pi^{11}ŋa^{13}ɣu^{44}.

我们 天昨 晒 的 二 三 挑 稻子还 不 没有 干 好

（我们昨天晒的两三挑稻子还没有干透。）

ɕaŋ^{55}ten^{55}ma^{31}paŋ^{31}to^{11}tu^{11}təu^{44}qha^{33}ȵu^{11}i^{35}ɕho^{44}noŋ^{35}ŋa^{13}aŋ^{55}.

场 前 砍 的 些 柴 青杠树 生 那 现在 干 了

（前次砍的那些湿的青杠柴现在干了。）

布努语

n̥oŋ^{33}moŋ^{24}nau^{24}moŋ^{24}nɤŋ^{231}kwo^{42}muŋ^{231}kwo^{42}.

天 没 吃 没 穿 过 去 过

（没吃没穿的日子过去了。）

nu^{12}θan^{44}cin^{44}muŋ^{231}nɤ^{231}.

人 参 军 去 了

（参军的人走了。）

炯奈语

ŋ^{53}naŋ^{33}ntu^{35}ðaŋ^{31}θei^{35}mi^{44}mɔ^{33}maŋ^{44}le^{31}.

不吃　草　只　山羊 那 有　病　了

（不吃草的那只山羊病了。）

maŋ^{33}tʃaŋ^{22}ðjɔŋ^{22}θe^{35}xen^{53}tei^{53}.

你　讲　的　话　很　对

（你讲的话很对。）

巴哼语

tõ^{55}qõ^{55}mɦɪ^{44}ŋ^{31}qa^{31}mpo^{35}ɴqo^{31}ŋɦ^{31}tʉ^{55}ŋ^{31}tɔ̃^{35}nɦe^{31}.

瞎　眼　的　猫　捉　不　到　老鼠

（瞎了眼睛的猫捉不到老鼠。）

畲语

nuŋ^{52}tshɔ^{31}ɤ^{33}thaŋ^{42}tshi^{42}me^{35}ŋjɔ^{52}taŋ^{22}.

吃　草　那　只　是　母　牛 仔

（吃草的那头是小母牛。）

pɔ^{31}ȶi^{22}ɤ^{33}thaŋ^{42}tshi^{42}pe^{33}ŋjɔ^{53}.

睡 的 那　只　是 公　牛

（躺着的那头是公牛。）

标敏勉语

wə^{35}tau^{31}sa^{53}ȶu^{53}nin^{31}lwəi^{33}a^{53}tsəi^{42}tɕjɛ^{35}.

那　个　姑娘穿 的　衣服 很　漂亮

（那个姑娘穿的衣服很漂亮。）

四　结语

语言接触导致的语言影响既有单向性，也有互向性，互向性的影响经常存在渗透与反渗透的现象，形成语言区域，使一种语言的语法系统夹杂着另一种语言语法系统的类型。这种结果主要出现在两种或两种以上的语言处于相对平等的地位和没有强弱势之分或语言的社会功能基本平衡的地区。在苗瑶语与汉语的长期接触和相互影响下，除了汉语对苗瑶语的影响和渗透外，在一些苗瑶民族聚居区，也存在苗瑶语对汉语的反影响和反渗透，使苗瑶语与汉语在接触过程中，目的语受母语影响产生的中介状态凝固化，成为目的语的一种变异形式，并成为一些地区汉语方言的一种新的语序类型。

在湘西、黔东南腹地，苗族相对聚居，汉语与苗语的社会功能基本平衡、地位基本平等，苗语在接受汉语影响的同时，汉语也接受苗语的影响，例如苗瑶语N + A语序类型对汉语的渗透，使汉语出现N + A新的语序类型：

湘西苗语	湘西汉语	语义
moŋ^{54}qu^{54}ta^{31}	thoŋ^{35}tɕo^{31}	脚疼
痛 脚	痛 脚	
dze^{35}qu^{545}pu^{35}	ləŋ^{54}sou^{53}	手冰冷
冷 手	冷 手	
haŋ^{31}me^{31}ʑɔ^{31}	tshou^{35}ʑaŋ^{31}sau^{44}	羊膻味儿臭
臭 膻 羊	臭 羊 臊	
tha^{35}ntsɯ^{35}	han^{31}ʑɛn^{31}	盐咸
咸 盐	咸 盐	
黔东苗语	黔东汉语	语义
xhi^{33}tɕi^{11}	kau^{44}kə^{24}	个儿高
高 个	高 个	
moŋ^{33}qho^{33}	toŋ^{24}thou^{31}	头痛
痛 头	痛 头	
haŋ^{33}qa^{33}	tshou^{24}phi^{24}	屁臭
臭 屁	臭 屁	
va^{55}pi^{11}	tsan^{44}sou^{53}	手脏
脏 手	脏 手	

在苗瑶语与汉语长期的接触中，汉语语序类型对苗瑶语的影响深远，在一定程度上致使苗瑶语的语序类型出现了较大的变异并违背了SVO语言的一些基本语序类型，苗瑶语成了不很典型的SVO语言，具体体现为句法结构语序类型N + G、$N_{(head)}$ + N、N + A、N + Dem/N + CL + Dem/N + Num + CL + Dem、A + m + St、N + Rel向G + N、N + $N_{(head)}$、A + N、Dem + N/Dem + CL + N/Dem + Num + CL + N、m + St + A、Rel + N的转换。在苗瑶语的一些语言或方言土语中，有两种不

同的句法结构语序类型并存现象，如N$_{(head)}$+N与N+N$_{(head)}$并存，N+A与A+N并存。在共时句法结构语序类型上，苗瑶语不是典型的SVO语言。

此外，苗瑶语对汉语也有反影响和反渗透现象，苗瑶语与汉语形成狭小的语言区域，使汉语的A+N语序类型向苗瑶语的N+A语序类型趋同和转换。

参考文献

李炳泽　1990　《雷山苗语对汉语的反渗透》,《汉语与少数民族语关系研究》(《中央民族学院学报》增刊)。

李启群　2004　《湘西州汉语方言两种特殊语序》，《方言》第3期。

刘丹青　2002　《汉藏语言的若干语序类型学课题》，《民族语文》第5期。

——　2003　《语序类型学与介词理论》，商务印书馆。

毛宗武　2004　《瑶族勉语方言研究》，民族出版社。

毛宗武、李云兵　1997　《巴哼语研究》，上海远东出版社。

——　2002　《炯奈语研究》，中央民族大学出版社。

毛宗武、蒙朝吉　1986　《畲语简志》，民族出版社。

毛宗武、蒙朝吉、郑宗泽　1982　《瑶族语言简志》，民族出版社。

蒙朝吉　2001　《瑶族布努语研究》，民族出版社。

王辅世主编　1985　《苗语简志》，民族出版社。

徐大明、陶红印、谢天蔚　1997　《当代社会语言学》，中国社会科学出版社。

Hashimoto, M. 1976 Language diffusion on the Asian continent: problems of typological diversity in Sino-Tibetan. *Computational analyses of Asian and African languages* 3:49-63.

作者：李云兵

原载：《民族语文》2005年第3期

第二十二章　并列结构的句法限制及其初步解释

一　并列结构：不能自由替换的向心结构

并列结构是结构语言学意义上的向心结构（参看布龙菲尔德，1980：239—240），其整体句法功能应与其中的任何一个并列肢相同。例如，“工人和农民”和“工人”有同样的功能[1]。

事实上，并列结构的句法功能远非这么简单，它们的出现常受到两个方向的限制。一种是并列限制，即很多句法位置能自由容纳某一语类却排斥该语类的并列式。比较：

（1）a. **小明**丢了帽子，**小伟**丢了帽子 → b. **小明小伟**都丢了帽子

（2）a. 你去**唱**，你去**跳** → b. * 你去**唱跳** | c. ? 你去**唱和跳**

例（1）中的“小明”和“小伟”可以合成单句中的并列短语，而例（2）中的“唱”和“跳”却难以合成单句中的并列短语。文献对这类限制已有所涉及（如储泽祥等，2002），但专门的讨论还不够。另一种是挂单限制，即某些位置可以接受并列短语，却不能接受其中的单个并列肢。如（引自刘丹青，1982）：

（3）a. 上面沾了**红一块绿一块**的油彩。→ b. * 上面沾了**红一块**的油彩。

（4）a. 星星们**你碰我我碰你**的黑空中乱动。→ b. * 星星们**你碰我**的黑空中乱动。

这类无法挂单出现的并列成分的向心结构身份已被怀疑，文献中常用有别于并列结构的名称来名之，如“对称格式”（刘丹青，1982），“对举格式”等[2]。本章

【1】基于这种认识，语法书在叙述句法规则时往往是不区分并列结构和其组成部分的，例如说某个句法位置可以用“名词性成分”，就同时包括了名词语的并列结构。

【2】朱德熙（1982：36）把“你一句我一句”等结构归入“并立式复合词”，仍属“联合结构”，并就此说“联合结构的语法功能跟它的组成成分的语法功能不一定一致”。说它们是“复合词”可以避开向心结构的矛盾，因为复合词功能上偏离其核心很正常，如动宾式的“司令”是名词。但这些结构难以都看作词，有很多是可以临时构造的，如“红一块绿一块”之类。朱先生还注意到这类结构的表义特点：它们意义上不是实指，而是比况性的。不过，刘丹青（1982）所讨论的逆向限制的对称格式还有不少例子是实指的，如“穿着件短不够短、长不够长的棉袄”，“复合词”或“比况性”都不能概括这类情况。

只讨论并列限制，梳理一下这种句法限制的一些常见类别，然后对这些限制背后的原因做些初步的探讨。

“并列”的概念在汉语语法学中比较模糊（参看马清华，2005：绪论）。本章以此对应 coordinate，着重取其句法含义，在短语层级大致相当于“联合”，不涉及复句层面上位的“联合复句”和下位的“并列复句”的纠葛。并列可细分为三类：原型（狭义）、非原型（广义）和边缘。非原型的并列包括递进、选择等关系（在汉语复句体系中被归入联合而非并列）。边缘的并列包括连动、同位等[1]。排除非原型和边缘的并列后，剩下的就是原型的并列（必要时称“等立”）。用排除法来界定原型并列，是因为原型并列其实也不同质，次类不少，如马清华（2005：§2.1.4）提到的“并合、交合、微递进、微转折、对比”等等。虽然有些小类被马书看作并列复句的类别，其实也存在于短语层面的原型并列，如“沉着而坚强”（微递进）、“聪明而懒散”（对比）等。

本章主要关注原型的并列，兼及非原型并列，不考虑边缘并列。

二　并列结构的词类限制

2.1　虚化程度对并列的制约

不同的词类构成并列结构的功能相距悬殊，最大差别体现在虚词和实词之间，总体上，虚化程度越高，越难以并列。比较：

（5）a. 果树的上面（和）下面

b. 果树上下

c. * 果树上和下 /* 果树的上和下

（6）a. 大门的里面（和）外面

b.* 大门里外 / * 大门里和外 /* 大门的里和外

【1】连动和同位在句法上仍然可与作为基本句法关系之一的并列关系归为一类。上引布龙菲尔德书明确将 co-ordinative（并列性）和 serial（连动性）归为向心结构的一个大类（另一大类是偏正）。当然有部分连动式更靠拢偏正（参看高增霞，2005：114—115）。与连动对应的顺承复句和与同位很接近的解说复句都被视为联合复句。

（7）a. 大门的上面（和）外面

b.* 大门上外 /* 大门上和外 /* 大门的上和外

例（5）a和（5）b似乎显示不管是“上面”和“下面”，还是“上”和“下”，都是可以并列的。可是，（5）a可以加并列连词“和”，而（5）c显示（5）b是无法加“和”的，不管前面是否有“的”。这提示我们（5）b的“上下”并非句法并列，否则不能解释为什么不能加“和”。例（6）则显示，（5）b那样的并列无法类推到同一语义范畴的“里外”等其他词语。（5）b只是“上下”作为一个复合词的特例用法，而作为句法组合的并列结构不应如此不能类推。例（7）进一步证明“上下”只是个词汇特例，同样有并列关系的“上外”无论在哪种句法环境里都完全不成立。这种限制是句法性的，因为语义上同义的“上面和外面”完全成立。

“里面”和“外面”能自由并列是因为它们仍然是方位名词，而“上、下、里、外”等虚化为方位后置词，作为名词已经去类化了（decategorized），随之难以并列。“大门上下”、“大门内外”可以说，这是因为“上下”、“内外”已经词汇化为复合词，而且它们恰好具有后置于名词的功能，但它们不能化为自由的并列短语。“里外”虽也成词，但该词就不具备“上下”、“内外”的后置功能，只能用在“里外不是人”之类句法环境中。而“下上、上外、下里、上里、上内”等因不成词，都没有机会出现。再来比较意义上与“上下”同类而且能后置的“左右”，其词汇化体现为挂单限制，比较：

（8）a. 大门左右

b. * 大门左 / * 大门右（可以说“大门左边 / 大门右边”）

足见“左右”也不是“左”和“右”的临时组合。

不过，理论上并不能断言实词都能并列而虚词都不能并列。例如英语的前置词（介词）就可以并列，如：

（9）You can travel by bus ***to and in*** Beijing.

（10）There were lots of tourists ***in*** and ***outside*** the museum.

限制并列的虚化临界点（即虚化到什么程度不能再并列）因语言而异，难以据此比较不同语言间相关词语的虚化程度，但是可以据此在一种语言内部测试虚化程度。

英语很多虚词都能并列。连词的并列如：What should we do ***before and when*** you arrive?（在你到达前和到达时我们该做些什么？）只有虚到后缀之类形态要素才不能规则化地并列，如 bigger or biggest（更大或最大）不能并列成 bigger-or-est。而汉语无论介词（前置词）还是连词都不能如英语般并列。如英语 to travel ***to and in*** Beijing 就无法按字面直译为“**往和在**北京旅行”，而要将句子分拆为两个并列谓语，说成“往北京旅行和在北京旅行”。汉语助词、语气词等更虚化的成分更难并列（助词连用和语气词连用都不是并列）。甚至实词内部较虚化的词项也不能并列，如副词中接近虚词的单音副词“就、也、才、只、可、太、很、都”等都没有并列的功能。更早时汉语连助动词都难以并列。王力（1985/1943：353）将下面这种“可能式的排偶”或可能助动词和非助动词的并列都归为“欧化的语法”：

（11）我**不能，也不该**离开他。

（12）你仍然像在特别包厢里看戏一样，本身**不曾，也不必**参加那出戏。

其实这些句子是靠了“不”的某种帮助才增强并列能力的，单音助动词就很难并列：

（13）*我能、也该离开他。

以上初步观察表明，在词类方面，英语是并列结构宽松型语言，汉语是并列结构限制型语言。英语要虚到词内的形态成分才不能并列，而汉语只要开始虚化就难以并列了。

语法化程度及与之相关的音节数目对并列的限制，主要是一种句法的限制，意义相近的词语并列功能可以很不相同，比较：

（14）a. *小张很或太敏感。~b. 小张非常或过于敏感。

（15）a. *他常并只喝绿茶。~b. 他经常并仅仅喝绿茶。

这些限制有字数因素在起作用，但不是单纯的韵律限制，因为状语位置并不排斥三字组合，如“大家一窝蜂喝绿茶”。上面是带连词的并列，而不带连词时变成层次不同的副词连用，结构和意义都改变了，不再是并列，如“他常只喝绿茶”。再看有源流关系的词类，因为虚实不同，并列能力就不同，即使它们字数相等，比较：

（16）a. ***往并在**北京旅行（比较（9））~b.（请你）看并开这款新车

汉语前置词都来自动词，至今仍保留一些动词性，但作为介词已不能并列，如上面的“往、在”，而同样单音节的“看、开”因为是动词就可以并列。这也说明不是纯韵律限制。

2.2　名词和动词并列功能的差异

即使在最实的两大词类——名词和动词中，并列功能也有显著差异，动词并列受着更多限制。我们将主要比较最能反映它们固有属性的各自常规句法位置的情况。名词的常规句法位置是做论元，主要是主语、宾语及介词宾语，而动词的常规句法位置是做谓语（参看莫彭龄、单青，1985；Croft，2000）。在词类的常规句法位置，汉语名词作为论元的并列远比动词作为谓语核心的并列自由。

在论元位置，名词既可以直接组合（一些语义、字数方面的限制条件，参看储泽祥等，2002：25—30），也可以加并列连词（比直接组合自由得多）：

（17）铁（和）不锈钢都能做炒锅 | 我买了些家具（和）电器 | 对嫌犯和服刑人员也要讲人权

而在谓语位置，汉语动词的并列很受限制。谓语位置相对自由的是构成作为边缘并列类的连动句，但单个动词的组合仍较受限制，因为连动句更常见的是动词短语的组合，如“他走过去买份报纸看 ~* 他走买看”[1]。边缘并列不是本章关注的重点。

除了连动句外，谓语位置的并列有直接组合、依靠停顿和使用连词几种情况，下面我们就直接组合和使用连词两种情况分别考察。

动词间不停顿直接组合做谓语的情况，带有很强的词汇化倾向。单音词的组合几乎限于词汇化的凝固组合，双音动词的组合相对自由一些，但仍比论元位置双音名词的组合受更多限制。储泽祥等（2002：77—95）对动词并列的组合能力有较为细致的考察，从其描写和分析不难看出这些并列的词汇化性质或倾向。$V_{1单}+V_{2单}$的并列，储书的举例有：

（18）争抢、死伤、接送、欺瞒、赔赢、涂抹、擦抹、拆洗、捆绑、揉搓、搂抱、接听、剪裁、耙梳、拼争、捏摸、抢揽、挑拣、收卖、揽割、挑送、翻挖、揪扯

例句中举到的还有“分拆（稿件）、刨挖（墓穴）”等。不考虑某些疑义，暂且认为这些组合都是并列关系，显然其中大部分组合的两个字不能换位，如：

（19）* 抢争、* 伤死、* 送接、* 瞒欺、* 抹涂、* 绑捆、* 抱搂、* 拣挑……

另一些两字组虽然语序不固定，但其本身能否成立恐怕汉语母语人语感有异，如“揽

【1】某些藏缅语连动更加自由，是比汉语更典型的连动自由型语言，见 Matisoff（1991）。

割、赔赢、捏摸”。作为句法组合的并列结构虽然有一些受语义制约的语序，但原则上是可以自由换位的，不应该出现如此大比例的固定语序。更重要的是，不能换位的例子不必有语义理据，如“接送”不说“送接”（对小孩上学先送后接还更符合象似性），“搂抱”不说“抱搂”。储书指出，“这种组合凝固性强”、“有不少以并列式复合词的身份被收进了《现代汉语词典》”。这些都显示了它们的词汇化性质或倾向，难于看作真正自由的句法组合。至于单音动词组成更多项的并列，更是严格局限于高度词汇化的组合，不能随意换位，如：

（20）鬼子进村烧杀抢掠/*杀烧掠抢/*掠烧杀抢/*抢杀烧掠……

事实上汉语常用动词可以拼出大量有理据却不合格的例子，如：

（21）*唱跳/*跳唱：*他们在歌舞厅~。（他们在歌舞厅唱唱跳跳。）

（22）*借送/*送借：*我以前~他很多东西。（我以前送他很多东西，也借他很多东西。）

（23）*打吵/*吵打：*你们别在教室里~。（你们别在教室里打啊吵的。）

（24）*写画/*画写：*退休以后他每天在家~。（退休以后他每天在家写写，画画。）

（25）*说骂/*骂说：*他们老在背后~老张。（他们老在背后说老张，骂老张。）

双音节动词在谓语位置的直接并列组合比起单音节动词来要自由得多，但本质上仍是不自由的。再参考储泽祥等（2002）的观察。储书归纳的$V_{1双}+V_{2双}$式的第一条特点就是“结构匀称、凝固性强”。这两句话都反映了双音动词并列结构的凝固性——就是某种程度词汇化。结构匀称，表现为“一般来说，V_1V_2构成成分相同”（储泽祥等，2002：79），即动宾加动宾（挺胸叉腰），并列加并列（腐化糜烂），偏正加偏正（胡编乱造）。虽然也有一些结构不对称的“混合式”（设计安排|出生长大），但是“以相同成分组成的并列形式占绝对优势，混合式的数量不多”。凝固性强，作者归结为形式上与成语相同。实际也表现出词语固定、语序固定等特点。并列结构作为句法结构理论上不应对词内结构有限制。试比较名词，“司令军长警卫一起合影”，主语包含动宾、偏正、并列三种复合词，丝毫不影响其并列。而词内结构、成语之类则有对称倾向。此外，绝大多数双音动词的并列限于两个双音词构成四字格，所以像成语，而句法的并列既不应限制并列肢的数目，理论上也不应限制音节的数目。即使有某种韵律限制，但选择范围不会如此狭小。

再来比较名词。像上举例子，假如再扩展成“司令军长参谋长警卫队长一起合影”，并列肢增至四项，字数也有2、3、4三种，组合仍然完全成立。这于动词是很难存在的。由此可见，动词在其常规位置上的直接并列受到严重制约，而名词在其常规位置上的并列要自由得多。由于名词双音化程度远比动词领先，能独用的单音节名词在名词中的比例远不如单音动词在动词中的比例（刘丹青，1996），但只要是能单用的单音名词，其直接并列的能力就比单音动词强得多，也可以用于不同音节间的并列，还可以用于超过两个词的并列，不像动词基本上限于两单成双的并列，如“**雨衣伞**都带上”、“房间里面**人狗鹦鹉**一起在叫”、“我买了**桃苹果香蕉梨哈密瓜**”。

再看带标记的并列。对名词来说，并列结构带标记就如猛虎插翅，句法上、韵律上甚至语义上的限制都获得极大的放宽，比如可以说“请听**袁隆平和杂交稻**的故事”、“**魏晋风度及文章与药及酒**之关系”（鲁迅篇名）等等。而对汉语动词来说，并列结构带标记却是遇虎拦路：汉语普通话缺少一个连接动词的泛用（不带其他意义）的并列连词。印欧语的泛用并列连词通常适合于名动形各个词类和各种短语、小句，如英语and，德语und，法语et，俄语 и [i]。有些语言则有专用于动词或谓词的泛用并列连词，如朝鲜语中用于每个并列动词之后的后置连词ko（柳英绿，1999：13）。其实普通话缺乏泛用的动词并列连词不反映汉语共性，广州话的“同埋”和老派上海话的后置连词“咾”[lɔ]（详见刘丹青，2003：238—251）及其苏州话同源词“勒”[ləʔ]都可以用于各种词类、短语和复句，包括动词并列，如：

（26）你**同埋**我｜唱**同埋**跳｜听啲音乐，**同埋**睇下电视（听些音乐，看一下电视）

（27）侬咾我｜唱咾跳｜听眼音乐咾，看看电视

普通话的“并”（及文言色彩的“且”）实为轻递进连词，如“你可以躺着休息并思考”、“会议讨论并通过了决议”、“他有时间且愿意帮忙”，因而没有条件成为泛用的动词并列连词。语法书上多说动词的并列可以用“并”，造成它与名词短语的“和”（举“和”赅“跟、同、与”，下同）等分庭抗礼的印象，实际上这是错觉。并列连词“并”的使用频率极低，与“和”不可同日而语。我们统计王小波《黄金时代》，全文净字数3.2万多，无一例用“并”做并列连词（有一例“并且”，做分句连词）。再统计老舍《骆驼祥子》，净字数超过13.5万，只有一次用“并”连接动词性谓语：

（28）好像刺开万重的黑暗，透进并逗留一些乳白的光。（第6章）

普通话中其他的并列动词连词，都是离原型并列更远的连词，表达选择、转折等非原型的或边缘性的并列关系，除了递进义更强的“并且”外，还有“或（者）”（选择）、“而”（轻转折）、“一方面、（另）一方面”（对比、列举）等。一些本来可以不加连词的原型并列式谓语，加了相对中性的“并”之后合格性反而大降：

（29）小明在房间里不停地开灯（*并）关灯。

（30）老王昨天又在公园里打拳（??并）舞剑。

（31）他们要去农村调查（*并）研究。

（32）他感冒不爱吃药，就一个劲儿喝水（??并）睡觉。

连接并列动词的连词还可以是“和”，但“和”用于动词时要受很大限制。朱德熙（1982：157）甚至认为“由‘跟、和、与、及’等连词连接谓词性成分造成的联合结构却是体词性的”。实际情况不是这么绝对，但用“和”等连接的并列结构的确丢失了很多动词性（详参储泽祥等，2003）。用“和”连接的大多是论元位置而非谓语位置的动词，它们在相当程度上已经名词化，例如“工作和休息都很重要”，“你就负责打扫和整理”。这些情况已不属于本章关注的对象。“和”在谓语位置上连接并列动词的用例不是绝对没有，但大体上是一种由欧化句法带来的有条件的书面表达，在口语中不多见。

由于泛用的动词并列连词的阙如，而直接组合又受到严格的词汇化的限制，因此普通话动词的并列就成为很受限制的短语结构，即使能够并列也常带来去类化效应，如带“和”组合难以用作谓语。于是，单个动词难以自由扩展为并列短语，动词并列结构的功能又很不同于单个动词，很不符合向心结构的理想属性，跟名词并列的相对自由形成对照。

并列手段还可以是停顿。然而，并列名词间的停顿不会改变名词组合的论元地位，而并列动词间的停顿却会改变其句法地位。因为汉语是主语省略较自由的语言，意义上可以推导出的主语可以不出现，因此单句和复句的界限比较难划。经过上个世纪50年代单复句问题的讨论，语法论著一般将被停顿隔开的谓语处理为分句，这应是最有操作性和一致性的分析法，否则单复句的界限还要难定。如例（33）就被吕冀平（1985：114）分析为3个分句的复句：

（33）车上的人跳下来，绕到车后，帮忙推车。

据此，停顿难以作为汉语构成并列动词短语的基本手段。而且，单音动词间实际上也很少用停顿来并列，比较：

（34）a. * 他对犯错的下属骂、吼、打、关。

b. 他对犯错的下属责骂、吼叫、殴打、关押。

c. 他对犯错的下属又骂、又吼、又打、又关。

d. 他对犯错的下属会骂、会吼、会打、会关。

e. 他把犯错的下属骂了、吼了、打了、关了。

这正证明被停顿隔开的动词谓语要有分句的性质，而单音动词独立成句的能力很低。此外，例（34）b—e 这种并列，是共享主语的并列，同样的情况用于共享宾语就困难，如：

（35）a. * 他洗了、炒了、吃了一些菜。

b. ?? 他会赚、会花很多钱。

这里的差异在于，例（34） b—e 的停顿后各谓语是承前省主语，可以理解为有一个回指句首主语的空主语；而例（35）的前面几个谓语是蒙后省宾语，前面没有先行词，这种没有先行词的空宾语难以满足分句的论元结构。可见用停顿隔开的并列谓语在汉语语感中确实是被当作分句对待的。而名词的并列作为短语内部的成分就没有这种限制，“他的家属、朋友、同事”是共享前面定语的名词并列，“家属、朋友、同事的事情”是并列定语共享后面的核心名词，都很自然。

三　音节的限制

上面讨论的词类限制中已经涉及音节的限制，这儿再聚焦一下音节限制问题。

谓语位置上动词直接并列所受限制明显是单音动词大于双音词。这里，音节数当然是一个有效因素，但还不是唯一因素。“$V_{单}+V_{单}$”所构成的二字组本是普通话中非常自由灵活的韵律单位，不存在限制二字组出现在谓语位置的规则，因此这一限制肯定还别有他因。

单音动词的直接并列更像是一个韵律词构成的现象。根据冯胜利（2005：7），“汉语的标准韵律词一般均取双音节形式。由于汉语的合成词必须首先是一个韵律词（冯胜利，1996），所以汉语的合成词必取韵律词的音步形式”。韵律词是一种韵律和词法句法界面的现象（参看冯胜利，2000：第二章）。韵律词虽然与词汇词、句法词不是处处吻合，但它之所以被称为“词”，就是因为它对应的基本上是汉语中的词（主要是合成词）。上文的观察显示，单音动词的并列有强烈的词汇化倾向。结合韵律词理论来说，它基本上是一个严式韵律词的构成过程，因此既有韵律的严格限制，排斥超过两个单音动词的并列，也有构词（远比短语构成严格）的要求，基本上不是一种短语的并列。说它是“严式韵律词”，是因为它比一般的韵律词更受限制。按照冯胜利（2000：78；2005：7），三音节单位也能构成由“超音步”充当的“超韵律词”，包括词法词如“总统府”和句法词如“小雨伞”。而单音动词并列强烈排斥这种“超韵律词”，基本上只允许单单成双的形式。另一方面，韵律词允许相当多的自由临时组合，如“小树、小鱼、小猫、大猪、大熊、大鸟”等，而单音动词的直接并列如前所述，基本上只允许很凝固的组合，很多意义上合法的并列都受到排斥。

那么，为什么双音节动词的直接并列比单音节动词自由、更接近短语结构一些？这是因为动词的典型词长是单音节和双音节（刘丹青，1996），双音词加入并列结构，必定组成短语级单位，而且“大于三音节的组合，譬如四音节形式，必然是两个音步（因此是两个标准韵律词）的组合”（冯胜利，2000：78）。既然双音动词的并列在韵律上已不是构词单位，就更容易摆脱词汇化的限制而按照构成短语的方式运作了。

句法上单、双音动词的地位应当是平等的，而事实却是单音动词因韵律原因而受到句法规则的“歧视”，被迫按词汇化运作。我们知道，动词的双音化进程远慢于名词，单音动词的出现频率仍占优势（刘丹青，1996）。对单音动词的严格限制意味着最典型最活跃的一大批动词在并列功能上很受限制。这是一种非常显眼的类型现象。

不过，双音动词的直接并列也只是相对自由，它仍受韵律的制约。理论上，双音词并列可以有两个词、三个词到N个词参与，也允许字数不同的动词间的并列，而事实却是绝大多数都限于两个双音词构成的四字格，这一种格式压倒所有其他可能格式的总和，而双音词与单音词的直接并列几乎不可能。这些显示非“$V_{双}+V_{双}$”四字格的双音动词并列仍受到音节数这种韵律因素的强烈制约和限制。

再简要看一下形容词。形容词常规句法位置是定语。对直接并列的限制也主要见于单音形容词，两个单音形容词在定语位置很难并列。汉语确有“矮胖（的）男人”这样的例子，可是它无法类推，仿之造出的“矮瘦／胖矮／瘦矮／高胖／胖高（的）男人”都不成立，显然，“矮胖”只是个凝固词项。双音形容词的并列要自由一些，如“矮小瘦弱的男人、肥胖矮小的男人、聪明调皮的孩子、调皮聪明的孩子”等都能成立。可见形容词并列也存在着对单音词的“歧视”。另一些貌似并列的结构实际上是层层叠加的非并列定语，如“大红苹果”的层次是“大[红[苹果]]”。当然双音形容词仍受字数的一定制约，例如两字组只能与两字组并列，“矮小瘦的/瘦矮小的男人”、“皮聪明的/聪明皮的孩子”都是不合格的组合。

四 句法位置

上文对此已有所涉，这里专门探讨一下句法位置的差异对并列限制的影响。

4.1 动词的原型句法位置是做谓语，其他位置则是次要位置。上文提到，动词用泛用连词“和”连接在谓语位置限制受限，而在论元位置则很自由。再如：

（36）a.（第一首歌和预选赛时的表现一样，）**唱和跳**都不整齐。（网络）

b. **做过这事和喜欢这事**大不一样。（王小波《黄金时代》）

（37）a. 要以一种冷静的态度去面对**推销和降价**。（网络）

b. 我打着请一位老学究，专为**教汉文**，**跟讲一点儿经书**……（《京语会话·荐举》）

（38）那时我……对**每次亲吻和爱抚**都贯注了极大的热情。（王小波《黄金时代》）

谓语位置和论元位置的并列功能差异与名词动词之间的并列功能差异是对应的。在论元位置，动词起指称作用，功能趋同名词，因而可以自由采用名词的并列手段。这种并列动词还可以用指示词限定（如例（38）的“每次”）或用名词性的同位语来复指，如“他同时从事**教书和演出**这两项工作”，都清楚体现其指称性。此外，在定语位置动词也可以自由地用“和”连接并列成分，如“**钓鱼和游泳**的人很多”、“要挣出**吃和穿**的花销”。这仍是向名词而非向形容词靠拢，因为定语位置上的名词也用“和”，而形容词多用“又A又B”（口语）或“A而B”（书面）连接。

动词的直接并列，也是在论元位置上要自由得多。下面这些网上或文献语料中的并列式单音动词都很难改置谓语之位：

（39）米蛋鱼价格回落 **吃穿用**上海人日均花销近7亿元（新闻标题）

（40）a. XXXX独家推荐**吃穿用玩**。（广告）

b. 海南省最新调查显示：石油涨价影响**吃穿用行**（报）

（41）**听读抄背**不同于**听说读写**，它不是四种英语技能，而是四个学习程序。（报）

4.2　主语和宾语同属论元位置，句法描写中常归为同类句法功能，语法书中不乏某某成分"可以做主宾语"或"不能做主宾语"等语。实际上，主语和宾语存在着种种句法上的不对称表现（参看沈家煊，1998：第9章）。材料显示，并列结构在主宾语位置所受限制也不同，宾语位置的并列更受限制。我们首先是在1998年进行的吴语区句法调查的宁波话中发现的。其发音人特别排斥宾语位置的并列，将调查蓝本例句中宾语位置的并列结构换用复句来表示，甚至将并列肢改放在动词前充当对比性受事话题，如：

普通话	宁波话（括号中为字面直译）
（42）a. 我买了一些**桌子和椅子**。	b. 我买眼桌凳买眼矮凳。 （我买些桌子买些凳子。） c. 我桌凳也买眼，矮凳也买眼。 （我桌子也买些，凳子也买些。）
（43）a. 老王昨天已经碰到过**我和他了**。	b. 老王昨么子已经**我**也碰着**其**也碰着过味。（老王昨天已经**我**也碰着了**他**也碰着过了。）

这两个调查问卷中仅有的可拆分并列式宾语句（宾语意义上可以拆成两个独立的NP），发音人都避开了并列宾语的形式[1]。虽然宁波话有强烈的话题优先倾向，VO结构不太发达，但从例（42）b拆成两个VO句看，说话人改句式的目的是避免宾语位置出现并列结构而不是回避VO。当遇到主语并列的蓝本句，宁波说话人却总是提供并列主语句，有时只提供并列主语句，有时在提供并列主语句的同时再补充拆成分句的表达。如：

（44）a. <普>老王和老张都是我的同事。

b. <甬>老王老张和总是我同事。（老王老张都是我同事。）

【1】该发音人也说过一个并列宾语句。在对应蓝本句"那些东西已经交给了老王和老张"时说了"该眼东西啦我已经拨老王老张味"（直译：这些东西我已经给老王老张了）。这里有其他句法语义条件的制约：1）该双及物行为的客体做了有定性话题，整体性强，作为接受者的并列宾语倾向于充当一个整体，难以拆分成"拨老王，拨老张"两个分句；2）此句宾语是生命度高的与事宾语，即使在宁波话中也难以话题化。

（45）a. <普>桌子和凳子都坏了。

b. <甬>桌子矮凳和总弄坏咪。（桌子凳子都弄坏了。）

c. <甬>桌子也弄坏咪，矮凳也弄坏咪。（桌子也弄坏了，凳子也弄坏了。）

宁波话口语中主语明显比宾语更能容纳并列结构的现象，并非吴语独有，类似倾向也存在于北京话 / 普通话。我们就此考察了两种北京话 / 普通话语料。一是成书于 20 世纪一二十年代的北京话教材《京语会话》（简称《京》，该书用“跟”而不用“和”做连词），二是王小波中篇小说《黄金时代》（简称《黄》，1994 年，主要用“和”做并列连词）。下面列出《京》书中用“跟”连接的并列短语和《黄》书中用“和”连接的并列短语在小句主语和宾语位置上的出现次数，顺便列出其他位置上的出现次数，结果如下：

《京》NP 跟 NP：主语 27，宾语 12（另兼语 5，表语 1，介词宾语 5，定语 4，谓语 1）

《黄》NP 和 NP：主语 41，宾语 13（另介词宾语 5，定语 6）

在《京》中，带连词的并列成分在主语位置的用例是宾语位置用例的 2.25 倍（27:12）；在《黄》中则更达 3.15 倍（41:13）。可见，主语和宾语句法上都是能接受并列结构的位置，但北京话或普通话的实际语篇中，主语远比宾语更容易接受并列结构，这跟宁波话的倾向一致。

五　并列关系小类

并列功能的强弱，还跟并列关系的小类有关。上节刚刚谈到的主语比宾语更容易并列的情况，说的其实是原型并列或者说等立关系的情况。有趣的是，同样是在吴语的调查材料中，表选择的并列成分却在宾语位置比在主语位置自由。这是在吴语的大面积调查中发现的。调查蓝本句中有两个分别在主语和宾语位置使用“还是”的选择问句。对于主语取选择问的“老王还是老陈先退休？”一句，12 个吴语点 13 位发音人中，有 6 位使用了改变结构的句子，大多是将句子拆分成复句，也有的是将主语改造成等立话题，然后用疑问代词主语复指话题来表达选择问（即苏州的例（47）b 和（48），（47）a 则保留了选择问主语的句式）。有 8 位（包括两种用法都用的苏州）发音人使用了蓝本的选择问主语句式。改变结构的例句为：

（46）上海发音人A：老王先退休还是老陈先退休？

（47）苏州：（a. 老王还是老陈先退休？）b. 老王勒老陈，啥人先退休？（老王和老陈，谁先退休？）

（48）无锡：老王搭老陈，啥人先退休？

（49）绍兴：老王先退休还是老陈先退休？

（50）乐清大荆：老王先退休还是老陈先退休？

（51）温州：老王退休先还是老陈退休先？

当蓝本句在方言中有自然的对应句时，发音人一般会优先采用跟蓝本句一致的句式。现在有多位发音人改变句式，说明选择问形式的主语很受排斥。而保留蓝本句式的发音人只是接受蓝本句的说法，不排除在实际口语中仍会避免让选择问形式充当主语。与之形成对比，蓝本中在宾语位置使用选择问形式的“你想要**大号还是小号**”一句，12个点的13位发音人全都保留了蓝本句的并列结构，没有人改说为复句。这说明宾语位置对选择问形式的容纳度远大于主语位置。至于陈述句的选择结构，即用“或（者）”连接的主宾语句，由于问卷缺少可比较的例句，暂未获得足以概括的语料。就选择并列问题，我们也回头考察了北京话/普通话的情况。整体上汉语选择连词主要用于谓语位置，用于主宾语的例子要少得多，因此我们统计了篇幅更大的老舍《骆驼祥子》，结果如下（谓语未统计）：

或（者）：主语5，宾语17（另介词宾语9，定语9）

还是：主语1，宾语4（另表语6）

书中选择陈述句例子较充足，主宾语之比为5:17，宾语是主语的3.4倍。选择问例子较少，主宾语之比为1:4，宾语是主语的4倍。这个统计数字与吴语的调查结构非常一致。这些事实说明，并列关系的小类对并列结构的接受性有显著影响，等立和选择所受的句法位置限制正好相反，借鉴沈家煊（1997）的标记模式，可以构建如下匹配模式：

	主语	宾语
等立	无标记	有标记
选择	有标记	无标记

这一模式综合反映了句法位置和并列小类对并列结构的限制模式。

六 对并列结构句法限制的初步解释

并列结构在汉语的使用中受到种种限制，虽然它属于向心结构，却经常不能自由地替换其所含的并列肢。对这些现象和因素，有些用我们已有的认识已经能找到初步的解释，有些则还需要进一步探讨。下面略说几点已经可以想到的解释。

汉语的名词和动词在典型词长上有差距，名词的典型词长是 2—3 字，而动词的典型词长是 1—2 字。这种格局的使因之一是汉语句子在论元和谓语核心的长度方面有不同的限制，谓语核心强烈排斥长的单位，即使出现长的单位也会降低其向心力包括及物性，如丧失或减弱带宾语的能力（参看刘丹青，1996；Lu & Duanmu，2002/1991）。这一原因也构成了动词难以直接并列的原因之一，因为并列会导致词长增加，降低核心的向心力。普通话动词带连词并列的能力因为缺少泛用连词而极受限制，却是一个多少有点偶然的现象，因为吴语、粤语都不缺这种连词，动词带连词并列也相当自由。至于普通话为什么长期容忍这种重要连词的缺位，仍有待解释。不过近年的语料中用“和”连接的谓语动词并列式有增多趋势，这是“欧化”，还是方言影响，抑或普通话本身的需求促成，还需要专门的考察。

单音节动词比双音动词更难直接并列，这似乎与上面的词长解释不符。关于这一点，上文已经借用韵律词理论做了解释。“$V_{单}+V_{单}$”构成的两字组是典型的汉语韵律词长度，这使得单音动词的并列被纳入词的层级，受到词汇化的限制。而“$V_{双}+V_{双}$”不受此限。

汉语的主语位置有强烈的有定性要求，但也允许出现某些无定主语。徐烈炯（Xu，1997）的研究表明，随着名词修饰语的增加，也就是名词短语信息量的增加，会带来指称性的增强，从而使无定主语句的可接受性增加。用陆丙甫（2004）的术语来说就是定语增加导致“可别度”的增加，而可别度高的成分有前置的倾向，更适合主语位置。在这点上，添加并列肢和添加修饰语的作用是近似的，都有增加可别度的效应，从而更适合主语位置。而宾语位置的自然取向是定指度低的成分（科姆里，1989：158），不欢迎会增加指称性或可别度的手段。这解释了并列（等立）成分在宾语位置比在主语位置更受限制的现象。另一方面，在选择问句中，选择问短语（A 还是 B）是疑问焦点，自然更适合宾语的尾焦点位置，而主语位置则欢迎话题排斥焦点，这很好地解释了选择问并列短语在主语位置比在宾语位置更受限制的现象。至于陈述句中的选择类并列结构，跟等立类并列结构的指称—信息功能正好相反，选择类并列短语非但不增加名词短语的指称性，反而因其不确定性而降低其指称性和可别度，因而受主语位置排斥。这也解释了选择性短语在主语位置比宾语位置更受限制的现象。

从本章所观察到的情况来看，对并列结构的限制主要来自词性、句法位置这些句法条件的制约和音节数目这些韵律条件的制约，它们的背后还有指称和信息结构这些话语篇章因素的制约。这与我们以往研究所认识到的汉语语用优先的类型特点（刘丹青，1995）和语法中语音平面重要的类型特点是一致的。

参考文献

布龙菲尔德（Leonard Bloomfield） 1980 《语言论》，袁家骅等译，商务印书馆。

储泽祥等 2002 《汉语联合短语研究》，湖南大学出版社。

冯胜利 2000 《汉语韵律句法学》，上海教育出版社。

——— 2005 《汉语韵律语法研究》，北京大学出版社。

高增霞 2006 《现代汉语连动式的语法化视角》，中国档案出版社。

刘丹青 1982 《对称格式的语法功能及表达功能》，载北京市语言学会编《语文知识丛刊》3，地震出版社。

——— 1995 《语义优先还是语用优先——汉语语法学体系建设断想》，《语文研究》第2期。

——— 1996 《词类和词长的相关性——汉语语法的“语音平面”丛论之二》，《南京师大学报》第2期。

——— 2003 《语序类型学与介词理论》，商务印书馆。

柳英绿 1999 《朝汉语语法对比》，延边大学出版社。

陆丙甫 2004 《汉语语序的总体特点及其功能解释》，载《庆祝〈中国语文〉创刊50周年学术论文集》，商务印书馆。

吕冀平 1985 《复杂谓语》，上海教育出版社。

马清华 2005 《并列结构的自组织研究》，复旦大学出版社。

莫彭龄、单 青 1985 《三大类实词句法功能的统计分析》，《南京师范大学学报》第2期。

沈家煊 1997 《形容词句法功能的标记模式》，《中国语文》第4期。

——— 1999 《不对称与标记论》，江西教育出版社。

王　力　1985/1943　《中国现代语法》，商务印书馆。

朱德熙　1982　《语法讲义》，商务印书馆。

Comrie, Bernard 1989/1981 *Language Universals and Linguistic Typology.* 沈家煊译《语言共性和语言类型》，华夏出版社，1989 年。

Croft, William 2000 Parts of speech as language universals and as language-particular categories. In Petra Vogel & Bernard Comrie (eds.) *Approaches to the Typology of Word Classes*. Berlin: Mouton de Gruyter.

Lu, Bingfu & San Duanmu 2002 Rhythm and Syntax in Chinese: A Case Study. *Journal of the Chinese Language Teachers Association*. Vol.37, No.2. Originally a IACL conference paper submitted in 1991.

Matisof, James 1991 Areal and universal dimensions of grammaticalization in Lahu. In Elizabeth Traugott & Bernd Heine (eds.) *Approaches to Grammaticalization,* Vol.II. Amsterdam: John Benjamin Publishing Company.

Xu, Liejiong 1997 Limitation on subjecthood of numerically quantified noun phrases: A pragmatic approach. In Xu (ed.) *The Referential Properties of Chinese Noun Phrases*. Paris: Ecole des haude Studes en Sciences Sociales.

作者：刘丹青

原载：《语法研究和探索（十四）》，商务印书馆，2008 年